HANGIL
GREAT BOOKS

인류의위대한지적유산

HANGIL
GREAT BOOKS
162

형식논리학과 선험논리학

에드문트 후설 지음 | 이종훈 옮김

한길사

HANGIL
GREAT BOOKS
162

Edmund Husserl
Formale und transzendentale Logik

Translated by Lee Jonghoon

Published by Hnagilsa Publishing Co. Ltd., Korea, 2019

1928년의 에드문트 후설

후설은 평생 현상학을 연구하는 데 몰두한 철학자다.
그의 선험적 현상학(선험철학)은 궁극적 근원을 되돌아가 물음으로써
이론(앎)과 실천(삶)을 엄밀하게 정초하는 데 목적을 둔다.

FORMALE
UND TRANSZENDENTALE
LOGIK

VERSUCH EINER
KRITIK DER LOGISCHEN VERNUNFT

VON

EDMUND HUSSERL

SONDERDRUCK AUS:
„JAHRBUCH FÜR PHILOSOPHIE UND PHÄNOMENOLOGISCHE FORSCHUNG", BD. X
HERAUSGEGEBEN VON E. HUSSERL, FREIBURG I. BR.

MAX NIEMEYER VERLAG / HALLE (SAALE)
1929

Inhalt.

『형식논리학과 선험논리학』(왼쪽)과 『철학과 현상학 탐구 연보』

『형식논리학과 선험논리학』은 후설이 보편적 학문이론으로서의
논리적 문제를 다룬 저서다. 10여 년간의 숙고 끝에 탈고한 이 책은
1929년 『철학과 현상학 탐구 연보』 제10권의 별쇄본으로 발표된다.
이 책은 후설의 70세 기념논문집이기도 했다.

후설 생전의 프라이부르크
후설은 1916년부터 1928년까지 프라이부르크대학교에서 가르쳤다.
『형식논리학과 선험논리학』이 1928년 11월부터 다음 해 1월까지
집중적으로 쓰였다는 점에서, 프라이부르크대학교 시절 몰두한 현상학적 문제의식이
이 책에 담겼다고 할 수 있다.

1929년 파리에 도착한 후설

후설은 『형식논리학과 선험논리학』을 출간한 직후인
1929년 2월 파리에서 '선험적 현상학 입문'을 강의한다.
이 강의에서 그는 자신의 선험적 현상학을 데카르트가 수행한 방법적 회의의
전통에 입각해 근본적이고 체계적으로 묘사했다.

HANGIL GREAT BOOKS 162

형식논리학과 선험논리학

에드문트 후설 지음 | 이종훈 옮김

한길사

형식논리학과 선험논리학

제1부 객관적 형식논리학의 구조와 범위

A. 전통에서 형식논리학의 완전한 이념으로의 길

제1장 진술논리 분석론인 형식논리학

제2장 형식적 진술논리, 형식적 수학

일러두기

1. 이 책은 에드문트 후설이 1929년 발표한 『형식논리학과 선험논리학』(*Formale und transzendentale Logik*)을 옮긴 것이다.

2. 파울 얀센(Paul Janssen)이 편집한 『후설전집』(*Husserliana*) 제17권(Den Haag, Martinus Nijhoff, 1974)과 영역본 *Formal and Transcendental Logic*(The Hague, Martinus Nijhoff, 1978)을 참조했다.

3. 원전에서 겹 따옴표(" ")로 묶어 강조한 부분은 홑 따옴표(' ')로, 격자체나 고딕체로 강조한 부분은 고딕체로 표기했다.

4. 인명, 중요한 개념어나 표현은 우리말 다음에 원어를 병기했고, 필요한 경우 독자의 이해를 돕기 위해 간략한 주석을 달았다.

5. 중요한 용어나 합성어 그리고 문장의 흐름을 파악하는 데 도움이 된다고 판단해 강조한 부분은 원전에 없는 홑따옴표(' ')로 묶었다. 관계대명사로 너무 길게 이어지는 문장은 짧게 끊거나 그것이 수식하는 말의 앞과 뒤에 사선(─)을 넣었다.

6. 본문의 ( )는 원전의 것이며, 문맥의 원활한 흐름을 위해 또는 독자의 이해를 돕기 위해 필요한 말은 옮긴이가 [ ] 안에 보충했다. 너무 긴 문단은 내용을 고려해 단락을 새롭게 나누었다.

7. 본문의 각주는 독자의 이해를 돕기 위해 옮긴이가 붙인 것이다. 단 저자가 단 각주에는 '─후설의 주', 편집자 얀센이 단 각주에는 '─얀센의 주'라고 표시했다.

형식논리학을 정초해야 할 선험논리학

이종훈 춘천교육대학교 교수·윤리교육과

왜 후설 현상학인가

후설과 현상학 운동

현상학(Phänomenologie)의 창시자인 에드문트 후설(Edmund Husserl)은 1859년 4월 8일 독일의 메렌 주(당시 오스트리아의 영토) 프로스니초(현재 체코의 프로스초프)에서 유대인으로 태어나 1938년 4월 27일 프라이부르크에서 사망했다. 할레대학교 강사(1887~1901), 괴팅겐대학교 강사(1901~1906)와 교수(1906~1916), 프라이부르크대학교 교수(1916~28)를 역임한 그는 은퇴 후에도 죽는 날까지, "철학자로서 살아왔고 철학자로서 죽고 싶다"는 유언 그대로, 진지한 초심자의 자세를 지키며 끊임없이 자기비판을 수행한 말 그대로 '철학자'였다.

후설은 (이론·실천·가치를 설정하는) 보편적 이성으로 모든 학문과 삶의 의미와 목적을 해명해 진정한 인간성을 실현할 철학을 추구했다. 이 현상학의 이념은 모든 학문이 타당할 수 있는 조건과 근원을 되돌아가 물음으로써 궁극적 자기책임에 근거한 이론적 앎과 실천적 삶을 정초하려는 '엄밀한 학문'(strenge Wissenschaft)으로서의 제일철학, 즉 '선험철학'(Transzendentalphilosophie)이다. 그리고 이것을 추구한 방법은 기존의 철학에서부터 정합적으로 구성해 형이상학적 체계를 구축하는 것이 아니라, 모든 편견에서 해방되어 의식에 직접 주어지는 '사태 그 자체'(Sachen selbst)를 직관하는 것이다.

현상학은 20세기 철학에 커다란 사건으로 등장하여 '현상학 운동'으로 발전하면서 실존주의, 인간학, 해석학, 구조주의, 존재론, 심리학, 윤리학, 신학, 미학, 사회과학 등에 강력한 영향을 미쳤다. 셸러(M. Scheler), 하이데거(M. Heidegger), 야스퍼스(K. Jaspers), 마르셀(G. Marcel), 사르트르(J.P. Sartre), 메를로퐁티(M. Merleau-Ponty), 레비나스(E. Levinas), 리쾨르(P. Ricoeur), 마르쿠제(H. Marcuse), 인가르덴(R. Ingarden), 가세트(José Ortega y Gasset), 가다머(H.G. Gadamer), 슈츠(A. Schutz) 등은 직접적으로, 이들의 다음 세대인 하버마스(J. Habermas), 데리다(J. Derrida) 등은 간접적으로, 후설과 밀접한 관계를 유지하면서 자신의 철학을 형성시켜나갔다.

그러나 이들은, 암묵적이든 명시적이든, 모두 선험적 현상학을 비판하고 거부했다. 후설은 이들이 현상학적 방법으로 풍부한 결실을 얻을 수 있다는 점을 알았고 그 성과를 높게 평가했지만, 이에 만족하지 않았다. 더구나 충실한 연구조교였던 란트그레베(L. Landgrebe)와 핑크(E. Fink)도 그의 사후에는 선험적 현상학에 적지 않은 회의를 표명했다.

그런데도 후설은 선험적 현상학을 결코 포기하지 않고 끝까지 견지했다. 왜 그럴 수밖에 없었을까?

후설 현상학은 방법론인가, 철학인가

오늘날 현상학은 새로운 방법론으로 간주되든 독자적 철학으로 간주되든 간에, 적어도 인문사회과학에서 낯선 분야는 아니다. 우리나 라에도 관련된 논문이나 입문서가 적지 않으며, 원전도 제법 많이 번역되어 있다.

그러나 후설 현상학에 대한 이해는 극히 보잘것없다. 그 이유로,

첫째, 그의 저술이 매우 난해하다는 점(그러나 일단 그의 논지를 파악하면, 애매하고 신비적 개념들로 일관된 저술보다 명확하게 이해할 수 있다),

둘째, 그가 남긴 방대한 유고(유대인저서 말살운동으로 폐기될 위험에서 구출된 약 4만 5,000장의 속기원고와 1만 장의 타이프원고)가 1950년 이후에야 비로소, 그것도 지금까지 드문드문 출간되고 있다는 점을 들 수 있다.

다른 한편 후설의 주장과는 전혀 상관없이, 아니 어떤 경우에는 전혀 근거 없이 정반대로 후설 현상학이 해석되는 데 있다.

첫째, 흔히 후설사상이 '기술적 현상학(심리학)에서 선험적(관념론적) 현상학, 다시 생활세계(실재론적) 현상학'으로, 또는 '정적 현상학에서 발생적 현상학'으로 발전했다고 한다. 이처럼 분명한 근거 없이 단절된 도식의 틀에 얽매인 해석만으로는, 마치 여러 가닥의 생각이 부단히 떠오르고 가라앉으며 의식의 흐름이라는 전체 밧줄을 형성하듯이, 각 단계의 특징이 서로 뒤섞여 나선형의 형태로 부단히 발전해나간 선험적 현상학의 총체적 모습을 결코 밝힐 수 없다.

둘째, 그의 철학은 의식의 다양한 관심영역(층)에 주어지는 사태 그 자체를 분석한 일종의 '사유실험'(Denkexpeiment)이기 때문에, 이에 접근하는 문제의식에 따라 제각기 해석될 수 있다. 그래서 후설 현상학은 대부분 그 자체로 충실하게 파악되기보다, 이들이 단편적으로 비판한 (동시대인이면서도 단지 후학後學이라는 이유만으로 정당화된) 견해에 따라서만 일방적으로 평가되고 있다.

이러한 결과로 판단중지, 환원, 본질직관에 따라 이성(선험적 주관

성)을 강조한 '선험적 현상학은 관념론(합리론, 주지주의)'으로, 귀납에 따라 유형을 형성하고 경험의 지평구조를 분석한 '생활세계 현상학은 실재론(경험론, 주의주의)'으로 파악되고 있다. 심지어 '실천이 모든 진리의 규준'이라는 마르크스-레닌주의적 사회철학이 풍미하던 1980년대 출간된 사전은 "실천을 떠난 부르주아사상" "주관적·관념론적으로 왜곡된 플라톤주의의 현대판"(한국철학사상연구회 엮음, 『철학 대사전』, 동녘, 1989, '후설' 및 '현상학' 항 참조할 것)으로까지 규정하고 있다.

과연 후설은 어제는 선험적 현상학에, 오늘은 생활세계 현상학에 어정쩡하게 두 집 살림을 차렸는가? 도대체 선험적 현상학이란 무엇인가?

후설이 최후의 저술 『위기』에서 '생활세계'를 문제 삼은 것도 오직 '선험적 현상학'(목적)에 이르기 위한 하나의 길(방법)을 제시하기 위해서였다. 방법(method)은, 어원(meta+hodos)상 '무엇을 얻기 위한 과정과 절차'를 뜻하듯이, 목적을 배제할 때 방황할 수밖에 없다. 후설 현상학 역시 마찬가지다. 그리고 '관념론(주관주의)인가 실재론(객관주의)인가' 하는 논의는 후설 현상학을 총체적으로 파악하기 이전에 그 출발점이자 중심문제인 '의식의 지향성'조차 이해하지 못한 데서 비롯된 것이다. 물론 그가 '부르주아'라는 용어를 사용한 적도 없으며, 그렇게 해석될 수 있는 문구도 (아직까지는) 발견할 수 없다. 만약 의식을 강조하고 분석한 것이 주관적 관념론이고 부르주아 사상이라면, 불교의 가르침도 그러하다. 그러나 아무도 불교의 가르침이 그렇다고 주장하지 않는다. 또한 '실천을 떠난 이론'이라는 몰이해는 그가 선험적 현상학을 추구한 근원적 동기만 공감할 수 있으면 자연히 해소된다.

결국 후설 현상학(선험적 현상학)은 그 참모습을 파악하기도 쉽지 않지만, 근거 없는 피상적 비난 속에 파묻혀 외면당하고 있다. 유대인이었던 그로서는 아우슈비츠 수용소에서 비참하게 희생당하지 않은 것만으로도 크게 위안을 삼아야 할지 모른다. 그러나 우리는 이미 현대의 고전(古典)으로 자리 잡은 후설 현상학의 참모습과 의의를 올바로 규명해야 한다.

후설의 사상발전

후설 현상학의 출발인 동시에 얼개: 심리학주의 비판

라이프치히대학교와 베를린대학교에서 공부하고 변수계산(變數計算)에 관한 학위논문을 발표하여 수학자로 경력을 쌓기 시작한 후설은 빈대학교에서 브렌타노(F. Brentano)의 영향을 받아 철학도 엄밀한 학문으로 수립될 수 있다는 확신을 얻었다. 그래서 1887년 제출한 교수자격논문「수 개념에 관해(심리학적 분석)」에서 심리학의 방법으로 수학의 기초를 확립하고자 했다(이것은 1891년『산술철학』으로 확대·출판되었다).

그러나 그는 곧 이것이 충분치 못함을 깨달았다. 여기에는 그의 시도를 '심리학주의'라고 비판한 프레게(G. Frege)와 나토르프(P. Natorp), 판단작용과 판단내용을 구별하여 순수논리학을 추구한 볼차노(B. Bolzano)가 영향을 미쳤다. 수학과 논리학의 형식상 관계를 밝히려는 후설 본인의 문제의식이 확장된 것도 이유였다.

그래서 후설은 1900년『논리연구』제1권에서 심리학주의를 비판함으로써 보편수학(mathesis universalis)의 이념을 추구하는 학문이론으로서의 순수논리학을 정초하고자 했다.

1) 논리학에 대한 상반된 견해

논리학은 아리스토텔레스가 체계화한 이래 그 자체로 완결된 학문으로 보였으나, 근대 이후 논리학의 성격과 원리에 관해 논리학주의와 심리학주의가 대립했다. 논리학주의는 논리학이 순수한 이론의 학문으로, 심리학이나 형이상학에 독립된 분과라고 주장했다. 반면 심리학주의는 논리학이 판단과 추리의 규범을 다루는 실천적 기술(技術)의 학문으로, 심리학에 의존하는 분과라고 주장했다.

후설에 따르면, 논리학의 이 두 측면은 서로 대립된 것이 아니라 오히려 긴밀한 관계를 맺고 있다. 이론의 학문은 존재의 사실에 관한 법칙이고, 규범의 학문은 존재의 당위에 관한 법칙이다. 그런데 가령 '모든 군인은 용감해야만 한다'는 실천적 당위의 명제는 '용감한 군인만이 훌륭한 군인이다'라는 아무 규범도 갖지 않는 이론적 사실의 명제를 포함한다. 거꾸로도 마찬가지다. 따라서 규범의 학문 속에 내포된 이론적 영역은 이론의 학문으로 해명되어야 하고, 이론의 학문 역시 실천적 계기를 배제하는 것이 아니기 때문에 규범적 성격을 지닌다. 그러나 규범의 기초는 이론에 근거하므로 규범의 학문이 학문적 성격을 지니려면 이론의 학문을 전제해야 한다는 점을 고려해볼 때, 논리학은 본질적으로 이론의 학문에 속하고 부차적으로 규범적 성격을 띤다.

그런데 논리학을 올바른 판단과 추리를 결정하는 규범의 학문으로만 볼 경우, 그 과정은 심리활동의 산물이라는 점에서 논리학의 기초는 심리학, 특히 인식의 심리학에 있다는 심리학주의가 된다.

2) 심리학주의의 주장

논리법칙이 심리적 사실에 근거한 심리법칙이기 때문에 논리학은 심리학에 속하는 하나의 특수한 분과다. 따라서 논리법칙은 심리물리적 실험을 반복해 일반화한 발생적 경험법칙으로서 사유의 기능 또는 조건을 진술하는 법칙이며, 모순율(가령 '이 선분은 직선이다'와 '이 선분은 직선이 아니다')도 모순된 두 명제를 동시에 참으로 받아들일 수 없는 마음의 신념, 즉 두 가지 판단작용이 실재적으로 양립할 수 없다는 신념에서 비롯된다.

3) 후설의 비판

순수 논리법칙은 대상(예를 들어 '둥근 사각형' '황금산' '화성의 생명체')의 존재를 함축하거나 전제하지 않는다. 모순율도 모순된 명제들이나 상반된 사태들이 이념적으로 양립할 수 없다는 것을 뜻한다. 확률적 귀납에 따라 맹목적 확신으로 마음이 느낀 인과적 필연성과 명증적 통찰에 따라 직접 이해된 것으로 어떠한 사실로도 확인되거나 반박되지 않는 보편타당한 논리적 필연성은 혼동될 수 없다.

따라서 심리학주의의 인식론에서 진리의 척도를 개별적 인간에 두는 개인적 상대주의의 주장 '어떠한 진리도 없다'는 '어떠한 진리도 없다는 진리는 있다'는 명제와 똑같은 진리치를 지닌 가설로서 자신의 주장을 바로 자신이 부정하는 자가당착이다. 그 척도를 인간 종(種)에 두는 종적 상대주의의 '동일한 판단내용이 인간에게는 참인 동시에 다른 존재자에게는 거짓일 수 있다'는 주장 역시 모순율에 배치된다. 물론 인식한 객관적 판단의 이념적 내용과 인식하는 주관이 다양하게 판단하는 실재적 작용은 혼동될 수 없다. 진리를 인식할 수 있는 조건이 곧 진리가 성립한다는 것을 입증하는 것도 아니다.

이와 같은 심리학주의의 상대주의는 논리적 원리를 우연적 사실에서 도출하기 때문에, 사실이 변하면 원리도 달라져서 자기주장을 자신이 파괴하는 자기모순과 회의주의의 순환론에 빠진다.

논리학에서 인식론으로

이러한 심리학주의 비판은 후설에게 '심리학주의에 결정적 쐐기를 박은 객관주의자'라는 인상과 함께, 철학계에서의 확고한 지위를 부여했다. 그 비판의 핵심은 이념적인 것(Ideales)과 실재적인 것(Reales) 그리고 이념적인 것이 실천적으로 변형된 규범적인 것(Normales)의 근본적 차이를 인식론적으로 혼동한 기초이동(metabasis)을 지적한 (물론 주관적 심리학주의뿐 아니라, 주관에 맹목적인 객관적 논리학주의도 철저하게 비판한) 것이다. 경험론의 추상이론을 포기해야만 이들의 관계가 올바로 분명히 드러날 수 있다고 파악한 그는 경험이 발생하는 사실(事實)이 아니라 객관적으로 타당하기 위한 권리(權利), 즉 '어떻게 경험적인 것이 이념적인 것에 내재하며 인식될 수 있는지'를 해명할 필요가 있었다.

그래서 그는 곧이어 1901년 출간한 『논리연구』 제2권에서 이 문제를 해명하고자 지향적 의식체험을 분석했다. 즉 궁극적 근원을 찾아 형식논리와 모든 인식의 전제인 순수 의식을 분석하는 선험논리의 영역을 파고들었다. 모든 세계의 객관적 타당성과 존재의미는 선험적 주관성에 근거해서만 성립되고 이해될 수 있기 때문이었다.

1) 표현과 의미

그는 의식의 지향성을 전제해야만 가능한 언어를 분석해 의미의 지향적 구조를 밝혔다. 언어를 통한 표현이나 기호의 구조는 이것에 의미를 부여해 생명력을 불어넣는 생생한 체험을 분석해야 이해될 수 있기 때문이다.

언어는 언제나 '무엇에 대한' 기호다. 그러나 모든 기호가 그 기호로써 표현된 의미를 갖는 것은 아니다. 따라서 기호는 기호와 그것이 지적한 것이 필연적으로 결합된 '표현'과 이것들이 협약이나 연상에 따라 어떤 동기로 결합된 '표시'로 구분된다. 이때 표현 속에 주어진 것을 분석해보면, '표현 자체' '그 표현의 의미' 그리고 '표현의 대상성'이 있다.

그런데 표현에서 가장 기본적 기능은 '통지기능'이다. 표현은 의사를 소통하는 심리적 체험(형식)과 문자나 음소, 즉 물리적 체험(내용)으로 구성된다. 물론 듣는 사람은 통지받는 것을 그가 그것을 다른 사람에게 통지하는 양상으로 이해하기 때문에, 말하는 사람이 더 근본적이다.

이렇게 통지하고 통지받는 것이 일치되어 표현에 생생한 의미를 부여하고 대상성을 직관하는 것이 곧 '의미기능'이다. 여기에는 의미를 부여해 표현된 대상성과의 관계를 지향하는 '의미지향'과 이 의미지향을 확인·보증·예증해 대상성과의 관계를 성립시켜 충족시키는 '의미충족' 두 계기가 있다. 이때 표현은 대상에 직접 관계하지 않고 의미작용으로 표현되고 사념된 대상성, 즉 논리적 대상들에 우선 관계한다. 이 대상성은 동반된 직관에 따라 현재화되어 나타난다. 이것이 대상성을 지시하는 '명명기능'이다.

그러나 표현의 본질은 의미기능에 있기 때문에 통지기능은 의미기능의 보조수단이다. 통지기능이 없어도 (예를 들어 표정·몸짓·독백 등) 의미는 있을 수 있지만 의미기능이 없는 표현은 불가능하고, 의미로 표현된 대상성은 비록 가상(假象)이라도 그 표현을 무의미하게 만들지 못하기 때문이다. 즉 의미기능에서 의미지향은 의미충족에 선행하고 의미충족이 없어도 표현을 이해시켜주기 때문에 의미충족보다 더 본질적이다.

이러한 의미론은 상상이나 동화, 문예작품, 미래의 소망처럼 지시하는 대상이 현존하지 않아도 의미지향을 지닌 표현에 의미가 있다고 본다. 그래서 유의미의 기준을 원자명제와 사태의 일대일 대응에 둔 비트겐슈타인(L. Wittgenstein)의 '그림이론'이나 논리적 실증주의(Logical Positivism)가 그 기준을 명제를 관찰하고 진위를 검증할 방법에 둔 '검증원리'보다 더 포괄적이며 강한 설득력을 지닌다.

2) 지향적 분석에 대한 편견과 오해

그러나 이러한 의식체험의 분석은 순수논리학보다는 체험심리학이나 인지심리학에 적절한 관심사로 비쳤다. 그래서 동시대인들은 주관성으로 되돌아가 묻는 후설의 작업을 심리학주의로 후퇴한 것으로, 심지어 '단순한 의식철학' '주관적(절대적) 관념론'으로까지 해석했다. 그는 이러한 오해가 소박한 자연적 태도로 전락하기 때문에 발생한다는 점을 여러 번 해명했지만, 이미 깊이 뿌리내린 두꺼운 편견을 해소할 수는 없었다.

경험의 대상과 그것이 주어지는 방식 사이의 보편적 상관관계의 아프리오리(Apriori)에 대한 생각이 처음 떠오른 것(『논리연구』가 마무리된 1898년경)에 깊은 충격을 받아, 그 이후 나의 전 생애에 걸친 작업은 이 상관관계의 아프리오리를 체계적으로 완성하는 것이었다. ……선험적 환원으로 새로운 철학을 체계적으로 소개하는 첫 시도는 『이념들』 제1권(1913)으로 나타났다. 그 후 수십 년간 철학은—이른바 현상학파의 철학도—구태의연한 소박함에 머물곤 했다. 물론 삶의 자연적인 방식 전체를 총체적으로 변경하는 것이 맨 처음 등장하기란 매우 어렵기 때문에 충분한 근거를 바탕으로 서술될 수 없었다. 특히…… 자연적 태도로 다시 전락함으로써 일어나는 끊임없는 오해들이 발생하는 경우 더욱 그러했다.

그가 『위기』에서 자신의 철학을 되돌아보며 많은 아쉬움을 표명하면서 진술한 것에서도 알 수 있듯이, 이미 1898년경 완성된 이 두 책이 동시에 출간되었다면, 처음부터 '(제1권의) 객관주의 대(對) (제2권의) 주관주의'라는 논란은 일어나지 않았을 것이다. 물론 "현상학 전체를 포괄하는 문제의 명칭"인 의식의 지향성을 제대로 파악하면, 이러한 가정조차 필요 없다.

결국 후설의 심리학주의 비판은 심리학 자체를 거부한 것이 아니라, 자연과학의 인과법칙에 따른 행동주의 심리학이나 객관주의적 형태심리학의 소박한 자연적 태도를 지적한 것이다. 경험의 대상과 그것이 의식에 주어지는 방식들 사이의 보편적 상관관계를 체계적으로 밝히는 것, 즉 심리학이나 그 밖의 학문으로 이성에 관한 참된 학문의 길을 제시하는 것은 다양하게 발전해나간 후설사상에서 변함없는 핵심과제였다.

선험적 현상학이 싹트는 계기

후설은 『논리연구』 출간 이후 『이념들』 제1권 출간까지 10여 년간 (논리적·실천적·가치 설정적) 이성 일반에 대한 비판, 즉 논리학을 인식론적으로 해명하는 현상학적 이성비판에 집중했으나, 그 내용을 출판하지는 않았다.

그러나 이 기간에 주목할 만한 일이 세 가지 있었다.

1) 수동적 종합의 근원인 내적 시간의식

1904~1905년 겨울학기 강의 '현상학과 인식론의 주요 문제'다. 이 강의에서 순수한 감각자료의 시간적 구성과 그 구성의 기초인 현상학적 시간의 자기구성을 다룬 후설은 시간의식의 지향적 성격을 밝힘으로써 이른바 후기사상이 전개되는 기본축인 발생적 분석의 지침을 분명하게 제시했다(1928년 하이데거가 관련 자료를 편집해 출

판한 것이 이 책의 원전이다).

그는 이렇게 분석한 성과를 그 후 여러 저술에서 자주 인용해 강조했지만, 1928년에야 비로소 『시간의식』으로 출간했다. 그러나 비슷한 주제로 1927년 발표된 하이데거의 『존재와 시간』과 유사한 것으로 간주되어 전혀 주목받지 못했다. 만약 1917년 이미 탈고된 그 초고가 좀더 일찍 알려졌다면, 후설 현상학을 '정적 현상학 대 발생적 현상학'으로 대립시켜 이해하는 시각은 아예 생기지도 않았다.

2) 선험적 전환의 기폭제

1905년 여름 젊은 현상학도들과 알프스의 제펠트에서 연 연구회의 초고다. 여기서 선험적 현상학의 중심개념인 '환원'(Reduktion)과 대상의 '구성'(Konstitution) 문제를 처음 다루었다(이것을 바탕으로 한 '1907년 강의'의 유고는 1950년 『이념』으로 출판되었다).

현상학적 환원으로 선험적 고찰방식을 터득한 후설은 대상이 구성되는 의식 자체로 되돌아가서 선험적 현상학을 천착해갔다. 그는 '선험적'(transzendental)이라는 용어를 칸트에게서 받아들였지만, 점차 칸트와 다르게 또한 그 의미를 더 확장해 사용한다. 그것은 인식 가능한 형식적 조건을 문제 삼거나 존재를 정립해 소박하게 받아들이는 자연적 태도를 넘어서 그 타당성을 판단중지함으로써 궁극적 근원으로 되돌아가 묻는 철저한 반성적 태도를 뜻한다.

나는 이 '선험적'이라는 말을 가장 넓은 의미에서 데카르트가 모든 근대철학에 의미를 부여한…… 원본적 동기에 대한 명칭으로 사용한다. 그것은 '모든 인식이 형성되는 궁극적 원천으로 되돌아가 묻는 동기이며, 인식하는 자가 자기 자신과 자신의 인식하는 삶(Leben)에 대해 스스로 성찰하는 동기'다.

즉 칸트나 신칸트학파에서 '선험적'에 대립된 말은 '경험적' (empirisch)이지만, 후설에게서 그것은 '소박한'(naive) 또는 '세속적'(mundan)이다. 이 점을 분명하게 파악해야 일반적 의미의 방법론으로서 현상학과 전통적 의미의 철학을 심화시킨 새로운 철학(선험철학)으로서 선험적 현상학을 정확하게 구별할 수 있다.

3) 자연주의와 역사주의 비판

1910년 크리스마스 휴가부터 다음 해 초까지 작성해 『로고스』 (Logos) 창간호에 발표한 『엄밀한 학문』이다. 다른 저술에 비해 비교적 짧은 이 논문은 제자들과만 공유하던 현상학의 구상을 일반 대중에게 극명하게 전한 선언문이자 그 후에 다양하게 발전한 사상을 이해할 결정적 시금석이다.

자연주의는 모든 존재자를 단순한 물질과 이것에 의존해서만 경험되는 심리로 구별하고 이 심리물리적 자연 전체를 수량화(數量化)해 정밀한 자연법칙으로 규정한다. 그래서 구체적 시간성이나 실재적 성질이 전혀 없는 이념적인 것까지 자연화(自然化) 또는 사물화(事物化)한다.

그러나 의식을 자연의 한 부분으로만 간주해 의식의 지향성을 보지 못하고 엄밀한 학문의 이념을 왜곡하는 자연주의는 이론상 자기모순이다. 자연주의자는 이념적인 것을 부정하는 이론을 주장하는데, 이 이론 역시 객관성과 보편성을 요구하는 이념적인 것이기 때문에 곧 자신의 행동에서 관념론자이자 객관주의자일 수밖에 없다. 또한 실천상 가치나 의미의 문제를 규범과 인격의 주체에서 소외시킨 '심리(Psyche) 없는 심리학(Psychologie)'이다.

한편 역사주의는 내적 직관으로 정신의 삶에 정통하게 되면 그것을 지배하는 동기들을 '추후로 체험'할 수 있고, 이렇게 함으로써 그때그때 정신이 이룩한 형태의 본질과 발전을 역사적 발생론으로 '이해'할 수 있다고 본다. 세계에 대한 경험과 교양을 강조하는 세계관 철학도 근본적으로 마찬가지다.

그러나 역사주의는 사실과 이념을 인식론적으로 혼동한 오류로서 이것은 결국 각 역사적 관점을 모두 부정하는 극단적인 회의적 상대주의가 된다. 가치평가의 원리는 역사적 사실을 다루는 역사가(歷史家)가 단지 전제할 뿐이지 결코 정초할 수 없는 이념적인 영역에 놓여 있다. 따라서 엄밀한 학문의 이념을 약화시킬 뿐이며, 경험적 사실로 비실재적인 이념을 정초하거나 반박하는 것은 희망 없는 헛된 시도요 모순이다.

선험적 현상학(현상학적 철학) 추구

후설은 현상학에 대한 일반 대중의 급증하는 관심과 요구에 따라 그 통일적 모습을 밝힐 필요를 느꼈다. 그래서 1913년 자신이 공동편집인으로 창간한 『(철학과 현상학 탐구)연보』에 『이념들』 제1권을 발표해, 순수 의식의 본질구조를 분석하는 현상학의 문제와 방법을 구체적으로 제시했다.

1) 문제와 방법

현상학의 최고 원리는 '원본적으로 부여하는 모든 직관이 인식에 대한 권리의 원천'이라는 것이고, 그 규범은 '의식 자체에서 본질적으로 통찰할 수 있는 명증성만 요구'한다는 것이며, 그 문제 영역은 이성(선험적 자아)의 본질구조를 지향적으로 분석하는 새로운 인식비판이다. 그 방법에는 '판단중지'(Epoché)와 '형상적 환원' 선험적 환원'이 있다.

'판단중지'는 자연적 태도로 정립된 실재 세계의 타당성을 괄호 속에 묶어 일단 보류한다. 예를 들어 어떤 빨간 장미꽃을 보았을 때, 이것을 과거에 경험한 것이나 편견에 얽매여 판단하는 것을 일시 중지한다. 그러나 그 꽃이 실제로 존재하는 것을 부정하거나 의심하는 것은 아니다. 다만 그것을 바라보는 관심과 태도를 변경함으로써 새로운 방식으로 볼 수 있게 한다. 이것은 자신이 보고 싶은 것만 보고 자신이 선호하는 측면으로만 해석하는 자기중심적인 편향성과 안일한 타성을 극복하는, 즉 '처지를 바꾸어 생각하는'(易地思之) 태도로서, 다른 사람을 진정으로 이해하고 배려하며, 복잡한 연관 속에 주어진 사태 전체에 더 충실하게 다가서는 새로운 가능성을 실현할 구체적인 방법이다.

'형상적 환원'은 개별적 사실에서 보편적 본질로 이끈다. 즉 어떤 임의의 대상, 즉 빨간 장미꽃을 상상으로 자유롭게 변경해 빨간 연필, 빨간 옷 등 그 모상(模像)을 만들고, 이것들이 서로 합치하는 것을 종합해 '빨간색'이라는 본질, 즉 형상을 직관한다. 이때 자유로운 변경은, 가령 빨간색에서 노란색으로 넘어갈 수 있지만 어떤 음(音)으로 넘어갈 수 없듯이, 일정하게 한계가 설정된 류(類)의 범위, 즉 후설이 말하는 아프리오리 안에서만 수행된다. 따라서 모상들이 서로 중첩되는 일치, 즉 본질은 자유로운 변경으로 비로소 산출된 것이 아니라 처음부터 수동적으로 미리 구성되어 있다. 형식논리학도 그 주어(S)나 술어(P)가 사실이든 상상이든 이러한 한계 안에서만 '세계 속에 있는'(in der Welt sein) 참된 존재자를 유의미하게 판단하는 철학적 논리학일 수 있다(바로 이 한계 때문에도 후설 현상학을 절대적 관념론으로 해석할 수 없다).

'선험적 환원'은 의식의 작용들과 대상들에 통일성을 부여하고 그것의 동일한 의미를 '구성'하는 원천인 선험적 자아와 그 대상 영역을 드러낸다. 물론 후설 현상학에서 '구성'은 대상을 창조해 만들어내는 것이 아니라 그 대상이 스스로 제시하고 드러낸 것의 의미를 해명하는 것이다. 후설은 이 영역을 '객관'과 대립된 '주관'이 아니라 주관과 연관된 것을 추상화해 포괄하는 (선험적) '주관성'(Subjektivität) 또는 '주관적인 것'(Subjektives)이라는 생소한 표현으로 지칭한다. 어쨌든 경험적 자아는 구체적으로 존재하는 세계와 일상으로 교섭하는 사실적 자아이고, 선험적 자아는 자연적 태도의 경험을 판단중지하고 남은 기저의 층(層) 또는 구체적 체험흐름의 심층에서 환원을 수행하는 자아다. 사실적 자아는 '보인 나'이며, 선험적 자아는 '보는 나', 곧 인격적 주체인 나의 '마음'이다.

2) 이성비판의 의의

『이념들』제1권은 이성비판으로 순수 의식의 보편적 구조(선험적 주관성)를 해명하는 '선험적 현상학', 즉 현상학적 철학(또는 순수 현상학)의 얼개를 세운 초석이다. 그런데 후설에게 '이성'은, 칸트처럼 '오성'과 구별되거나 '이론이성'과 '실천이성'으로 나뉘지 않고, '이론적·실천적·가치 설정적 이성 일반', 즉 감각(지각)·기억·예상 등 침전된 무의식(심층의식)을 포함한 끊임없는 지향적 의식의 통일적 흐름을 뜻한다. 그에게는 '주관성'도 전통적 견해인 '객관과 대립된 주관'(Subjekt 대 Objekt)이 아니라 '주관과 객관의 불가분한 상관관계'(Subjekt-Objekt-Korrelation)다.

그러나 순수 의식의 본질적 구조를 해명하는 선험적 현상학은 '주관적 관념론'이라는 인상과 함께, 자아 속으로 파고들어갈 뿐인 '독아론'(獨我論)으로 간주되었다. 더구나 '순수 현상학의 일반적 입문'이라는 부제를 단 제1권은 본래 총 3부로 계획된 것 가운데 제1부다. 1912년 이미 완결된 제2부의 초고는 1916년부터 프라이부르크대학교에서 후설의 연구조교로 활동한 슈타인(E. Stein)이 1913년과 1918

년 두 차례 수기로 정리했다. 이것을 란트그레베가 1924~25년 다시 수정하고 타이프로 정서했지만, 30년 이상 지나서야 1952년『후설전집』제4권(『구성에 대한 현상학적 분석』)과 제5권(『현상학과 학문의 기초』)으로 출간되었다.

그 결과『이념들』제1권은 '정적 분석'의 '선험적 관념론'으로, 제2권은 '발생적 분석'의 '경험적 실재론'으로 해석되었다. 그래서 이 둘은 긴밀한 연관 속에 함께 연구된 일련의 저술이 아닌, 마치 다른 주제로 다른 시기에 작성된 것처럼 알려졌다. 더구나 제2권은 정신세계가 그 근본적 법칙인 '연상' 또는 '동기부여'로 발생되는 역동적 구성의 문제를 다루는데, 하이데거가『존재와 시간』에서, 메를로퐁티가『지각의 현상학』에서 각각 이 책을 유고 상태로 참조했다고 밝힌 점이나, 가다머가『진리와 방법』에서 출간된 책으로 언급한 점에서 알 수 있듯이, 후설 현상학과 그 후의 많은 현상학자 사이의 매우 밀접한 관련도 전혀 파악할 수 없게 되었다.

물론 제2권과 제3권도 본래 구상에서 제2부의 제1편과 제2편일뿐이다. 제3부「현상학적 철학의 이념」은 그 당시 체계적으로 서술해 제시할 수 없었고 그 후 후설이 조금도 또한 잠시도 벗어날 수 없었던 과제로 남았다.

3) 선험적 현상학의 이념을 추구한 흔적

후설은『이념들』제1권 이후『형식논리학과 선험논리학』을 출간하기까지 16년간 어떠한 저술도 출판하지 않았다. 그렇다고 이 기간에 그가 선험적 현상학에 의심을 품고 근본적으로 사상을 전환했다고 주장하는 것은 전혀 근거 없는 억지다. 오히려 선험적 현상학의 이념을 정확하게 전달하려고 외부 강연과 대학 강의에 몰두하는 한편,『이념들』제1권에 대한 오해를 해소하고자 검토와 수정을 거듭하던

제2권의 완성도를 높이는 작업에 전력했다.

그 흔적을 추적해보면 다음과 같다.

우선 1922년 6월 런던대학교에서 한 강연 '현상학적 방법과 현상학적 철학'이 있다. 그는 이것을 확장해 1922~23년 '철학입문'(이것은 유고로 남아 있다)과 1923~24년 '제일철학'(이것은 1956년 『제일철학』의 제1권 『역사편』 및 1956년 제2권 『체계편』으로 출판되었다)을 강의했다. '제일철학'이라는 고대의 명칭을 채택한 것은 독단적 '형이상학'을 극복하고 이성을 비판하는 철학 본래의 이념을 복원하려는 의도 때문이다(이 명칭은 1930년대 들어 점차 '선험철학'으로 대치된다). 그런데 후설은 이미 이때부터 제일철학에 이르는 현상학적 환원으로 데카르트가 방법적 회의로 자의식의 확실성에 도달한 것과 같은 직접적인 길 이외에, 심리학이나 실증과학의 비판을 통한 간접적인 길들을 모색하고 있었다.

이러한 점은 1927년 제자 하이데거와 공동으로 집필을 시작해 네 차례 수정을 거치면서 학문적으로 결별하게 되었던 『대영백과사전』(Encyclopaedia Britannica, 제14판 제17권, 1929)의 '현상학' 항목(이것은 후설이 독자적으로 작성한 4차 수정안이다)에서도 찾아볼 수 있다. 그는 이것을 수정하고 보완해 1928년 암스테르담에서 강연했다. 그러나 결론인 제3부는 제목만 밝힌 채 미완성으로 남았다.

어쨌든 그는 그 어떤 것에도 결코 만족할 수 없었다.

4) 은퇴 후에도 계속 추구한 선험적 현상학의 이념

후설은 1928년 가을 하이데거에게 후임을 넘기고 프라이부르크대학교를 은퇴했다. 그러나 학문적 작업에서 은퇴한 것은 아니었다. 오히려 더 왕성한 의욕을 품고 새롭게 출발했다.

1928년 11월부터 다음 해 1월까지 『형식논리학과 선험논리학』을 작성해 발표했다. 그는 논리학이 자신의 방법론을 소박하게 전제하는 하나의 개별과학으로 전락했기 때문에 참된 존재를 탐구하는 진정한 방법의 선구자로서 본연의 역할을 하지 못했고, 그 결과 학문의 위기가 발생했다고 진단한다. 그리고 형식논리학이 인식하는 행위와 실천하는 행위 그리고 가치를 설정하는 행위가 서로 밀접하게 관련된다는 사실을 문제 삼지 않아 이론(theoria)과 실천(praxis)을 단절시켰다고 비판한다.

술어로 표명된 판단 자체의 진리와 명증성은 판단의 기체(基體)들이 주어지는 근원적인 술어로 표명되기 이전의 경험의 대상적 명증성에 근거하기 때문에, 형식논리학은 선험논리학으로 정초되어야만 참된 존재자, 즉 세계에 관한 논리학이 된다. 그리고 선험적 현상학은 지각이 수용되는 수동적 감성(pathos)을 분석하는 선험적 감성론에서 능동적 이성(logos)이 술어로 판단하는 형식논리학을 정초하는 선험논리학으로 상승해가는 것이다. 이렇게 형식논리학의 근원으로 되돌아가 물은 것은『논리연구』제1권 이래 오래 침묵했던 순수 논리학의 이념을 더욱 명확하게 해명한 것이었다.

그리고 1929년 2월 프랑스학술원 주관으로 소르본대학교의 데카르트기념관에서 선험적 현상학을 데카르트의 전통에 입각해 체계적으로 묘사한 '선험적 현상학 입문'을 강연했다(레비나스가 주로 번역한 강연의 '요약문'은 1931년 프랑스어판 *Meditations Cartésiennes*으로 출간되었다).

이는 현상학을 방법론으로만 받아들인 (선험적 환원은 배제하고 본질직관의 형상적 환원만 수용한) 셸러와 (선험적 자아를 이념적 주체로 규정하고, 이 주체로는 현존재Dasein의 사실성과 존재론적 성격을 파악할 수 없다고 주장한) 하이데거를 통해 간접적으로 전파된, 따라서 선험적 현상학이 추상적 관념론이나 독아론으로 오해된 프랑스에 자신의 철학을 직접 해명하려는 시도였다. 후설이 볼 때 이들의 현상학은 여전히 소박한 자연적 태도에 머문 심리학적-객관적 인간학주의로서 '세속적 현상학'일 뿐, 여전히 '선험적 현상학'에는 이르지 못한 것이다.

후설은 이 '파리 강연'을 독일어판으로 확장해 출판하는 것을 필생의 작업으로 간주하고 수정해갔다(이 수정원고들은 1973년 『상호주관성』 제3권으로 출판되었다). 이러는 가운데 칸트학회의 초청으로 1931년 6월 프랑크푸르트대학교, 베를린대학교, 할레대학교에서 '현상학과 인간학'을 강연했다(이것은 1989년 출간된 『논문과 강연(1922~1937)』에 수록되었다). 여기서 후설은 철학을 인간학적으로 정초하려는 딜타이학파의 생철학과 셸러나 하이데거의 시도를 비판하고, 철저한 자기성찰과 자기책임에 입각한 선험적 현상학의 이념을 데카르트의 성찰과 관련지어 전개했다. 이 강연의 예기치 않은 성황에 힘입어 '감정이입' '타자경험' '상호주관성'의 문제를 중심으로 원고를 다시 수정했지만, 이것 역시 만족할 수 없었다.

그래서 1932년 8월 핑크에게 위임해 『선험적 방법론』을 구상하게 하고, 검토해갔다(이 자료는 1988년 『제6성찰』 제1권 및 제2권으로 출간되었다). 그러나 그 내용이 선험적 현상학의 이념에 충실함을 인정하면서도, '완전히 다른' 책이 될 수 있다고 판단했다. 또한 이 책에서 『이념들』 제1권 이래 추구한 '데카르트적 길'은 단 한 번의 비약으로 선험적 자아에 이르는 것으로 제시되는데, 상세한 예비설명이 없기 때문에 선험적 자아를 가상적이고 공허한 것으로 보이게 했다. 따라서 자연적 태도를 벗어나지 못한 사람들에게 선험적 현상학을 이해시키기 어렵다고 생각해 출판을 보류했다.

더구나 1934년 8월 프라하의 국제철학회가 후설에게 '우리 시대에서 철학의 사명'이라는 주제로 강연해줄 것을 요청했다. 그때는 나치정권이 등장하여 철학이나 정치 분야를 중심으로 합리주의에 대한 반감이 팽배해지고, 유럽 문명에 대한 회의가 커지고 있었다. 이 강연을 준비하느라 '파리 강연'을 완성시키려는 계획을 유보할 수밖에 없었다(이 자료는 1950년 『성찰』로 출간되었다). 또한 1919~20년 강의 '발생적 논리학'과 관련 수고들을 정리하던 작업도 관심 밖으로 밀려났다(란트그레베에게 위임했던 이 작업은 그가 죽은 다음 해인 1939년에서야 『경험과 판단』으로 출간되었다).

선험적 현상학에 이르는 새로운 출발

'프라하 강연'에 이어서 후설은 우선 1935년 5월 비엔나 문화협회에서 '유럽 인간성의 위기에서의 철학'을, 11월 프라하의 독일대학교와 체코대학교에서 '유럽 학문의 위기와 심리학'을 강연했다. 또다시 '선험적 현상학 입문'을 시도한 이 강연은 제1부와 제2부로 나뉜다. 제1부는 유럽 인간성의 근본적 삶의 위기로 표현되는 학문의 위기를 논하고, 제2부는 그리스철학과 수학, 갈릴레이 이래 근대과학의 발생 그리고 데카르트부터 칸트까지의 근대철학사를 목적론으로 해석했다(이 강연의 원고는 유고슬라비아의 베오그라드에서 1936년 발행한 『필로소피아』*Philosophia* 창간호에 실렸다).

그는 이것을 완결지어 출판하려 했으나, 1937년 8월 제3부 「선험적 문제를 해명하는 것과 이에 관련된 심리학의 기능」(이것은 다시 'A 미리 주어진 생활세계에서 되돌아가 물음으로써 현상학적 선험철학에 이르는 길'과 'B 심리학에서 현상학적 선험철학에 이르는 길'로 나뉜다)을 수정할 때는 이미 병들어 있었다. 제3부 A는 출판사에서 조판을 마친 교정본을 받았고, 증보판을 위한 「머리말」도 쓴 상태였지만, 후설이 수정을 멈추지 않았고 그러는 가운데 병까지 났기 때문에 결국 제3부는 관련 논문 및 부록과 함께 그가 죽고도 상당한 기간이 지난 1954년 『위기』로 출간되었다. 하지만 이 역시 본래 총 5부로 저술하려던 것이었기에 미완성이다.

1) 생활세계 논의의 기초와 그 문제제기

『위기』에서 제시한 '생활세계'(Lebenswelt)는 현대철학에 크나큰 충격을 던졌다. 그것은 수학과 자연과학으로 이념화된 세계나, 일반적 의미의 일상세계도 아니다. 논리 이전에 미리 주어진, 그 유형으로 친숙하게 잘 알려진, 술어(述語)로 표명되기 이전의 경험세계다. 그런데 '생활세계'는 『위기』에서 처음 등장한 개념이 결코 아니다. 심리학주의, 자연주의, 역사주의, 세계관철학에 대한 인식비판과 소박한 형식논리에 대한 경험비판에서 그가 일관되게 강조한, '사태 그 자체'로 되돌아가서 직접 체험하는 직관의 세계 이외에 다른 것이 아니기 때문이다.

모든 개별적 대상은 감각자료처럼 그 자체로 고립된 것이 아니라, '유형적으로 미리 알려진', 즉 술어로 규정되기 이전에 경험의 지향적 지평구조 안에서 이미 주어진다. 수동적으로 미리 주어진 대상을 술어 이전에 파악하는 지각작용은 이미 인식하는 자아가 능동적으로 주의를 기울여 작업을 수행하는 가장 낮은 단계의 능동성인 '수용성'(受容性)이다. 술어로 대상화해 지속적 인식의 소유물로 확립하는 판단작용의 '자발성'(自發性) 이전에 존재하는 이 수용성의 구조에는 '내적 시간의식의 근원적 연상에 따른 수동적 종합'과 '신체의 운동감각(Kinästhesis)에 따른 동기부여(Motivation)'가 있다.

어쨌든 '생활세계'에 대한 후설의 논의는 '직관적 경험에 미리 주어진 토대(Boden)'이기에 실재론으로, '주관이 수행한 의미의 형성물(Gebilde)'이기에 관념론으로 해석할 수 있을 정도로 스펙트럼이 매우 다양하고, 그 분석도 아주 세밀하고 복잡해 전체 모습을 파악하기란 결코 간단치 않다. 세속적-자연적 의미의 생활세계(경험세계)와 선험적 의미의 생활세계(선험세계)를 동일한 명칭으로 다루기 때문에 더욱 그러하다.

2) 자연적 의미의 생활세계('경험세계'): 방법론으로서의 현상학

객관적 학문의 세계는 구체적 경험으로 직관할 수 있는 생활세계에 추상적 이념(理念)과 상징(象徵)의 옷을 입힌 것이다. 자연을 '수학적 언어로 쓰인 책'으로 파악한 갈릴레이 이래 자연과학은 이 생활세계를 수량화하고 기호화한 객관적 자연을 참된 존재로 간주한다. 그 결과 '자연'은 발견되었지만, 이 객관성에 의미를 부여하고 해명하는 '주관성'은 망각되었다. 이 점에서 갈릴레이는 '발견의 천재인 동시에 은폐의 천재'다.

즉 실증적 자연과학이 추구하는 객관적 인식(episteme)은 '그 자체의 존재'(An-sich)가 아니라 그것에 이르는 하나의 방법(Methode)에 불과한 것이다. 플라톤 이래 경험론을 거치면서 더 강력해진 경향, 즉 주관이 개재될수록 더 모호하다며 전통적으로 경멸받았던 주관적 속견(doxa)은 정작 객관적 인식이 그 타당성의 의미와 정초의 관계상 되돌아가야(Rückgang) 할 궁극적 근원이다.

따라서 생활세계가 '토대'라는, 또한 '형성물'이라는 주장은 서로 배척하는 것이 아니라, 부단히 상호작용한다. 즉 생활세계는 주관이 일단 형성한 의미가 문화와 기술, 도구 등 보편적 언어의 형태로 생활세계 속으로 흘러들어가 침전되고, 이것이 지속적 타당성을 지닌 습득성 또는 관심(토대)으로서 자명하게 복원되거나 수정되면서 다시 그 의미가 풍부하게 형성되는 개방된 나선형의 순환구조를 지닌다. 그것은 상호주관적으로 경험하며 언어적으로 논의하고 해석할 수 있는 우리에게 모두 공통적인 동일한 역사적 환경세계다. 결국 생

활세계로 되돌아가는 것은 경험된 세계를 단순히 받아들이는 것이 아니라, 그 속에 이미 침전된 역사성을 근원으로까지 소급해 그 통일적 총체성의 지평구조를 분석하는 것이다.

3) 선험적 의미의 생활세계('선험세계'): 철학으로서의 현상학

그러나 후설은 생활세계로 되돌아가는 것만으로는 '세계가 미리 주어져 있다'는 것을 소박하게 전제하는 자연적(세속적) 태도를 벗어날 수 없기에 철저하지 않으므로, '생활세계가 왜 그렇게 주어질 수밖에 없는지'를 되돌아가 묻는(Rückfrage) 선험적 태도가 필요하다고 주장한다.

이렇게 철저한 선험적 태도로 되돌아가 물으면 다양한 생활세계가 모든 상대성에도 불구하고 그 자체는 상대적이지 않은 보편적 본질구조와 유형이 드러난다. 이것은 '선험적인 것(또는 선험성)' '주관적인 것'으로도 부르는 '선험적 (상호)주관성', 주관과 객관 사이의 불가분한 상관관계를 뜻하는 '의식의 지향성'에 대한 심층적 표현이다. 이것을 밝히는 '생활세계의 존재론'은 곧 다른 전통과 문화세계들을 이해할 수 있고 자신의 생활세계를 발전시킬 수 있는 근거다.

후설은 이와 같이 생활세계의 근원적 의미연관과 정초관계를 밝힘으로써, 객관적 인식만을 추구하는 실증적 자연과학이 주관적 속견을 단순히 주관에 상대적인 모호한 것이라고 경멸해 자신의 고향을 상실하고 본래의 의미를 소외시켜 야기된 학문의 위기를 극복하고자 했다. '묶은 자가 해결해야 한다'(結者解之)는 당연한 주장이다.

우리는 이론적 작업수행 속에 사태들, 이론들과 방법들에 몰두하면서 자신의 작업수행이 지닌 내면성에 관해 아무것도 모르고, 그 속에 살면서도 이 작업을 수행하는 삶 자체를 주제적 시선 속에 갖지 못하는 이론가의 자기망각을 극복해야만 한다.

그는 현대가 학문의 위기뿐만 아니라, 인격과 가치규범의 담지자인 자아, 즉 선험적 주관성의 자기객관화인 인간성(Menschentum)이 이성에 대한 신념을 상실한 위기도 겪고 있다고 파악했다. 따라서 현대의 총체적 위기를 진정으로 극복(진단인 동시에 처방)하기 위해서는 생활세계를 분석하는 경험적 현상학(방법)에 머물 수 없고, 선험적 주관성을 해명하는 선험적 현상학(선험철학)에 도달해야만 한다고 역설했다.

후설철학(선험적 현상학)의 의의

선험적 현상학과 이에 이르는 길들

후설은 선험적 현상학에 이르는 길들로 이 '생활세계를 통한 길' 이외에도 '심리학을 통한 길'(『심리학』『대영백과사전』;『위기』제3부 B)을 제시했다. 이는 '경험적 심리학/현상학적 심리학/선험적 현상학'의 정초관계를 밝혀 소박한 자연적 태도의 심리학주의를 철저히 극복함으로써 선험적 주관성을 규명하려 한 시도다. '생활세계를 통한 길'이나 '심리학을 통한 길'은 모두 실증적 자연과학과 긴밀하게 관련되기 때문에 일반인이 쉽게 접근할 수 있고, 모든 학문의 궁극적 정초라는 엄밀한 선험철학의 이념을 구체적으로 밝힐 수 있다.

따라서 이 길들은 '데카르트적 길'과 배척되는 것이 아니라, 상호 보완관계에 있다. 즉 선험적 현상학에 오르는 지름길은 짧지만, 가파르고 (그 의미를 이해하기) 힘들다. 우회하는 길들은 평탄하고 도중에 아기자기한 정경들도 제공하지만, 길기 때문에 정상에서 전개될 새로운 세계(선험적 주관성)를 망각하거나 포기하기 쉽다.

이 새로운 세계, 즉 선험적 주관성(자아)은 일반적 의미의 대상과 대립된 주관이 아니라, 자아 극(Ichpol)과 대상 극(Gegenstandpol)을 모두 포함하는, 세계와 의식 사이에 본질적으로 미리 주어져 있는 보편적 상관관계다. 다양한 체험들을 통일적으로 파악하는 동일한 극(極)이고, 개인이나 공동체의 기억들과 습득성(Habitualität)을 지닌 기체(基體)이며, 생생한 현재뿐만 아니라 과거와 미래의 지평을 지니고 서로 의사소통하면서 자기 자신을 구성하는 모나드(Monad)다. 그리고 그 자체로 완결되고 폐쇄된 독아론적 자아가 아니라, 사회성과 역사성(시간성)에 따라 상호주관적 공동체 속에서 구성되는 상호주관성(Intersubjektivität)이다.

요컨대 선험적 자아는 인간이 인간다움(인간성)을 실천하려는 의지이자 정상적으로 기능하는 신체와 이성의 통일체인 '의식의 흐름'이다. 즉 '나뿐 아니라 너, 우리, 그들'의 마음이고 몸이며 정신을 포괄하는, 부단히 파도치는 표층의식을 근거 짓는 '심층의식'이다. 물론 이것은 나나 다른 사람의 손과 발처럼 구체적으로 경험되는 실재적 의미의 자아는 아니지만, 그렇다고 이념화된 추상적 자아도 아니다. 다양한 경험적 자아를 통일적 연관 속에 이해하고 유지하는 근원적 자아다. 따라서 경험적 자아와 선험적 자아는 다른 자아가 아니라 동일한 하나의 자아의 표층과 심층일 따름이다.

그렇기 때문에 이 선험적 자아를 강조하는 후설 현상학을 흔히 '의식철학' '이성(합리)주의'라고 한다. 그러나 엄밀히 말해 후설 현상학은 전통적 의미에서 경험론에 대립된 합리론과는 근본적으로 다른 '초합리주의'(Überrationalismus)다. 왜냐하면 그의 '이성'은 '감성'이나 '오성'과 구별되는 것이 아니라 이들을 포괄하는 '보편적 이성', 즉 지각, 기억, 기대 그리고 침전된 무의식을 포괄하는 '끊임없이 생생하게 흐르는 의식'이기 때문이다. 그것은 단순히 계산하고 판단하며 도구를 다루는 기술적-도구적 이성에 그치는 것이 아니라, 과거의 경험들을 바탕으로 가까운 미래를 예측하면서 현재 느끼고 판단하며 욕구하는 '이론적·실천적·가치 설정적 이성 일반'이다.

결국 새로운 세계인 선험적 주관성을 발견하려는 선험적 현상학은 인간성이 지닌 은폐된 보편적 이성(선험적 주관성)을 드러내 밝히는 자기이해로서의 철학이다. 왜냐하면 후설에게 철학은 이성이 자기 자신으로 되어가는 역사적 운동으로써 자기 자신을 실현시키는 장소이기 때문이다. 그리고 이 속에서만 인간성의 자기책임이 수행된다. 따라서 '철학을 함'(Philosophieren)은 곧 선험적 주관성의 자기구성과 그 원초적 영역(세계의 구성)을 해명해 자기 자신과 세계를 궁극적으로 인식하려는 '현상학을 함'(Phänomenologisieren)이며, 학문과 인간성의 이념에 부단히 접근해야 할 목적을 지닌 보편적 이성에 대한 현상학적 이성비판이다.

왜 선험적 현상학까지 가야만 하는가

이 선험적 주관성의 깊고 풍부한 세계를 해명하는 길은 너무나 멀고 힘들다. 그렇기 때문에 소박한 자연적 태도에 안주하기 급급해 진정한 삶의 의미와 목적을 외면하거나 현대문명의 엄청난 성과와 편리함에 유혹당해 실험으로 증명된 것만을 '사실'로 받아들이라는 객관적 실증과학에 철저히 세례받은 사람들의 눈에는 분명 선험적 자아가 군더더기다. 그래서 사르트르는 "선험적 자아는 의식의 죽음"이라고 단언했다. 또한 포스트모더니즘(Post-Modernism)을 선도하거나 이들의 견해를 맹목적으로 추종하는 사람들은 "지금이 어떤 시대인데 아직도 이성 타령인가" 하며 즉결재판하고 있다.

그러나 선험적 자아(마음)는 버선목처럼 뒤집어 보일 수는 없지만, 분명 실재하는 것이다. 그것이 부정된다면, 나나 다른 사람, 공동체의 역사적 전통이나 관심, 습관을 전혀 이해할 수 없다. 물론 이들을 유지하고 새롭게 발전시킬 주체도 확보되지 않는다. 마음이 다르면, 동일한 사물이나 사건에 대한 이해도 근본적으로 달라진다. 마음이 없으면, 느끼고 보아야 할 것도 못 느끼고 못 보며, 따라서 '어디로 향해 나아가야 하는지' '왜 많은 어려움이 있는데도 선험적 주관성을 실현하기 위해 노력해야 하는지' 전혀 알 수 없다. 목적과 가치를 알 수 없는 일에 실천을 강요할 수는 없다. 그렇다면 마음이 없는 철학을 무엇 때문에 왜 해야 하는가?

후설은 보편적 이성에 정초해 궁극적으로 자기책임을 지는 앎과 삶을 형성해가는 주체로서의 선험적 주관성을 해명하기 위해 선험적 현상학을 시종일관 그리고 자신의 철학을 심화시켜갈수록 더 철저하고 생생하게 추구했다. 또한 이러한 작업이 종교적 개종(改宗)처럼 어렵더라도 반드시 수행되어야 한다고 강조했다. 그래서 그는 단지 자신이 본 것을 제시하고 기술할 뿐이지 가르치려고 시도하지 않는다고 하면서도, 자신의 철학이 "말로만 매우 급진적인 태도를 취하는 사람들보다 훨씬 더 급진적이며, 훨씬 더 혁명적이다"라고 주장했다. 무슨 근거로 이렇게 주장한 것인가?

그가 말하는 선험적 주관성은 의식의 지향적 통일성 속에서 인격으로서의 자기동일성을 확보하고, 의사소통으로 자기 자신과 다른 사람, 사회공동체, 다른 역사와 전통을 지닌 문화를 이해함으로써 새로운 삶을 창조해야 할 이성적 존재로서의 자기책임을 실천하는 주체다. '먹어보고' '만져보고' '들어보고' 아는 것처럼, 보는 것은 아는 것의 기초다. 그리고 알면 더 많은 것을 보게 된다. 또한 보고 알면 사랑(실천)하게 되고, 그러면 더 많이 보고 알게 된다. 이들은 개방된 순환구조를 지닌다. 따라서 유가(儒家)가 모든 것의 근본을 격물치지(格物致知)에, 불가(佛家)가 팔정도(八正道)의 첫 항목을 정견(正見)

에, 도가(道家)가 도통(道通)의 첫 단계를 관조(觀照)에 둔 것과 마찬가지로, 아는 것은 자아를 실천하는 첫걸음이다. 단지 선험적 주관성에 대한 후설의 해명은 현대적 의미에 더욱 적합하게 구체적이고 생생할 뿐이다.

어두운 곳을 밝힌 여명(黎明)의 철학

후설은 현대가 객관적 실증과학의 의미기반인 생활세계를 망각한 학문(인식)의 위기뿐 아니라, 인격의 주체인 자아가 매몰된 인간성(가치관)의 위기에도 처해 있다고 진단했다. 이때 마주하는 것은 이 위기를 불가피한 재난이나 암울한 운명으로 간주해 이성을 적대시하는 회의적 비합리주의로 전락하는 길과 이 위기를 궁극적으로 극복할 이성의 영웅주의(Heroismus der Vernunft)로 재생하는 길이다. 어느 길을 걸어도 하나의 삶이다.

물론 후설은 이성의 길을 선택했다. 현대가 처한 위기의 근원은 이성 자체가 아니라, 이성이 좌절한 데 있다고 파악했기 때문이다. 거부할 것은 이성이 아니라, 소박한 자연과학의 영향 아래 이성이 추구한 잘못된 방법일 뿐이다. 이성은 결코 죽지 않았다. 느끼고 생각하며 결단을 내리는 이성을 사용하지 않는 사람, 의식이 없는 사람, 그런 사람이야말로 결코 살아 있다고 할 수 없다.

이 이성주의는, 의식의 무한히 개방된 지향성에 따라 이미 완결된 어떤 체계를 설정하는 철학이 아니다(후설은 키르케고르나 니체 또는 포스트모더니즘의 해체주의 못지않게 체계의 형성을 혐오했다). 그것은 보편적 이성, 즉 생생한 의식으로 학문의 이념인 사태 그 자체에 부단히 접근한다는 그리고 인간성을 완성하려는 이념에 부단히 접근한다는 이중의 목적론(Teleologie)을 지닌다. 따라서 선험적 현상학은 다양한 경험세계를 분석하면서도 이들의 근저에 놓여 있는 통일성, 즉 하나의 보편적 구조를 지닌 선험세계를 확보했다는 점에서, 인격적 주체의 자기동일성과 자기책임을 강조했다는 점에서 포스트모더니즘을 근본적으로 넘어서는 '트랜스모더니즘'(Trans-Modernism)이라 할 수 있다. 후설 현상학은 철저한 자기성찰로 자기 자신과 세계를 이해하고 자기를 실현해가는 '윤리적-종교적' 문제들로 점철된 험난하고 고된 구도자의 길이다.

이러한 후설의 과학문명 비판과 그 극복책은 반세기가 지난 오늘날에도 여전히 타당한, 아니 오히려 더욱더 절실하게 요청되는 철학이다. 고도로 산업화된 사회에서 생활세계는 객관적 학문의 의미기반을 회복할 뿐만 아니라, 생태계 전반의 위기인 '환경'문제를 해결할 수 있는 실마리다. 또한 첨단 과학기술이 범람하는 21세기 정보화시대에는 신속한 전문기술의 획득 이외에도 가치 있는 삶을 창조함으로써 자기 자신과 가족, 사회, 국가, 인류에 대해 책임지는 인격적 주체를 확립해야 할 절박한 과제가 주어져 있다.

흔히 철학은 일반적으로 당연하다고 간주하는 것도 '왜 그러한지' 그 근거를 캐묻고 삶의 의미를 추적하는 작업이라고 생각한다. 그런데 우리가 하는 일상의 경험은 매우 단순하고 확실하기 때문에, 마치 감각자료가 그 자체로 직접 주어지듯이, 최종적이고도 근원적인 것이라고 간주된다. 후설은 이 경험이 수용되고 해석되며 파악되는 지각의 단계와 그 보편적 구조를 분석했다. 그리고 과학문명의 실증적 객관주의에 현혹되어 객관적 지식만 추구함으로써 야기된 현대의 '학문'과 '인간성'의 위기를 주관적 속견의 권리를 복원시켜 극복하고자 했다. 이때 주관에 대한 상대적 직관인 주관적 속견의 세계, 즉 생활세계는 우리에게 모두 친숙한 유형으로 항상 미리 주어지고 이미 잘 알려져 있으며, 그래서 학문의 관심주제로 전혀 부각되지 않았던 은폐된 삶의 토대이자 망각된 의미기반이다.

숙어 이전에 감각되는 지각을 분석하고, 주관적 속견의 권리를 복원하고, 생활세계의 심층구조로 선험적 주관성, 즉 자기 자신과 세계를 이해하고 부단히 새롭게 형성해나갈 인격적 주체로서의 선험적 자아를 해명하고 그 당위성을 역설한 후설 현상학은 이제까지 어둠에 가려져 은폐된 곳을 밝힌, 따라서 '애매성의 철학'이 아니라 오히려 '여명(黎明)의 철학'이다. 그리고 과거의 철학들이 당연하게 간주한 것 자체를 문제 삼아 그 근원을 캐물은 '철학 가운데 철학'이다.

후설 현상학에서 『형식논리학과 선험논리학』

형식논리학과 선험논리학의 관계와 문제제기

이 책에서 후설은 논리학이 자신의 방법론을 소박하게 전제하는 하나의 개별과학으로 전락했기 때문에 참된 존재를 탐구하는 진정한 방법의 선구자로서 본연의 역할을 하지 못하게 되었고, 그 결과 학문의 위기가 발생했다고 진단한다. 그리고 형식논리학은 인식하는 행위가 실천하는 행위 및 가치를 설정하는 행위와 밀접하게 관련되어 있음을 문제 삼지 않아 이론과 실천이 단절되었다고 비판한다.

후설에 따르면, 진리를 판단의 형식적 무모순성에서 찾는 형식논리학의 법칙은 주어나 술어의 공허한 형식 속에 등장하는 판단기체(대상)의 실질적 내용을 문제 삼지 않는, 가능한 진리의 소극적 조건일 뿐이다. 판단이 본래 목표한 참된 인식에 도달하려면, 판단의 형식적 조건에 머물지 않고 명증성을 획득하는 주관적 측면을 첨부해야 한다. 따라서 선험논리학은 곧바로 경험되고 직접 해명될 수 있는 궁극적인 구체적 개체(tode ti), 즉 대상이 스스로를 부여하는 생생한 경험까지 파고들어 가야 한다. 술어적 판단의 명증성은 선술어적 경험(지각)의 명증성에 기초하기 때문에, 형식논리학은 선험논리학으로 정초되어야 참된 존재자(세계)에 관한 논리학이 될 수 있다.

그런데 모든 경험의 대상은 감각자료처럼 단편적으로 고립된 것이 아니라 '유형적으로 친숙하게 미리 알려진' 지향적 지평구조 속에 총체적으로 주어진다. 그리고 지각은 자아의 능동성(Aktivität) 이전에 존재하는 의식흐름의 수동성(Passivität)과 이것을 넘어서 대상들을 대상화하는 능동성 속에(in) 있는 수동성, 즉 변양된 능동성이 수반되는 '단적인 파악', 지각의 관심방향을 대상의 내적 지평 속으로 침투해 들어가 포착하고 상세하게 규정하는 자아의 능동적 활동인 '해명', 대상의 외적 지평 속에 함께 현전하는 대상들을 포괄해 주제로 삼아 지각의 대상들을 통일적으로 고찰하는 '관계관찰'의 단계로 수용되고 해석된다.

그러므로 판단이 형성되기 이전에 그 대상이 의식에 주어지는 지각의 보편적 구조와 이것이 해석되는 단계 그리고 의미가 발생하는 작업수행 전체를 체계적으로 해명하는 선험논리학은 이미 형성된 판단들 사이의 형식적 관계만 다루는 형식논리학을 근본적으로 정초하는 토대다. 이러한 의미에서 선험논리학은 논리학의 인식주관적 정초를 문제 삼는 이성의 순수 현상학이다.

논리학의 이념인 보편적 학문이론

후설은 『논리연구』 제1권에서 학문을 그 형식에 따라 학문으로 성립시키고 학문 간의 경계설정을 규정하는 것이 순수 논리학의 과제라고 파악했다. 왜냐하면 자연과학이나 심리학의 설명 또는 기존의 형이상학을 추종하는 것이 아니라, 오히려 이것들에 선행하며 이것들을 해명하는 가장 보편적이고 형식적인 인식론을 정초해야 학문이론(Wissenschaftsthorie)으로서 논리학이 가능하기 때문이다. 이처럼 가능한 학문이나 이론 일반의 이념적 또는 본질적 조건을 다루는 학문이론은 후설 현상학을 관통하는 핵심적 주제 가운데 하나다. 아무튼 그가 『산술철학』에서 단순한 개별학문으로서 수학이론을 탐구한 것이 아니라 단일성, 다수성, 수 등 수학적 개념을 인간 인식 일반의 기초개념으로 파악한 것에서도 알 수 있듯이, 학문이론에 관한 관심은 그의 사상이 형성되는 초기부터 지속된 것이다.

근대의 학문이론은 자연과학이 사물의 자연(본성)을 다룸으로써 객관성을 유지할 수 있다는 관점을 바탕으로 사변적 형이상학에서 벗어나 주관성과 연관된 인식론의 자리에 구체적 사실을 다루는 학문이론을 안착시키려는 실증주의가 지배했다. 데카르트나 라이프니츠의 '보편학문'(scientia universalis) 또는 '보편수학'(mathesis universalis)의 개념도 마찬가지다. 그렇지만 대상의 객관성이 대상을 인식하는 관계에 대한 설명의 객관성을 보장하지 못한다는 점, 대상 또는 의미의 객관성이 이해의 객관성을 보장하지 못한다는 점 때문에 학문이론은 새로운 국면에 직면하게 되었다. 그 결과 학문의 정당성에 관한 문제가 대두했는데, 후설은 이러한 경향에 가장 큰 영향을 미쳤다.

보편수학은 '학문의 수학화', 즉 '수학적 보편성을 모든 학문에 적용'한다는 점에서 근대 학문이념의 특징을 드러낸다. 하지만 수학은 어떤 본질적 특징을 지니는지, 수와 양은 무엇인지 등에 관한 궁극적인 합의가 학자 간에 있었던 것은 아니다. 예컨대 보편수학을 산술, 기하학 등 다양한 수학의 학과들을 통합하는 것으로 이해한 데카르트와 이것을 넘어 대수학, 논리학 등까지도 포함하는 형식의 학문으로 이해한 라이프니츠 사이에는 커다란 차이가 있다. 더 나아가 논리학은 분석판단으로, 산술과 기하학은 아프리오리한 종합판단으로 이해한 칸트, 논리학, 산술, 기하학 모두 경험적 종합판단으로 본 밀(J.S. Mill), 논리학과 산술을 분석판단으로 또한 기하학을 아프리오리한 종합판단으로 이해한 프레게와 후설 등도 상이한 견해를 취한다.

라이프니츠의 보편수학의 이념 가운데 후설에게 가장 큰 영향을 준 것은 '논리학과 수학은 동일한 학문'이라는 생각이었다. 이 이념은 한편으로 불(G. Boole)과 슈뢰더(E. Schröder)의 대수 논리학을 통해, 다른 한편으로 프레게와 러셀(B. Russell)의 논리주의(Logizismus)를 통해 현대논리학을 탄생시켰다. 전자는 라이프니츠의 논리 연산학(calculus ratiocinator)을 모델로 논리학의 수학화를 추구한 반면, 후자는 보편 개념학(characteristica universalis)을 모델로 수학의 논리학화를 시도했다. 슈뢰더의 논리학을 후설은 1891년, 프레게는 1895년 비판한다. 후설의 비판은 대수 논리학이 단순한 기술에 입각한 연산학으로 이론이 없으며, 연산이 학문적 언어를 대신할 수 없다는 내용이었다. 프레게도 논리학을 '진리의 가장 보편적인 법칙에 대한 학문'으로 규정했더라도 그 이상을 다루지 않았기 때문에, 학문이론의 이념이 없다고 비판한다.

후설은 라이프니츠의 보편수학의 이념을 충실하게 따라 단순한 보편적 형식의 학문을 완성하는 대신 형식이 모든 학문의 본질이므로 논리학을 보편적 학문이론으로 정립하고자 했다. 그래서 그는 라이프니츠의 '결합술'(ars combinatoria)을 '순수 다양체이론(Mannigfaltigkeitslehre)의 정신적 선조'로 간주할 뿐 아니라 논리철학, 즉 보편학문(보편수학·보편 개념학)의 의미를 '아주 명료하게 제시한 첫 번째 철학자'로 인정한다.

보편적 학문이론으로서 선험논리학

후설에게 『논리연구』 제1권은 "마지막이 아니라 시작"(제2판의 「서문」 7쪽)이다. 즉 단순히 심리학주의를 종결짓는 마지막이 아니라, 보편적 학문이론을 근원적으로 건설하는 시작이다. 이때 보편수학은 심리학주의를 극복하고(소극적 측면), 단순한 연산학이라는 개별학문으로 전락했던 논리학을 복권시켜 보편적 학문이론으로 정착시키는(적극적 측면) 임무를 맡는다. 논리적인 것이 학문 일반의 본질이기 때문에 논리학은 보편적 학문이론으로 복권되어야 한다. 따라서 논리학이 전통논리학을 벗어나 형식논리학과 형식적 수학을 통합하는 보편수학으로 거듭나야 한다. 전통적 삼단논법은 단순한 판단론에 불과하기 때문이다.

『형식논리학과 선험논리학』은 『논리연구』가 출간된 지 30년가량 지난 시점에서 다시 논리문제를 전문적으로 다룬다. 여기서 후설은 술어적 형식논리학과 선술어적 선험논리학의 관계를 해명함으로써 학문 일반을 정초할 수 있는 보편적 학문이론을 정립하고자 한다. 그뿐 아니라 논리적인 것(Logisches)을 다루면서도 논리와 학문 이전에 존재하는 '생활세계'와 관련된 문제를 깊이 천착하기 때문에, 단순한 논리학뿐 아니라 후설 현상학 전체를 통일적으로 정확하게 이해하는 데 중요한 열쇠를 제시한다.

후설에게 논리학은 '가능한 학문 일반의 본질조건'을 다루는 '순수한 보편적 학문이론'이다. 이때 학문이론이 대상의 존재, 의미와 진리, 명증성으로 구성되기 때문에 형식논리학을 형식적 진술논리와 형식적 존재론으로 나누고 전자를 다시 다음 세 단계로 나눈다.

1) 판단의 순수 형식론 또는 순수 논리적 문법론(Grammatik)

2) 귀결논리 또는 무모순성 논리

3) 진리논리

그렇지만 이것들만으로 논리학은 보편적 학문이론이 될 수 없다. 주관성이 해명되지 않기 때문이다. 바로 이것을 해명하는 것이 바로 선험논리학이다.

후설은 『논리연구』 제1권에서 '심리학주의'를 비판하며 프레게의

'논리주의'를 수용했는데, 러셀이 1902년 프레게의『산술의 근본법칙』(1893)에서 드러난 역설을 지적했다. 그 후 논리학과 수학의 토대에 관해 다음 세 주장이 충돌했다. 즉 라이프니츠와 프레게에게서 출발하고 러셀과 비트겐슈타인이 이어받은 '수학은 곧 논리학이 발전된 한 분과'라는 논리주의, 1904년 힐베르트(D. Hilbert)가 표방한 '형식적 무모순과 일관성이 진리와 존재의 기준'이라는 형식주의, 1907년 브라우어(L.E.J. Brouwer)의 '수학자의 수학적 작업과 구성, 명증성과 직관'을 강조하는 직관주의다.

그러나 논리학에 관한 후설의 저술에는 이 견해 가운데 서로 양립할 수 없는 요소들이 뒤엉켜 있다. 예컨대 무모순성을 강조하는 귀결논리는 힐베르트의 형식주의와, 직관과 명증성을 강조하는 진리논리는 브라우어의 직관주의와 관련된다. 이러한 문제점을 발견하고 해결하는 데 제자 베커(O. Becker)가 도움을 주었다. 그는『수학적 존재』(1927)에서 형식주의를 무모순성에 근거한 귀결논리로, 직관주의를 '결정할 수 있음'(Entscheidbarkeit)에 근거한 진리논리로 규정했다. 후설은『형식논리학과 선험논리학』이 인쇄되는 동안 그의 무모순성 개념이 오해의 소지가 있고 순수 분석론이 진리 문제와 무관하다는 베커의 지적을 받아들여 이 책 '부록 3'으로 그의 글을 게재한다.

머리말

　오늘날 적확한 의미에서 학문이라 하는 것은 역사적으로 가장 오래된 의미의 학문, 즉 이론적 이성이 소박하게 단도직입적으로 수행한 성과라는 의미의 학문이 아니다. 단지 느슨한 의미에서만 플라톤 이전 시대의 철학, 또는 이와 유사한 다른 민족이나 시대의 문화형태를 학문이라 한다. 우리는 그것을 학문의 이전 형식이나 이전 단계로만 인정한다. 새로운 의미에서 학문은 맨 처음 플라톤이 논리학을 정초함으로써 발생했는데, 그 논리학은 '진정한' 앎과 '진정한' 학문의 본질적 요구를 탐구하는 터전, 따라서 의식적으로 철저한 규범의 정당성을 목표 삼는 학문, 즉 그 방법과 이론을 의식적으로 정당화하는 학문이 구축될 수 있는 규범을 명백히 밝히는 터전이다. 그 의도에 따르면, 이 논리적 정당화는 전적으로 순수한 원리에 입각한 정당화다. 그러므로 플라톤적 의미에서 학문은 순수한 이론적 관심에서 유발된 단순히 소박한 활동이 아니다. 학문은 내딛는 모든 발걸음이 진정함(Echtheit)에서, 즉 그 필연적 타당성에서 정당화될 것을 원리적으로 요구한다. 따라서 학문에서의 근원적 의미는 원리적인 논리적 통찰, 즉 가능한 인식과 인식의 방법 일반이라는 순수한 이념에서 이 끌어낸 통찰이 사실적으로 실행된 방법과 사실적으로 형성된 학문에 선행하고 이것을 실천적으로 이끈다는 의미다. 그러나 그 의미는 어떤 방식이든 소박함(Naivität)에서 발생한 방법과 학문의 사실이 학문적 작업수행을 정당하게 형성하기 위해 규범으로 행세해도 된다는 것을 뜻하지 않는다.

플라톤의 논리학은 소피스트의 회의[1]가 보편적 학문을 부정하는 데 대한 반작용으로 발생했다. 회의주의가 '철학', 즉 학문 일반과 같은 것의 원리적 가능성을 부정했다면, 플라톤은 곧 그러한 것의 원리적 가능성을 숙고하고 비판적으로 정초했다. 학문 일반이 의문시되면, 당연히 어떤 사실도 학문을 전제할 수 없다. 그러므로 플라톤은 순수한 이데아의 길로 이끌렸다. 사실적 학문에서 확인된 것이 아니라, 순수한 규범을 형성하는 순수하게 이념적인 그의 변증술(Dialektik)[2]——우리의 논의에서는 그의 논리학이나 학문이론——은 사

---

1) 본래 '지혜를 갖춘 사람'이란 뜻을 지닌 소피스트들은 사회의 규범이 구성원의 합의로 형성되므로 보편타당한 객관적 진리와 절대적 가치를 부정하는 상대적 회의주의를 주장했다. 그런데 모든 의견은 때에 따라 참일 수도 거짓일 수도 있지만, 시비를 가려야 할 경우 논쟁술(eristike)과 심지어 궤변을 동원해서라도 상대방의 의견을 제압하는 것이 진리라고 간주해, "정의란 강자의 이익"이라고 했다. 소크라테스의 논박술(elenchos), 플라톤의 변증술을 거쳐 아리스토텔레스에 이르러 형식논리학이 완성된 것도 소피스트의 궤변과 회의주의를 극복해야만 진리추구의 참된 방법을 확보할 수 있었기 때문이다.

2) 플라톤의 철학에서 이 용어는, '선분의 비유'(『국가』Politeia, 509d~511e)와 '동굴의 비유'(514a~519d)로 잘 알려졌듯, 참된 존재의 보임새인 형상(eidos, idea)을 인식하는 준비단계와 훈련 과정을 포함하는 명칭이다. 즉 감각(aisthesis)에만 의존하는 버릇을 정화(katharsis)하고 주관적 속견(doxa)을 논박함으로써 혼(psyche) 속에 은폐된 지성(nous)으로 알려질 수 있는 참된 지식(episteme)을 확보하기 위한 방법과 절차다. 결국 '변증술에 능숙한 자'는 어떤 형상들이 서로 결합할 수 있는지, 어떤 경우에 그 가능성이 많은지를 올바로 아는 포괄적

58

실적 학문을 비로소 가능케 하고 이것을 실천적으로 이끌어갈 소명을 지녔다. 그리고 바로 이 소명을 충족시킴으로써만 플라톤의 변증술은 적확한 의미에서 학문, 즉 의식적으로 논리적 학문의 이념을 지니고 가능한 한 그 이념을 실현시키려고 정진한 학문을 창조하는 데—이 학문이 엄밀한 수학과 자연과학을 창조하는 데 도움이 되었다—이 학문이 높은 단계에서 계속 전개된 것이 우리의 근대 학문이다.

그렇지만 논리학과 학문들의 근원적 관계는 근대에 와서 주목할 만한 방식으로 전도되었다. 학문들이 논리학에서 독립했고, 비판적 자기정당화라는 정신을 완전히 충족시킬 수 없을 정도로 극도로 세분화된 방법을 형성했으며, 이 방법의 유용성을 실천적으로 확신하면서도 그 작업수행(Leistung)[3]을 궁극적으로 통찰하지는 못했다. 학문들은 일상적 인간의 소박함은 아니지만, 어쨌든 **높은** 단계의 소박함에서 이 방법을 형성했다. 그것은 순수한 이념에 입각해 궁극적으로 아프리오리(a priori)한 가능성과 필연성에 따라 순수한 원리에 입각한 방법을 정당화하는 것을 포기한 소박함이다. 달리 말하면, 근원적으로 방법(Methode)[4]의 '횃불을 치켜든 자'였고 가능한 인

봄(synopsis)을 지니는 사람이다(537c 참조할 것). 이 용어를 '변증론'이나 '변증법' 등이 아니라 '변증술'로 번역한 것은 이 속에 포함된 '기술'(techne)의 의미를 반영할 수 있기 때문이다.

3) 의식의 '산출, 수행, 수행된 결과, 기능, 성취' 등을 뜻하는 이 용어는 일상적으로 은폐된 의식을 현상학적 환원으로 드러내 밝히는 선험적 주관성의 다양한 지향적 능동적 활동을 가리킨다. 그리고 의식의 경험내용이 축적되고, 이것이 다시 기억되거나 새로운 경험을 형성하는 복잡한 발생적 역사성을 함축한다. 따라서 의식의 심층구조와 역사성을 지닌 점을 강조하기 위해, 또 의식의 단순한 '작용'(Akt)과 구별하기 위해, '작업수행'으로 옮긴다.

4) 그리스어의 '방법'(methodos)은 'meta'(무엇을 위해, 어디로 향해)와 'hodos'(길)의 합성어로, 단순한 수단에 그치는 것이 아니라 올바른 목적 및 그 과정과 절차를 제시한다.

식과 학문의 순수한 원리론이 되려는 요구를 지녔던 논리학은 이러한 역사적 소명을 상실하고, 제대로 발전하지 못했다. 17세기에 진행된 자연과학의 거대한 개편은 여전히 자연에 관한 진정한 인식의 본질과 요구에 대한 반성, 즉 그러한 인식의 원리적 목표와 방법에 대한 논리적 반성을 따라 규정되었다. 이러한 반성은 그 자체로 새로운 참된 논리학을 정초하기 위한 그 시대의 특징적 노력과 연관된다. 여기에는 갈릴레이뿐 아니라, 강조해야 하듯이, 데카르트도 포함된다. 『방법서설』(*Discours de la Méthode*)이라는 책 제목이 이미 이러한 특징을 나타내며, 그의 『제일철학에 관한 성찰』(*Meditationes de prima philosophia*)에서 '제일철학' 자체는 완전히 근본적인 동시에 보편적인 학문이론(Wissenschaftstheorie)에 대한 표현일 따름이다.

그런데 논리학이 근대의 여명기에 여전히 학문들을 선도하는 동안, 그 후의 시기, 곧 학문들이 논리학에 더 이상 관심을 두지 않고 실로 논리학을 거의 경멸해 제쳐놓았던 전문분과들로 독립되는 시기에 이러한 본질적 관계는 변화되었다. 논리학 자체는 최근에 자신의 고유한 의미와 양도할 수 없는 자신의 과제에서 완전히 벗어났다. 그 모든 본질형태에 관해 학문의 순수한 본질규범을 추구하며, 이렇게 함으로써 학문에 원리적 지도력을 부여하고 학문이 모든 단계에서 방법을 형성하며 책임지는 진정함을 가능케 하는 대신, 오히려 논리학은 자신의 학문적 이상과 문제제기에서 사실적 학문, 특히 매우 경탄할 만한 자연과학이 자신을 이끌어가는 데 안주하고 말았다.

이러한 사실은 학계에서 사람들이 늘상 한탄하는 것보다 더 깊고 더 큰 문제를 야기하는 현대 학문문화의 비극을 명시해준다. 즉 전문분과의 계열이 너무 커져서, 어느 누구도 이렇게 매우 풍부한 성과에서 완전히 유익한 것을 이끌어내고 이 모든 인식의 보고(寶庫)를 조망하면서 향유하지 못하는 것이다. 우리가 처한 학문적 상황의 결함은 훨씬 더 본질적이며, 말 그대로 더욱 근본적인 것처럼 보인다. 그 결함은 학문들을 집합해 통일시키고 적절하게 전용하는 것과 관련된 것이 아니라, 학문들의 **원리적 뿌리내리기**와 이 뿌리에 입각해 학문들을 통일시키는 것과 관련된 것이다. 그것은 비록 들어보지 못했던 기억술(記憶術)과 이것에 이끌린 교육학이 우리를 총체적 학문에서 그때그때 이론적-객관적으로 확립된 것에 관한 백과사전 같은 앎을 가능케 해주더라도, 여전히 남을 수밖에 없는 결함이다. 학문은 특수한 학문적 형식에서는 일종의 이론적 기술(技術)이 되고, 이 기술은 일상적 의미의 기술과 마찬가지로 수행된 작업수행의 이성(ratio)에 대한 통찰에 기인하기보다, 아무리 많은 측면에서 수없이 수행되었더라도, 실천적 활동 자체에서 성장한 '실천적 경험'(이것을 실천의 영역 속에 '직관', 실천적 요령과 안목이라고도 한다)에 더 기인한다.

그러므로 현대 학문은 플라톤 이래 학문 속에 생생하게 작동하던 진정한 학문의 이상을 포기했으며, 실천적으로는 학문적 자기책임이라는 근본주의(Radikalismus)[5]를 포기했다. 따라서 '근원적으로 최초의 원리와 동시에 완전한 통찰적 원리, 즉 그 배후를 되돌아가 묻는 것이 더 이상 무의미한 원리에 입각해 답변될 수 없는 앎은 결코 타당한 것으로 받아들이지 말라'는 요구를 부단히 자신에게 제기하는 그 근본주의는 가장 내적인 충동력을 상실했다. 실제로 생성되는 학문은 이러한 관점에서 볼 때 매우 불확실할 수도 있다. 하지만 본질적인 점은 그러한 근본적 요구가 그에 상응하는 완전성으로의

---

5) 이것은 어떤 사실을 소박하게 전제하거나 기존의 체계를 활용해 정합적으로 추론하는 것이 아니라, 자유로운 이성에 기초해 보편타당한 확실한 앎과 이 이성에 근거한 자율적 삶을 형성하기 위해 부단히 궁극적 근원으로 되돌아가 묻는 엄밀한 반성적 태도를 지칭한다.

실천적 노력을 이끈다는 것, 따라서 본질보편성을 따라 궁극적 원리에 이르는 가능한 길을 탐구하고 그래서 진정한 학문 일반의 본질(따라서 학문의 순수한 가능성)을 전개함으로써 실제적 학문에 규범과 지도력을 부여하는 중대한 기능이 논리학에 위임된다는 것이다. 그렇기 때문에 일종의 단순히 기술적(技術的) 작업수행을 목표 삼는 것보다 더 멀리 놓여 있는 것은 없다. 이 작업수행의 소박함은 원리에 입각한 근본적 자기규범화의 작업수행과 극도로 대조를 이룬다.

플라톤 이래 과거의 모든 위대한 사상가가 파악한 이 원리적인 것은 '보편적 지혜'(sapientia universalis, 데카르트)의 분과로서 모든 학문이 불가분하게 결부된 보편성에서 자신의 완전한 힘, 즉 모든 측면에서 충분히 통찰할 수 있는 힘을 얻는다. 독립된 특수학문들은 자신의 작업수행이 지닌 원리적 일면성을 이해할 수 없다. 독립된 특수학문들은 다음과 같은 사실을 이해하지 못한다. 즉 그들이 자신의 특별한 영역에만 한정된 배타적 태도로는 불가피했던 방법적 맹목성을 다시 걷어낼 때, 달리 말하면, 그들이 자신의 탐구를 존재의 보편성과 그 원리적 통일성 속에 집어넣을 때 비로소 자신들의 그때그때 영역에 관한 완전한 존재의미를 이론적으로 포괄한다는 사실이다. 이미 말했듯이, 이러한 상황에 대해 논리학 자신도 공동의 책임을 진다. 왜냐하면 이 책에서 보완할 수 있는 것처럼, 논리학은 자신의 역사적 소명을 확고하게 주목하고 또 순수한 보편적 학문이론으로서 역할을 하는 대신, 오히려 스스로 특수한 개별과학의 일원이 되었기 때문이다. 논리학의 고유한 목적의미는, 그것이 반성적으로 이러한 목적의미까지도 근본적 숙고의 주제로 삼고, 논리적 학과들의 일련의 단계—이 속에서만 학문이론과 학문 자체의 이념이 실현될 수 있다—가 예시되는 학문이론의 문제제기에 원리적으로 상이한 층을 자신의 주제로 삼아야 한다는 점을 요구한다. 그러나 논리학은 자신에게 고유한 이 본질적 의미를 충족시키지 못했다.

유럽 학문이 처한 현재의 상황은 근본적 성찰을 요구한다. 근본적으로 그 학문은 자기 자신에 대한, 자신의 절대적 의미에 대한 위대한 신념을 상실했다. 계몽주의 시대의 '현대인'과 달리 오늘날의 현대인은 학문 속에 그리고 학문을 통해 형성된 새로운 문화 속에 인간 이성의 자기객관화, 또는 실천적 이성에 입각한 개인의 삶과 사회적 삶인 참으로 만족할 만한 삶을 가능케 하기 위해 인간성(Menschheit)을 스스로 창조한 보편적 기능을 파악하지 못한다. 학문이 지혜로 나아간다는—실제적인 이성적 자기인식, 세계인식, 신에 대한 인식을 형성하고, 이러한 인식을 바탕으로 '행복', 만족, 복지 등으로 항상 더 완전하게 형성할 수 있고 진정으로 살 만한 가치가 있는 삶으로 나아간다는—신념, 예전의 종교적 신앙을 대체할 이 위대한 신념은 그 힘을 대부분 잃어버렸다. 그러므로 사람들은 대개 이해할 수 없게 된 세계, 즉 예전의 의지(Wille)뿐 아니라 오성〔지성〕(Verstand)으로도 그토록 의심할 여지 없이 승인되었던 의미, 목적에 관해 묻지만 아무 대답도 찾을 수 없는 그런 세계 속에 살고 있다.

그러나 이제 역사적으로 형성된 학문문화에 대해 매우 비판적인 회의적 태도를 취할 수도 있다. 하지만 그 문화를 궁극적으로 이해할 수 없고 이러한 이해에 입각해 그 문화를 지배할 수 없더라도, 그 문화를 바로 포기할 수는 없다. 달리 말하면, 그 문화의 의미를 이성적으로 해명할 수 없고, 그것의 참된 효력범위—이 효력범위 안에서 우리는 문화의 의미를 스스로 책임지면서 정당화하고 계속된 작업으로 실현시킬 수 있다—를 규정할 수 없더라도, 그 문화를 바로 포기할 수는 없다. 만약 이론적 기술을 창조하며 매우 많은 유익한 것을 만들어내고 세계의 놀라운 것을 획득할 수 있는 이론을 고안해내는 즐거움에 만족하지 않는다면, 만약 근본적 자기책임 속에 진정한 인간성과 삶을 분리할 수 없고 따라서 학문적 자기책임도 인간 삶 일반의 자기책임 전체에서 분리할 수 없다면, 우리는 이러한 삶 전체와 이 전체적 문화전통 위에 우리 자신을 세워놓아야 하며, 개별적이든 공동체 속이든 간에 우리에 대한 근본적 반성으로 궁극적 가능성과 필연성을 추구해야 한다. 어쨌든 이것으로 우리는 판단하고 평가하며 행동하는 태도를 실제로 취할 수 있다.

물론 이러한 방식으로만 궁극적으로 책임질 수 있는 보편성과 '원리'를 획득하지만, 이 원리에서 삶의 본질은 어쨌든 학문적 합리성 속의 정초 지움에 대해 시간적 여유를 지니지 못하는 '순간'의 결정이다. 그러나 학문이 원리적 책임에 입각해 결정했다면, 실로 그 결정은 의지의 성향으로서 그리고 예시된 형식으로서 습득적 규범을 삶과 마음속에 새길 수 있다. 개인의 결정은 이 예시된 형식 안에서 유지되어야 하며, 이 결정이 실제로 적절하게 전용되는 한, 유지될 수 있다. 이성의 실천에 대해 아프리오리한 이론은 한정하는 형식으로만 존재할 수 있으며, 그것을 넘어서면 모순이나 오류라는 것을 주장하는 울타리만 세울 수 있다. 자기교육과 인간성교육에 대해 어떠한 문제가 거기에서 더 제기되는가 하는 점은 그 자체만으로 분리된 문제이며, 게다가 보편성 자체는 모든 가능성과 진리를 숙고하는 보편적 학문의 문제다. 하여튼 이 문제를 여기에서 더 이상 논의할 필요는 없고, 우리가 현재 처한 학문과 문화의 상황에서 근본적인 보편적 성찰의 필요성만 명백히 하면 된다. 진정한 학문 일반의 가능한 의미와 가능한 방법으로 나아가는 이 성찰은 당연히 우선적으로 가능한 모든 학문에 본질적으로 공통적인 것을 향한다. 그다음 특수한 학문집단과 개별과학들에 상응하는 성찰이 뒤따를 것이다.

학문이론의 문제는 우리 시대의 철학에서 주된 주제다. 그러므로 동시대인의 철학적 시도를 비판하는 형식으로 성찰해간다는 것은 당연한 생각이다. 그러나 그것은 실로 철학적 문헌이 엄청나게 쏟아지지만 방법의 통일성이 지극히 결여되었기 때문에 철학자만큼이나 거의 똑같은 수의 철학이 존재하는 우리의 철학이 처한 그릇된 상황에서는 완전히 희망 없는 시도다. 사실 우리의 학문적 상황이 데카르트가 청년시절 마주쳤던 상황과 유사하므로, 보편적 성찰로 데카르트가 한 성찰 같은 대담한 길을 시도할 수 있다.[6] 더 이상 능가할 수 없고 그렇기 때문에 철학에서 전형(典型)이 된 근본주의 속에 절대적 정초에 입각한 진정한 학문의 이념—고대의 플라톤 같은 이념—은 아주 진지하게 부활되고, 모든 인식이, 따라서 실증적 학문의 인식이 이미 전제하는 그 자체로 최초의 토대를 심문하게 된다. 하지만 이처럼 극히 근본적으로 학문을 정초하려는 최초의 시도는 실패했다. 그리고 이것은 바로 '데카르트' 자신의 시도였다. 절대적 정당화에 입각하지 않는다면 어떠한 인식도 타당한 것으로 받아들이지 않는 확고한 의지는 아직도 실현되지 않았다. 절대적으로 선(善)한 양심과 따라서 특별히 절대적으로 선한 지성적 양심은 하나의 무한한 이념이다.

그러나 최상의 가능한 양심과 이러한 이념에 실천적으로 접근하는 이성적 방법조차 데카르트가 생각했던 것보다 훨씬 광범위하고 어려운 성찰의 주제다. 주목되지 않은 편견이 데카르트의 성찰을 지배해, 전체적으로 보면, 그 성찰은 그의 동시대인에게조차 설득력을 지

---

6) 후설은 이 책을 출판한 뒤인 2월 23일과 25일에 프랑스학술원의 주관으로 파리 소르본대학교 데카르트기념관에서 '선험적 현상학 입문'이라는 주제로 강연했다. 여기서 그는 추상적인 주관적 관념론으로 오해받던 자신의 선험적 현상학을 데카르트가 수행한 방법적 회의의 전통에 입각해 근본적이고 체계적으로 묘사했다. 데카르트가 청년시절 직면한 문제 상황과 근본주의가 재생되어야 할 필요성 등에 관해서는 『데카르트적 성찰』「서론」을 참조할 것.

니지 못했다. 따라서 '나는 생각한다'[사유하는 자아](ego cogito)로 그가 되돌아간 것이 근대 철학 전체에 강력한 영향력을 발휘했더라도, 절대적으로 인식하는 주관성에서 학문을 그 전체의 통일성 속에 절대적으로 정초하려는, 또는 데카르트에게는 동일한 말이지만, 철학을 절대적으로 정초하려는 이러한 성찰의 양식은—선험적 현상학에 이르기까지[7]—결코 다시 수용되지 않았다.

그런데 근본적인 것을 향한 성찰의 다른 길들이 여전히 가능하다. 그리고 이 책은 적어도 그 주된 부분에서는 진정한 학문의 이념을 그것의 규범으로서 논리학에 역사적으로 소급해 관련지음으로써 시사된 하나의 주된 길을 열고자 한다.

플라톤의 변증술이 고심한 것에 기원을 둔 논리학은 아리스토텔레스의 분석론(Analytik)[8]에 의해 유클리드의 기하학처럼 거의 수천 년 동안 지탱해온 확고한 형식을 갖춘 체계적 이론으로 이미 그 자체에서 정제되었다. 여기서는 이 논리학의 완전성을 지나치게 과대평가한 잘 알려진 칸트의 판단을 상기할 필요는 없다. 그러나 철학적 세계의 문헌에, 심지어 논리적 시도가 혼동된 것에 주시할 때마다 '형식논리학'은 부인될 수 없는 힘을 지녔다는 사실을 알 수 있다. 그와

---

7) 『이념들』[제1권]과 함께, 금년(1929년) 가을 새로 출판될 『데카르트적 성찰』—'선험적 현상학 입문'(Halle, M. Niemeyer)을 참조할 것—후설의 주.

8) 아리스토텔레스는 학문을 이론, 실천, 창작(poiesis)으로 구분하고 이것들을 연구하는 데 필요한 예비학과를 '분석론'(analytike)이라 불렀는데, 그가 죽은 뒤 페리파토스학파와 스토아학파가 논쟁하면서 '논리학'이라 부르기 시작했다. 여기에는 명사(名辭)를 다룬 『범주론』(Kategoriai), 명사들의 결합에 따른 참과 거짓을 다룬 『명제론』(Peri hermeneias), 삼단논법을 연구한 『분석론 전서』(Analytica pyrotera), 과학의 진리를 검토한 『분석론 후서』(Analytica hystera), 변증법적 추리를 고찰한 『토피카』(Topica), 소피스트들의 궤변을 다룬 『궤변론』(Peri sophistikon elenchon)이 있는데 이 여섯 권의 저술을 묶어 후대에 'organon'(사유하는 도구, 연장)이라 이름 붙였다.

같이 서로 크게 다른 서술에서도, 심지어 왜곡된 풍자에서도 논리학은 상실될 수 없는 존립요소로서의 본질적으로 동일한 핵심내용을 유지했다. 비록 논리학의 형식적인 것의 고유한 의미가 부각되지 않았더라도, 이 형식논리학은 그 의미상 보편적 학문이론, 즉 가능한 학문 일반의 본질적 조건에 관련된 이론에 대한 역사적으로 최초의 기획이었다. 확실히 형식논리학은 자연히, 아니 오히려 본질적 근거에 뿌리를 둔 일면성에 제한되었다. 반면 다른 측면인 학문이론에 속한 아프리오리(Apriori)[9]는 늘상 언급되었지만, 아무튼 자연적 사고 속에 은폐된 그 심층에 관해서는 수천 년 동안 체계적 이론을 연구할 수 없었으며, 실로 논리학의 시야에 한 번도 등장하지 못했다.

그러나 바로 자연적으로 동기 지어진 이러한 일면성에 힘입어 확고한 정신적 형태로서 우리의 경험에 들어오는 것으로 제한하면, 따라서 상이하게 일시적으로 적절하게 적용하는 형식과 해석하는 방식에서 어쨌든 항상 뚜렷하고 확고하게 남아 있는 이론의 핵심으로 제한하면, 이 경우 고대와 현대의 실증과학의 기획을 끊임없이 주시함으로써 그 핵심적인 학문이론의 의미를 단계적으로 해명할 수 있다. 그 핵심적인 학문이론의 의미는 고대와 현대에서 그 기획으로 소급되고, 오늘날에도 여전히 그렇다. 그러므로 우리는 논리학 자체와 마찬가지로 그 학문을 그것에 앞서 미리 주어진 '경험'에 근거해 전

---

9) 라틴어로 '논리상 경험에 앞서며, 인식상 경험에 의존하지 않는다'는 의미의 이 용어는 칸트 이후 전통적으로 '경험의 확실성과 필연성의 근거조건'이 되는 의식내재적인 형식적 개념을 뜻했는데, 후설은 특히 발생적 분석에서 '그 자체로 미리 주어지고 경험되는 질료'라는 의미까지 포함해 사용한다. 따라서 이 용어를 '선천적' 또는 '생득적'으로 옮기는 것은 옳지 않다. '선험적'으로 옮기는 것도 후설 현상학의 근본특징인 근원을 부단히 되돌아가 묻는 태도를 지칭하는 '선험적'(transzendental)과 혼동되기 때문에 적합하지 않다. 그래서 적절한 표현이 마련될 때까지 원어 그대로 표기한다.

제한다. 그렇기 때문에 우리의 진행절차는 결코 근본적일 수 없는 것처럼 보인다. 왜냐하면 학문 일반의 진정한 의미, 같은 말이지만, 단순히 추정된 학문이 아니라 진정한 학문으로서의 본질적 가능성이 곧바로 의문시되기 때문이다. 그리고 이 점은 학문 일반에 관한 학문이고 그 이론 속에 곧 이러한 본질적 가능성을 명백히 밝혀야 하며, 이른바 역사적으로 앞에 놓여 있는 것으로서 명백히 밝혀야 했던 논리학 자체에 적용된다. 그럼에도 학문들과 논리학이 진정한 것이든 그렇지 않은 것이든, 우리는 우리에게 앞서 주어진 문화형태로서 학문들과 논리학에 대한 경험을 지니고, 그 문화형태는 자체적으로 자신의 의견과 '의미'를 지닌다. 왜냐하면 그 문화형태는 이것을 구축하는 학자와 학자들 세대의 실천적 형성물이기 때문이다. 이렇게 구축된 것으로서 그것은 학자들이 그 당시 끊임없이 노력하고 염두에 둔 하나의 목적이념을 지닌다. 감정이입의 [공감대가 형성된] 공동체 안에서 학자들과 교류하거나 관계 맺음으로써 우리는 그것을 추후에 이해할 수 있고 우리 자신을 '성찰할' 수 있다.

성찰은 단순한 의견 속에 사념되고 전제된 의미 '자체'를 실제로 드러내 밝히는 시도를 뜻할 뿐이다. 또는 (『논리연구』의 표현에 따르면)[10] '지향하는 의미', 즉 명확하지 않은 목표설정 속에 '모호하게 아른거리는' 의미를 충족된 의미, 명확한 의미로 이행시키고, 따라서 그 의미에 명확한 가능성이라는 명증성을 부여하는 시도다. 이러한 가능성이 곧 의미의 진정함이며, 따라서 성찰해 추구하고 발견해내려는 목적이다. 근본적으로 이해해보면, 성찰은 명확하지 않은 의견이라는 양상의 의미를 명확함이 충족된 것 또는 본질적 가능성이라는 양상의 의미로 이행시키고 우선적으로 이행시키려고 노력하는 근

---

10) 『논리연구』 제2-1권(제2판), 50쪽 이하—후설의 주.

원적 의미해석이라고도 할 수 있다.

그러므로 근본적 성찰을 위해 우리는 공감대를 형성한 학문의 경험을 작업수행의 형성물로 받아들이고 이것을 통해 겨냥하는 '의견'의 통일체로 나아감으로써 그 경험에 대해 근본적으로 성찰하는 목적으로 이끌 수 있다. 이와 유사하게 우리는 경험에 적합하게 주어진 학문과 관련해 전통논리학의 그러한 경험에서 이끌 수 있다. 이렇게 함으로써 우리가 겨냥하는 목표는 우선 그 자체가 논리학의 과제이어야 할 학문이론으로서 논리학의 진정한 의미로 나아가는 것인데, 이 학문이론의 임무는 학문 일반의 진정한 의미를 명백히 하고 명확하게 이론적으로 해석하는 것이다. 우리가 앞서 경험의 시선에 둘 것은 형식논리학의 '핵심'이며, 이와 상관적으로 미리 주어진 학문들에 대한 시선에서는 이 학문들에 대한 그 논리학이 추정적으로 본질적 가능성과 규범으로서 파악하는 것이다. 우선 이렇게 〔미리 주어진 학문들로〕 소급해 관계하고 시선을 향함으로써 이것에서부터 성찰은 제한된 일면성 속에 진행된다. 이것은 전통논리학의 특수한 의미를 본질적으로 '객관적' 의미로 규정하는 일면성이다.

'당연히' 근본적 성찰은 동시에 근원적 해명에 이바지하는 비판이다. 여기서 이러한 해명은 앞서 미리 규정되고 조직된 미리 지시함(Vorzeichnung)[11]을 단순히 충족시키는 것이 아니라 새롭게 의미를 형성하는 성격을 띤다. 이처럼 완전히 규정된 의미의 미리 지시함은 언제나 그리고 본질적으로 이미 획득된 명확성의 2차적 결과로만 가능할 뿐이다. 그 생생한 명증성(Evidenz)이 사라지면, 우선 공허하게 복원될 수 있는 가능성을 지닌, 그런 다음에는 공허한 형태 속에 규

---

11) 이것은 존재자가 접근방식에 따라 서로 다르게 나타날 수 있는 가능성과 은폐되거나 이전에 밝혀졌지만 다시 파묻힌 것을 현상 속에서 드러내 밝힐 수 있는 가능성으로 제시되는 것을 뜻한다.

정된 의미의 미리 지시함을 포함하는 습득적 작업수행만 남는다. 그렇다면 이 미리 지시함은 명증성의 반복으로서 명확하게 복원할 수 있는 확실성을 수반한다. 우리에 대해서처럼 이 성찰이 문제되지 않는다면, 근원적 성찰은 규정되지 않은 단순히 모호한 미리 지시함을 상세히 규정하고, 연상적 중첩(assoziative Überschiebung)에서 유래하는 편견을 제거하며, 성찰로 충족된 것과의 충돌을 말소하는 것을 총칭한다. 따라서 한마디로 말하면, 진정함과 진정하지 않음에 대한 비판이다.

이것이 이 책이 추구하는 목적설정과 선정된 방법의 가장 보편적인 특성이다. 그것은 형식논리학의 본래 의미를 지향적으로 해명하는 것이다. 이 해명은 역사적 경험이 우리에게 개괄적으로 떠맡긴 이론적 형성물에서 출발하고, 따라서 형식논리학의 전통적인 객관적 내용을 형성하는 것에서 출발한다. 그리고 그 해명은 그것이 의미의 형성물로서 발생한 논리학자의 생생한 지향[의도] 속으로 다시 옮겨진다. 그러한 형성물과 분리될 수 없는 이 해명은 구체적인 학문적 이론의 객관적 존립요소들이 발생한 [논리]학자의 지향성(Intentionalität)[12]으로 되돌아간다. 왜냐하면 논리학자는 미리 주어진 학문들에 집중하기 때문이다. 모든 '추후에 이해함'(Nachverstehen)으로 실제로 생생하게 된 지향성은 그 학문이 본래 무엇을 추구하고자 했는지를 심문

---

12) 지향성은 "현상학 전체를 포괄하는 문제"(『이념들』 제1권, 303쪽)이지만, 후설 현상학에 관한 수많은 오해와 끊임없는 편견 역시 이것을 제대로 이해하지 못한 데서 연유한다. 후설은 의식이 항상 '무엇에 관한 의식'이라는 이 개념을 물리적 현상과 심리적 현상을 구별하기 위해 사용한 브렌타노(F. Brentano)에게서 받아들였지만, 의식이 대상을 통일적 의미를 지닌 대상성으로 구성하는 작용까지 포함시켰다. 또한 의식하는 주관과 의식되는 대상이 결코 분리될 수 없는 본질적 상관관계를 지칭하는 지향성은 시간적 발생으로 침전된 역사성을 지닌다.

하게 된다. 비판적 해명인 성찰적 해석은 이에 대해 답변해야 한다.

체계적 상론에서는 아주 원초적으로 출발하지, 미리 주어진 논리학을 곧바로 고찰하지는 않을 것이다. 오히려 '로고스'라는 말의 의미[13])를 최초로 보편적으로 구별해보고, 그 의미에서 이론적 주제가 어느 정도까지 묘사될 수 있는지 심문한다. 그와 같은 '예비고찰'에서 우리는 역사적 논리학이 주제로 삼아 관심을 두었던 것을 미리-이해(Vor-verständnis)하게 된다. 그리고 이 미리-이해함은 앞으로 수행할 의미분석에 시선방향을 제공해준다.

이 '예비고찰'은 제1부에서 우선 『논리연구』에서는 아직 완전히 인식되지 않았던 형식적-논리적 근본개념성, 따라서 논리적 학과들의 세 가지 층(層)에 대해 논할 것이다. 이 층은 하나의 특별한 학문인 논리학의 진정한 의미에 대한 실제적 이해뿐 아니라, 철학 전체에 대해서도 극히 중요한 의미를 지닌다. 논리적 형성물은 실로 범주적 활동성에서 발생한 것이기 때문에, 필연적으로 인식작용적(noesis)[14]) 지향성으로 되돌아가 정초하는 연구는 주관적으로 방향이 정해진다. 이 연구가 심리학적 연구로 간주되어야 하는지, 그것이 어떻게 특징

---

13) 그리스어 'logos'는 ① 계산, 가치, 고려, 명성, ② 관계, 비율, ③ 설명, 이유, 근거, 주장, 진술, 명제, 원리, 규칙, 전제, 정의(定義), ④ 이성, 추리, 생각, ⑤ 말, 이야기, 표현, 담론, 논의, ⑥ 주제, 논제, ⑦ 절도(節度) 등 매우 포괄적인 의미가 있다. 따라서 이 용어를 단순히 '이성'으로 옮기면, 특히 근대 이후에는 개념으로 사유하고 판단하며 인식하는 지성과 실천적 자유의지로 제한해 이해해왔기에 만족스럽지 못하다. 따라서 일단 원어를 그대로 표기한다.

14) 이 말의 어원은 '사유, 인식하는 주관, 삶의 주체'를 뜻하는 그리스어 'nous'(지성)다. 플라톤은 『국가』 제6권 '선분의 비유'(519d~511e)에서 인식되는 대상을 감각의 대상들(ta aistheta)과 지성으로 알 수 있는 것들(ta noeta)로 나누고, 이에 상응해 인식하는 주관의 상태를 전자는 속견(doxa), 후자는 지성에 의한 인식(noesis)이라고 일컬었다. 이러한 맥락에서 'noesis'는 '인식작용'으로, 'noema'는 '인식대상'으로 옮긴다.

지어지든 간에, 그것은 우선 단순히 이바지하기 위한 의미로 쓰일 경우 전혀 문제되지 않는다.

그러나 더 중대한 문제들이 지시된 세 가지 층과 연관된다. 그 문제들은 형식논리학과 형식적 수학의 관계를 근본적으로 해명하고, 이 둘이 형식적 '보편수학'의 이념 속에 불가분하게 통일을 이루는 더 깊은 (이미『논리연구』에서 그 첫 번째 단계가 수행된) 정당화에 관계한다. 하지만 이렇게 함으로써 순수 형식적 수학(이에 상응해 정화된 형식적 삼단논법을 포함해)의 의미에 대한 최종적인, 내가 바라듯이, 궁극적 해명이 본질적으로 진보한 것으로 나타난다. 순수 형식적 수학은 그 의미를 수학자의 지배적 지향[의도] 속에 지닌다. 즉 진리개념이 주제 밖에 남아 있는 무모순성의 순수 분석론으로 지닌다.

형식적 존재론의 진정한 의미도 그것과 관련된다. 형식적 존재론이라는 개념은『논리연구』에서 형식적 존재론과 질료적(실질적) 존재론, 또는 '분석적' 아프리오리의 영역과 '종합적'(질료적) 아프리오리의 영역을 그 근본에서 본질적으로 구별한 것에서 소개되었다.

제1부에서의 이러한 의미의 해명은 아무튼 나를 수십 년 동안 고민에 쌓인 채 매우 몰두하게 한 위에서 언급한 문제에 대해 철학자에게 앞으로도 유용할 수 있다.

이와 관련된 나의 상세한 서술에 관심을 두는 사람을 위해 나는 '무모순성'의 순수 논리학을 분리하고 의미를 규정하는 데 나를 근원적으로 이끈 문제가 명증성의 문제, 즉 형식적-수학적 학문의 명증성에 관한 문제였다는 점을 여전히 언급하고 싶다. 형식적 수학의 진리(또한 삼단논법의 진리)가 지닌 명증성은 그 밖의 다른 아프리오리한 진리와 전혀 다른 것이라고, 즉 형식적 수학의 진리는—비록 그것이 공허한-형식적 보편성에서나마 그 대상과 사태에 관계되더라도—그 어떤 대상이나 사태에 관한 구체적인 범례적 직관을 필요로 하지 않는다고 나는 간주한다. 이러한 보편성에서 모든 것, 즉 가능한 것이든 생각해낼 수 있는 것이든 모든 것에 관련된 학문이 형식적 존재론이라는 명칭을 부여받을 만하더라도, 실제로 그러한 것이 되려면 그 범위에 속한 대상성의 가능성이 직관으로 정초되어야 한다. 이제 제1부에서 정초된 순수한 '귀결논리'나 '무모순성 논리'를 분리해냄으로써, 비록 본문에서 수행된 연구는 그 자체로 이러한 문제제기와 결부되지는 않지만, 이 물음에 단호히 답변하기가 쉬워졌다.

이 책 제2부에서는 주관적–논리적인 것(Subjektiv-Logisches)이 주요주제가, 더구나 항상 학문이론으로서 형식논리학에 관한 계속된 성찰과의 연관 속에 주요주제가 될 것이다. 그리고 형식논리학에서 선험논리학에 이르는 자연스러운 길이 묘사될 것이다. 그래서 심리학주의(Psychologismus)의 유령이 곧바로 출발에서부터 나타날 것이며, 『논리연구』 제1권에서 심리학주의에 대해 많이 언급된 논박이 지닌 특별한 의미가 우선은 새롭게 또한 더 예리하게 해명될 것이다.[15] 이렇게 함으로써 매우 늦게야 비로소 주어질 '선험적 심리학주의'[16]에 대한 해명이 동시에 준비될 것이다.

그렇다면 논리적 주제제기가 소급해 지시하는 일련의 논리적 인식

---

15) 후설은 『논리연구』 제1권에서 논리법칙을 심리법칙이라 간주해 심리학으로 논리학을 정초하려는 심리학주의는 결국 회의적 상대주의에 빠진다고 비판했다. 그 핵심은 이념적인 것(Ideales)과 실재적인 것(Reales) 및 이념적인 것이 실천적으로 변형된 규범적인 것(Normales)의 차이를 인식론적으로 혼동(metabasis)한 오류와 편견들을 지적한 것이다.

16) 이것은 모든 인식형성의 궁극적 근원을 밝히려는 선험적 동기를 지녔지만, 여전히 자연적 태도에서 '세계가 미리 주어져 있음(Vorgegebenheit)'을 문제삼지 않고 단순히 전제하는 선험적 소박함을 뜻한다. 결국 경험적 심리학이나 현상학적 심리학도 소박한 인간학(Anthropologie)일 뿐이며, 이 선험적 심리학주의는 자연적 태도를 총체적으로 변경하는 철저한 선험적 태도의 보편적 판단중지를 수행하는 선험적 현상학(선험철학)으로서만 극복될 수 있다.

의 전제가 밝혀지고, 이렇게 함으로써 점차 다음과 같은 통찰이 일깨워질 것이다. 즉 학문과 논리학에서 문제되고 또 문제되어야 할 주관적인 모든 의미문제는 자연적인 인간 주관성의 문제가 아니라, 따라서 심리학적 문제가 아니라, 선험적 주관성[17]의 문제이며, 더구나 (내가 소

---

17) 일부에서는 'transzendental'을 'transzendieren'(초월한다)에서 파생되었다고 '초월론적'으로 번역하지만, 후설 현상학의 근본성격이 압축된 이 용어를 다음과 같은 이유로 '선험적'으로 옮긴다.

① 후설은 이 용어를 칸트에게서 이어받았지만 칸트가 선험적 구성의 의미를 해명하지 않았기 때문에 그 일치는 외적일 뿐이다(『제일철학』 제1권, 386쪽 참조할 것). 반면 후설에게 '선험적'은 "모든 인식의 궁극적 근원으로 되돌아가 묻고…… 자기 자신과 자신의 인식하는 삶을 스스로 성찰하려는 동기"(『위기』, 100쪽; 『경험과 판단』, 48~49쪽)로 철저한 반성적 태도를 뜻한다. 따라서 칸트나 신칸트학파에서 '선험적'에 대립된 것은 '경험적'(empirisch)이지만, 후설에게 그것은 소박한 자연적 태도의 '세속적'(mundan)이다.

② 모든 경험은 스스로 거기에 주어진 핵심을 넘어 사념함으로써 처음에는 주시하지 않았던 국면을 점차 밝혀줄 지평을 지니는데, 여기에는 역사적으로 형성되고 침전되어 전통으로 계승된 문화도 포함된다. 이처럼 모든 역사의 아프리오리를 그 궁극적 근원으로 되돌아가 물음으로써 의미를 해명하려는 발생적 현상학을 '초월론적'이라 부를 수 없다. 넘어서는 것이 의식과 대상이 분리된 이원론을 전제한 '초월'을 뜻하지 않기 때문이다.

③ 선험적 환원은 초월적 실재를 내재적 영역으로 이끌어 의식작용들과 그 대상들에 동일한 의미를 구성하는 선험적 자아를 드러내는 방법, 즉 대상으로 향한 시선을 주관으로 향하는 태도변경이다. 그런데 이것을 '초월론적 환원'으로 부르면, 의식에 내재적으로 이끌어오는 것이 아니라 의식이 자신을 넘어 대상으로 향하는 것처럼 표명된 결과 정반대의 뜻이 된다.

④ 실제 원문의 번역이 어색해진다. 가령 "현상학과 다른 모든 학문의…… 관계는 '선험적'[초월론적] 존재와 '초월적' 존재의 본질적 관계에 근거한다"(『이념들』 제1권, 제76항 159쪽)에서 보듯 꺾쇠괄호, 즉 '초월론적'으로 번역하면 매우 어색하며 '-론'이 있고 없음만으로는 의미를 제대로 파악하기 힘들다. 또한 "모든 종류의 초월성(Transzendenz)을 '배제하는' 태도에서 현상학은…… '선험적[초월론적] 문제들'의 전체적 복합체로 나아가고, 따라서 선험적[초월론적] 현상학이라는 명칭을 마땅히 받을 만하다"(같은 책, 제86항 198쪽)에서 보듯 꺾쇠괄호, 즉 '초월론적'으로 번역하면 이치에 어긋난

개한) 선험적 현상학의 의미에서 선험적 주관성의 문제라는 통찰이다. 우리가 계속 심화해가면, 진정한 학문 일반의 본질적 가능성을 모든 측면에서 해명해주고 이렇게 함으로써 진정한 학문의 생성을 주도할 수 있는 학문이론인 실제적인 철학적 논리학은 오직 선험적 현상학과의 연관 속에서만 생길 수 있다는 통찰이 가능하다. 소박하게 단도직입적으로 명증적 진리를 이끌어내려는 자신의 방법에서 소박한 실증성 속에 역사적으로 존재하는 논리학은 철학적으로는 일종의 유아(幼兒)단계임이 입증된다. 독자적으로 형성된, 이념적 의미형성물의 논리학은 실증적 학문 일반과 마찬가지로 철학적이지 않다. 왜냐하면 그 논리학은 궁극적인 자기이해와 자기정당화를 수행할 수 있는 근원적 진정함이 없기 때문이다. 따라서 그 논리학은 실증적 학문을, 그 실증성을 넘어서서 도와줄 수 있는 규범이 전혀 없다.

이러한 실증성의 철학적이지 않은 성격은 바로 다음과 같은 점에 있다. 즉 자신의 주제 밖에 남아 있는 작업을 수행하는 지향성으로서의 작업수행을 이해하지 못함으로써 그 영역과 이 영역을 포괄하는 개념의 진정한 존재의미를 해명할 수 없고, 따라서 그것이 논의하는 존재자가 어떠한 의미를 지니는지 그리고 그것이 논의할 수 없는데도 어쨌든 그 의미를 함께 규정하는 어떠한 의미지평(Sinneshorizont)[18]

표현이 될 수밖에 없다.

요컨대 후설에게 '[현재의] 경험에 앞선 것'을 뜻하는 '선험적'(先驗的)이라는 용어는 인식의 형식뿐 아니라 다양하게 인식될 내용을 포함해 현재의 경험에 앞서 주어져 있는 모든 것과 이것을 궁극적 근원으로까지 되돌아가 묻고 해명함으로써 절대적 자기책임 아래 학문적 이론과 인간적 실천을 엄밀하게 정초하려는 강력한 의지를 함축한다.

18) 이것은 그리스어 'horizein'(구분한다, 경계짓다, 구획을 정한다)에서 유래하는데, 후설은 발생적 분석에서 매우 중요한 이 용어를 제임스(W. James)가 의식의 익명성을 밝히기 위해 사용한 '언저리'(Fringe) 개념에서 받아들였다. 모든 의식작용에는 기억이나 예상에 의해 간접적으로 주어지는 국면들이 있으

을 존재자가 전제하는지를 본래의 궁극적 의미에서 말할 수 없다.

충분한 명증성에 근거한 이른바 독자적 형식논리학의 독단적 소박함과 관련해 객관적 논리학의 타당성이 지닌 절대성은 전혀 변경할 수 없는 논리학에 대한 보편적 근원의 물음과 타당성의 물음을 제기하고 표면상 답변하는 방식으로 외적으로 첨부된, [논리학에] 뒤따르는 인식론의 소박함을 지닌다. 결국 참된 인식론은 논리적 개념과 논리학 자체의 '진정한' 의미를 해명한다. 즉 선행하고 이미 현존하는 의미가 아니라, 인식론으로 비로소 만들어낼 수 있고 그 효력범위의 지평속에 철저히 탐구될 수 있는 의미를 해명한다. 그러나 그것은 이전에 단순히 추정된 의미가 주도해 만들어지고 철저히 탐구된다. 그 밖의 다른 실증적 과학에서도 마찬가지다. 실증적 과학이 이미 역사적으로 현존하는 한, 그 목표는 그 학문을 비로소 진정한 학문으로 만들어내려는 선험적 탐구를 위한 실마리로서의 기획이고 요구다.

우리의 연구는 역사적[으로 발전된] 논리학의, 특히 근대논리학의 근본적 결점을 항상 새로운 단계에서 밝혀낼 것이다. 그 결점은 주관적 관점에서, 즉 판단하고 인식하며 탐구하는 사유함의 관점에서 학문의 이념으로 제기된 중대한 과제를 결코 충족시킬 수 없다는 것이다. 로크 이래 인식의 심리학은 스스로 모순되는 감각주의 때문에 완전히 실패했다. 그런데 이것은 본래 그 자신의 심리학적 탐구였다. 그러나 그 심리학은 철학적 학문이론에 대해 (즉 학문이론의 역사적인 근원적 의미와 오직 진정한 의미만 견지하는 철학적 학문이론에 대

며, 이것들이 지향된 대상의 지평을 구성해 경험이 발생하는 틀을 형성한다. 공간과 시간의 차원을 지닌 이 '지평'은 신체가 움직이거나 정신이 파악해감에 따라 점차 확장되고 접근할 수 있는 문화와 역사, 사회적 조망을 지닌 무한한 영역으로서, 인간이 세계와 자기 자신을 항상 새롭게 이해할 수 있는 전제조건이다.

해) 특히 중요한 것을 파악하는 데 다음과 같은 이유 때문에 실패했다. 그것은 로크와 그 이후 심리학화하는 모든 논리학자와 인식론자가 심리학적 인식탐구와 선험적 인식탐구를 구별할 수 없었다는 점이다. 근본적 학문이론, 따라서 특수한 철학적 학문이론을 명백히 지향함으로써 나타난 원리적 문제는 인간학적 심리학의 수준으로, 게다가 경험적 심리학의 수준으로 전락했다. 여기에다 칸트의 선험적 인식탐구가 매우 현실적이고 구체적으로 해명하는 인식분석에서 벗어난 방식으로 영향을 미쳤다는 사실을 받아들이면, 근대의 객관적 학문이론이 지닌 다음과 같은 치명적 결함이 밝혀진다. 즉 근대의 객관적 학문이론이 그 자체 속에 객관적 의미를 구성하는 의식의 보편성에 입각해 진정한 학문(이와 함께 그 자체로 참된 객관성 자체)의 가능성을 가장 깊게 해명하고 정초하는 일을 한 번도 과제로서 이해하지도 않았고, 하물며 그 해결의 방법을 형성하거나 그 방법을 추구하지 않았다는 결함이다.

학문이 이론적 작업에 미리 주어진 영역으로서 자신에 앞서 지니는 것은 그 의미와 존재에 따라 탐구자 자신의 고유한 (개별적이든 공동체화된 것이든 간에) 의식의 작업수행의 원천에서 나온 (개인이나 공동체의) 탐구자에 대한 영역이다. 더 나아가 이 영역의 이론으로서 그때그때 완성된 결과는 그 이론의 전체적 의미와 진리 의미도 드러내 밝히는 작용의 작업수행에서 나온 결과다. 이론은 명증성, 즉 반복된 비판적 확증에서 소박하게-단도직입적으로 우리에 대해 ('실제적' 이론으로서) '존재할' 수 있고, 마찬가지로 사물은 경험이나 경험의 확증에서 소박한 자명성으로 우리에 대해 존재하는 실제성이다. 그렇다고 이론이 우리에 대해 존재하는 것이 선험적으로 이해할 수 있는 것은 아니듯이, 사물이 우리에 대해 존재하는 것도 그러한 관점에서 이해할 수 있는 것은 아니다. 즉 개별적 주관성이나 상호주관성의 원천에서 구성된 것으로서, 우리에 대해, 즉 '모든 사람'에 대해 존재하는 것으로서, 우리에 대해 의미를 갖는 유일한 것으로서 이해할 수 있는 것은 아니다. 철학자인 우리가 (실재적 세계든 그 어떤 이념적 세계든 간에) 세계의 어떤 의미에 대해 묻는 모든 의미는 선험적 근원에 대한 해명을 전제하고, 그 자체로 선험적 학문의 토대 위에서 진행된다.

로체(R.H. Lotze)가 "단순히 세계경과를 계산하는 것이 아니라, 그 세계경과를 이해하는 것"[19]이라는 유명한 경구로 최상의 인식과제를 묘사했을 때, 우리는 이 말을 적절히 변형해 논리적 형성물의 영역인 논리학에 적용시켜야 한다. 즉 논리학이 실증적 학문의 방식으로 객관적 이론을 방법적으로 형성하고 가능한 진정한 이론의 형식을 원리와 규범으로 이끌어가는 것으로는 충분치 않다는 의미에서 그러하다. 우리는 이론적 작업수행 속에 사태, 이론과 방법에 몰두하면서 자신의 작업수행이 지닌 내면성에 관해 아무것도 모르고, 그 속에 살면서도 이 작업을 수행하는 삶 자체를 주제의 시선으로 다루지 못하는 이론가(Theoretiker)의 자기망각(Selbstvergessenheit)을 극복해야 한다. 인식과 이론을 수행하는 내면성, 즉 선험적 내면성의 심층 속으로 파 내려가는 원리적 해명을 통해서만 진정한 이론과 진정한 학문으로서 수행된 것을 이해할 수 있다. 더구나 이러한 해명에서만 학문이 참된 존재로서, 참된 자연으로서, 참된 정신세계로서 그 이론으로 성취하고자 노력한 그 존재의 참된 의미도 이해할 수 있게 된

---

19) 로체(1817~81)는 실증적 자연주의, 감각적 유물론, 비합리주의에 대항해 관념론(진리와 가치)과 기계적 자연관(존재)의 결합을 주장함으로써 신칸트학파(바덴학파)의 선구가 되었다. 저서로 『형이상학』(1841), 『논리학』(1843), 『소우주: 자연의 역사와 인간의 역사의 이념』(1856~58) 등이 있는데, 『엄밀한 학문』(335~336쪽)에서도 인용된 이 구절의 출처는 아직 확인하지 못했다.

다. 따라서 현상학적 의미에서 선험적으로 해명되고 정당화된 학문만 궁극적 학문일 수 있고, 선험적–현상학적으로 해명된 세계만 궁극적으로 이해된 세계일 수 있으며, 선험논리학만 궁극적 학문이론, 즉 모든 학문의 궁극적이며 가장 깊고 가장 보편적인 원리론과 규범론일 수 있다.

그러므로 논리학의 이념을 다시 그 근원적 지향[의도]에 따라 파악해야 하듯이 그렇게 대단하고 그토록 관대하게 파악하면, 또한 선험적 정신으로 논리학의 이념에 혼을 불어넣으면, 다음과 같이 말해야 한다. 즉 현대 학문에 결여된 것은 가장 넓은 의미에서, 어쨌든 원리적인 통일적 의미에서 모든 학문이론 문제와 분과를 포괄하는 참된 논리학[20]이다. 그것은 선험논리학으로서 인식의 가장 깊은 자기 인식으로 학문에 길을 밝혀주고, 모든 실행에서 학문을 이해할 수 있게 하는 논리학이다. 따라서 이 논리학은 단순히 순수한 형식논리학, 즉 가장 넓게 파악해보면 라이프니츠의 의미에서 '보편수학'(*mathesis universalis*)[21]이고자 하지 않는다. 이것은 이념에 관한 논리적 학문이지만, 어쨌든 하나의 '실증적' 학문일 뿐이다. 다른 한편 그 논리학은 학문이라 일컫는 실천적으로 최고로 유익한 정신의 작업수행에 대

---

20) 이것은 사유형식을 다루는 형식논리학뿐 아니라 세계 속에 있는 존재자(세계)에 관한 철학적 논리학을 뜻한다. 왜냐하면 세계는 경험할 수 있는 모든 사물, 즉 모든 판단기체의 지평이기 때문이다.

21) '보편수학'은 데카르트에게서 시작해 라이프니츠에게서 정점을 이룬 사상으로 후설 학문이론의 핵심이다. 하지만 데카르트에게서 보편수학의 이념은 그가 해석기하학을 발전시키면서 생각한 산술, 기하학, 천문학, 음악 이론학, 광학, 기계학 등을 포괄하는 수학의 통합과학이다. 라이프니츠에게서 보편수학은 이것을 넘어 논리학, 대수학까지 포괄하는 모든 형식과학에 대한 학문을 뜻한다. 반면 후설은 이것을 발전시켜 학문이론으로서의 논리학을 완성하고자 한다. 이러한 사상은 『논리연구』의 주도적 이념이 "산술의 형식적인 것과 논리학의 형식적인 것 사이의 관계를 밝히는 것"(제1권, 「머리말」, 6쪽)이라는 주장에서도 잘 나타나 있다.

한 일종의 단순한 경험적 기술학(技術學), 즉 실천적 성과만을 경험적으로 추구한 기술학이고자 하는 것은 더욱더 아니다. 오히려 그 논리학은 영향을 미치는 순수한 이론적 관심의 최상 기능으로서 학문에 진정한 학문으로서 가능한 의미를 부여하는 선험적 원리의 체계를 명백히 제시하고자 한다.

아무리 정밀한(exakt) 학문에서도 빠지지 않는 그 근본개념의 참된 의미에 대한 논쟁은 '학문들이 그러한 논리학을 얼마나 필요로 하는지, 또는 학문들이 소박한 실증성에서 스스로를 만족시키는 학문으로서 등장할 수 없고 그렇게 스스로 만족함을 견지할 수 없는지'를 보여준다. 이러한 논쟁은 학문들이 참으로 그 자신의 의미를 전혀 명료하게 파악하지 못한다는 사실을 나타내는 증상이다. 그러나 확실히 선험논리학만 다음과 같은 점을 완전히 이해할 수 있다. 즉 실증적 학문은 그것에 필연적으로 대립된 측면에 관한 완전한 비합리성이 여전히 남아 있는 상대적인 일면적 합리성만 성취할 수 있다는 점 그리고 모든 개별과학을 단순히 체계적으로 결합하는 것만으로는 고대철학이 근원적으로 추구했던 것과 같은 최상의 의미에서 보편적 존재인식이 결코 생길 수 없다는 점이다.

이와 같은 것이 앞으로 서술될 연구의 의미에 관한 것이다. 제1부의 연구는 궁극적으로 상론하기보다는 문제를 제기하는 부분으로서 제2부에 없는 어느 정도의 완전성과 완결성을 지닌다는 것은 주제사안의 본성상 당연한 일이다. 왜냐하면 제2부는 실로 그것이 제시한 것에 따라 결코 공유재산이 아닌 지향적 현상학의 엄청난 범위까지 다루기 때문이다. 더구나 나는 수년 동안에 걸친 일련의 매우 포괄적인 연구를 서술하려고 준비했는데,[22] 이것은 완전히 다른 방식의 질

---

22) 이것은 1919~20년 강의 '발생적 논리학'과 1910년대 초반과 1920년대 연구

료적 학문이론을 통해 형식적 학문이론을 보충하려고 선정한 연구
다. 또한 다른 한편으로 나는 미리 지시하고 구체적으로 기초 짓는
연구를 서술하려고 준비했는데, 그것은 위에서 묘사한 근본적 성찰
에 관한 최초의 길, 즉 데카르트와 같은 길 이외에 그 밖의 가능한 길
들[23]을 체계적으로 준비하고 철저히 수행하려는 연구다.

　마지막으로 이 자리에서 루드비히 란트그레베(L. Landgrebe)[24] 박
사의 효과적인 도움에 따뜻한 감사를 표하고 싶다(그는 이러한 목적
을 위해 독일학술진흥재단의 장학기금을 지원받아 작업했다). 그는 이
책이 문헌적으로 완성되는 데 헌신적으로 지원해주었다.

　　수고를 가리킨다. 후설은 이 책을 출판한 뒤 이 자료들을 토대로 1929~30년
　　초안을 작성했다. 하지만 『데카르트적 성찰』의 독일어판을 완성하려는 계획
　　과 『위기』를 집필하게 된 급박한 사정 때문에 그 마무리 작업을 연구조교였던
　　란트그레베에게 위임했고, 그 성과는 후설이 죽은 다음 해인 1939년에 프라
　　하에서 『경험과 판단』으로 출간되었다.
23) 후설은 선험적 현상학(선험철학)을 해명하는 데 너무 가파른 '데카르트적 길'
　　을 보완하고 심화시켜 1920년대 중반부터 '심리학을 통한 길'과 '생활세계를
　　통한 길' 등을 모색했다.
24) 란트그레베(1902~94)는 1923년부터 그가 1930년 프라하대학교 교수로 취
　　임할 때까지 프라이부르크대학교에서 슈타인(E. Stein)에 이어 후설의 연구
　　조교로 근무했고, 후설이 죽은 다음에는 하이데거(M. Heidegger), 핑크(E.
　　Fink), 베커(O. Becker)와 함께 현상학 운동을 주도했다. 저서로 『현상학과 형
　　이상학』(1949), 『현상학과 역사』(1968), 『현상학으로의 길』(1969) 등이 있다.

예비고찰

1 '로고스'라는 말의 의미에서 출발함.
논의, 사유함, 사유된 것

'논리학'이라는 명칭이 파생된 '로고스'(*Logos*)라는 단어는 '진술하다'(*legein*)라는 더 근원적인 의미의, 더 잘 이해되는 단어를 참고해 번역함으로써 '한데 모으다' '진술하다' '낱말과 논의를 통해 진술하다'는 매우 많은 의미를 지니게 되었다.

1. 발전된 언어에서 '로고스'는 때로는 낱말과 논의[1] 자체를, 때로는 어떤 것에 관한 논의, 즉 논의되고 있는 **사태**를 뜻한다. 그렇지만 논의하는 자가 전달하려는 목적에 따라, 또는 그 스스로 산출된 명제적 사고, 즉 언어적으로 주장하는 명제의 정신적 의미(Sinn)나 표현에 따라 생각된 것을 뜻하기도 한다. 더 나아가 '로고스'는 방향이 많이 전환되어 정신적 작용 자체, 즉 그때그때 대상이나 사태와 관련해

---

1) '이야기(말)하다'를 뜻하는 '논의'(Reden)의 일반적 특성은 ① 서술보다 구술, ② 한 문장보다 여러 문장, ③ 청자를 둔 화자의 발언 등이다. 여기에서는 '논의'로 일관되게 번역하지만, 그 의미가 분명치 않을 경우 '말(함)'으로 이해하는 것이 적합할 때도 있다.

그 의미내용이 산출되는 진술함, 주장함이나 그 밖의 사유함도 지시한다.

2. 그러나 '로고스'라는 말의 이 모든 의미는 학문적 관심이 관련되는 곳에서는 특히 그 속에 이성 규범의 이념이 등장함으로써 정확한 의미를 취한다. 이 경우 '로고스'라는 말은 때로는 능력으로서 이성 자체를, 때로는 이성적 사유함, 즉 통찰에 따른 사유함이나 통찰적 진리를 향한 사유함을 뜻한다. 또한 '로고스'라는 말은 더 특수하게는 정당한 개념을 형성하는 능력을 뜻하며, 이러한 이성적 개념의 형성뿐 아니라 그것의 올바른 개념 자체를 뜻하기도 한다.

이제 '로고스'라는 말과 분명히 연관된 이 다양한 의미를 '로고스'에 관한 학문을 최초로 구상해 형성하는 길잡이로 받아들이면, 이론적 탐구와 규범적 적용에 풍부하게 연관된 주제가 열린다. 그럼으로써 자연스러운 탐구가 쉽게 진행될 수 있다.

두 번째 그룹의 의미를 실마리로 삼으면, 올바르고 명백하게 정당화될 수 있는 사고함, 특히 학문적으로 사고하는 능력으로서 이성의 주제는 '지나가버리는 자아의 작용이 어떻게 그에 상응하는 습관적 능력을 정초하는가' 하는 일반적 물음을 넘어서서 즉시 '어떤 종류의 작용이 여기에서 문제 삼는 이성적 사유작용인가' 하는 물음으로 이끈다. 그러나 이러한 이성적인 것의 특수한 점이 숙고될 수 있기 이전에, 이성적인 것과 비(非)이성적인 것의 모든 구별에 앞서서 사유함 자체의 특수한 점이 당연히 주제가 되어야 한다.

우리는 '로고스'라는 말의 의미에서 주장하는 사유함, 일상적 말의 의미에서 판단하는 사유함, 또는 사고(Gedanken)로서 주로 판단에 이끌린다. 그러나 판단하는 사유함은 적어도 그 말을 가장 넓게 파악할 수 있는 의미에서 모든 '사유함' 일반을 포괄하지 않는다. 따라서 우리는 우선 숙고해야 할 것으로서 가장 넓은 의미의 사유함으로 되돌아간다. 실로 인간의 사유함은 정상적으로는 언어로 수행되며 이성의 모든 활동은 거의 전적으로 논의와 결부되기 때문에, 이성적으로 참된 것이 발생할 모든 비판은 상호주관적 비판으로서 언어(Sprache)에 이바지하고 결과적으로 항상 진술함(Aussagen)으로 이끌기 때문에, 단순한 사유작용과 사고가 아니라 무엇보다 진술함, 진술된 사고가 문제시된다. 이렇게 함으로써 우리는 '로고스'라는 말의 첫 번째 그룹의 의미로 되돌아간다. 그러므로 앞으로 상론될 탐구는 세 가지 명칭, 즉 논의(Reden), 사유함(Denken), 사고된 것(Gedachtes)에 관련된다. 그렇다면 당연히 이들에 상응하는 능력(Vermögen)도 주제가 되어야 하는데, 그것은 논의하는 능력, 논의하는 것과 일치하는 사유하는 능력 그리고 사유하면서 사고된 것과 관계하는 능력이다.

2 언어적인 것의 이념성. 이에 속한 문제들을 배제함

그러나 제시된 세 가지 명칭은 여전히 매우 다양해서 더 상세한 구별이 필요하며, 사용된 단어가 유동적으로 명료하지 않기 때문에 해명할 필요가 있다. 첫째, 우리는 '논의'라는 명칭에 대해 여기에서 간과하면 안 될 구별에 주목해야 한다. 어쨌든 발성된 단어, 실제로 발성된 논의를 감각적 현상, 특히 청각적 현상으로 받아들이면, 우리는 이것을 단어와 진술문장 자체, 또는 더 커다란 논의를 형성하는 일련의 명제 자체와 구별한다. 우리는 이해되지 않은 채 반복하는 경우 아무 이유 없이 곧 동일한 단어와 문장의 반복이라고 하지 않는다. 어떤 논문이나 소설 속에 각 단어와 문장은, 소리를 내든 않든 간에, 반복해 읽어도 여러 뜻을 지니지 않는 일회적인 것이다. 이 경우 비록 각자가 자기 자신의 목소리와 음색을 지니더라도, 실로 누가 낭독하는지는 중요하지 않다. 우리는 논문 자체(지금은 단어의 구성요소와 언어의 구성요소에서 문법적으로만 고찰해보면)를 다양하게 설명하는 재생산[재출판]뿐 아니라, 종이와 인쇄로 또는 양피지에 쓴 것이나 잉크 등을 활용해 쓴 것으로 다양하게 남아 있는 문서와도 구별한다. 하나의 유일한 언어적 구성요소는 가령 책의 형식으로 수천 번 재생산된다. 그래서 우리는 곧바로 **동일한** 책, 즉 동일한 소설이나 논문에 관해 이야기한다. 게다가 이러한 동일성은 순수한 언어적 관점에서도 타당하다. 반면 그 동일성은 다른 방식에서 즉시 고려해야 할 의미내용을 순수하게 분리해 고찰하는 데도 재차 적용된다.

민족공동체 속에 성장하고 변형되며 전통이라는 방식 속에 지속하는 습득적 기호의 체계인 언어, 즉 다른 종류의 기호에 대립해 그 기호의 체계를 따라 사고의 표현이 수행되는 언어는 하여튼 그 자신의 문제를 제시한다. 이러한 문제 가운데 하나는, 늘상 완전히 간과되었지만, 우리가 곧 마주치게 될 언어의 이념성이다.

이 언어의 이념성을 다음과 같이 특징지을 수도 있다. 즉 언어는 이른바 정신적 세계 또는 문화세계를 이루는 대상성의 객체성을 지니지, 단순한 물리적 자연의 객체성을 지니지 않는다. 객관적인 정신적 형성물인 언어는 그 밖의 다른 정신적 형성물과 같은 특성을 지닌다. 그러므로 우리는 동판(銅版) 자체와 이 동판으로 만든 수천 개의 복제품을 구별한다. 그리고 그림이 새겨진 이 동판은 각각의 재생산으로 드러나고, 같은 방식으로 각각의 재생산 속에 동일한 이념적인 것으로서 주어진다. 다른 한편 오직 재생산의 형식에서만 그 동판은 실재적 세계 속에 현존한다.

이러한 점은 「크로이처 소나타」[2]를 그것이 임의로 재생산된 것과

---

2) 베토벤의 작품 제47번 「바이올린과 피아노를 위한 소나타」를 말한다.

대립시켜 말해도 마찬가지다. 그 소나타 자체는 아무리 많은 음으로 이루어졌더라도 하나의 이념적 통일체이고, 그것을 구성하는 음도 마찬가지다. 그것은 가령 물리학적 음이 아니며, 감각적 청각의 지각에 속하는 음, 곧 실제로 재생되고 그것을 직관하는 작용 속에서만 실재로 현존하는 감각적-사물적 음도 아니다. 어떤 소나타가 실재의 재생산에서 여러 번 재생되듯이, 그 소나타의 개별적 음 각각은 재생산에서 그에 상응하는 음으로 여러 번 재생된다. 전체와 마찬가지로 그 부분도 실재로 개별화되는 방식에서만 '지금 그리고 여기'(*hic et nunc*)에서 실재적인 것(Reales)이 되는 이념적인 것(Ideales)이다. 모든 언어적 형성물도 마찬가지다. 게다가 언어적 형성물의 이념성은 그 형성물 속에 표현된 것—이렇게 표현된 것이 큰 역할을 함께 하더라도—의 그와 같은 이념성만을 말하지 않는다. 왜냐하면 확실히 우리의 확정은 언어적 형성물에 관계하고, 의미가 충족된 논의로서, 즉 언어적 신체(sprachliches Leib)[3]와 표현된 의미의 구체적 통일체로서 언어적 형성물에도 관계하기 때문이다. 그러나 그것은 예컨대 정신적 신체성인 언어적 신체성에 관해서조차도 언어적 형성물에 관계한다. 단어 자체, 문법적 명제 자체는 수천 번 재생되더라도 다양하게 되지

---

3) 후설은 『위기』에서 생활세계의 역사성, 특히 기하학을 범례로 이념적 형성물들이 전승되는 역사적 전통의 문제를 '언어적 신체(구체화)'로써 해명한다(『위기』, 212~214쪽, 부록 3 '기하학의 기원' 참조할 것). 즉 어떤 주관이 원본적으로 산출한 의미형성물의 생생한 명증성은 시간이 흐르면 희미하게 사라지지만 완전히 소멸되는 것이 아니라 문화와 기술, 도구 등 일반적 언어로 생활세계 속에 흘러들어가 침전(언어적 신체화)되고, 이것은 연상으로 다시 일깨워지고 의사소통과 상호이해로 임의로 반복되어서 자명하게 다시 활성화할 수 있도록 복원될 수 있는 지속적 습득성이 된다. 따라서 생활세계는 상호주관적으로 경험되며 언어적으로 논의하고 해석할 수 있는 모두에게 공통적인 역사적 환경세계, 감정이입(Einfühlung)의 공동체인 동시에 언어로 기록된 문헌으로 추후에 이해하고 전달할 수 있는 언어의 공동체다.

않는 하나의 이념적 통일체다.

정신세계에 속한 객관성의 의미와 구성을 언어를 포함해 그 모든 근본형태에 따라 해명하는 것과 관계된 중대한 문제를 원리적으로 논구하는 것은 독자적 영역을 형성한다. 여기서는 다만 언어가 논리학자에게 우선 그 이념성에서만 문제되는 점을 지적하는데, 그것은 바로 실제적이거나 가능한 실재화(Realisierung)에 대립된 동일한 문법적 언어로서, 즉 동일한 문법적 명제와 명제연관으로서 문제되는 것이다. 이러한 점은 미학자의 주제가 그때그때 예술작품, 즉 일시적인 물리적 음의 복합이나 물리적 사물인 회화가 아니라, 곧 회화 자체나 소나타 자체—이에 평행하는 본래의 문법적 대상과 같이 본래의 미학적 대상—인 그때그때의 소나타나 회화인 것과 완전히 비슷하다.

이러한 문제그룹 전체를 앞으로의 연구에서는 고려하지 않겠다. 이것은 그 본래의 내용과 연관에 입각해 충분히 정당화될 것이다.

3 '사유함'의 표현인 언어. 의미를 구성하는 체험인 가장 넓은 의미의 사유함

이제 두 번째로 언급한 명칭인 **사유함**을 고찰하자. 이 말의 의미는 매우 자주 듣는 결합인 '언어와 사유함'에서 분명히 이끌어냈다. 그렇다면 이 말은 거의 인간의 영혼 삶(Seelenleben) 전체를 포괄하는 것처럼 보일 수도 있는 엄청나게 넓은 의미를 지닌다. 왜냐하면 확실히 우리는 "언어로 인간은 그의 영혼 삶을 표현한다"라고도 말하곤 하기 때문이다. 하지만 더 신중해야 한다. 실제로 인간은 모든 영혼 삶을 언어로 '표현하지는' 않으며, 언어로 표현할 수도 없다. 만약 통상적 논의가 달리 사용되면, 그것은 '표현'에 관한 논의가 애매하고 여기에 존립하는 관계가 해명되지 않았기 때문이다. 처음부터 우리는 각 단어로 그리고 논의의 통일체로 함께 질서 지어진 각 단어의 결합으로 어떤 것이 생각된다는 점을 주목함으로써 '표현'에 관한 이러한 논의를 한정할 수 있다. 더 정확하게 말하면, 논의가 자연스러운 기능으로 계속될 때, 즉 '이러저러한 것이 표명되는' 논의로 실제로 기능할 때 말하는 사람의 실천적 지향[의도]은 명백히 단순한 단어를 궁극적으로 향한 것이 아니라, 단어를 '통해' 그 의미를 향한 것이다. 단어는 '그 뜻을 나타내는(signitiv) 지향'을 지니며, 의미, 즉 그것에 '의해' 생각된 것으로 이끌어가는 교량(橋梁)으로 이바지한다. 이러한 점은 논의가 정상으로 기능하고 대체로 실제적 논의가 이루어지는 곳 어디에서나 타당하다. 그러므로 당연히 앵무새는 사실상 아무것도 논의하지 않는다.

우리는 지금 그것이 말하는 것과 다른 것을 뜻하는 기만적 논의도 배제한다. 논의의 통일성은 의견의 통일성에 상응하고, 논의의 언어적 조직화와 형식은 의견의 조직화와 형식화에 상응한다. 그러나 의견의 조직화와 형식화는 단어들 밖에 있지 않고, 오히려 논의하는 가운데 우리는 지속적으로 단어들로써 융합되는, 즉 단어들에 혼을 불어넣는(beseelend) 내적 의견을 말하는 작용을 한다. 이렇게 혼을 불어넣는 성과는 단어들과 전체 논의가 그 자체 속에 가령 어떤 의견을 신체화(verleiblichen)하고 그 자체 속에 신체화된 것을 의미로서 지닌다는 것이다.[4]

우리는 더 상세히 나아갈 필요가 없고, 따라서 이러한 의견을 말하는 작용이 존재하는 모든 영혼의 체험을 포괄해야 할 사유함에 관

---

[4] 이러한 점과 아래에 관해서는 『논리연구』 제2-1권, 제1연구, 23쪽 이하 '표현과 의미'를 참조할 것―후설의 주.

한 잠정적인 최초의 그리고 가장 넓은 개념으로서 한정할 수 있다. 이것은 논의하는 주체(또는 이와 평행해 들으면서 이해하는 주체)에 대해 곧 의견, 따라서 의미(Bedeutung), 즉 논의 속에 표현되는 뜻(Sinn)[5]이 구성되는 의견을 말하는 작용이다. 예를 들어 어떤 판단을 표명하면, 우리는 주장하는 진술의 말과 하나가 되어 판단작용의 통일체, 즉 내적으로 '사유하는' 주장함의 통일체를 수행했다. 그것으로 단어들 자체가 이루어지는 어떤 심리적 작업수행이 실행되더라도, 또한 '표현'을 산출하는 융합(Verschmelzung)에 대해 그 심리적 작업수행이 어떤 역할을 하더라도 우리는 단지 융합된 것, 즉 의미를 부여하는 것으로서 기능하고 그것이 주장하는 명제 속에 자신의 표현을 발견하는 판단의 의견을 자신 속에 지니는 판단작용에 주목한다. 우리는 모든 기호와 마찬가지로 말에 속한 지시의 경향, 즉 그 자신에서 떠나 의견 속으로 들어가 지시하는 현상을 고려하지 않는다. 또한 가령 우리가 대화의 상대자에게 문의하고 그 대화의 상대자에게 우리의 판단을 알려주려는 등의 함께 얽혀진 다른 심리적 체험도 고려하지 않는다. 그러나 당연히 대화의 특성 자체가 논의 속에서 예를 들면 '내가 그대에게 …… 말한다'는 형식으로 표현되는 경우에만 그러한 것을 〔예외적으로〕 고려한다.

우리가 주장하는 진술의 예에서 배운 것은 보편적으로 타당하다. 만약 "주님, 저를 도와주십시오!"처럼 어떤 소망을 표명하면, 우리는 단어들이 조직화되어 산출됨으로써 곧 단어들의 조직화 속에 표현된 어떤 소망을 품는데, 그 소망도 자신의 측면에서 평행하는〔상응

---

5) 후설은 초기에 "Sinn과 Bedeutung은 같은 뜻"(『논리연구』 제2-1권, 52쪽)으로 간주했으나, 점차 Bedeutung은 표현의 이념적 내용으로 남고, Sinn은 의식체험에서 표현되지 않은 기체의 인식내용 전체를 포괄하는 의미에 적합한 본질로 사용했다(『이념들』 제1권, 274쪽 참조할 것).

하는] 조직화된 내용을 지닌다. 이러한 점은 어떤 명령이나 물음을 표명하는 경우도 마찬가지다. 이렇게 넓게 파악해보면, 사유함은 말하는 동안 이러한 방식으로 표현의 주요기능(곧 어떤 것을 표현하는 것)에 속한 모든 체험, 따라서 표현되어야 할 뜻이 의식에 적합하게 구성되는 모든 체험을 뜻한다. 그리고 그 뜻이 체험되면, 그것은 표현의 의미, 특히 그때그때 논의의 의미를 뜻한다. 그것이 판단함이든 소망함, 의지함, 질문함, 추정함이든 간에, 이것은 사유함을 뜻한다.

그러나 여기서 소망함과 소망, 질문함과 질문 등을 항상 직접적으로가 아니라 판단에 적합하게-간접적으로 표현할 수 있는 태도변경(Einstellungsänderung), 따라서 예를 들면 직접적 소망이 이러한 소망에 대한 판단의 진술로 변화되는 판단정립의 매개를 통해 표현할 수 있는 태도변경을 간과하면 안 된다. 매개를 암시하는 변양된 표현 속에 이 소망은 이제 우리가 "S는 p이어라!"라고 말하는 대신, "나는 S가 p이어라 하고 소망한다"라고 말하는 것처럼 판단의 표현 속의 한 계기가 된다. 소망을 표현하는 논의를 종종 애매하게 하는 이 변양(Modifikation)은 이러한 매개로 판단의 의미영역이 다른 종류의 모든 의미를 자신 속에 받아들인다는 점, 그 결과 판단의 논리학은 그 밖의 모든 의미의 논리학을 어떤 방식으로 그 자신에 편입시킬 수 있다는 점 때문에 중요하게 된다. 그러나 여기에서 오해하면 안 될 사실은 그러한 태도변경이 진술을 산출하지만, 그 진술은 더 이상 최초의 본래 의미에서 소망, 질문, 추정 등을 표현하는 것이 아니라 항상 판단만 표현한다는 점이다. 단적인 본래의 소망진술, 질문하는 진술 등에서 특별한 뜻을 지닌 판단의 진술이 형성된다. 이러한 점을 고려함으로써 본래의 의미에서 표현의 기능을 할 수 있는 작용들의 다의성(多義性)도 유지되고, 이러한 기능의 보편성에 방향이 정해진 '사유함'이라는 개념이 유지된다.

이렇게 함으로써 우리는 언어와 사유함의 합치라는 보편성을 동시에 견지한다. 따라서 이제 그것은 우리에게 두 가지 평행하는 영역, 즉 가능한 언어적 표현(논의)의 영역과 가능한 뜻의, 가능한 방식으로 표현될 수 있는 의견의 영역이라는 서로 상응하는 두 영역을 지시한다. 이것들은 지향적으로 얽힌 통일체 속에 의미를 충족시키는 현실적인 구체적 논의에 관한 두 가지 측면의 영역을 산출한다. 이렇게 해서 실로 모든 주장은 논의인 동시에 현실적 의견, 더 상세하게는 판단의 의견이고, 진술된 모든 소망은 소망의 진술이자 현실적 소망 자체, 현실적 소망의 의견이며, 다른 것들도 마찬가지다. 그러나 더 정확하게 고찰해보면, 이중성 이상의 의미가 있다는 점이 명백해진다. 의견을 말함과 의견, 판단함과 판단, 소망함과 소망 등은 명확하게 구별되어야 한다. 그래서 사유함과 사유된 것(사상)의 구별이 이미 말해주는 것처럼, 사실은 삼중성(三重性)이 결과로 나타난다.

4 의미기능을 수행할 수 있는 '사유함'을 본질적으로 한정하는 문제

사유함의 가장 넓은 개념은 언어에서 의미의 기능 속에 들어올 수 있는 의식체험의 경험적 범위로서 우연하게 제한되지 않는다. 그 개념도 물론 본질적이지만 너무 폭넓은 제한, 즉 자명하게 심리적인 것만, 의식의 체험만 의미를 부여할 수 있다는 제한도 없다. 모든 것이 이러한 능력을 갖추지 않기 때문이다. 근원적 수동성(Passivität)[6]의 체험, 즉 기능하는 연상(Assoziation), 근원적 시간의

---

6) 후설에게서 '수동성'과 '능동성'은 칸트에게서 감성과 오성의 역할처럼 고정된 것이 아니라, 지향적 현상을 기술하기 위한 방편일 뿐이다(『경험과 판단』, 119쪽 참조할 것). 그에 따르면, 능동성 이전의 근원적 수동성은 자아가 전혀 관

식(Zeitbewußtsein), 내재적 시간성(Zeitlichkeit)의 구성이 진행되는 등 의식의 체험도 그러한 능력이 없다. 따라서 여기에서 이러한 가장 보편적인 '사유함'의 본질적 제한이라는 중요하고도 어려운 문제가 제기된다. 그 제한은 본질을 보편화함으로써 범례적 직관에서 획득된 것으로서 본질 유(本質類)를 산출해야 하고, 게다가 거기에는 이 '사유함'의 모든 특수화에 대해 일반적으로 그것들이 의미를 부여하게 되는 표현을 형성할 수 있다는 통찰이 있어야 한다.

그러므로 문제는 '의식의 체험이 의미의 기능 속에 들어올 수 있기 위해 어떤 보편적 본질유형을 지녀야 하는가?'다. 그것은 특유한 의미에서 자아작용(태도를 취하는 작용)이라는 유형, 또는 그러한 모든 작용에 속한 변경의 양상(2차적 수동성, 가령 '착상'으로서 수동적으로 떠오르는 판단)을 지녀야 하지 않은가? 더구나 여기서 명백히 밝혀질 수 있는 '사유함'의 본질개념은 어떻게 본질적으로 그 종(種)에서 구별되는가? 여기서 이러한 물음에 대해 깊게 연구한 답변을 다룰 수는 없다. 우리는 범례[7]을 조망하면서 명백한 통일체를 미리 지시하는 데 만족하고, 사유함의 가장 넓은 개념을 특유한 논리적인 것

여하지 않은 채 대상이 수용되고 지각되는 보편적 구조를 지닌다. 여기에는 모든 체험이 근원적으로 구성되는 '내적 시간의식'의 지속적 흐름, 시간적으로 변양된 표상이 동기부여로 새롭게 주어지는 표상에 끊임없이 짝지어 결합하는 '근원적 연상', 지각의 대상이 모든 측면에서 주어질 수 있는 조건인 신체의 운동감각(Kinästhesis)이 있다.

7) 현상학은 "의식에 범례적으로 주어진 것에서 본질과 본질연관을 인식하는 순수 본질학"(『논리연구』 제1권, 211쪽 주)이다. 이처럼 범례에 주목하는 현상학적 분석의 특징은 가령 표층적 의식체험을 표상, 정서, 의지의 영역으로 구분하면서도 이들에 공통적인 표상에 집중한 것, 본질을 직관하는 형상적 환원이 특정한 사례의 조작이 아니라 임의적으로 자유롭게 변경하는 것, 이념적 대상성들이 전승되는 역사성의 해명에서 기하학의 공리를 다룬 것 등에서 확인할 수 있다.

이 분리되어야 할 테두리로 받아들인다.

5 논리학을 아프리오리한 학문이론으로
     잠정적으로 제한함

전체적으로 오늘날까지 논리학의 주도적 의미였던 근원적인 역사적 의미에서 가장 보편적인 것에 의거함으로써 논리학에 주어진 영역의 최초의 제한을 묘사해보자. 명백하게 상이한 종류의 부류인 의미와 의미를 부여하는 작용은 구별되어야 한다. 이에 따르면 구체적인 '의미 있는' 논의는 다음과 같이 그룹지어진다. 즉 판단의 표현인 (주장하는 진술이라는 특별한 의미에서) 진술과 판단의 양상에 관한 표현인 진술, 다시 말해 소망과 같은 심정작용의 표현, (명령과 같은) 의지작용의 표현인 진술이다. 판단하는 이성(특유한 이론적 이성을 포함해), 가치를 평가하는 이성, 실천적 이성이라는 이성의 구별[8]은 이러한 상이한 종류의 작용과 명백히 연관된다.

그 내용상 가장 풍부하고 이른바 강화된 '로고스'라는 말, 즉 이성—우선 학문적 이성—의 의미를 따르면, 이로써 동시에 두드러진 작용의 범위와 의미의 범위는 바로 이성의 활동으로서 학문이 특별히 관련된 것으로 제한된다. 학자의 부단한 활동인 학문적 사유함은 판단하는 사유함이다. 그것은 판단하는 사유함 일반이 아니라, 어떤 방

---

8) 후설에게서 '이성'은 '감성'이나 '오성'과 구별되거나, '이론이성'과 '실천이성'은 대립되는 것이 아니라, 지각, 기억, 기대와 침전된 무의식을 포괄하는 '생생한 의식'이다. 그것은 단순히 계산하고 조작하는 기술적 도구의 이성에 그치지 않고, 과거의 경험들을 바탕으로 가까운 미래를 예측하면서 현재 느끼고 판단하는 '이론(논리)적 · 실천적 · 가치 설정적 이성 일반', 즉 '보편적 이성'으로서, 자아의 다양한 관심과 기능을 근원적으로 통일시키는 구체적인 '의식의 흐름'이다.

식으로 형식화되고 질서 지어 결합된 사유함, 더구나 이성의 목적이념에 따라 그렇게 이루어진 사유함이다. 이 사유함으로 산출된 형성물, 학문 속에서 언어적으로 표현되고 지속하는 것으로 기록된 형성물은 특유하게 이론적 이성의 의미에서 '논리적' 연관, 즉 이론의 연관과 더 높은 단계에서는 '체계'의 연관을 지닌다. 그 형성물은 공리, 정리, 추론, 증명 등에 입각해 규정된 형식 속에 구축된다. 그리고 언어적으로 그 형성물은 하나의 학문 속에 논의의 통일체, 즉 모든 의미가 이성적 의미를 따라 내적으로 결합된 통일체에 모든 것이 함께 속하는 여러 가지로 조직된 논의 속에 구축된다. 이러한 의미의 통일체가 객관적으로 기록되고 그것이 모든 사람에 대해 추후에 산출될 수 있음으로써 그 형성물은 인류의 공유자산이 된다. 각 학문은 그 이론적 작업에서 '논리적' 형성물, 즉 이론적 이성의 형성물을 목표로 삼는다. 이러한 의미에서 각각의 학문은 그 자체로 하나의 '논리학'이다. 그러나 논리학은 일상적 의미에서, 우선 판단하는 이성 일반의 그러한 형성물이라는 의미에서 논리적인 것(Logisches) 일반에 관한 학문이다. 하지만 다른 한편으로 논리학은 판단하는 이성 자체에 관한 학문, 즉 그러한 형성물을 산출하는 것으로서 판단하는 주관성 일반에 관한 학문이다.

　의미의 측면에서 진리를 추구하는 것이 본질인 이론적 이성의 1차적 목적과 학문에서 인식-기술적(技術的) 목적, 즉 적절한 학문적 언어로 판단의 작업을 촉진하는 목적이 결합되어 있는 한, 여기서 언어는 2차적으로 고려된다. 여기에는 객관적 문화세계에서 산출된 것을 가능한 한 유지할 수 있는 기록도 포함된다.

　논리학의 이념을 체계적으로 해명하려는 이후의 고찰에서는 오직 학문적 논의의 의미에 관한 측면, 따라서 순수하게 판단하는 이성 자체와 그 형성물을 주시할 것이다. 인식하는 자의 1차적인 본래 의도가 이러한 점에 있다는 사실은 진술의 형성물이 의식의 영역 속에 그리고 그것이 부각됨 속에 (이른바 주목하는 시선의 장場 속에) 최초의 것으로서 나타나지만, 주제의 시선은 언제나 감각적 현상으로서 논의가 아니라 '이것을 관통해' 의견이 말해진 것을 향한다는 사실로 밝혀진다. 감각적 현상으로서 진술의 형성물은 주제의 결말이 아니라, 그것을 넘어서서 본래의 논리적 주제를 지시하는 주제의 지침이다.

우리는 논리학의 개념을 그 역사적 전통에 따라 적확한 의미로 '로고스'에 관한 학문, 학문의 형식 속에 '이성'에 관한 학문 또는 진정한 학문 그 자체를 형성하는 본질적 부분에 관한 학문으로 파악했다. 그러나 '이성'에 관한 학문이라는 개념을 처음부터 더 넓은 보편성 속에 남겨두거나 그 개념을 원리적 보편성에서 판단하는 사유함 일반과 그 형성물을 탐구하는 학문으로 파악할 수 있었다. 따라서 그 개념 속에는 이성적으로 판단하는 사유함과 그 이성의 형성물(이 가운데는 학문적 단계에 이르지 못한 이성의 형성물도 있다)이 포함된다. 그렇지만 학문적으로 판단하는 이성이 가장 높은 단계의 방식에서는 낮은 단계의 모든 사유의 작업수행을 전제하고 구체적인 주제제기 속에 그 모든 사유의 작업수행을 포함하기 때문에, 학문과의 관련 속에 따라서 논리학을 학문이론으로 파악하는 데 어떠한 제한도 없고, 오히려 판단하는 이성의 가장 높은 목적이념으로 시선을 향하는 이점만 있을 뿐이다.

원리적 학문이론으로서 논리학은 '순수한', '아프리오리한' 보편성을 밝히고자 한다. 「머리말」에서 이미 말했듯이, 논리학은 이른바 미리 주어진 학문, 학문이라는 명칭으로 사실적으로 형성된 문화형태를 경험적으로 추구할 뿐 이것에서 경험적 유형을 추상하려고 하지 않는다. 오히려 논리학은 그것에 대해 단지 범례적 비판의 출발점만 제공하는 사실성과의 모든 속박에서 해방되어 순수한 이론적 관심이 작용하는 모든 곳에서 모호하게 아른거리는 목적이념을 완벽히 명료하게 한다. 인식하는 삶 일반의 순수한 가능성과 그 삶 속에 성취된 인식의 형성물 일반을 항상 추구해보면, 논리학은 그 모든 근본형태에서 진정한 인식과 학문의 본질적 형식을 밝히고, 진정한 인식과 학문이 결합된 본질적 전제, 진정한 인식과 학문으로 이끌어가는 정당한 방법의 본질적 형식을 밝히려고 한다.

우리는 진정한 인식, 진정한 학문, 진정한 방법에 관해 말했다. 논리적 이념은 예외 없이 '진정함'의 이념이다. 진정한 것은 이성이, 그것이 쇠퇴한 양상인 비(非)이성에서조차 궁극적으로 지니고 나아가려는 것이다. 진정한 것은 명확하지 않고 혼란된 것 속에 놓쳐버린 것이다. 반면 그것은 목적과 그에 도달하는 길의 명확함 속에 그리고 이들에 속한 본질적 형식 속에 성취된다.

6 논리학의 형식적 특성.
   형식적 아프리오리와 우연적 아프리오리

논리학의 원리적 보편성은 어쨌든 단순히 아프리오리하거나 본질적 보편성이 아니라, 형식적 보편성이다. 일상적으로 형식논리학이라 부르는 그리고 형식적인 것의 특수한 개념—이것에 관해 깊이 몰두해야 할 것이다—에 결합된 좁고 명확하지 않게 묶인 학과만 아니라, 보편적인 따라서 철학적 의미에서 논리학 일반은 그 모든 학과에 걸쳐 '형식적'이다. 이와 마찬가지로 이성 자체 그리고 특히 이론적 이성 역시 하나의 형식개념이다.

형식에 관한 가장 보편적이고 극히 중요한 이러한 개념의 특성을 묘사하기 위해 다음과 같이 상술할 수도 있다. 즉 어떤 의미에서 각각의 본질인식은 '순수한'—모든 경험[적 지식](Empirie)으로부터 순수한(다른 측면에서는 '아프리오리'라는 말이 지시하는 것)—이성의 한 형성물이다. 그러나 모든 본질인식이 2차적 의미에서, 즉 원리적 형식의 의미에서 순수한 것은 아니다. 음(音) 일반, 즉 '순수한' 보편성에서 생각된 음 일반에 관한 아프리오리한 명제는 1차적 의미에서만 순수하다. 그 명제는, 우리가 그것을 확실한 근거에 입각해 부를 수 있듯이, '우연적' 아프리오리다. 그 명제는 음이라는 '형상'(Eidos) 속에 실질적 핵심을 지니는데, 이 핵심은 가장 근본적인 의미에서 '원리적' 보편성의 영역을 넘어서고, 그 명제를 이념적으로 가능한 음의 '우연적' 영역에 결합시킨다. '순수' 이성은 경험적으로 사실적인 모든 것을 넘어설 뿐 아니라, 질료적–실질적 모든 본질의 영역을 넘어선다. 그것은 그 자체로 완결된 순수한 원리의 체계에 대한 명칭이다. 그 원리는 여전히 질료적–실질적 모든 아프리오리와 이러한 아프리오리에 몰두하는 모든 학문에 선행하며, 다른 한편으로는 이성의 형성물인 이 학문 자체를 그 형식상 지배한다.

우연적 아프리오리라는 개념을 더 상세하게 이해하려면 다음과 같은 것을 상론하는 것이 지금 단순히 암시한 고찰의 테두리 안에서는 충분할 것이다. 즉 (단일적이든 의사소통적이든) 주관성 일반은, 우리 자신의 구체적 주관성을 직관적으로 드러내 밝히고 그 현실성을 구체적 주관성 일반의 가능성으로 자유롭게 변경하며 이렇게 해서 간취할 수 있는 불변자(Invariables), 따라서 본질 필연적인 것에 시선을 향함으로써, 우리가 진행해가는 명증성으로 매우 여러 가지 내용에서 획득한 본질형식 속에서만 생각할 수 있다. 이 자유로운 변경에서 주관성이 언제나 '이성적' 주관성, 특히 판단하면서-인식하는 주관성일 수 있고 그러한 것으로 남아 있어야 함을 처음부터 확고하게 유지하면, 우리는 순수한 이성, 특히 순수하게 판단하는 이성이라는 명칭 아래 포함되는 구속력 있는 본질구조와 마주치게 된다. 또한 그 주관성에는 그 어떤 질료적 존립요소에 끊임없이 그리고 본질 필연적으로 관련되어 있음이 전제로서 포함된다. 즉 판단작용에 대해 필연적으로 전제되어야 할 가능한 경험들의 통각적인 근본토대로서 포함된다.[9]

그러므로 원리적 형식의 개념을 이성적 주관성 일반의 본질 필연적 존립요소에 따라 규정하면, (각각의 '감각자료'로 범례화된) '질료'(Hyle)라는 개념은 하나의 형식개념이며, 이것과 대조를 이루어야 할 우연적 개념이 아니다. 다른 한편 판단하면서-인식하는 주관성(이와 비슷하게 어떤 이성적 주관성 일반)에 대해서는 이 주관성이 곧 색깔이나 음을 감각할 수 있어야 하고, 이 주관성이 바로 이러저러한 차이 등을 지닌 감성적 느낌을 감각할 수 있어야 한다는―비록 그 개념도 아프리오리한 것(모든 경험적인 것-사실적인 것에서 해방된)으로 형성될 수 있더라도―본질적 요구는 전혀 없다. 따라서 그러한 개념도 그 아프리오리를 지니지만 이 아프리오리는 우연적인 것이지, 순수한 이성의 아프리오리는 아니다. 또는 동일한 방향에서 모호하게 추구한 옛 용어를 끌어들여 말할 수 있듯이, 결코 '타고난' 아프리오리는 아니다.

우리가 판단하는 이성으로 제한하면, 그 이성은 동시에 순수한 이성으로서, 가장 원리적인 의미에서 이러한 형식적 아프리오리의 완전한 체계로 생각할 수 있는 최고의 가장 넓은 논리학, 즉 '학문이론'의 주제를 묘사한다. 따라서 다음과 같이 말할 수도 있다. 즉 논리학은 순수 이성 자체의 자기해명이다. 이상적으로 말하면, 순수한 이론적 이

---

9) 모든 판단작용이 경험에 관련되어 있음은 이 책 제2부 제4장 제83~87항을 참조할 것. 질료의 개념에 관해서는 『이념들』 제1권 171쪽 이하를 참조할 것―후설의 주.

성이 완전한 자기성찰을 수행하고 하나의 원리적 체계 속에 완전하게 객관화되는 학문이다. 이러한 체계 속에서 순수 이성, 또는 논리학은 자기 자신에 소급해 관련되고, 순수 이성의 자기해명은 그 자체로 순수한-이성적 활동이며 곧 이렇게 함으로써 해명될 원리에 지배된다.

7 논리학의 규범적 기능과 실천적 기능

논리학의 두드러진 규범적 기능은 자명하다. 모든 아프리오리한 학문은 규범적 기능에 이바지하도록, 즉 그에 속한 사실과학에 이바지하도록 소명을 부여받았다. 그러나 논리학만이 최상의 의미에서 그리고 생각할 수 있는 최대의 보편성에서 보편적 규범이다. 논리학은 순수 이성 자체의 원리에 입각해 규범화하며, 이성적인 것 그 자체를 규범화한다. 논리학의 형식적 인식에서는 상정된 학문이 어느 범위까지 진정한 학문의 이념에 적합한지, 이 상정된 학문의 개별적 인식이 어느 범위까지 진정한 인식이며 그 방법은 어느 범위까지 진정한 방법인지, 따라서 그 원리적 형식상 순수 이성의 형식적인 보편적 규범을 만족시키는 방법인지를 측정한다.

논리학이 규범적 기능을 떠맡는다는 점과 일치해 논리학은 학문을 실천적으로 형성하는 기능도 수행한다. 그런 다음 논리학은 하나의 논리적-실천적 기술학(技術學)—이것은 경우에 따라 경험적인 것-인간학적인 것과 관련된다—에 편입시킬 수도 있다. 이러한 기능을 수행함으로써 논리학은 학문으로서뿐 아니라 규범적으로도 자기 자신에 소급해 관련된다. 학문으로서는 이미 언급했듯이, 논리학은 학문 일반에 관한 아프리오리한 학문이며 동시에 그 자체가 학문이기 때문이다. 규범적으로는 논리학이 이미 획득된 산출물을 자신의 계속 진행되는 실천적 작업에서 규범으로 이용해야 하며 경우에 따라서는 소박한 명증성에서 이미 형태 지어진 것에 규범적으로 되돌아가 관계하면서 규범으로 이용해야 하기 때문이다.

논리학은 규범적이 되며, 실천적이 되고, 그에 상응하는 태도의 변경에 따라 하나의 규범적-기술적 학과로 전환될 수 있다. 그러나 논리학 자체는 그 자체로 규범적 학과가 아니라, 그 밖의 모든 학문처럼 바로 적확한 의미에서 학문, 즉 영향력을 발휘하는 순수한 이론적 이성이라는 의미에서 학문이다.[10] 우리는 아프리오리한 학문이 자체적으로 끊임없이 규범적-기술적으로 기능한다고 했다. 그렇기 때문에 그 학문은 학문이지, 결코 기술이 아니다. 기술자, 즉 기사(技士)가 아니라 어떤 기술을 고안해내는 자의 태도는 학자의 태도와 본질적으로 다르다. 기술자의 태도는 그가 우연히 학문적 문제에 직면하고 이 문제를 기술적 관심에서 해결하는 경우조차 실천적 태도이지, 이론적 태도는 아니다. 여기에서 그의 이론화(Theoretisieren)는 (이론-외적인) 실천(Praxis)을 위한 수단이다. 여기에서 개인의 개별적 실천이 문제가 아니라 보편적 **종류**의 실천, 즉 실천적 이성으로 보편적으로 숙고되고 규칙화되어 촉진되어야 할 실천이 문제라는 점에는 결코 본질적 차이가 없다. 그에 상응하는 실천을 새롭게 형성하는 물음 이전에 단순히 규범화 자체를 받아들이는 경우에도 사정은 마찬가지다. 목표는 자체적으로든 다른 것에 대해서든 어떤 방식으로

---

10) 후설은 『논리연구』 제1권에서 논리학이 순수하게 이론을 다루는 아프리오리한 학문으로 심리학이나 형이상학에서 독립된 분과라는 논리학주의와 올바른 인식, 추리, 판단의 규범을 다루는 실천적 기술학(Kunstlehre)으로 심리학에 의존하는 분과라는 심리학주의의 대립에 대해 다음과 같이 파악했다. 즉 규범학 속에 내포된 순수 이론적 영역은 이론학으로 해명되어야 하고 이론학 역시 실천적 계기를 배제하지 않아 규범적 성격을 지니므로, 논리학은 본질적으로 이론학에 속하고 부차적으로만 규범적 성격을 띤다.

'실천적으로' 유익하게 하는 것이지, 순수한 이론적 관심을 만족시키는 것이 아니다.

어쨌든 순수한 이론적 활동도 곧 하나의 활동, 따라서 그 개념의 자연스러운 범위에서 하나의 실천이고,[11] 그러한 실천으로서 실천적 활동 일반의 보편적 연관 속에 보편적인 실천적 이성의 형식적 규칙(윤리적 원리)—'학문을 위한 학문'(science pour science)은 거의 이 규칙과 조화를 이루지 못할 것이다—에 지배되는 한, 확실히 그 차이는 상대적 차이다. 그러나 그런 다음에도 모든 학문은 이론적 이성이 무한히 실현하는 관심의 이념에 지배된다는 본질적 차이가 남아 있다. 더구나 이 이념은 무한히 계속 작업해가는 연구공동체, 즉 이론적 이성의 활동과 습득성(Habitualität)[12]의 관점에서 공동체화된 연구공동체의 이념에 관련된 것으로 생각된다. 여기에서는 어떤 산물이 이것을 수용하는 데 다른 산물을 위한 예비작업이 되고 그리고 이

---

11) 후설에서 이론과 실천은 아리스토텔레스 이래의 전통적 견해와 매우 다르다. 즉 실천적 관심은 이론적 인식을 주도하고 이론적 인식의 성과는 실천적 행위가 나아갈 방향을 제시하면서 부단한 상호작용 속에서 전개되는 개방된 순환구조를 이룬다. 이러한 점은 반성적인 이론적 태도와 자연적인 실천적 태도를 종합하는 보편적 태도로서 "이론적 실천"(『위기』, 113, 329쪽)뿐 아니라, "모든 이성은 실천적 이성인 동시에 이론(논리)적 이성"(『성찰』, 111쪽; 『경험과 판단』, 373쪽; 『수동적 종합』, 62쪽), "술어로 인식하는 작업수행은 그 자체로 하나의 행위(Handeln)"(『경험과 판단』, 232, 235쪽)이며, "묻는 작용(Fragen)은 판단을 결단하려는 실천적 행위"(같은 책, 372~3쪽 참조할 것)라는 주장에서도 확인할 수 있다.

12) 그리스어 'echein'(갖는다)의 통일체 'Hexis'(가짐)에서 유래하는 이 말은 '경험의 축적'이라는 뜻을 지닌다. 이 용어나 '습성'(Habitus)은 선험적(순수) 자아가 근원적으로 건설한 것이 의식 속으로 흘러들어가 침전되고, 이것이 다시 생생하게 복원될 수 있는 타당성과 동기부여의 담지자(擔持者)다. 요컨대 습득성은 항상 현재의 의식 삶이 쏟는 관심(Interesse)을 형성하는 지속적 소유물로서, 선험적 자아와 그 구성적 작업수행의 구체적 역사성을 밝혀주는 핵심개념이다.

렇게 계속되면서 산물들의 상호비판으로 탐구자들은 서로를 위해 또한 서로 함께 작업하는 것만 기억할 것이다. 그러나 예를 들어 개인이나 이러한 이념에 따른 대중의 삶은 다음과 같은 확신과 조화를 이루어나간다. 즉 공동체 속에 그렇게 획득된 모든 이론적 산물과 무한한 학문 자체는 '초-이론적인 인간성의 기능'을 지닌다는 확신이다. 이와 마찬가지로 항상 일시적으로만 직업에 활동하면서 학문적 직업을 지속적으로 지니는 개인에서 가족의 가장, 시민 등으로 그 밖의 그의 이론 외적인 목적과 조화를 이루어나간다. 그리고 보편적인 윤리적 삶(ethisches Leben), 즉 개별적 자기 자신과 개방된 인류 공동체의 윤리적 삶이 지닌 최상의 실천적 이념 속에 윤리적으로 질서 지어질 것이다.

8 논리학의 이중성.
그 주제제기의 주관적 방향과 객관적 방향

논리적인 것 일반에 관한 학문인 논리학 그리고 논리적인 것의 모든 다른 형식을 포괄하는 최상의 형태 속의 학문 일반에 관한 학문인 논리학에는 두 가지 측면이 있다. 어디에서나 이성의 작업수행 게다가 이중적 의미에서, 즉 한편으로는 **작업을 수행하는 활동과 습득성**, 다른 한편으로는 이것에 따라 수행되고 계속 지속하는 산물이 중요하다.

따라서 산물의 관점에서 논리학의 주제는 판단의 형성물과 인식의 형성물의 다양한 형식이다. 이 형성물은 인식하는 자가 사유하는 동안 인식하는 자에게 생기며, 더구나 특수한 방식의 '주제' 속에 생긴다. 그때그때 형성물은 곧 사유하는 자가 지속해서 획득물로 만들려는 목적이 되며, 동시에 사유하는 자에게 그와 같은 새로운 획득물을 얻을 수 있는 수단으로 이바지한다. 그것은 그때그때 단지 어떤 것 일반이 아니라, 사유-행위의 목표가 된다. 즉 사유하는 자는 특별한 방식으로 그것을 '향해 있고', 그는 그것을 '객관적으로' 자신 앞에 지닌다. 물론 자신의 더 높게 구축된 형식에서는 이 형성물이 그때그때 '의식의 현존(Präsenz)'이라는 영역을 넘어선다. 그러나 이 경우 그 형성물은 어쨌든 계속 확장되고 주제로 포괄된 '장'(Feld)의 존립요소, 즉 우리가 항상 '되돌아갈' 수 있고 그것에 따라 언제나 다시 개념, 판단, 추론, 증명, 이론과 같은 새로운 형성물을 산출할 수 있는 실천적 산물의 고유한 영역의 존립요소로 남아 있다. 학문의 통일체 속에 그와 같은 모든 형성물과 이론적 관심의 통일체 속에 발생된 산물들의 전체 장(場)은 보편적 이론에 전체-통일적으로 결합되어 있다. 개방된 공동체 속에 서로 함께 또 서로를 위해 작업하는 학자들의 공동목표는 이 이론이 체계적으로 무한히 계속되는 형태다. 그 이론으로 그때그때 학문의 '영역'을 인식형성물의 전체-통일체(Alleinheit)—이것은 하나의 진리체계라는 통일체형식으로 잇달아 구축되는 이론적 진리다—속에 체계적 인식으로 이끌어야 한다.

이 객체적인 것 모두는 주제의 장 속에서 현실적으로 형성되어 나타나고 사라지는 것의 일시적 존재만 지니지 않는다. 그것은 지속하는 계속적 타당성의 존재의미도 지니며, 심지어 현실적으로 인식하는 주관성과 그 작용을 넘어서까지 도달하는 특별한 의미에서 객관적 타당함도 지닌다. 그것은 반복되는 가운데 동일자(Identisches)로 남아 있고, 지속하는 존재자라는 방식에서 다시 인식된다. 즉 그것은 문화세계의 그 밖의 대상성(Gegenständlichkeit)[13]과 마찬가지로 기

---

13) 후설에게 '대상성'이나 '대상적인 것'(Gegenständliches)은 좁은 의미의 대상들뿐 아니라, 그 사태, 징표, 관계 등 어떤 상황을 형성하는 비독립적 형식들을 가리킨다.(『논리연구』제2-1권, 38쪽 주 1 참조할 것.) 따라서 '범주적 대상

록된 형식 속에 객관적 현존재를 지닌다. 그러므로 그것은 객관적으로 지속하는 가운데 누구에게나 발견될 수 있고, 동일한 의미로 추후에 이해할 수 있으며, 상호주관적으로 동일화할 수 있고, 비록 아무도 그것을 생각하지 않더라도 현존한다.

논리적 주제제기의 반대방향은 주관적 방향이다. 이 방향은 이론적 '이성'이 자신의 작업수행을 성취하는 깊게 은폐된 주관적 형식으로 나아간다. 우선 여기에서 문제되는 것은 현실성 속에 있는 이성, 즉 그 객관적 형성물이 자신의 '근원'을 지니는 생생하게 수행하는 가운데 경과하는 지향성이다. 달리 말하면, 수행하는 주관의 주제의 장 속에 그때그때 형성물, 즉 그때그때 판단의 대상성과 인식의 대상성이 산출이라는 특성에서 '객체적으로' 나타나는 것은 곧 지향성의 작업수행이다. 상응하는 지향성이 수행되는 동안, 그 지향성이 이러한 방식으로 객체화하면서 작업을 수행하는 삶으로 경과하는 동안, 그 지향성은 '의식되지 않는다.' 즉 그 지향성은 주제로 만들지만, 그러나 바로 그렇기 때문에 그리고 본질적으로 그 자체가 주제가 되는 것은 아니다. 그 지향성은, 그것이 반성으로 밝혀지지 않고 그래서 스스로 주제가 되지 않으며 따라서 주관적으로 방향이 정해진 논리적 탐구에 이론적 주제가 되지 않는 한, 은폐되어 있다. 곧바로 판단하는 자와 어떤 방식으로든 사유하는 자(예를 들면, 임의로 복합의 개념적 형태를 산출하는 자)는 그때그때 형성물만 '의식하고', 주제로 삼는다. 이러한 의미에서 그 자신에 대해 객체적으로 논리적인 모든 것은 자신이 구성하는 지향성 속에 그 '주관적' 상관자를 지니며, 본질적으로 형성물의 모든 형식에는 주관적 형식이라 할 수 있는 작업을 수행

성'은 '오성(Verstand)의 대상성'(『경험과 판단』, 233, 285쪽 참조할 것)이며, 현상학에서 본질직관은 감성적 직관에 그치지 않고, 이 대상성을 있는 그대로 파악하는 '범주적 직관', 즉 '이념화작용'(Ideation)을 포함한다.

하는 지향성의 체계가 상응한다. 어쨌든 이것을 넘어서는 주관적 작업수행이 함께 문제되는데, 이 작업수행에 따라 인식하는 자에 대해 그의 습득성의 원천에 입각해 현실적으로 구성된 것은 현실적 현재의 이처럼 순간적으로 주제가 된 것 이상이 된다. 이 작업수행은 구성된 것이 실제로 객체적인 것으로 의식될 수 있게 하고, 주관성에 지속적으로 타당한 것으로 의식될 수 있게 한다. 그리고 구성된 것을 인식의 공동체 속에, 또는 인식의 공동체에 대해 '그 자체'로 존재하는 이념적 객체성의 의미를 받아들이게 한다.

모든 논리적인 것의 이중성은 그에 따라 구별되고 다시 관련되는 문제그룹의 정당한 의미와 정당한 형태를 해명하는 데 아주 특별한 어려움을 준다. 이 어려움에서 중요한 것을 언급해보면, '논리학은 수천 년이 지난 후에도 여전히 참된 합리적 발전의 확고한 궤도에 진입하지 못했다'는 사실, 즉 '논리학은 자신의 본래 소명이 무조건 요구하는, 명확한 의식으로 자신의 목표를 추구해야 하고 이 목표를 확실하게 진보시켜 단계적으로 실현해야 할 학문이 되지 못했다'는 사실이다. 논리학의 근본의미, 그 문제제기, 그 방법에 관련된 모든 것은 거의 이렇게 모호한 원천 때문에, 즉 이해할 수 없게 되었고 결코 주관적 작업수행에 입각해 정당한 방식으로 심문되지 않았던 객체성 때문에 이해할 수 없게 되었다. 따라서 모든 것이 논쟁의 여지가 있지만 논쟁 속에 아무것도 해명되지 않는다. 심지어 논리적 형성물의 이념적 객체성과 특히 그것과 관련된 논리적 학설의 아프리오리한 성격이나 이 아프리오리의 의미조차 바로 이러한 불명확함과 관련된다. 왜냐하면 이념적인 것은 실로 주관적 영역 속에 위치한 것으로 나타나고, 이 영역의 형성물로 발생하기 때문이다.

그러므로 이제까지 논리학에 관해 논의한 것은 다음과 같은 잠정적 조망과 통찰로 표명된다. 즉 그 잠정적 조망과 통찰은 더 구체적인 해명으로 그리고 우리에게 유용하게 보이는 한, 역사적 동기부여와 이것에서 발생한 논리학의 해석을 의사소통함으로써 비로소 확증되어야 한다.

9 '객관적' 또는 '실증적' 학문의 단도직입적 주제제기. 이중 측면의 학문의 이념

첫 번째 설명에서 이미 유추할 수 있듯이, 모든 논리적인 것에 속하는 두 가지 측면은 주관적 측면과 객관적 측면의 양 측면을 동등하게 질서 짓는 것이 아니다. 사태(Sache)에 단순히 몰두해 생각하는 것은 오직 그때그때 사유의 형성물 속에 놓여 있는 연관된 주제의 장(場)을 만들어내는 것이다. 사유하는 자의 목표는 이 사유의 형성물이다. 이것은 사유의 산물이고, 동시에 새로운 사유행위를 위한 하부 단계다. 사유함 자체는 우선 새로운 사유함 속에 일어날 것을 해명하도록 요구한다. 사유함 자체는 사유의 형성물이 그 '종합' 속에 '의미의 통일체'로 구성되는, 그것이 어떻게 그렇게 되는지 알려지지 않았지만, 성질이 부여된 지향성으로 구체적으로 이해된다.

학자의 사유함은—현실적이든 습득적이든, 단일의 주관적이든 상호주관적이든—연관을 맺는 사유함이다. 이것은 이론적 관심의 통일로 또는 일관되게 철저히 탐구되고 인식되어야 할 학문영역의 통일로 연관을 맺는다. 이러한 영역에 대한 판단의 산물이나 인식의 산물에서 학문적 사유함 속에 증가하는 것은 그 자체만으로 개방된 무한한 주제의 장, 즉 이론으로서의 학문이 계속 구축되는 통일성을, 함께 속하고 서로 함께 주제들이 얽힌 한 다양체(Mannigfaltigkeit)를 형성한다.

이러한 주제의 장은 주관적으로 향한 반성으로 넘어서게 된다. 그러므로 자신의 특수한 영역에만 이론적 관심을 둔 배타적인 학자는 일반적으로 어떠한 주관적 주제제기도 탐구 속에 끌어들이지 않을 것이다. 그래서 예를 들면 기하학자는 기하학적 형태를 탐구하는 것 이외에 기하학적 사유함을 탐구하는 것은 전혀 생각하지 않을 것이다. 주관적 태도로 이행하는 것은 자신의 영역이론을 향한 본래의 추구를 위해 그때그때 실로 도움이 되고, 심지어 필연적일 수도 있다. 왜냐하면 그 밖에 멀리 바라보는 행동의 경우처럼 이론적 행위의 경우에서도 반성적으로 성찰하는 가운데 "나는 이제 어떤 방법을 시도해야 하는가, 어떤 전제가 나에게 유용할 수 있는가?"를 물을 필요가 생기기 때문이다.

그러나 이 경우 시선 속에 들어오는 주관적인 것(Subjektives)[14]은 그 자체로 학문이 목적으로 삼는 것, 즉 보편적 이론으로서 모든 특수한 주제를 포괄하는 자신의 본래 주제에 속하지 않는다. 이러한 점은 주관과 그 작용을 학문적 논의로 끌어들이는 그 밖의 경우도 마찬가지다. 사유함과 사유하는 주관 자체의 주관적인 것은 그것에 따라 스스로 주제 속으로, 즉 그때그때 학문적 영역과 그 이론 속에 들어오지 않는다. 이와 같이 모든 '객관적' 또는 '실증적' 학문에서는, 단적으로 학문에 관해 논의하는 경우, 학문에 대해 규칙대로만 생각할 뿐이다. 이것은 일관되게 이중 측면에서 주제를 제기하는 학문의 이념이 근대에 와서 비로소 제기되었기 때문인데, 이 주제제기는 학문적 영역에 관한 이론을 일관되게 이 이론의 인식에 관한 이론과 결합시키는 것이었고, 그것도 겨우 그 본래의 의미와 정당성을 위해 고심해야 할

---

14) 이것은 '주관성'의 다른 표현으로, 자아와 그 체험영역 전체를 가리킨다. 후설은 '주관과 관련된 것'을 함축하는 이 용어로 대상[객체]과 본질상 불가분한 상관관계에 있지 않은 주체, 즉 전통적으로 객체와 대립된 주체와는 근본적으로 다른 '자아'의 구조와 그 기능 및 의의를 부각시키고 있다.

정도로 분명하지 않게 시도되었다.

실증적 과학은 주제적 방향에서 단도직입적으로 인식의 영역에 형태를 취하는 이론의 수준에서만 그 효력을 발휘한다. 따라서 영역에 속한—규정하는 사유함으로 받아들여진—경험의 대상성을 계속 범주적으로 형태를 구성함으로써 그리고 이렇게 획득된 형태를 항상 더 높은 단계의 인식의 형성물, 즉 영역에 관한 학문적 이론을 개방시킨 채 무한히 심지어 체계적으로 통일시켜 구축하는 것에 체계적으로 관련시킴으로써 그 효력을 발휘한다.

이러한 이론의 수준은 학문적 주제제기를 차단하고, 더구나 실증적 학문이 이론적 객관성이라는 개념을 더 엄밀하게 파악하기 위해 의식적으로 노력하게 하며, 그래서 학문 이전에 경험하고 사유하는 객관적 주제로 발견하는 가운데 많은 것을—자연과학자가 '감성적 성질'을 배제하듯이—아직까지 단순히 주관적인 것으로서 배제한다. 경험하는 개별적 주체는 자연의 객체를 감성적 성질이 부여된 것으로 발견한다. 그러나 그 주체는 그 자체만으로 존재하는 객체로 발견하는 것이지, 이러한 존재 속에 반성적으로 파악할 수 있는 경험함이나 경험〔에 대한〕사유함(Erfahrungsdenken)[15]의 작용에 따라 관련된 것으로 발견하는 것도 아니고, 그러한 작용의 내용에서 규정되거나 규정할 수 있는 것으로 발견하는 것도 아니다.

어쨌든 그때그때 객체의 동일성이 상호주관적으로 인식할 수 있고 규정할 수 있는 것으로 남아 있는 반면, 다른 한편으로 경험함과 사

---

15) 전통적으로 개념을 분류할 때 '경험'과 '사고(함)'는 상충되는 용어이지만, 후설이 종종 이들을 결합해 사용하는 것은 다양하고 생생한 경험 속에서 그 의미와 본질을 파악하려고 시도했기 때문이다. '경험논리(이성)적'(erfahrungslogisch)이라고 썼던 이 용어는 1920~30년대 저술에서 '선술어적' '선험적 경험' '경험의 논리 이전 이성' 등으로도 표현된다.

유함의 상호주관적 공동체화 속에서는 감성적으로 경험된 객체성의 내용과 이것에 적합한 기술적(記述的) 개념은 경험하는 주체에 의존하고 있음이 밝혀진다. 순수한 객관적 학문이 객체를 이론적으로 인식하려는 방식은 객체가 어떻게 직접적인 감성적 경험에서 얻어질 수 있는지에 대한 주관적-상대적 규정이 아니라, 오히려 엄밀하고 순수한 객관적 규정이다. 이 규정은 모든 사람과 모든 시간에 대해서도 타당하고, 어떤 사람도 실행할 수 있는 방법에 따라 단순한 주관적-상대적 진리와 대조를 이루는 '진리 그 자체'라는 특성을 지닌 이론적 진리 속에 발생한다.

10 역사적 심리학과 주관적으로 향한 학문의 주제제기

따라서 실증과학이 그 독점적 주제인 순수한 객체라는 이념을 만족시키기 위해 사태에 대한 경험함과 사유함의 단순히 주관적인 것에 속하는 모든 것에 대해 스스로를 차단하더라도, 어쨌든 그 범위 속에는 주체[주관]에 관한 고유한 실증적 학문이 등장한다. 즉 인간이나 동물에 관한 학문 또는 인간이나 동물에서 심리적인 것, 특히 주관적인 것을 주요주제로 삼는 심리학이 등장한다. 이 심리학이 사실상 모든 주관적인 것에 관한 학문이라면, 그것은 주목할 만한 상관관계 속에 모든 학문에 관련될 것이다. 모든 것은 주관적 형성물이고, 모든 것은 은폐된 작업수행에서 자신의 객관적 주제제기를 지닌다. 이미 이 심리학의 대상영역은 주관적 원천, 즉 미리 부여하는 일치된 경험의 원천에 입각해 탐구자에 대해 이론 이전에 현존한다. 그것은 경험되거나 경험할 수 있는 것으로서 이론적 관심을 불러일으키고, 범주적 형태를 받아들인다. 물론 이 형태는 학문적 명증성 속에 주어진 학문적 진리의 형태를 포함한다. 그런 다음 주관적인 것에 관한 보편적 학문은 생각해낼 수 있는 모든 존재자를 곧바로 경험할 수 있는 것 또 이론적으로 참된 것으로 다룰 것이다. 이 보편적 학문은 보편적 주관성에 관한 학문, 즉 여기에서 진리인 모든 것이 하나의 실제적이거나 가능한 삶—이 삶 자체 속에 미리 지시되는 경험과 이론의 가능성과 더불어—에서 참된 존재의 의미를 받아들이는 학문일 것이다. 이제껏 형성되었고 계속 형성되는 작업수행인 각각의 학문에 대해 그것은 곧바로 이러한 작업수행에 관한 상관적 학문일 것이다. 이 심리학 자체가 학문이라면, 자기 자신에 반성적으로 소급해 관련될 것이다. 왜냐하면 모든 주관적인 것에 관한 학문인 그것도 그 원천에서 자신의 작업수행을 관철하는 주관적인 것에 관한 학문일 것이기 때문이다. 그리고 이와 같은 과정은 그러한 심리학에서 무한한 단계로 반복될 것이다.

고대와 근대에서 역사적으로 형성된 심리학 가운데 어느 것도 이제까지 이러한 보편성을 만족시키지 못했고, 심지어 이 보편성을 문제로 진지하게 숙고하지 않았다는 사실은 분명하다. 인간이나 동물의 심리학과 심리물리학을 포함한 인간학이나 동물학이 어떤 합당한 의미가 있다는 점은 논쟁할 여지 없이 확실하다. 그러나 '이것이 모든 학문의 관점에서 그리고 우리에게 언제나 존재하는 모든 것의 관점에서 그러한 보편적 상관관계라는 과제를 어느 정도까지 해결할 수 있는지'는 근대의—본래 항상 새로운 일격으로 시도된 선험철학, 인식비판, 인식이론, 오성이나 이성의 학설 또는 그 명칭을 어떻게 선택해 부르든 그것과 더불어—커다란 수수께끼로 남는다. 우리 자신은 논리학의 이념에 관한 구조를 탐구한 것에서 이 문제를 더 정확하게 다루어야 할 것이다.[16] 여기 이 자리에서는 다음과 같은 대조

---

16) 제2부 제79항을 참조할 것—후설의 주.

를 선명하게 조명하는 것이 중요하다. 즉 그 하나는 (상호주관적) 경험으로 그때그때 미리 주어진 대상영역—그 주제제기가 배타적 관심 속에 몰두하는 영역—에 따라 규정된 실증적 학문의 '단도직입적' 주제제기다. 다른 하나는 그것 때문에 배제되었지만 여전히 개방된 가능한 반성의 주제제기, 즉 경험하고-인식하며-작업을 수행하는 주관성에 관련된 주제제기다.

11 전통논리학의 주제적 경향들

a) 근원적으로 객관적 이론적 사유형성물로 향한 논리학

학문에 관한 고찰에서 이제 실로 학문이론으로서 학문의 범례로 향한 논리학으로 나아가보자. 그리고 '위에서 기술한 객관적인 것과 주관적인 것의 본질적 관계가 논리학이 역사적으로 형성되는 가운데 어떻게 달성되는지'를 심문해보자.

분명히 논리학은 그 출발부터 또한 본래 현대에 이르기까지 객관적인 '실증적' 과학 이외에, 비록 상이한 발전단계이지만, 다른 어떤 것도 염두에 두거나 자신을 이끌지 못했다. 따라서 논리학은, 미리 주어져 있더라도, 어떤 객체의 영역—다시 말해 이 영역 속에 등장하는 '개념', 추론, 증명, 완결된 이론을 지닌 판단, 즉 그것에 속한 양상 그리고 진리와 허위의 규범적 차이를 지닌 판단—과 관련해 학문적 사유함에 따른 주제의 **형성물** 영역만 자신의 **최초의 보편적 주제**로 지닐 수 있었다. 그 형식유형에 따라 또 이 형식유형과 서로 얽힌 가능한 진리의 조건에 따라 현실적이거나 상정된 이 모든 앎의 형성물을 탐구하는 것은 우선적으로 제시된 과제였다.

물론 자연적 방식으로 현저하게 드러난 논리학자의 인식-실천적 관심, 인식추구와 인식행위의 이성적 작업수행을 겨냥한 목표는 곧

바로 이러한 과제를 주목케 한다. 그러나 이 경우 인식을 추구하는 자와 인식행위를 하는 자에게서 은폐된 채 일어나는 구성적 지향성을 드러내 밝히려고 몰두하는 것이 중요한 것은 결코 아니다. 오히려 욕구하면서 목표 삼고 행동하는 모든 경우처럼 의식의 영역 자체 속에 목적을 설정하고 결과를 실현하면서 형성됨(Werden)과 일치해 "나는 이러저러한 것을 추구한다. 나는 그것을 산출한다. 그것은 나의 자아로부터 의도적으로 생성된다"라는 명칭으로 이른바 명백하게 드러나는 것만 중요하다. 연장선에서 형성물은 그 밖의 다른 경우처럼, 많은 형태의 그 내용과 조직화함 속에 그리고 중간 항[중간 형성물]들의 단계 속에, 동등한 형식이면서도 언제나 같은 "나는 그것을 겨냥하고 각 항(項)마다 실현한다"와 달리, 본래 기술되어야 할 것이다.

이렇게 중요한 점을 더 상세하게 논의할 것이다. 여기에서 우선 다음과 같은 본질적 차이를 지시한다. 즉 이론적 형성물은 지나가버리고 단지 반복할 수 있는 것으로서 자아의 작용(Ichakt)처럼 제시되는 것이 아니라, 객체처럼 제시된다. 그리고 이것은 이른바 파악할 수 있는 대상성, 고찰하는 가운데 유지하고 언제나 다시 동일화할 수 있는 대상성, 반복하는 고찰, 분석, 기술로서 접근할 수 있는 대상성으로 제시된다. 이것은 외적 경험의 대상성과 별로 다르지 않다. 다만 이론적 형성물은 이러한 수동적으로 미리 주어져 있는 것과 같은 것이 아니라, 범주적인 것으로서 이론적 작용으로 비로소 주어진다.[17] 하지만 이것도 우선 일시적으로 구축되고 그런 다음 활동을 반복함으로써 즉시 동일화할 수 있는 것으로 곧바로 현존한다.

그래서 이론적 형성물은 각기 고유한 판단작용으로 복합적으로 얽

---

17) 이에 대해서는 제1부 제46항을 참조할 것—후설의 주.

힌 모든 단계에서 결과로 받아들일 수 있고, 추후에 수행된 각각의 생소한 판단에서 받아들일 수 있다. 즉 현실적이거나 사유된, 그런 다음 경우에 따라 현실적으로 '내려진' 판단이나 가능한 판단으로 받아들일 수 있다. 따라서 그 밖의 경험함에서 경험의 대상이 주어지듯이, '범주적 경험' 속인 여기에서도 범주적 형성물(여기에서 이 표현은 매우 넓게 파악된 것이다)이 근원적으로 직관적으로, 명증적으로 주어진다. 물론 우리는 여기에서 "상이한 시선의 태도에서 상이한 대상성이 동일화될 수 있고, 그에 상응하는 명증성 속에 경험될 수 있으며, 특히 논리학자에게는 그래야 한다"라는 주장을 여전히 듣게 될 것이다.

이와 같이 논리학자는 '이념화작용'(Ideation)[18]에 대한 범례적 기체로서 지탱하는 대상을 지닌다. 왜냐하면 분석적-논리적 '형식'이라는 개념이 발생되는 그것을 '순수 형식화'할 가능성이 생겼기 때문이다. 그렇다면 이 형식은 이것의 측면에서는 이제야 비로소 다음과 같이 확고하게 지탱할 수 있었다. 즉 그 기본적 형식요소에 따

---

18) 의식의 작용과 대상을 모두 순수 가능성(이념적 대상성)의 영역으로 이끄는 형상적 환원(본질을 직관하는 이념화작용)의 과정(『경험과 판단』, 410~19쪽: 『심리학』, 78쪽 참조할 것)은

① 임의의 대상에서 출발해 자유로운 상상으로 무수한 모상을 만들어가고,

② 이 다양한 모상 전체에 걸쳐 겹치고 합치하는 것을 종합, 통일하며,

③ 이 변경 전체를 통해 영향받지 않는 일반성(본질의 논리적 구조)을 능동적으로 직관한다.

그런데 이 자유변경으로 형성된 모상들은 조작이 아니라 임의의 형태를 취하지만. 명백한 한계, 즉 일정한 유(類)의 범위 안에서만 수행될 수 있다. 따라서 형식논리학도 이 한계 안에서만 세계에 관한 참된 논리학이 될 수 있다. 왜냐하면 주어나 술어의 공허한 형식 속에 등장하는 판단의 기체는 어떤 제한도 없는 임의적인 것이 아니라, 사실적이든 상상적이든 경험할 수 있는 모든 것의 총체적 지평인 '세계 속에 존재'(In-der Welt-sein) 안에서만 그 판단이 유의미하기 때문이다.

라 기술되지만 조작적 관점으로 고찰될 수 있었다. 되풀이해 반복할 수 있는 가운데 구축적으로 형식들을 변경하는 방식과 형식들을 결합하는 방식은 개방된 가능성으로 주어졌는데, 이 가능성으로 우리는 미리 주어진 형식에 입각해 언제나 새로운 형식을 산출할 수 있었다. 즉 더 단순한 판단형식과 복합적 판단형식을 연결해 형성하는 경우나 판단형식에서 추론형식을 자유롭게 형성하는 경우처럼 새로운 형식을 산출할 수 있었다. 따라서 형식적 일반성에서 생각할 수 있는 가능성은 생각해낼 수 있는 모든 인식영역 속에 구체적으로 수행될 수 있는 판단형식과 인식형식을 위해 이처럼 미리 계획되었다.

따라서 앎과 학문에 관해 심사숙고하는 초기 논리학이 이미, 비록 사람들이 우선 그리고 여전히 오랫동안 '주제를 그래도 논리적 작업의 본래 장이었던 순수한 판단의 형성물과 인식의 형성물에 완전히 의식적이고 명시적으로 제한해야 한다'는 점을 생각하지 못했더라도, 객관적인 이론적 형태에 압도적으로 속박되었다는 사실을 이해할 수 있다. 논리적 작업이 일단 이렇게 시작되면, 사태의 내적 일관성은 저절로 계속 촉진되었다. 실로 이러한 점은 모든 종류의 경험에 입각한 탐구영역과 본질적으로 다르지 않다. 이론적 관심이 일단 그 어떤 영역에서 경험이 주어지는 것에 고정된다면, 그것은 일관되게 수행된다. 논리적으로 주어진 것은, 반복해 강조하듯이, 그 종류에서도 역시 경험이 주어진 것, 즉 동일화할 수 있고—여기에서 통상적으로 경험에 관해 논의하든 않든 간에, 사람들이 심지어 대상이 근원적으로 주어지는 방식과 일반적 경험이 근원적으로 주어지는 방식의 본질적 유사성을 결코 깨닫지 못하더라도—고찰할 수 있는 대상이었다. 그리고 (자신의 변경에 따라 기억이나 '가능한' 경험 등인) 이러한 '경험'은 다른 모든 경험과 마찬가지로 기술적 개념의 형성과 기술적 인식—이 가운데 특히 본질인식—을 수행하는 근본토대로서 기능한다.

b) 진리로 향한 논리학의 방향과 이것으로 제약된—통찰에 대한—
주관적 반성

논리학의 태도는 판단 일반이나 추정된 앎이 아니라, 궁극적으로
진정한 앎과 그 유형적 형태를 향한 태도였다. 우선 그것은 불가피하
게 주관으로 전환하게 했다. 사람들은 가령 진정한 앎, 진리는 '이성'
의 활동 속에, 즉 통찰 속에 파악된다고 믿기로 했다. 즉 일단 실행되
면 반복할 수 있고 또한 다른 모든 이성적 존재에 의해 반복될 수 있
으며 정신적 소유물로 남게 되는 통찰 속에 파악된다고 믿기로 했
다. 직접 통찰할 수 있는 명제는 통찰할 수 있는 기본적 추론 속에 이
것에 따라 귀결진리로 통찰하게 되는 명제로 나아간다. 연역적 이론,
즉 진정한 이론은 통찰의 명백한 단계에 입각해 구축되고, 그래서 진
리의 통일체를 수립하는 기본단계들의 연관이다. 이것은 가설적 인
식의 가치를 지닌 통찰에 따르지 않는 전제에 입각한 '구체적' 추론
에 대해서도 마찬가지다. 이러한 경우 결론의 판단이 전제 속에 '결
과-로-포함되어 있음'이 실로 통찰될 수 있으며, 동시에 만약 전제가
통찰 속에 진리로 제시된다면 결과는 진리가 되어야 한다는 것이 통
찰될 수 있다. 따라서 진정한 학문에서는 명제나 명제의 연관에서 어
떤 것도—만약 그것이 자신의 '인식가치', 그 진리나 가설적 결과 등
의 타당성 성격을 통찰에 입각해 획득하지 않는다면—객체적 측면에
서 등장하지 않는다.

그러므로 명백히 모든 출발하는 논리학을 근원적으로 규정하는 그
와 같은 반성에서는 주관적인 것, 무엇보다 이성과 통찰에 관한 끊임없
는 논의가 불가피하다. 이러한 이성과 통찰이라는 말 가운데는 언어
의 통례상, 비록 현실적으로 활동하는 통찰로 근원적으로 획득되었

더라도, 그 밖에 남아 있는 통찰할 수 있는 것도 함께 사념되어 있다. 그러나 이러한 주관적 논의가 심리적인 것으로 시선을 전환하는 것을 전제하더라도, 어쨌든 학문에서 결과로 확정되는 모든 것은 순수하게 객체적 측면에 놓여 있으며, 그래서 논리학자가 그러한 반성 속에 주제로 제시하고 이론의 이론으로 다루고자 하는 것도 객체적으로 논리적인 것뿐이다.

여기에서는 통찰 속에 획득된 '참된 것' '결과가 된 것' '무모순적인 것'이 판단의 형성물 자체에서 특성과 술어로, 따라서 객체적 측면에서 등장하며, 그래서 의미의 순수 논리학이 다룰 수 있는 형식적 이론에서 주제라는 점을 특히 주목해야 한다. 적확한 의미에서 '논리적인 것', 즉 '이성적인 것'은 모두 객체적인 그 자체로서 이러한 특성을 지니며, 논리학은 이러한 특성을 명시적으로 명명해야 하고 이것에 정당하게 속하는 것의 조건에 따라 탐구해야 한다. 진리는 객관적 논의이고 통찰, 즉 이성은 주관적인 동시에 상관적인 논의다. 따라서 이것은 타당성의 술어 가운데 특수한 모든 양상에 대해서도 마찬가지다. 통일적으로 완결되고 단적으로 제시된 모든 학문적 진술은 통찰에 입각해 도출된 이러한 진리의 술어를 지니거나, 지닐 수 있기를 요구한다. 학문에서 그것은, 가령 선행된 의심이나 논쟁과 관련된 경우는 제외하고, 쓸데없는 자명성으로 그리고 반복하는 가운데 번거로운 것으로 표명되지 않는다. 그러나 논리학에서 그것은 단순한 판단형식과의 관계 속에 곧바로 주제의 주된 요점이 된다.

더구나 주관적 행위에 대한 거듭된 반성은 학문이나 기술적(技術的) 행동의 영역에 대해 공통적이다. 사유행위에 입각해 발생한 사유형성물의 의미는 그것들의 질서와 결합 속에 그것에 속한 작용을 지시한다. 마찬가지로 우리는 그 형성물을 행위 하는 자와 그의 행위로 기술할 수도 있다. 예를 들면 "a − b + b = a"라고 말하는 대신, "a에서 b를 빼고, 그런 다음 다시 b를 더한다" 등으로 말할 수 있다. 또는 "전제 M과 N에서 Q가 도출된다"라고 말하는 대신, 우리는 "Q를 판단 M과 N에서 추론할 수 있다"라고 말한다. 그러나 우리는 이것으로 본질적인 아무것도 획득하지 않았다. 왜냐하면 그것은 자아작용의 다소 복합적인 리듬('나는 생각한다'ego cogito의 단계들)을 지시하지만, 이 작용 자체에 대해서는 본래 어떤 기술(記述)도 수행되지 않기 때문이다. 셈하는 것은 수(數)들을 산출하고, 빼는 것은 차이를 산출하며, 곱하는 것은 적(積)을 산출한다 등등. 이와 마찬가지로 추론하는 것은 판단에서 판단의 귀결을 산출한다. 우리는 우리가 노력한 것, 즉 산출한 것에 시선을 둘 수 있고, 여기에 핵심적이고 파악할 수 있는 것이 놓여 있다. 반면 공허한 '내가 셈함' '내가 추론함'은 목표를 이루려고 노력함과 산출물을 그것이 생성되는 가운데 경과시키는 것을 뜻할 뿐이다. 물론 이것이 어떠한 주관적 분석이나 기술도 존재하지 않는다는 것을 말하지 않는다. 오히려 산출물과 이것이 단계적으로 실현되는 양상 속에 주관적으로 경과하는 것을 넘어서, 생성되고 생성되었던 산출물이 종합적 통일체로 구성되는 지향적 주관성, 즉 '나는 생각한다' 같은 단순한 표현방식으로는 여전히 전혀 해명되지 않은 주관성을 탐구해야 한다는 것이다.

c) 그 결과: 이론적 분과와 규범적-실천적 분과인 역사적 논리학의 혼성(混性)

결국 우리는 '왜 논리학이 최근에 이르기까지 (논리학에 대한 선험적-철학적 동기가 근본적으로 효력을 발휘하지 않았던 한) 그 전체의 발전에서 자신의 본질적 주제영역을 이론의 장(場), 즉 다양한 판단의 형성물과 인식의 형성물의 장 속에 지녀야만 했는지' '왜 주관적 사유행위의 주제제기가 외면적으로 강렬하게 부각되는데도 완전히

2차적 특성만 지니게 되었는지'를 이해한다.

어쨌든 다음과 같은 점도 간과하면 안 된다. 즉 전통논리학의 주제의 경향을 '어떻게 그것이 실증적 과학이 그것으로 이끄는 동기를 부여했는지'로 기술하는 동안, 우리는 스스로 반성해 논리학 자체 또는 이것을 다루는 논리학자에게 여전히 생소했던 지향적 연관을 의식적으로 날카롭게 분석해야 했다. 우리가 주로 시선을 향한 것, 즉 자신의 '경험'(이것을 '범주적' 경험이라 불렀듯이)에 주어진 것인 이론적 형성물의 객체성은 전통에서 거의 타당한 것으로 받아들이지 않았고, 그래서 오늘날에도 여전히 자신의 권리를 쟁취해야만 한다. 우리는 객체라는 개념을 실재적 객체뿐 아니라 비실재적('이념적') 객체도 포함하도록 불가피하게 확장하는 것을 회피하면 안 된다. 이에 상응해 이렇게 확장하는 가운데 곧바로 스스로를 파악함—스스로를 가짐(Selbsthabe), 스스로를 부여함(Selbstgebung)—의 본질적인 점을 포착하는 경험이라는 개념도 확장된다.[19]

논리학자가 자연스럽게 우선적으로 취한 규범적이며 인식-기술적(技術的) 태도는, 앞에서 말했듯이, 정신적 행위인 사유함을 전경(前景)으로 옮겨놓았고, 이렇게 해서 비실재적인 것, 즉 이념적 사유형성물이 그때그때 등장하는 실재적인 심리적인 것을 전경으로 옮겨놓았다. 이러한 행위 또는 심리적 주체는 사유하면서 활동하는 것으로 규칙화될 수 있었다. 밀쳐나가는 규범적 관심이 '형성물 자체의 이념적 객체성을 은폐하고, 마찬가지로 의식적으로 또 순수하게 그 형성물에 관련된 이론적 주제제기를 밝힐 수 없게 하는' 경향을 낳았다는 사실은 이해할 수 있다. 그러나 이것은, 비록 논리학자의 작업이

---

19) 이에 대해서는 제2부 제1장 제57항에서 제59항까지, '범주적 직관'이라는 개념에 대한 소개는 『논리연구』 제2-2권 142쪽 이하를 참조할 것—후설의 주.

앞에서 살펴보았듯이 아무튼 끊임없이 이념적 형성물과 관계되었더라도, 이념적 형성물을 동일화했고, 형식의 개념으로 이끌었다. 그런 까닭에 이념적 형성물은 어쨌든 그 주제가 주관적인 것에서 분리되지 않은 채 남아 있었다. 여기에 실질적 어려움이 있다. 그래서 이 어려움을 다시 논의해야 한다. 왜냐하면 문제는 외적 산출물이 아니라, 심리적 영역 자체 안에서 산출된 것이기 때문이다.

그러나 이제 우리에게 중요한 것은 논리학에 가장 근원적인 의미를 규정하는 지향성을 전개함으로써 역사적 논리학의 본질적 특성을 이해하는 것뿐이다. 따라서 간략히 요약하면, 우선 역사적 논리학을 이론적 분과와 규범적-실천적 분과인 그 혼성(混性) 속에 이해하고, 이와 더불어 한편으로는 이념적 의미(범주적 형성물)로, 다른 한편으로는 사유행위와 그 규범적 규칙화의 주제제기로 주어진 혼성 속에 이해하는 것이 중요했다. 그렇지만 더 나아가 이론적으로 파악할 수 있고 이 혼성 속에 핵심을 지닌 것, 즉 삼단논법 이론의 역사에 제시되었던 것—비록 순수함에서 파악되지는 않았더라도—본질적으로 이론의 이론, 따라서 이념적-객체적 장에서 판단의 형성물과 인식의 형성물의 이론일 뿐이었다는 사실을 이해하는 것이 중요했다. 그것을 넘어서서 주관적으로 향한 논의와 사고 속에 제시된 것은, 앞에서 분명하게 밝혔듯이, 본질적으로 새로운 어떤 내용이 아니라 단지 자명한 주관적 표현방식일 뿐이다. 이것에는 매우 늦게야 비로소—심리학주의이거나 반(反)심리학주의인 선험철학이 마련됨으로써—실제로 새롭고 내용이 풍부한 주관적 탐구가 연결되었는데, 물론 어떠한 행운의 별[운명]도 이러한 탐구를 주재하지 못했고, 그래서 그 정당한 의미를 얻기 위해 싸워나가야 한다.

우리는 이러한 탐구를 고려하지 않았고, 당분간 여전히 고려하지 않을 것이다. 그것은 논리학의 순수한 객관적 주제제기에 대해 우리 자신이 획득한 통찰에 이끌려 그리고 우선 근원적인 논리적 진술논리와의 연결 속에—'분석적'이고 '형식적'인—객체적인, 진술논리 논리학의 본질적 구조를 탐구하고, 그런 다음 이것들의 본질에 적합한 경계범위의 문제를 다루기 위해서다. 경계범위의 문제에 관해서는 역시 '분석적'이고 '형식적'으로 특징지을 수 있는 근대의 수학적 분과와 연결해 그리고 이러한 '분석적' 수학과 전통적 형식논리학의 관계에 관한 그리고 계속된 결과 형식적 존재론의 이념과 형식적 진술논리의 이념의 관계에 관한 희미한 물음을 주목함으로써 다루어 나갈 것이다.

제1부

객관적 형식논리학의 구조와 범위

학문은 이론적 작업에서 오직 '논리적' 형성물,
즉 이론적 이성의 형성물을 목표로 삼는다.
이러한 의미에서 각각의 학문은
그 자체로 하나의 '논리학'이다.
그러나 논리학은 일상적 의미에서,
우선적으로 판단하는 이성 일반의
그러한 종류의 형성물이라는 의미에서
논리적인 것(Logisches) 일반에 관한 학문이다.
하지만 다른 한편으로 논리학은 판단하는 이성 자체에 관한 학문,
즉 그러한 형성물을 산출하는 것으로서 판단하는
주관성 일반에 관한 학문이다.

제1장 진술논리 분석론인 형식논리학

12 순수한 판단형식의 이념의 발견

앞에서 일반적으로 상론한 다음에는, 체계적으로 수행된 논리학의 역사상 최초의 작품인 아리스토텔레스의 분석론은 이론적 형성물에 관한 논리학 최초의 시도라는 사실을 미리 이해할 수 있다. 그것은 이러한 주제의 태도 안에서, 그 자체로는 본질적으로 완전한 순수함과 범위로 확장된 것은 아니지만, 특수한 의미에서 '형식'논리학이었다. 그때그때 실질적으로 규정된 삶과 학문의 판단을 조망함으로써 가장 일반적인 판단의 유형학(Typik), 즉 이질적 영역에 속하는 판단의 형식적 동일성 자체가 즉시 드러났다. 아리스토텔레스는 우선, 우리가 현대에 그 형식이념을 이해하듯이 그리고 이미 라이프니츠가 (진술논리[1] 논리학인) 형식논리학과 형식적 해석학을 '보편수학'의 통

---

1) 'Aphophantik'은 그리스어 'aphophainestai'('제시하다' '나타내다' '설명하다' '진술하다' 등)에서 유래한 것으로 후설은 명제, 진술, 판단, 문장 등에 대한 의미론을 뜻하는 데 사용했다. 판단은 인식론의, 문장은 언어학의, 명제와 진술은 논리학의 대상이다. 그래서 여기에서는 이 용어를 '진술논리'로 옮긴다. 왜냐하면 그 어원과도 가장 잘 어울리고, 후설의 'Aphophantik'에는 '술어논리'

일체로 종합하는 가운데 이 형식이념을 이해했듯이, '형식논리학'의 근본의미를 규정하는 소명을 지닌 형식이념을 명백하게 제시했다.

아리스토텔레스는 우선 **진술논리**의 영역—주장하는 진술(전통적으로 논리적 의미에서 '판단')의 영역—에서 그 '형식화'나 대수화(代數化)를 수행했다. 이 형식화나 대수화는 근대 대수학(Algebra)에서 비에타(F. Vieta)[2]와 더불어 등장했고, 그 이후 형식적 '분석론'을 모든 질료적 수학의 학과(기하학, 역학 등)에서 구별했다. 아리스토텔레스는 실질적으로 규정된 범례적 진술 속에 단어—명사(名辭)—를 대수학의 문자로 대체했는데, 이 단어로 실질적인 것(Sachliches), 즉 그 진술 속에 논의되는 것, 판단을 이러저러한 사태의 영역이나 단일한 사태에 관련된 것으로 규정하는 것이 드러난다. 이것은 그가 판단 속에 각각의 실질적 '핵심〔내용〕'을 '임의의 어떤 것'이라는 계기로 대체했다는 사실을 뜻한다. 이때 그 밖의 판단의 계기는 형식의 계기로 견고하게 남아 있다. 즉 사태와의 관련성을 임의로 바꾸거나 상이한 사태영역의 판단에서도 동등함 속에 유지되는 것으로 견고하게 남아 있다. 실질적 핵심을 규정하지 않은 임의성으로—언어로는 규정되지 않은 명사인 S, p 등으로 파악하는 것과 함께 범례로—규정된 판단은 일반적인 순수한 형식의 이념, 즉 판단 일반의 순수한 개념으로, 게다가 'S는 p다'라는 규정된 판단의 형식이나 '만약 S가 p라면, 그러면 Q는 r이다' 등의 형식에 따라 순수한 개념으로 변화된다.[3]

와 '명제논리'가 포함되며, 프레게(G. Frege)와 달리, 주체의 구성활동과 무관한 추상적 실체로서의 '명제'와 구별되기 때문이다.

2) 비에타(1540~1603)는 프랑스의 수학자로서 문자기호를 이용해 대수학을 확립하고, 2차·3차·4차 방정식의 새로운 해법, 방정식의 근(根)과 계수(係數) 관계, π의 무한적(無限積) 및 삼각법에 관한 많은 독창적 연구를 남겼다.

3) 이에 관해서는 부록 1의 제14항 이하를 참조할 것—후설의 주.

물론 아리스토텔레스의 경우 명사를 완전히 자유롭게 변경할 수 없었으며, 따라서 형식의 이념도 아주 순수하지는 않다. 왜냐하면 그는 자신의 분석론을 처음부터 실재세계에 관련시켰고, 이렇게 해서 실재성의 범주를 분석론에서 아직 제외하지 않았기 때문이다. 근대인을 순수한 형식논리학으로 진보시킨 것은 곧 대수학의 출현이었다. 하지만 중세에 둔스 스코투스(Duns Scotus)가 『의미의 양상에 관해』(*de modis significandi*)에서 순수 형식적인 것에 관한 구상—물론 이러한 통찰로 관철되지 않았지만—에 이미 도달한 것으로 보인다.[4]

13 최초의 형식적–논리적 분과인 판단의 순수 형식이론

a) 형식이론의 이념

모든 판단을 형태나 형식의 순수한 개념으로 이끌어올 가능성은 즉시 판단의 부류를 기술해 분리하는 사유를 오직 이러한 형식의 관점에서만, 즉 진리와 무모순성에 대한 구별이나 문제제기 같은 그 밖의 모든 구별과 문제제기는 배제한 채, 시사했다. 그래서 형식에 따라 단순판단과 복합판단을, 다시 단순판단을 단칭판단, 특칭판단, 전칭판단으로 구별했고, 계속해서 연언(連言)판단, 선언(選言)판단, 가

---

4) 하이데거(M. Heidegger), 『둔스 스코투스의 범주론과 의미론』(*Die Kategorien- und Bedeutungslehre des Duns Scotus, Tübingen*, 1916), 특히 34쪽 참조할 것. 또한 그랍만(M. Grabmann), 『중세적 언어논리의 발전』(*Die Entwicklung der mittelalterlichen Sprachlogik* (*Tractatus de modis significandi*), Philosophisches Jahrbuch der Görresgesellschaft, 1922) 121쪽 이하, 199쪽 이하 참조할 것. 이 책은『중세적 정신 삶. 스콜라철학과 신비주의 역사에 관한 논고』(*Mittelalterliches Geistesleben. Abhandlung zur Geschichte der Scholastik und Mystik*, München, 1926), 104~146쪽으로 확장되고 수정되었다. 이제까지 둔스 스코투스가 작성했다고 알려진『사변적 문법』(*Grammatica speculativa*)은 사실 토마스 폰 에르푸르트(Thomas von Erfurt)의 작품이다. 특히 118~125쪽 참조할 것—후설의 주.

언(假言)판단, 인과(因果)판단이라는 복합된 형태로 구별했다. 물론 여기에는 추론이라는 판단의 복합체도 포함된다. 더구나 확실성인 판단의 양상과 이것에 입각해 발생하는 판단의 형식도 고찰했다.

이와 같이 체계적으로 일관되고 순수하게 기술했다면『논리연구』에서 맨 처음 정의되고 의미의 순수 형식이론(또는 순수 논리적 문법학)으로 묘사된 고유한 학과가 명확하게 분리될 수 있었을 것이다. 판단의 이 순수 형식이론은, 고대의 분석론에서 싹텄지만 아직 성취되지는 못한, 그 자체로 최초의 형식적-논리적 학과다. 우리의 상론에 따르면 이 학과는, '판단이 참인지 거짓인지, 단순히 판단으로서도 서로 양립하는지 모순적인지'를 묻지 않고, 판단으로서 판단의 단순한 가능성에 관계한다.[5]

b) 판단형식의 일반성. 근본형식과 그 변화

이러한 순수 형식이론의 이념을 파악하려면 가능한 판단 일반을 그 형식이라는 관점에 따라 분류하는 목표에서 그 '근본형식'이나 그 완결된 체계의 출현을 명백하게 해야 했다. 이 근본형식은 그것에서 고유한 본질법칙성에 따라 언제나 새롭고 풍부하게 구분되는 형식과 그리고 마침내 생각해낼 수 있는 모든 판단형식 일반의 체계가 구분되고 언제나 다시 구분되는 무한한 형태에서 구성적으로 산출될 수 있다. 그런데 이러한 사실과 함께 이 속에 놓여 있는 논리적 기초에 관한 과제를 결코 보지 못했다는 점은 주목할 만하다.

더 정확하게 말하면, 우선 언제든 획득된 각각의 판단형식은 가능하게 규정된 판단이라는 관점에서뿐 아니라 이것에 종속된 순수한

---

5) 이 '순수-논리적 문법학'의 이념을 상세히 정초하는 것에 대해서는『논리연구』제2-1권, '제4연구' 294쪽 이하를 참조할 것—후설의 주.

형식이라는 관점에서도 유(類)의 일반성이라는 사실을 분명히 알았어야 했다. 따라서 가령 'Sp는 q다'라는 형식은 'S는 p다'라는 형식에 종속되고, '(Sp)q는 r이다'라는 형식은 다시 'Sp는 q다'라는 형식에 종속된다. 그러나 각각의 판단형식은 또한 완전히 다른 의미의 일반성을 지닌다. 즉 그 판단형식이 자신의 '변양'으로서 가능한 형식들의 다양체를 자신 속에 간직하는 한, 예를 들어 'S는 p다'라는 형식이 판단형식 전체의 존립요소로 등장할 수 있는 '만약 S가 p라면' '따라서 S는 p다' 등의 변양을 자신 속에 간직하는 한, 지닌다. 이와 같은 것은 각각의 모든 형식에 대해서도 타당하다. 이러한 방식으로 하나의 일반적 형식 아래 차이로 존속하는 형식들은 **구축**(Konstruktion)에 따라 이 일반적 형식에서 도출될 수 있다는 점을 명백히 주목해야 했다. 더구나 모든 형식을 다른 형식의 구축의 차이로 간주하면 안 되며, 어디에서나 근원형식으로 되돌아가야 한다는 점에도 주목해야 했다. 그러므로 규정적 판단형식 'S는 p다'(여기서 p는 성질을, S는 그 기체를 나타낸다)는 특수화와 변양이 도출될 수 있는 근원형식이다. 더 정확히 검토해보면, 진술논리에서 '진술'(Apophansis)의 최상의 유 안에서—이 유가 오직 술어적 판단의 확실성에만 관련되면—근원형식이다. 반면 그 자체로 이 유에 속하지 않는 판단의 양상은 변화된 내용의 판단의 확실성으로, 즉 가능성, 개연성 등의 확실성으로 변화됨으로써 그 유에 포함된다.

물론 우리는 유로서 진술논리를—특수한 형식에 관해 구분되지 않은 그 일반성에서—같은 형식으로 묘사할 수 있으며, 이 일반성으로 형식을 형성하는 데 포함시킬 수 있다. 따라서 문자기호가 일정한 주장의 진술을 나타내면, 가령 'A와 A''(연언판단의 형성으로, 즉 '형식에 따라' 상응하는 형식을 산출하는 유형으로), 마찬가지로 '만약 A라면, 그러면 A'다' 등을 형성할 수 있다. 그렇다면 가령 규정되지 않은 형식 'A와 A''를 우선 특수화에 관한 근원형식으로 더 상세하게 규정할 수 있고, 이것에서 형식을 형성하는 그 어떤 원리에 따라 항상 새로운 형식으로 전진해나갈 수 있다. 연언이나 가언 같은 종류의 일반적으로 형성되는 형식은, 그것이 두 개의 임의의 판단이나 두 개의 임의의 판단형식을 갖추고 처리할 수 있는 '조작'의 근본적 종류를 나타내는 한, 마찬가지로 근본형식이라 할 수 있다.

c) 형식들에 관한 탐구의 주도적 개념인 조작의 개념

'조작'(Operation, 수학적으로 말하면, '존재명제'가 존립하는 조작법칙과 함께)의 관점에 주목하면, 우리는 형식을 탐구하는 데 주도적 개념으로서 이러한 개념을 자연스럽게 선택하게 된다. 왜냐하면 형식들의 무한성을 이념적으로 구축하는 것과 마찬가지로 근본적 조작과 그 법칙을 제시하는 방식으로 그 법칙에 따라 이렇게 탐구해야하기 때문이다. 그 경우 근본형식은 병렬로 있는 것이 아니라, 서로 단계 지어져 있다. 따라서 예를 들어 'S는 p다'라는 형식은 이미 이것을 조작해 변형한—즉 술어를 속성〔부가어〕으로 변경시키는 조작을 통해—'Sp는 q이다'라는 형식보다 더 근원적이다. 그러나 'Sp는 q이다'라는 이 형식은 그러한 조작의 정의(定義) 속에 등장하고, 곧 형식을 형성하기 위한 새로운 원리를 자체 속에 지닌다.

결국 조작의 관점을 넓게 파악할 수 있게 되어, 심지어 'S는 p다'라는 근본형식을 규정의 기체인 S를 규정하는 하나의 조작으로 간주하게 된다. 마찬가지로 각각의 양상화(樣相化)는 형식을 형성하는, 게다가 어떤 방식으로는—본질적 근거에 입각한 일련의 양상과 관련해 진술논리의 형식(근원적 의미에서 주장하는 확실성)이 근원형식으로 특징지어지고, 다른 형식은 이것의 변형으로 특징지어지는—의미를 변경하는 조작으로 간주한다. 물론 이 경우 우리는 '각각의 판단에서 자유롭게 활동하면서 다른 판단으로 산출할 수 있는 변화의 의미에서 조작이, 실로 양상화가 자의적인 변형의 문제가 아닌 한, 더 좁은 개념을 낳는다'는 사실을 즉시 파악한다.

이제 다음과 같은 점을 명확히 강조해야겠다. 즉 형식들에서 어떤 형식을 조작적으로 만드는 모든 형성과정은 자신의 법칙이 있으며, 이 법칙은 본래 조작의 경우 산출된 형식이 다시 동일한 조작에 종속될 수 있는 종류의 것이다. 따라서 각각의 조작법칙은 반복의 법칙을 자체 속에 지닌다. 반복할 수 있는 조작의 이 법칙성은 전체 판단영역에 예외 없이 견지되며, 수립될 수 있는 근본형식과 근본조작에 따라 가능한 판단형식들의 무한성을 반복적으로 구축하는 것을 가능케 해준다.

14 형식논리학의 두 번째 단계인 귀결논리
(무모순성의 논리)

형식적 판단논리의 더 높은 단계인 참된 판단의 가능한 형식에 관한 학문은 판단의 순수 형식이론과 구별된다. 그것은, 비록 그와 같은 체계적 연관과 순수함에서는 아니었더라도, 역사적으로는 최소한 한 부분으로 발전되었다. 사실상 '단순한 판단형식이, 개별적이든 복잡한 형식으로 형태 지어졌든, 본질일반성에서 그에 상응하는 형식의 생각할 수 있는 모든 판단에 대해 가능한 진리와 허위의 조건을 어느 정도 내포하는지'를 고찰하는 것은 당연하다. 특히 추론형식(정당하거나 부당한 추론이 진행되는 복합적 명제형식)의 경우 임의의 문장형식이 모두 진정한 추론의, 즉 실제로 '귀결 짓는' 추론의 형식으로 결합될 수는 없다. 어떤 추론형식은 동시에 형식적 본질법칙의 가치를, 즉 판단의 귀결[6]에 관한—그에 상응하는 형식을 지닌 전제 속에 그러그러한 형식을 지닌 판단이 ('분석적으로') 포함되어 있음에 관한—

유적(類的) 진리로 지닌다는 점도 통찰할 수 있다. 마찬가지로 다른 추론형식은 분석적 반대귀결, 즉 분석적 '모순'이 지닌 본질법칙의 가치를 지닌다는 점도 통찰할 수 있다. 이 분석적 모순은 본래 '추론하는' 형식이 아니라, 이른바 '배제하는' 형식이다.

이러한 분석적으로 포함되어 있음과 배제되어 있음의 의미를 더 깊게 숙고했을 경우 논리적 탐구는 전통적 형식논리학이 순수한 '무모순성 논리'가 아니라는 인식에 그리고 이러한 순수성을 밝힘으로써 논리학의 문제제기와 이론에서 극히 중요한 내적 구별이 수행되어야만 했다는 인식에 도달할 수 있었을 것이다.

분석적으로 포함되어 있음과 배제되어 있음을 순수하게 지배하는, 즉—단일적이든 결합 속에 등장하든—내적이거나 외적인 분석적 무모순성을 순수하게 지배하는 본질법칙을 체계적으로 탐색하는 것은 독특한 문제다. 이 경우 문제는 '여전히 판단의 진리가 아니라, 단순한 판단이든 매우 복합적인 판단이든 단지 전체 판단의 통일체 속에 포함된 판단의 항(項)들이 서로 '양립하는지' 또는 모순되는지, 그래서 관련된 판단 자체를 모순된 판단, 즉 '본래' 수행할 수 없는 판단으로 만드는지'다. 이에 상응해 형식의 근거 위에 판단의 단순한 무모순성을 규칙화하는 논리적 법칙이 문제라는 점도 이해할 수 있다. 귀결과 불일치에 관한 문제가—이 경우 적어도 진리와 허위에 관해 묻지 않은 채, 즉 이들 개념과 그 파생어를 주제 속에 언제나 끌어들이지 않은 채—'형식상'(in forma) 판단에서 제기되도록 하는 것은 중요한 통찰이다. 그에 따라 우리는 형식논리학의 이러한 단계를 귀결논리나 무모순성 논리라고도 부른다.

---

6) 'Konsequenz'는 통상 '결론'이나 '귀결'을 뜻하지만, 후설의 경우 '일관성'을 지닌 '무모순성'(無矛盾性)을 뜻한다. 여기에서는 이러한 의미를 부각시키기 위해 'Konsequenz'을 '귀결'로, 'Inkonsequenz'를 '불일치'(不一致)로 옮긴다.

무모순성의 문제는 완전히 임의로 수립된 판단집단이 공존할 수 있음(Kompossibilität)도 당연히 포함한다. 즉 이 공존할 수 있음에 따라 판단을 어떤 판단집단, 따라서 어떤 판단하는 주체가 어떤 판단하는 의견을 말하는 작용 속에 통일체로 결합하는 것이 정상적으로 함께 사유되는 한, 당연히 포함한다. 마찬가지로 이것은 그 밖의 판단의 합성 속에 판단의 무모순적 결합가능성과 관련된다. 예를 들면 판단의 항들인 판단이 하나의 유일한, 그렇지만 아주 복잡하게 기초 지어진 더 높은 단계의 판단의 통일체인 그 통일체를 상정된 어떤 이론 속에 지니는 경우다. 통상적 의미에서 복잡한 판단에서 단순한 판단으로 파내려가는 경우에도 이것은 타당하다. 그렇다면 단순판단으로 합당한 것은 그 자체로 진술논리의 완결성을 갖추는 판단으로 더이상 조직되지 않는 그 자체만으로 완결된 각각의 진술이다. 그러나 비록 비자립적이더라도 여전히 판단에 따른 통일체로 간주할 항들은 이러한 의미에서 단순한 진술도 지닌다. 그래서 무모순적 결합의 가능성과 모순의 차이도 단순한 진술에까지 이르고, 형식적 분석의 법칙성도 단순한 진술에까지 이른다.

그러므로 이것은 본질적 내용에 따라 삼단논법 전체뿐 아니라, 앞으로 제시하듯이, 형식적-수학적 '분석론'의 다른 많은 학과가 속하는 '순수한 진술논리 분석론'이라는 자체로 완결된 적확한 개념을 결정한다. 어쨌든 더 넓은 의미의 분석론인 분석론의 근원적 개념 역시 필수불가결하며, 바로 더 좁은 개념에 근거해 우리의 연구가 진행됨으로써 그 본래의 의미에서 엄밀하게 규정할 수 있을 것이다.

적확하게 파악된 순수 분석론의 근본개념에 타당성의 근본개념으로(규범개념으로) 속하는 것은 오직 분석적 귀결과 모순뿐이다. 반면 이미 언급했듯이, 그 양상을 동반한 진리와 허위는 [이것에서] 제기되지 않는다. 이것이 주제의 영역에 속하는 근본개념으로서 제기되지 않는다는 점은 올바로 이해될 수 있다. 따라서 모든 학문이 진리를 추구하고 진리와 허위에 관해 논의하는 한, 진리와 허위라는 개념은 모든 학문에서 하는 그 역할만 이 순수 분석론에서 한다. 그러나 이것이 진리와 허위가 그 '근본개념', 즉 그때그때 학문영역에 고유한 본질적 개념에 속한다는 점을 뜻하지 않는다.

15 진리논리와 귀결논리

따라서 순수 분석론의 분리에 관한, 즉 가능한 진리와 그 양상의 형식적 법칙에 관한 문제는 더 높은 단계의 논리적 문제일 것이다. 그렇다면 스스로를 진술의 단순한 의미형식, 즉 판단형식에 결합하는 논리학이 진리에 관한 본래의 논리학이 되기 위해서는 어떤 수단을 지니는가? 무모순성은 가능한 진리의 본질조건이라는 점, 하지만 그 자체로 구별될 수 있는 이러한 개념의 본질법칙적—그리고 논리학에서 특유하게 공식화할 수 있는—연관에 따라 비로소 단순한 분석론은 형식적 진리논리로 변화된다는 점은 즉시 간파된다.

이에 관해서는 나중에 더 상세히 논의할 것이다. 지금은 우선 순수 진술논리 분석론의 영역에 제한하자.

16 진술논리의 단계구별을 정초 짓는 명증성의 차이. 명석함의 명증성과 판명함의 명증성

a) 판단의 수행양상. 판명함과 혼란됨[7]

제15항에서 다룬 형식논리학에서 필연적으로 미리 받아들일 수밖

---

7) '명석함'(Klarheit)은 주의 깊은 정신에 명백히 주어진 것을 뜻한다. 이 가운데

에 없는 구별을 단순히 지시하는 것으로 끝날 수 있는 것은 아니다. 이러한 구별의 필연성과 효력범위에 관해서도 실제적 통찰이 열리도록 더 깊이 파고들어 가는, 그에 상응해 구분된 명증성을 해명하는 정초가 필요하다.

판단은 주관에 매우 상이하게 주관적으로 주어지는 방식에서 동일한 판단으로 명증적으로 주어질 수 있다. 그 판단은 완전히 모호한 착상으로, 또는 읽히고 이해되며 믿을 수 있게 받아들인 진술문장의 완전히 모호한 의미로 등장할 수 있다. 이 경우 판단하는 자발성을 명백히 수행해, 즉 명백한 주체[주어]의 정립작용(Subjektsetzen)에 따라, 최소한 술어로서 관련지어 정립함 그 자체만으로 정립된 다른 객체로 관련지우며 이행할 필요는 없다. 만약 명백한 판단작용의 그러한 과정이 어떤 착상의 '모호하게', '혼란된 채' 판단하는 의견을 말하는 작용에 연결되면, 이때 등장하는 충족시키는 동일화(Identifikation)의 종합을 근거로 우리는 혼란된 의견이 '판명하게 되고', [이렇게 된] 지금에야 비로소 '본래 판단되며', 이전에는 미리 생각된 것에 불과했던 판단이 본래 그리고 스스로 주어진다고 말한다.

이러한 점은 읽거나 듣는 경우도 마찬가지다. 이 경우 우리는 보거나 들은 단어기호들의 감성적 통일체와 서로 속해 있음을 그것의 감성적 배열 속에 부여하기는 했다. 그러나 통상적으로 읽을 때 각각의 항마다 종합적 활동성 속에 자아에서 산출된 실제적 사유함을 수반하는 명확한 발음이 결코 그것과 일치하지는 않는다. 오히려 본래 사유함의 이러한 진행은 감성적 단어표현이 수동적으로 경과하는 종합으로 수행될 수 있

아주 간결해 다른 것과 확연히 구별되는 것을 '판명함'(Deutlichkeit)이라 하며, 판명하지도 명석하지도 않은 것을 통칭해 '혼란됨'(Verworrenheit)이라고 한다. 여기에는 여러 가지 의미로 이해될 수 있는 '애매함'과 지시하는 대상의 범위가 명확하지 않은 '모호함'이 있다.

는 것으로 단지 지시될 뿐이다.

여기에서 이러한 상태를 더 상세하게 검토해보자.

단어표현은 그 자체 속에 비자립적으로 서로 지시하고 서로 구축된 자신의 지시를 지닌다. 그것은 단어들로 구성된 형성물의 통일체로 결합되고, 이것은 다시 상대적으로 완결된 형성물로 이루어진다. 이 각각은 지시의 통일체를 지닌 것이며, 전체는 완결된 하나의 통일체다. 즉 인식작용적으로(noetisch) 연상된 완결성과 이와 평행하게 —인식내용적으로(noematisch)—지시되고 이에 상응해 지시된 형성물로 구축된 '의미'통일체의 완결성이라는 현상학적 특성을 지닌 통일체다.

이제 의미의 측면에서 지시된 형성물, 즉 판단 자체가, 지시하는 지향성이 계속 경과하는 충족의 '명증성' 속에, 따라서 근원적 활동성 속에 함께 산출된 본래 판단하는 방식에서 등장할 수 있다. 또는 수동적으로 읽는 것(Lesen)에서처럼 공허한 방식으로 지시된 것일 수 있다.

여기에서는 완전히 일반적인 법칙성의 특수한 경우가 중요하다. 모든 종류의 공허한 의식 속에는 '공허하게 떠오르는 것'의 이러한 차이가 등장할 수 있고, 이것은 한편으로는 내적으로 구별되지 않은 방식, 즉 특별한 공허한 의견으로 조직되지 않은 방식으로, 다른 한편으로는 조직되거나 조직되어 활동하는 공허한 의식의 방식으로 경과할 수 있다. 예를 들면 나는 내 집 앞의 거리를 직관적이지 않은 방식으로 '혼란된 채' 표상하고 심지어 그것을 향하거나 경우에 따라서는 거기에 연속되어, 명백하게 경과함에서 그리고 명확하게 발음하면서 거리의 굽이굽이, 이에 속한 가꾼 나무들, 집들을 표상한다. 그렇지만 항상 직관적이지 않게, 경우에 따라서는 순간적으로 꿰뚫는 직관성의 몇몇 부분을 지닌 채 표상한다. 이처럼 조직되지 않은 공허한 의식은 '그에 상응하는' 조직된 공허한 의식으로 옮길 수 있다. 이 경우 혼란된 채 생각된 의미내용('해명'의 일종으로 동일화하는 합치 아래)은 **피해명항**(被解明項)으로, 즉 이전에 혼란된 통일적 내용의 본래 의견으로 '설명된다.'

이와 같은 것은, 실제로 주어진 자신이나 타인의 판단작용에 관한 의미든 가능한 것으로서 상상 속에 표상된 판단작용에 관한 의미든, 지시된 판단의미의 특수한 경우에도 타당하다. 이에 관해 다음과 같은 점을 주목해야 한다. 즉 나는 타인의 판단작용을 '추후에' 이해하며, 추후에 이해하는(경우에 따라 그와 함께하는 판단작용) 이러한 양상은 근원적으로 자신의 판단작용과 이것의 상이한 양상과 주의 깊게 구별되어야 한다. 이 상이한 양상은 지금 현실적으로 활동하는 판단작용과 다시 자신의 지나간, 하지만 혼란된 채 '다시 일깨워지고', 단지 '여전히 타당한' 판단작용 등이다.

따라서 이러한 차이를 어떤 방식으로 관통해 **명백하지 않은 판단**—명백하게 등장하는 언어적 명제를 통해 지시된 판단—과 이에 상응하는 **명백한 판단** 또는 생각된 것을 동일화하는 가운데 추가하는 설명을 구별해야 한다.

그러나 판명하게 함에서 두 가지 경우를 구별해야 한다. 즉 이제까지 오직 주의를 기울였던 단순히-동일화할 수 있는 **무모순적 판명하게 함** 이외에도, 모순적 판명하게 함을 구별해야 한다. 무모순적 합치를 체험하는 경우 나는 '해명된 것이 해명되지 않은 것과 동일한 것이다. 또는 판단하는 자가 이전에 혼란된 의견 속에 생각했던 것이 단순히 판명하게 되었다'는 점을 파악한다. 모순이라는 반대경우에서 혼란된 전체 의견의 통일체는 **통일적 신념**으로 전제되어 있다. 해명이 계속 진전됨으로써 실로 이러저러하게 새롭게 등장하는 **특수한 신념**은 이전에 명백하게 활동했고 확고한 타당성 속에 지속하는 신념에 의해 말소되고, 지양될 수 있다. 이와 더불어 근거에 놓여 있는 전체 신념, 즉 해명하는 가운데 파악된 전체 신념은 '무'(無)라는 특성을 즉시 그리고 필연적으로 받아들인다. 이제 해명항 전체와 피해명항 전체의 동일성 합치는 어떤 상태에 있는가? 우리는 "이렇게 말소되어 변양된 신념은 말소되는 가운데 어떤 방식으로—물론 더 이상 자아에서 현실적으로 활동하거나 계속 타당한 자신의 확신으로 자아 속에 뿌리내리지 않지만, 그 의미를 조직화하고 이에 속한 신념 정립에서 전체 의미를 지닌 자신의 이전 신념으로서 여전히 의식하는—여전히 이러한 의미의 신념으로 존재한다"라고 명백히 말해야 한다.

다른 사람의 판단작용이 문제되면, 내가 함께 믿지 않는 경우에도 나는 이러저러한 내용을 지닌 다른 사람의 신념에 관한 '단순한 표상', 즉 내가 지금 '더 이상 관여하지 않지만' 어쨌든 이전에 활동했던 나의 신념으로 지금 기억의 타당성 속에 품는 나 자신의 지나간 신념에 대한 기억과 비슷한 현전화(Vergegenwärtigung)[8]를 지닌다. 내가 방금 전에 내린 판단, 그렇지만 해명하는 가운데 거부해야 할 판단, 따라서 이 순간부터는 더 이상 지금의 내 판단이 아니라 방금 전에 존재했던 내 판단은 지금 해명에 따라 이러저러하게 명백한 의미를 지니며, 그 이전에 지나간 내 판단이나 이와 비슷한 방식으로 다른 사람에게 간접적으로 제시된 판단도 마찬가지다. 이 경우 단순한 판단 '질료'에 관련된 동일성 합치가 말소되는 변화를 관통해간다는 점에 주목해야 한다. 말소하는 것은 과거지향(Retention)[9]이나 회상

---

8) 이것은 기억이나 상상처럼 시간적·공간적으로 '지금 여기에' 현존하지 않는 것을 의식에 현존하도록 하는 작용으로, 직접적인 '현재화'(Gegenwärtigung)에 대립된 작용을 뜻한다.
9) 이 용어는 라틴어 'retentare'(굳게 보존한다)에서 유래하는데, 방금 전에 사라져버린 것을 생생하게 유지하는 작용을, '미래지향'(Protention)은 유형을 통

(Widererinnerung)으로 또는 감정이입(Einfühlung)[10]의 방식으로 현전화된 판단에서 아무것도 변경시키지 않는다. 그리고 내가 그 속에 놓여 있는 것을 해명하면, 그와 같이 현전화된 이 판단은, 내가 해명하는 가운데 말소하더라도, 피해명항과 합치된다. 물론 이것은 해명이 무엇을 판명한 명제로 밝힐 것인지에 대해 다른 사람이 미리 알거나 내가 이전에 알았다는 것을 뜻하지는 않는다. 그렇지 않으면 실로 누구도, 직접적이든 간접적이든, 모순을 간과할 수 없었을 것이다.

이렇게 해명한 다음 우리는 '판명한' 판단방식에 대립된 모호하거나 '혼란된' 판단방식의 본질적 차이를 이해한다. 이때 판단이 그 사태에 관해 명증성(직관성)을 지니는지가 여기에서 문제되지 않는다는 점은 처음부터 명백하다. 어떤 측면에서, 즉 모호함 자체 안에서 언어적 사유함과 관련해 매우 중요한 차이가 부각되었다. 왜냐하면 단어표현과 그 조직화의 감성적인 것이 이미 모호할 수 있기 때문이다. 하지만 이러한 관점에서도 예리하고 명확한 발음이 생길 수 있고, 이와 더불어 지시하는 명확한 발음이 생길 수 있다. 그렇지만 판단하는 의견 자체—이 경우 믿어지지만, 판단되더라도 어쨌든 '본래' 판단된 것이 아닌 한—의 매우 중요한 판명함이 결여되어 있다.

언어적 판단작용 속에 지시를 함께 수반하는 판단작용의 명백한

해 이미 친숙하게 알려진 것에 근거해 직관적으로 예측하는 작용을 뜻한다. 그런데 '과거지향'은 방금 전에 지나가버린 것이 현재에 직접 제시되는 지각된 사태로서 1차적 기억(직관된 과거)인 반면, '회상'은 과거에 지각된 것을 현재에 다시 기억하는 연상적 동기부여로 간접적으로 제시되기 때문에 그 지속적 대상성이 재생산된 2차적 기억(기억된 과거)이다.

10) 타자의 몸(물체)은 원본적으로 주어지지만, 그 신체(심리)는 감정이입, 즉 유비적으로 만드는 통각의 의미전이(意味轉移)에 따라, 간접제시(Appräsentation)로, 함께 파악함(comprehensio)으로써 주어진다. 후설은 이 용어를 의식경험을 심리학주의로 기술한 립스(Th. Lipps)에게서 받아들였지만, 심리학주의를 비판하고 타자경험의 구성을 해명하는 선험적 분석에 적용했다.

수행은 충분한 근거를 지닌 '실제적인 본래의 판단작용'이라 한다. 왜 냐하면 그 수행만이 근원성의 본질적 특성을 지니기 때문이다. 이 근 원성은 판단이 그것 자체로서 원본적으로 주어지고, 여기에서는 동 일한 것인 판단이 판단하는 자의 실제적인 본래의 작용 속에 '구문 론으로' 구축된다. 달리 표현하면, 명백한 판단작용, 즉 '판명한' 판단작 용은 그와 같은 종합적 작용 속에 바로 근원적으로 구성되고 그 반복 속에 동일화되는 이념적 대상성으로서 '판명한 판단'을 위한 명증성이다.

이 명증성(Evidenz)은 그 자체로 근원적 등장함이지만, 판단을 명 증적으로 경험한 포착함과 주제로 고찰함은 아직 아니다. 즉 다수 정립 적(polythetisch) 작용으로서 이 명증성 속에 구성된 것은 그 후에 하 나의 파악하는 시선 속에 '단일 정립적'(monothetisch)으로 파악될 수 있으며, 다수 정립적 형성물은 하나의 대상이 된다.[11]

물론 판단작용의 혼란됨과 판명함은, 우리가 읽으면서 판단의 몇 몇 단계와 부분을 실제로 본래 수행하는 경우 단어형성물의 단순한 지시—이미 말했듯이 이것도 다시 완전히 다른 종류의 판명함이나 판명하지 않음일 수 있다—를 부분적으로 지니는 것처럼, 서로 함께 혼합될 수 있다.[12]

b) 판명함과 명석함

그러나 우리는 여전히 다른 종류의 혼합과 이에 따라 상응하는 순 수화(純粹化)의 경우 다른 중요한 대조를 고찰하는데, 즉 그것은 '판 명함'과 '명석함'의 혼합 또는 이것이 순수하게 파악된 차이다.

여기에서 두 가지 명증성이 구별된다. 첫째, 판단 자체가 판단으로서

---

11) 이에 관해서는 『이념들』 제1권, 247쪽 이하를 참조할 것—후설의 주.
12) 이러한 상론 전체에 대해서는 '부록 2'의 제1항 이하를 참조할 것—후설의 주.

스스로 주어지는, 따라서 판단이 실제 본래의 판단수행에서 이끌어 낸 판명한 판단이라고 하는 명증성이다. 둘째, 판단하는 자, 즉 그가 항상 논리학을 생각하듯이 인식하고자 욕구하는 자로서 자신의 판단을 '통해'〔줄곧〕관철하려는 것이 스스로 주어지는 명증성이다.

명백하게 판단하는 것이 '명석함' 속에 판단하는 것은 아직 아니다. 이것은 판단단계를 수행하는 데 사실(Sache)의 명석함과 전체 판단에서 사태(Sachverhalt)의 명석함을 동시에 지닌다. 명석하지 않은 판단작용과 명석한 판단작용은 동일한 하나의 판단을 판단할 수 있으며, 판단의 자기동일성의 명증성은 본질적으로 상이하게 주어지는 양상을 줄곧 유지해갈 수 있다. 그러나 명석함이 충족된 판단작용만 실제적 인식일 수 있으며, 이 경우 인식을 추구하는 판단작용이 목표로 삼는 —판단작용이 아직 완전히 명석하지 않고 직관적으로 충족되지 않았던 곳에서조차도—사실 자체, 사태 자체가 스스로 주어지는 새로운 명증성이다.

c) 스스로를 가짐의 명석함과 예견의 명석함

'명석함'이 자신의 추정된 사태 자체를 부여하는 양상의 판단작용, 즉 우리가 일상적으로 명증적 판단작용으로서 주목하며 또 사념된 사태를 미리─심상화하고(vor-verbildlichend) 직관적으로 만드는 판단작용의 양상의 판단작용을 뜻하는 한, 어쨌든 여기에서도 여전히 차이가 나뉜다. 후자의 경우 사태 자체가 주어지는 것이 아니라, 바로 앞선 심상(Vor-bild), 즉 스스로를 가짐(Selbst-habe) 속에 비로소 입증되어야 할 직관적 예견(Antizipation)이 주어진다. 완전한 명석함은 어떤 때는 '봄'(Sehen)의 명석함, 즉 사태와 이 속으로 파고들어 가는 사실─그것 자체─이 파악되는 실제 본래의 의미에서 '포착함'의 명석함을 뜻한다. 그리고 다른 때는 판단하면서 추구되는─비로소 실현되어야 할—목표를 완전히 심상화하는 명석함을 뜻한다. 여기에서 인식의 추구는 '혼란됨'에서 판명함으로 나아가며, 판명함이 여전히 불완전한 직관적 판단 또는 비록 명백하게 구성되었더라도 아주 완전히 직관이 빈 판단을 산출하면, 명석함은 이러한 판단에 따라 줄곧 유지되고 경우에 따라서는 인식의 목표를 우선 단지 미리—심상화하는 것으로 나아간다. 그렇다면 종합적 합치로 이행하는 현상은 일상적 말의 의미에서 의견인 판단의 (자신의 의견을 명백하게 하는) 해명이라고 한다. 그러나 인식의 추구는 이것으로 목표에 도달한 것이 아니라, 앞에서 말한 다른 명석함, 즉 사념된 것을, 궁극적 목적을 스스로 갖는 명증성으로 계속 나아간다.

이러한 명석함의 두 가지 양상은 그에 속한 완전한 불명석함과 완전한 명석함의 이념을 지닌 완전성의 정도(程度)를 갖는다.[13] 더구나 명석함으로 이행하는 가운데, 따라서 '해명되는' 가운데, 정립에

---

13) 여기에서 우선 제공되는 명석성의 이념 대신 '한계점'에 관한 논의는 항상 적합하지는 않을 것이다. 항상 극한 같은 것이 생각될 수 있는 것은 아니다. 그래서 외적 경험의 완전한 명증성은 칸트와 같은 의미에서 하나의 규제적 이념이다. 외적 경험이 아프리오리하게 완전히 스스로를 부여하는 것은 결코 아니다. 그러나 외적 경험은, 일관된 일치성 속에 경과하는 한, 가능한 경험들— 사실적 경험으로부터 관통해나갈 수 있던 것이든, 사실적 경험들의 일치하는 속행으로서, 사물이 그가 이미 지시했던 것을 넘어서서 '그 자체만으로' 존재하듯이, 지시했거나 지시할 방식으로 지금이나 미래에 관통해나갈 수 있던 것이든—의 그 자체로 완결된 무한한 체계의 이념을 지향적 함축으로서 내포한다. 이 현상학적으로 해명되어야 할 (그 자체로서 고유한 명증성을 지닌) 무한한 예견의 상관자로서 그 자체로 존재하는 사물은, 자신의 측면에서는, 자연과학적 사유작용을 정당하게 이끌고, 그에 속한 상대적 명증성을 지닌 채 자연과학적 사유작용에 접근(Approximation)하는 단계로서 진보를 가능케 하는 이념이다. 우리의 목적을 위해 우리는 '명석함'을 미숙하지만 최초로 해석한 것에 만족할 수 있다(칸트와 같은 의미에서 이념으로서 사물의 개념에 관해서는 『이념들』 제1권, 309쪽 이하를 참조할 것)—후설의 주.

도달한 것의 개별적 부분만 명석함을 획득하고 획득할 수 있는 경우가 분리된다. 이 개별적 부분은—명석한 심상이나 명증적으로 주어진 사태 '자체'에 결합되지만, 그래서 직관적으로 이루어진 것이 판단하는 지향을 충족시키지 않고 오히려 이것을 지양하는 한—명증적으로 이루어지는 불가능한 방식과 다른 경우 명증적으로 이루어진 '진리가 아닌' 방식으로 결합된다.

17 '순수 분석론'의 주제인 '판명한 판단'이라는 본질 유

적확한 의미에서 순수 진술논리 분석론은 그 영역을 규정하는 최상개념으로서 판단의 개념을 지닌다. 그것은 자신의 존재의미를 판단수행의 명백한 고유성에서 그리고 오직 그것에서만 근원적으로 만들어내는 고유한 판단이다. 그러한 판단작용으로 종종 줄곧 유지되는 인식의 추구, 즉 논리학자가 인식으로서 진리를 향한 학문적 판단작용 또는 학문적 판단에 대한 관심에서 우선적으로 주목하는 인식의 추구는 순수 분석론의 영역에서 완전히 도외시되어 있다. 즉 그것은 사상(捨象)되어 있다. 요컨대 동일한 판단—해명되었는지 도대체 해명될 수는 있는지, 인식으로 전환될 수 있는지 아닌지, 실제로 판명함이라는 명증성에서 만들어졌고 만들어낼 수 있는지—이 주제다.

아프리오리한 학문인 논리학 일반처럼 순수 분석론도 실제적 판단, 따라서 언젠가 또 어디에선가 실제로 내린 판단이 아니라 아프리오리한 가능성, 즉 이에 상응하는 모든 실제성이 쉽게 이해될 수 있는 의미에서 그것에 종속되는 가능성과 관련된다. 순수 분석론의 본질일반성을 획득하기 위해 논리학자가 본질직관을 실행할 수 있는 범례에서 출발해야 하면, 그는 자신의 실제적 판단을 받아들일 수 있고, 다른 사람의 판단도 받아들일 수 있다. 이러한 판단은 그가 아마 완전히 거부하지만, 추후에 이해하면서 또 자신이 유사하게(Quasi) 수행하는 방식으로 어쨌든 가능한 판단으로서 명증적으로 파악하는 판단이다. 그렇지만 그는 상상세계에 그리고 상상세계에서의 판단 작용(자신의 판단작용이든 타인의 판단작용이든)에 친숙해질 수도 있다. 이것은 그가 판명함의 명증성을 변경시켜 가능한 판단으로서의 가능한 판단이라는 명증성의 의미를 지닌 오직 그러한 판단작용이다. 그러므로 순수 분석적 논리학자는 자신의 영역으로서 가능한 판단들의 범위를 지닌 판명한 판단이라는 본질 유를 지닌다.

18 순수 분석론의 근본문제

이제 문제는 '이러한 영역 안에 순수하게 머물면서, 앞선 논리적 학과—판명한 판단들의 형식을 동시에 포함하는 순수한 형식이론—인 가능한 형식들의 다양체가 구축되고 우리가 마음대로 처리할 수 있게 된 다음에는, (이러한 의미의) 형식상의 판단에 관해 무엇을 진술할 수 있는가?'다.

판단에 고유한 본질적인 것—그것을 판단으로서 지니는 구성적 속성들—에 구속되어 있기 때문에 우리는 형식이론이 전개한 고유한 본질적인 것을 넘어서는 판단에 고유한 본질적인 것으로 아프리오리하게 기초 지어진 관계만 준비할 수 있다. 사실상 여기에서 순수하게 판명한 판단 그 자체에 아프리오리하게 속한 이미 알려진 관계에 직면한다. 즉 귀결(포함되어 있음), 불일치(분석적 모순, 배제되어 있음) 그리고 곧 판단이 양립할 수 있음(Verträglichkeit), 즉 '서로 전혀 관계없는' 판단들의 결합가능성으로서 공허한 무모순성인 제3의 것 (*tertium*)에 직면한다.

정확하게 살펴보면, 위에서 언급한 것은 이미 진술논리 전체의 판단 항에 관한 것이다. 즉 판명함 속에 정립되었고 정립될 수 있는 것으로서 판단 항에 관한 것이다. 앞에서 이미 시사했듯이,[14] 그것이 인식의 태도에서 진술논리 전체(적확한 의미에서 판단)의 판단 항이 되기 위해 규정되어 있고 오직 이렇게 인식의미를 획득하는 한, 그것은 더 넓은 의미에서 단지 비자립적일 뿐인 '판단'이다. 통상적 의미와는 달리 확장된 의미의 이러한 판단, 즉 우리가 앞으로 견지할 판단개념은 위에서 지적한 분석적 근본관계를 맺으며, 이것은 귀결 속에서 서로를 필요로 하거나 배제하는데, 배제하는 경우 하나의 전체 판단의 통일체 속에 양립할 수 없다.

상세하게 숙고해보면, 모든 순수 분석적 관계는 오직 판명한 판단 또는 본래의 판단의 개념에 관련되어서 상이한 판단들이 하나의 판단의 통일체에 합류하거나 그러지 못하는 관계이기 때문에, 순수 분석적 근본물음을 아래와 같이 파악할 수도 있다.

언제 그리고 어떤 관계에서 임의의 판단은 자체적으로 또 단순한 형식에 따라 하나의 판단의 통일성 속에 합류하는가?

당연히 그것은 귀결에서만 또는 가능한 귀결이라는 관점에서 관련 없음에서만 가능하다.

따라서 '무모순성'은 판단하는 자의 측면에서는 판명함에서 수행될 수 있는 판단의 통일체 속에서 판명한 판단을 판단할 수 있는 가능성을 뜻한다. 이 경우 단순히 함께하는-판단작용은 판단의 통일체, 즉 함께 타당한 것의 통일체를 뜻한다는 점에 매우 주목해야 한다.

형식적이고 순수한 분석론에서 물음은 판단형식에 관련된다. 그 물음이란 '도대체 어떤 형식이 판명한 판단작용의 수행형식으로서 인식되고 게다가 아프리오리하게 인식될 수 있으며 어떤 형식이 그렇

---

14) 이에 관해서는 위의 제14항을 참조할 것―후설의 주.

지 못한지, 또한 임의의 단계에서 판단복합 가운데 어떤 형식이 통일적 판단—통일적으로 수행할 수 있는 판단으로서 판명함의 명증성을 지닌 판단—의 아프리오리한 형식인가?'다.

19 진리의 형식논리학의 근본토대인 순수 분석론. 가능한 진리의 조건인 무모순성

그러므로 이러한 탐구에서 판단이나 판단형식의 고유한 본질을 결코 넘어서면 안 되고, 판명함이라는 명증성을 결코 벗어나면 안 된다. 그러나 진리의 물음 또는 처음에는 단지 판명한 판단으로 파악된 대상에 관해 이것이 사태 자체에 일치하는지 하는 물음을 제기하자마자, 따라서 진리개념을 주제 속으로 함께 끌어들이자마자, 이 아프리오리한 영역을 벗어나게 된다. 진리라는 술어는, 우리가 위에서 특징지은 더 좁은 판단개념(진술)에 근거하든 더 넓은 판단개념에 근거하든, 실로 판단에 그리고 오직 판단에만 관련된다. 하지만 판명함이라는 단순한 명증성과 이 속에서 판단이라는 명칭 아래 동일화할 수 있는 것에 한정하는 한, 각각의 모순—각각의 분석적으로 이치에 어긋난 것(Widersinn)—은 배제되지만, 이에 대해 각각의 실질적으로 이치에 어긋난 것과 그 밖에 진리가 아닌 것은 해결되지 않은 채 남게 된다. 결국 해명의 모든 작업수행, 즉 실질적 가능성이나 진리로 되돌아가는 모든 작업수행이 제거된다. 달리 말하면, 확증의 모든 물음이 제거된다.

그렇다면 형식적 일반성에서 가능한 판단진리에 관해 본질통찰을 추구하는 것은 무엇을 뜻하는가? 명백히 그것은 가능한 판단을 가능한 확증 속에, 사념된 사태를 스스로 부여하는 그에 상응하는 판단과의 가능한 일치 속에 생각해보는 것을 뜻한다. 이제 판단은 처음부터 단순한 판단으로 생각되지 않고, 인식을 **추구함으로써** 철저히 지배된 판단으로서, **충족되어야 할** 의견으로, 즉 단순한 판명함에서 주어진 것이라는 의미에서 그 자체로 대상이 아니라 겨냥하는 '진리' 자체에 이르는 통로인 의견으로 생각된다.

이러한 방식으로 단순한 판단을 향한 이론적 태도를 인식의 태도로, 즉 판단하면서 인식할 수 있는 사태나 확증하는 일치를 향한 태도로 바꾸면, 판명한 판단의 통일체 속에 양립할 수 없는 것은 진리 속에서도 양립할 수 없다는 사실 또는 단순한 판단 속의 모순은 일치의 가능성을 자명하게 배제한다는 사실을 본질통찰로서 즉시 파악하게 된다. 진리와 허위는 오직 판명하거나 판명하게 될 수 있는 판단에, 즉 실제적이며 본래 수행될 수 있는 판단에 부여될 수 있는 술어다. 논리학은 이러한 판단개념이 진리와 허위가 (근원적 의미에서) 판단에 관한 술어라는 고대부터의 명제에 기초로 놓여 있다는 점을 결코 명확하게 밝히지 않았다. 그러므로 순수 분석론은 이와 같이 매개된 진리에 대한 형식논리학의 한 토대다. 판단형식 전체와 관련해 귀결의 법칙형식, 불일치의 법칙형식 그리고 법칙형식 외부에서 (수학자가 표현하듯이) '사소한' 의미에서 무모순적인 것을 구분하는 것은 일치나 진리의 가능성에 대해 직접적 의미를 획득한다. 모든 판단의 귀결은, 만약 그것이 직관할 수 있게 수행될 수 있다면, 진리나 실질적 가능성의 귀결이 된다. 그러나 모든 모순은 처음부터 일치의 물음을 배제한다. 그것은 극한에서(*a limine*) 하나의 허위다.

20 논리적 원리들과 순수 분석론에서 그와 유사한 것

순수 귀결논리를 진리논리에서 분리시키는 것은 또한 이른바 전통 논리학의 원리, 즉 진리와 허위라는 개념을 해석하는 원리에 관해서 이중적 측면으로 제약한다.

진리논리의 원리인 모순율과 배중률의 이중적 원리는 다음과 같은 것을 뜻한다.

'어떤 판단이 참이면, 그것의 모순된 대립[판단]은 거짓이다'와 '두 가지 모순된 판단 가운데 하나는 필연적으로 참이다' 이 둘을 결합하면, '모든 판단은 참이거나 거짓이거나 둘 중 하나다.'

귀결논리에서 이러한 명제와 유사한 것은 본래의 (판명함이라는 명증성 속에 스스로 주어진) 판단의 본질에 속하는 원리다. 그 내용은 다음과 같다.

두 개의 모순된 판단 가운데 양자가 모두 본래의 판단으로서 가능하지 않으며, 양자가 모두 판명함이라는 명증성을 끌어올 수 없고, 양자가 모두 이념적인 '수학적 존재'를 지닐 수 없다. 하지만 양자 가운데 하나는 수학적 존재를 지니며, 판명함이라는 명증성으로 끌어올 수 있다.

더구나 진리와 귀결을 근원적으로 결합하는 원리도 진술논리의 진리에 관한 최상 원리로 산정해야 한다. 전통논리학은 전건 긍정식(*modus ponens*)과 후건 부정식(*modus tollens*)[15]의 순수하지 않은 형태로

---

15) 대전제만 가언(假言)판단인 반(半) 가언적 삼단논법 가운데 소전제에서 대전제의 전건(前件)을 긍정해 후건(後件)을 긍정하는 결론을 내리는 '전건 긍정식'과 후건을 부정해 전건을 부정하는 결론을 내리는 '후건 부정식'이 있다. 그러나 전건을 부정해 후건을 부정하거나 후건을 긍정해 전건을 긍정하는 결론을 내리는 것은 오류다. 그 이유는 필요조건과 충분조건의 관계 때문이다.

이러한 원리를 끌어온다. 여기에서도 우리는 동일하게 유사한 것을 지닌다. 단순히 분석적 귀결의 영역에는 이미 전건 긍정식과 후건 부정식이 있는데, 이것들은 당연히 주제로 진리와 허위에 관해 아무것도 말하지 않으며, 단순히 본래의 판단의 본질에 속하고, 특수한 귀결의 법칙으로서 그 분석적 귀결의 고유한 관계에 속한다. 이러한 형식 속에서만 전건 긍정식과 후건 부정식은 진정한 논리적 원리다. 이 원리는 다음과 같다.

'만약 M이면, 그렇다면 N이다'와 'M이다'라는 형식의 두 가지 판단에서 'N이다'라는 결론이 분석적으로 나온다. 이와 마찬가지로 '만약 M이면, 그렇다면 N이다'와 'N이 아니다'라는 형식의 두 가지 판단에서 'M이 아니다.'라는 결론이 생긴다.

그렇다면 이에 상응하는 진리의 원리는 다음과 같다.

임의의 판단 M과 N 사이에 총체적인 분석적 근거와 총체적인 분석적 결론의 직접적 관계가 존립하면, 근거의 진리는 결론의 진리를 수반하고, 결론의 허위는 근거의 허위를 수반한다.

우리는 총체적 근거와 총체적 결론이라는 말을 관계의 **직접성**을 가리키기 위해 도입했다. 이러한 말로써 이해하는 것은 바로 직접적 귀결의 어떤 관계에서든 언제든 추후에 분리될 수 있는 실제적 항(項)들이다. 그렇다면 부분적 전제와 결론은 총체적 근거와 총체적 결론의 부분으로서만 귀결의 관계, 따라서 이미 **간접적인** 귀결의 관계를 제약한다. 만약 결론의 복합체 가운데 어느 하나에서 어떤 단일의 결론이 거짓이라면, 이것은 직접적으로 총체적 결론의 허위를 제약하고, 그래서 비로소 총체적 전체의 허위를 제약한다.

우리가 수립한 원리는 위에서 언급한 원리, 즉 직접적인 순수한 귀결의 원리로 이해된 전건 긍정식과 후건 부정식에 적용함에서 직접적으로 진리논리의 올바른 양상을 산출한다.

만약 어떤 가언적 판단의 전건명제가 참이라면, 후건명제는 참이다. 만약 후건명제가 거짓이라면, 전건명제 역시 거짓이다. 또는 이것은 다음과 같이 정식화해 파악할 수 있다.

'만약 M이면, 그렇다면 N이다'와 'M이다'가 동시에 참이면(이것들이 동시에 '타당하면'), 'N이다'는 참이다. '만약 M이면, 그렇다면 N이다'와 'N이 아니다'가 동시에 참이면, 'M이 아니다'는 참이다(혹은 동치同值로서 'M이다'는 거짓이다).

분석적 결론의 간접성에 관해 말하면, 우선 분석적 귀결의 순수 법칙(즉 단순한 판단, 하지만 판명한 판단에 속하며 그것의 가능한 진리에 대한 모든 물음에 앞선 법칙)은 다음과 같다. 즉 직접적인 분석적 결론 자체의 직접적인 분석적 결론은 재차 그때그때 근거의 분석적 결론인데, 그 근거에서 임의의 간접성의 귀결 자체는 이 근거의 결론이기도 하다는 것이 귀결로서 스스로 산출된다. 이러한 법칙을 직접적인 분석적 귀결에 대한 진리원리와 결합한다면, 이것에서 더구나 단순한 분석적 귀결 속에서 이러한 원리가 확장되어서 임의의 간접성을 지닌 분석적 귀결에 대한 타당성을 유지한다는 사실이 생긴다.

21 '동일한 것'이 혼란된 판단과 판명한 판단의 합치 속의 명증성. 가장 넓은 판단의 개념

판명한 판단인 분석론의 적확한 의미에서 판단에 대립시켰던 '혼란된' 판단에 다시 주목해보자. 그러면 혼란된 판단을 각각의 상응하는 판명한 판단과 동일화하는 것 속에는 아직도 세 번째 판단개념이 존재의미를 얻게 되는 세 번째 명증성이 명백히 은폐되어 있다. 우리가 모호하게 판단하면서 의견을 말하는 가운데 본래 생각한 것, 또는 다른 사람이 본래 말한 것, 모호한 착상 속에 본래 생각된 것을 판명하게 하는 이행함—이 이행함에는 판명한 판단이 참된 의견을 명증적으로 단순히 해석하는 것으로 주어진다. 여기에서 '명증성'의 근본형태를 표시하는 근원적으로 고유한 형태의 동일성 합치가 수행되는데, 이 명증성은 각각의 명증성(가장 넓은 의미에서 파악할 수 있는 각각의 '경험')과 같이 완전성의 정도(程度)와 그 이념을, 실로 여기에서 종합적 합치가 사실상 단적으로 완전한 합치가 되는 완전성의 이념적 극한을 지닌다.

이러한 두 가지 판단방식과 그 상관자, 즉 혼란된 판단과 판명한 판단 자체는, 판명하지만 공허한 (또는 불완전하게 직관적인) 판단과 판명하지만 통찰적인—인식하는 판단작용에서 목표 삼은 사태의 가능적 존재나 참된 존재에 대해 통찰로 스스로를 부여하는—판단과 비슷한 관계를 명백히 맺는다. 혼란된 판단작용은, 이론적 관심의 연관 속에 항상은 아니지만 위에서 이미 말했듯이, 판명한 판단을 향해 있고 이것이 이루어지면 그 속에서 **충족되는 목표지향**을 자체로 지닌다. 이제 이전의 충족종합 속에 시선설정(視線設定)과 동일화(同一化)—이것들을 통해 공허한 판단과 충만한 판단은 단순히 판단으로서 동일성에 이르고 **동일한 판단**으로서 고유한 대상성을 획득한다—가 가능했듯이, **혼란된 판단과 판명한 판단**을 합치로 이끄는 평행하는 충족종합에서도 마찬가지다. 또는 인식, 즉 사태를 스스로 가짐(Selbsthabe) 그 자체가 또한 판명한 판단이듯이, 상응하는 공허한 판단과 마찬가지로 모호한 판단과 판명한 판단은 '동일한' 판단이다. 이것이 혼란된 각 판단이 '동일한' 하지만 판명한 판단으로 전환된다는 것을 뜻하지 않으며, 판명한 각 판단이 가능성으로서든 진리로서든 실질적 통찰로 전환된다는 것을 뜻하지도 않는다.

따라서 가장 넓은 판단개념은 혼란됨, 판명함, 명석함의 차이에 구애받지 않는 이러한 차이를 의식적으로 사상한 것이다. 이러한 개념을 기초로 할 때 혼란됨의—실로 끊임없는 필연성이 발생하는 가운데—본질가능성은 동등한 판단 또는 오히려 동일한 판단이 혼란되는 양상에서 각각의 통찰로 인식하는 판단과 판명한 판단에 상응하기 때문에, 그래서 혼란된 판단의 개념은 어떤 의미에서 판명함과 명석함으로도 끌어올 수 있는 가장 넓은 의미의 모든 판단을 포괄한다.

22 순수–논리적 문법인 진술논리 형식이론의 영역개념은 가장 넓은 의미의 판단이다

세 번째 명증성과 그 상관자, 즉 새롭고 가장 넓은 판단개념을 이렇게 분리하는 것은 우리가 이제 판단의 순수 형식이론의 영역에 대한 이해의 토대도 획득했다는 데 중요성이 있다. 명백히 그 영역개념은 가장 넓은 의미에서의 판단이며, 전체의 구성적 형식법칙성은 이러한 판단의 고유한 본질에 결부된 법칙성이다. 판명함 속에 불가능한 모든 판단은 혼란됨 속에 가능하며, 또 통찰적인 인식으로서 불가능한 모든 판단은 판명함 속에 가능하다. 형식이론이 자유롭게 형식을 형성하는 것은 그것을 억제하는 어떠한 모순도 아직 알지 못한다. 형식을 형성하는 전체의 지지기반은 감성적으로 부각된 기호들과 이것들을 감성적으로 배열해 잘 구별한 표시, 의미지시체를 지닌 논의(Rede)다. 그리고 이에 따라『논리연구』에서 의미의 형식이론을 '순수 논리적 문법'으로 특징지은 것16)은 전혀 근거가 없지 않다. 더 나아가 형식논리학이 〔순수 논리적〕 문법에 주도된다고 종종 말하는 것도 어떤 방식으로는 전혀 근거가 없지 않다. 그러나 형식이론의 경우 이것은, 문법적인 것 자체가 주도하는 것이 문법(역사적인 사실적 언어와 이것의 문법적 기술記述을 상기시키는 것)이 주도하는 것으로 대체되는 한, 비난받을 일이 아니라 필연적인 것이다. 어떤 진술문장을 판명하게 이해하고 이것을 가능한 판단으로 수행하는 것은 단어의 경과(내적으로 명백하게 유사–추후에 이야기하면서)와 이에 속한 지시를 명확하게 발음함을 판명하게 이해한다고 말할 수 있고, 또한 종종 그렇게 말한다. 이 명확하게 발음함으로써 혼란된 판단과 어쨌든 일정한 형식으로 조직된 판단의 통일체가 생긴다. 그러므로 우리는 '어떤 4각형도 네 개의 각을 갖지 않는다' '모든 A는 B들이 아닌 몇 가지 B를 포함하는 B다' 등을 매우 일정한 것으로 또 조직된 것으로 이해할 수 있다. 이와 같은 예는 '순수 논리적 문법'에서도 함께 타당하며, 그래서 모순적 판단의 모든 형식은 형식체계에 속한다. 단어 기호를 감성적으로 명확하게 발음함으로써 모호한 판단을 일정하고 명확하게 발음하지 않는다면, 형식이론과 논리학 일반은 가능하지 않을 것이며, 마찬가지로 자명하게 학문도 가능하지 않을 것이다.

이러한 분석을 통해 제13항에서 제15항까지 간략한 특성을 밝힌 형식논리학의 세 가지 층(層)의 의미가 가장 근원적인 원천에 입각해 해명되고, 이러한 층의 본질필연성이 정초되었다. 이러한 층은 이제까지의 논리학에 생소한 것으로 남아 있었다. 단지 순수 형식이론

---

16) 이에 관해서는『논리연구』제2-1권, 제4연구, 특히 그 제14항을 참조할 것.

을 분리시키는 것은 이미 『논리연구』에서 수행되었지만, 그러나 지금의 연관 속에서는 훨씬 더 깊게 정초될 수 있었다. 말할 필요도 없이 무모순성의 형식논리학과 진리의 형식논리학을 구분한 것은, 비록 그것이 단어로는 모든 사람에게 알려져 있더라도, 근본의 본질에서 새로운 것이다. 왜냐하면 이러한 단어는 완전히 다른 것을, 즉 다음과 같은 두 가지에 대한 차이를 의미했기 때문이다. 즉 그 하나는 그 자체로 모든 사태를 지닌 '인식의 질료'를 배제시키는 형식적-논리적 문제제기 일반이고, 다른 하나는 그 어떤 더 넓은 (물론 그만큼 명백하게 파악되지는 않은) 의미로 논리학의 측면에서 제기될 수 있는 문제다. 즉 실재적 현실을 인식할 가능성 또는 실재적 세계에 대한 진리가 형성되는 것에 관한 물음처럼 바로 이러한 실질적 질료를 고려하는 문제다.

제2장 형식적 진술논리, 형식적 수학

23 전통논리학의 내적 통일성과 그것의 형식적 수학에 대한 입장의 문제

a) 진술논리 분석론인 전통논리학의 개념적 완결성

더 넓은 의미에서 진술논리 분석론으로 이제껏 한정했던 형식논리학은 자신의 아프리오리한 완결성을 판단형식이라는 (아리스토텔레스와 같은) 개념에 힘입고 있다. 또한 우리는 이 개념을 판단 일반이 '**구문론적 조작**'의 형성물로서 아프리오리하게 지닐 그 '**구문론적 형식**'으로서만 판단 일반의 규정으로서 정의할 수 있다. 구문론적 형식은 각 판단에서 본질개념 속에 순수하게 파악될 수 있다. 그것이 순수하게 파악된다는 것은 그때그때 구문론으로 들어오는 '**구문론적 소재**'가 규정되지 않은 임의의 것으로 생각된다는 것을 뜻한다. 그러므로 어떤 판단 일반의 순수한 형식개념은 그때그때 제공되고 개념적으로 규정된 구문론적 형식에 따라서만 규정된 것으로서 발생한다.[1] 판단 그 자체를 함께 규정하는 것으로서, 따라서 분석적-논리적 형

---

1) 이에 대해서는 '부록 1'의 제1항을 참조할 것—후설의 주.

식개념에 속하는 것으로서, 각각의 판단을 구축하고 이것에서 수행될 수 있는 모든 구문론적 조작에 관계없이 각각의 판단을 경험할 수 있는 가장 일반적인 '양상의' 변화만 포함될 수 있을 것이다. 양상의 변화하는 이러한 개념은 단순히 이른바 판단의 양상 속에 결코 충분하게 논의되지 않는다. 또한 이러한 개념에는 예를 들어 일찍이 이해된 적이 거의 없는 변화, 즉 존재명제의 주어와 진리의 술어화의 주어인 명제를—이에 상응하는 양상화되지 않은 주어와 진술논리 명제에 대립해—서술하는 변화가 속한다. 이 모든 양상은 하나의 체계적 논리학 속에 특별히 형식적 근원개념으로 정의되어야 한다.

이제 논리학이 형식적인 것의 이러한 개념에 결부되어 남아 있는 한, 따라서 논리학이 진술논리의 근본형식과 이것에서 구축될 수 있는 형식 속에 모든 '명사'(名辭)를 규정되지 않은 변항(變項)으로서 내버려두는 한, 논리학은 무모순성의 순수 분석론에 직접 연결되는 인식 이외에는, 따라서 몇 가지 명제에 도달할 때까지 진지하게 인식을 풍부하게 하는 이 순수 분석론의 형식적 이론을 이른바 사소하게 전환시키는 인식 이외에는, 가능한 진리에 관한 다른 어떤 인식도 획득할 수 없다. 왜냐하면 형식논리학이 실제로 그것을 오직 철학적으로 유용하게 하고 더구나 극히 중요하게 하는 그 근본적 순수함으로 실행되면, 형식논리학은 진리나 명증성을 **구분할 수 있도록** 허용하는 모든 것을 얻지 못하기 때문이다. 그것의 대상개념이 가장 일반적인 개념(가능하게 규정하는 술어화 속의 어떤 기체 일반의 것)인 것처럼, 그 사태연관의 개념과 명증성의 개념도 가장 일반적인 개념이다. 그래서 형식논리학은 개체적 대상과 범주적 대상의 구별 같은 일반적 구별을 '단순한 사태', 가치 있는 것, 좋은 것 등에 대해서는 자체로 할 수 없고, 개체적 대상에서 형성되며, 다른 일반자와 달리 통상적 의미에서 유(類)와 종(種)이라는 일반자를 구별할 수도 없다. 따라서 이러한 형식논리학은 논리학 일반이 될 수 없으며, 완전하며 새롭고 풍부한 의미에서 형식적 학문이론이 될 수 없다는 사실을 이미 알아차릴 수 있게 된다.

b) 확장된 분석론인 라이프니츠의 '보편수학' 이념이 등장함 그리고
전통적 삼단논법과 형식적 수학을 방법적-기술적으로 통일함

그러나 여기에서 논리학의 이념을 이러한 방향으로 의도적으로 전개하고자 하면 안 된다. 왜냐하면 분석적 형식논리학의 완결성을 확신하더라도, 형식논리학 자체가 여전히 중대한 문제를 제시하기 때문이다. 우리가 형식논리학에서 실행한 구조적 구분은 다음과 같은 확신과 함께 라이프니츠 이래 전통논리학에 요구되었던 거대한 확장을 고려하지 않는다. 그것은 바로 전통논리학이 그것에 고유한 형식적인 것에 대한 의미와 더불어 형식적 분석론의 이념을 오직 그러한 확장을 통해서만 충족시킬 수 있다는 확신이다. 이제야말로 이러한 확장, 즉 이미 언급된 전통적 삼단논법과 라이프니츠의 '보편수학' 이념 속에 있는 형식적 분석론의 종합을 심사숙고할 때다.

천재적 직관을 지녔어도 역사적으로 영향력이 없었던 라이프니츠의 연장선 바깥에서 삼단논법을 형식적 수학에 합병시키는 것은 삼단논법과 같은 대수학을 완성하는 것과 일치해 수행되었다. 그것은 '보편수학'의 원리적 의미와 필연성에 관한 철학적 반성에서가 아니라, 특히 19세기 초(드 모르간de Morgan[2]과 불G. Boole[3])이래 영

---

2) 드 모르간(1806~71)은 인도 출신의 영국 수학자이자 논리학자다. 그는 집합연산의 기초적 법칙을 발견해 근대 대수학을 개척했으며, 확률론의 발전에도 크게 이바지했다. 또한 경험과학과 수학적 증명의 차이를 강조해 '수학적 귀납법'의 개념을 도입했다. 저서로『산술원론』(1831),『대수원론』(1835),『대수학의 기초에 관해』(1841, 1847)가 있다.

국의 수학자들이 수학적 학문의 연역적인 이론적 기술(技術)을 수행했기 때문에 생겼다. 여기에서 삼단논법은 처음부터 의심스러운 재해석인 '외연(外延)논리'로 전락할 수밖에 없었다. 이 외연논리는 그 원리적으로 명확하지 않은 많은 모순과 수학적 이론화를 실천하는 데 해롭지 않을 모든 종류의 기법을 수반했다. 다른 한편 삼단논법을 형식적 수학에 합병시키는 것은 그래도 자신의 근원적 정당성을 지니는 사상적 핵심을 포함한다. 더구나 이 핵심만 전통적 분석론과의 사상적 연속성을 유지할 수 있다. 자신의 연역적 이론을 형성하는 작업에서 이와 같은 불명확함에 거의 방해받지 않는 수학자들은, 그러한 가운데 '논리학'과 '수학'(더 정확하게 말하면, 형식적 분석론[4])의 통일성을 일반적으로 수용하게 되었다.

여기에서 이러한 통일성의 문제로 상세하게 파고들어 가더라도, 당연히 우리에게는—형식적 수학의 관심이든 형식적 삼단논법의 관심이든 경우에 따라 이 두 가지를 통일성으로 끌어온다고 인정할 수 있는 실증과학이든—특수한 학문적 관심이 중요한 문제는 아니다. 그러므로 단순히 두 가지 측면에서 역사적으로 분리되어 생긴 이론들을 이것들이 함께 속해야 할 하나의 연역적 학문을 체계적으로 구축하는 가운데 정당한 방식으로 이론적으로 결합하는 것, 이 이론들 사이에 성립하는 연역적 관계를 만족시키고 이론적 전체 속에 그 이론의 기능에 대한 그와 같은 통찰로 그 이론 자체에 비로소 정당한 이론적 형태를 제공하는 것만 중요한 문제는 아니다. 그러한 관심이 매우 중대하더라도, 그것은 철학적 관심에 훨씬 뒤떨어져 있다. 이

---

3) 불(1815~64)은 영국의 수학자이자 논리학자로 논리대수를 창안해 기호논리학의 발달에 크게 이바지했다.

4) 따라서 순수 기하학, 순수 역학, 또한 '분석적' 기하학과 '분석적' 역학 같은 분과는, 이 분과가 실제로 공간과 힘에 관계되는 한, 배제된다—후설의 주.

관심은 학문이론의 목적이념을 그것에 내재하는 목적론적 구조에 따라 드러내 밝히는 관심, 그 지향적 의미 속에 함께 포함된 이념, 즉 논리적 분과들의 이념을 그 각각에 고유하며 본질적으로 결합된 문제제기와 함께 근원적 명증성에서 발전시키는 관심이다. 여기에서 어느 정도까지 실제로 최고의 철학적 관심이 작동되는가 하는 점은 물론 나중에 가서야 비로소 명백해질 수 있다. 어쨌든 우리는 원리에 관한 학문, 게다가 학문 일반의 원리, 따라서 논리적 원리에 관한 물음은 철학에 속한다는 사실을 앞서서 확실히 승인하게 된다. 여기에서는 이러한 사실로도 충분할 수 있다.

우리는 이제까지 실로 논리학의 이념이 지닌 목적론적 구조를 체계적으로 해석할 방법을 따랐고, 이 방법으로 적어도 하나의 그러한 구조를 발전시켰고, 몇 가지 순수함으로 이끌었다. 즉 그것은 오직 (순수한 의미인) 판단에 관련된 형식적 분석론의 이념이다. 단순한 이념이 아니라 정교하게 다듬어진 이론으로서 이 형식적 분석론은 어떤 방식으로는 이미 수천 년 전부터 존재했었다. 그러나 형식적 분석론은, 처음부터 자신의 본래 의미와 본질 필연적 한계를 그리고 그 층의 싹이 제대로 발전되지 못했음을 드러냈고 모든 새로운 형태에서도 이렇게 명확하지 않았듯이, 충분할 수는 없었다. 물론 이제 우리는 우리의 의도를 전개함으로써 이러한 관점에서 상당한 부분을 더 진전시켜나갔다. 이념적 의미의 구조를 추적하면서 역사적 논리학에 이른바 타고난 의미를 세 가지 층으로 분류할 수 있었고, 이에 따라 판단의 순수 분석론 속에 서로 기초 지어진 세 가지 학과를 제시할 수 있었다. 그렇지만 원리적 통찰에 중요한 것이 아직 얼마만큼 부족한지, 얼마나 더 깊게 여전히 지향적 해명을 추구해야 하는지는 라이프니츠와 새로운 수학이 우리에게 부과하는 과제를 다룸으로써 밝혀질 것이다.

24 형식적 존재론의 새로운 문제.
형식적 존재론으로 전승된 형식적 수학의 특성

우선 전통의 삼단논법 논리학에 이끌려 이제까지 주목할 수 없었던 본질적으로 새로운 문제는 우리가 전통논리학의 불명확함 대신 오히려 새로운 수학, 즉 삼단논법의 대수학을 그 밖의 '분석론'과 결합시키는 수학의 불명확함에 이끌릴 때 곧바로 등장한다. 또한 확장된 이 형식적 수학은 우리에게 실로 미리 존재하지만, 아직도 여전히 존재하지는 않는다. 그것은 원리적 해명으로 제시된 통일성의 의미, 즉 명증성 속에 전개된 하나의 통일적 학문이라는 목적이념—이것으로 이해될 것은 형식적 수학을 이론적-기술적(技術的)으로 통일시키는 것이 이러한 해명된 이념에서 정초된 의미의 '공속'(共屬)으로서 필연적으로 함께 속한다는 점이다—이 그것에 없는 한, 여전히 존재하지 않는다. 이 이념을 획득하려고 시도하자마자 (우리에게 이미 명확해진 형식적 분석론의 이념에서 고대의 더구나 우선적으로 해명되어야 할 형식적-수학의 학과로 노력해가든 그 거꾸로이든) 새로운 문제, 즉 형식적 존재론의 문제가 우리의 길을 방해한다.

이 문제를 미리 발전시키려면 우선 아리스토텔레스의 분석론이 진술논리 분석론으로 정초되었고, 따라서 그 영역을 한정하는 주제의 근본개념인 진술의 근본개념을, 즉 (확실하게 주장하는) 진술명제의 근본개념이나 술어적 판단을 지녔다는 사실과 결부시켜야 한다. 이 분석론을 방법적으로 완전하게 형성하는 것은 (그것이 순수하게 판단의 의미에 관련되자마자 곧바로) 형식적 진술논리인 '수학'으로 필연적으로 이끈다. 왜냐하면 일단 현대 수학과 수학적 해석학 일반에서 연역적 기술(技術)을 알게 된 모든 사람은 (라이프니츠가 최초로 그 사실을 알았듯이) 명제형식도 그것과 마찬가지로 다루어질 수 있다는 사실, 수와 양 등으로 계산하듯이 명제형식으로 계산할 수 있다는 사실, 아니 더 나아가 명제에 관한 보편적 이론이 본질상 연역적 이론으로서 반드시 구축될 수 있는 유일한 방식이라는 사실을 즉시 알게 되기 때문이다. 이것은 위에서 확인했듯이, 실로 명제에 관한 단순한 형식이론에 대해서도 타당하다.

진술논리 수학의 이러한 방법적 양식으로 발전된 진술논리에 대립해 이제 우리는 진술논리가 아닌 수학, 수학자의 전통적인 형식적 '분석론', 즉 집합, 결합과 치환, (몇 개라는 양식의) 부정수(不定數), 상이한 단계의 서수(序數), 잘 알려진 형식을 지닌 다양체의 수학을 지니게 된다. 이것들은 수(數)로 불리지만, 결코 첫 번째 언급한 수와 혼동하면 안 된다. 왜냐하면 이것들은 다양체에 대한 그때그때의 정의에서 그 의미를 도출하기 때문이다. 명백히 이러한 영역에서는 술어적 명제, 전통논리학의 의미에서 '판단'이 주제의 근본개념으로서 전혀 제기되지 않는다.

명백히 함께 속한 이러한 학과들의 통일적 영역을 한정해야 할 보편개념에 관해 묻는다면, 우선 당황하게 된다. 그러나 집합과 수라는 개념의 자연스러운 가장 넓은 일반성을 숙고하고 그 의미를 규정하는 개념인 요소나 단위를 숙고하면,[5] 우리는 집합론과 부정수론이 대상에 관한 모든 실질적 규정을 원리적으로 배제하는 형식적 일반성에서 대상-일반 또는 어떤 것-일반이라는 공허한 세계(Leeruniversum)에 관련되어 있다는 사실을 인식하게 된다. 더구나 이 학과들은 특히 어떤 것-일반의 확실한 도출형태에 관심을 품는다는 사실도 인식하게 된다. 그 가운데는 임의의 대상에서 함께 파악된 총괄개념인 집합에 대한 집합론, 이와 유사한 것으로 확실하게 체계적으로 산출할 수 있는 집합형식을 차별화한 것인 부정수에 대한 부

---

5) 이것은 이미 내가 『산술철학』에서 살펴본 것과 같다—후설의 주.

정수론이 있다.

이것에서 더 나아가 우리는 집합론과 부정수론처럼 그 밖의 형식적 수학의 학과도 이것이 근본개념으로서 어떤 것-일반의 확실한 도출형태를 지녔다는 의미에서 형식적이라는 사실을 인식하게 된다. 여기에서 보편적 학문이념, 즉 완전히 포괄적인 의미에서 형식적 수학의 〔학문〕이념이 발생한다. 이것의 보편적 영역은 대상-일반이라는 최고의 형식개념 또는 가장 공허한 일반성에서 생각된 어떤 것-일반의 외연으로서 확고하게 한정된다. 이 어떤 것-일반의 영역에서 아프리오리하게 산출할 수 있고 따라서 생각해낼 수 있는 도출형태, 언제나 새롭게 반복해 구축하는 가운데 언제나 새로운 형태를 만드는 도출형태가 나온다. 그와 같은 도출은 집합과 부정수(유한하든 무한하든 간에) 이외에 결합, 관계, 순열, 연결, 전체와 부분 등이다. 그러므로 이러한 전체 수학을 하나의 **존재론**(아프리오리한 대상이론)으로, 하지만 어떤 것-일반의 순수한 양상에 관련된 하나의 형식적 존재론으로 간주하는 것은 당연하다. 따라서 이것으로 이 존재론, 즉 대상성 일반의 이러한 수학의 특수영역들을—아프리오리한 구조를 숙고하는 가운데—규정하기 위한 주도적 이념도 획득될 것이다.

25 주제에 차이가 있는데도 실질적으로는 서로 속한 형식적 진술논리와 형식적 존재론

이렇게 고찰한 것에 따라 본질적 보편성으로 확장된 형식적 수학인 형식적 존재론의 영역은 판단의 분석론 영역과 첨예하게 구분되는 것으로 보인다. 이 분석론 자체는 실로 처음부터 집합론, 산술학 등과는 거리가 먼 주관적으로 방향이 정해진 모든 주제제기에서 순수하게 파악된 것이다. 우리는 삼단논법도 대수학으로 다룰 수 있고 이 경우 양과 수의 대수학과 비슷한 이론적 겉모습을 지닌다는 사실, 아니 불의 독창적 관찰에 따라 만약 부정수 순열을 0과 1로 제한해 생각하면 산술의 계산이 (형식적으로 고찰하면) '논리계산'으로 환원되는 것으로 보이는 사실에 현혹되면 안 된다. 따라서 진술논리 분석론과 형식적-존재론적 분석론은 그 영역에 따라 분리된 두 가지 상이한 학문일 것이다.

그렇지만 판단작용이 대상에 대해 판단한다는 것을, 대상에 관해 속성 또는 상대적 규정을 진술하는 것을 뜻한다는 점만은 기억해둘 필요가 있다. 따라서 주제제기가 형식적 존재론과 형식적 진술논리로 명확하게 구분되는데도 어쨌든 매우 가깝게 함께 속해 있으며 아마 서로 분리될 수 없다는 사실에 주목해야 한다. 결국 대상의 모든 형식, 어떤 것-일반의 모든 변화형태가 형식적 진술논리 자체 속에 등장한다. 이것은 실로 본질적으로 성질(속성과 상대적 규정), 사태, 연결, 관계, 전체와 부분, 집합, 부정수, 대상성 등 그 밖의 어떤 양상이 구체적이며 근원적으로 해석된 채 판단작용 속에 등장하는 것으로서 오직 우리에게 실제로 존재하거나 가능하게 존재하는 것과 마찬가지다. 그에 따라 판단의 모든 형식적 구별에는 대상형식의 차이도 (이 '포함되어 있음'과 '등장함'이 상세히 해명되더라도[6]) 함께 포함되어 있다. 예를 들어 복수의 판단에서는 복수(複數)가 나타나며, 일반적 판단에서는 일반자가 나타난다. 물론 복수의 판단 속에 복수는 '그것에 관해' 판단된다는, 따라서 규정들의 기체라는 적확한 의미에서 대상은 아니다. 마찬가지로 다른 예[일반적 판단]에서도 일반자가 아니다.

그러나 형식적 판단이론, 더구나 순수한 형식이론인 형식적 판단이론에서는 복수의 판단형식도 그 총괄에 관한 단수의 술어화의 형

---

6) 이에 관해서는 이 책의 제1부 제4장이 정보를 제공할 것이다—후설의 주.

식으로 변형될 수 있고 일반자-판단의 형식이 유(類)인 일반자에 관한 판단의 형식으로 변형될 수 있는 '조작'이 나타난다. 사태와 성질은 대상적 범주다. 그렇지만 'S는 p다'처럼 S에 관해 판단하고, S에 대해 p를 진술하는 모든 판단은 '명사화'(名辭化)를 통해 사태 'S는 p다'에 관한 판단 또는 'p는 S에 귀속된다'는 형식으로 성질 p에 관한 판단으로 변화된다.[7] 따라서 이러한 사실을 고려해 우리는 형식적인 논리적 분석론과 형식적 수학의 통일성이나 차이성의 문제를 이미 해결된 것으로 결코 간주할 수 없으며, 그 통일성에 관한 사상은 더구나 이것에서 실로 몇 가지 힘을 얻기도 한다. 그렇지만 실제적 통찰을 획득하려면 매우 깊이 파고들어 가는 숙고가 필요하다.

26 형식적 진술논리와 형식적 수학의 통일문제가 은폐된 역사적 근거

a) 순수하게 공허한 형식이라는 개념의 결여

고대인은 우리가 당면한 문제에 아직 직면할 수 없었고, 초보적 논리학과 수학은 그 어떤 수학적 학과를 순수한 형식으로 끌어올릴 정도로까지 충분히 발전하지 못했기 때문에 확실하게 분리된 학문으로 나타날 수밖에 없었다. 고대인에게 산술학은 (우리가 형식적 수학과 실질적 수학을 원리적으로 대조하듯이) 기하학과 역학(力學)에서 아직 원리적으로 구분되지 않았다. 왜냐하면 고대인은 수(數) 개념에서 모든 실질적 질료를 결코 비워 없애지 않았고, 아직 셈하면서 생각된 단위와 공허한 어떤 것-일반의 영역을 관련시키지 못했기

---

7) 이에 관해서는 『이념들』 제1권, 제119항, 『논리연구』 제2-1권, '제5연구' 제34 ~36항 그리고 제2-2권, '제6연구' 제49항을 참조할 것—후설의 주.

때문이다. 더구나 다른 측면으로 (앞에서 이미 주목했듯이)[8] 고대의 진술논리는 실재성과의 대상적 관계에서 아직 궁극적으로 형식화되지 못했다. 따라서 아리스토텔레스는 단지 일반적 실재의 존재론(Realontologie)만 다뤘고, 이 존재론을 '제일철학'(erste Philosophie)으로 간주했다. 그에게는 형식적 존재론이 없었고 따라서 이 존재론이 그 자체로 실재적 존재론에 선행한다는 인식도 없었다.

본래 형식적인 것의 발견은 근대 초기 비에타가 대수학을 정초하고 따라서 수(數) 이론과 양(量) 이론을 연역적으로 기술화(技術化)하는 길에서 비로소 수행되었고, 그런 다음 라이프니츠가 그 순수한 의미에 도달했다. 그의 '보편수학'은 그 어떤 일반성뿐 아니라 최고의 실질적 일반성에 관련된 것도 모든 속박을 명백히 완전하게 밀쳐냈다.

근대의 철학적 논리학자―따라서 나는 수학자와 함께 논리적 대수학을 기술적으로 형성하는 데 경쟁하거나 그러한 철학적 소박함에 머물러 있는 논리학자를 뜻하지 않는다―는 지금 문제되는 점에서 아리스토텔레스-스콜라철학 전통의 속박에서 벗어나지 못했다. 그들은 라이프니츠의 간략한 암시로는 물론 파악하기 힘든 '보편수학'의 의미도 이해하지 못했다. 그들은 새로운 수학이 제기한 문제를 보지 못했다. 그것은 깊이 스며들어 있는 다른 근거 때문이었다.

b) 진술논리 형성물의 이념성에 대한 인식의 결여

우선 아리스토텔레스가 분석론을 진술논리, 즉 술어적 진술이나 술어적 판단의 논리학으로 정초한 것은 [분석론에] 방해되는 것으로 입증되었다. 그것이 필연적 출발이었더라도, 어쨌든 그 속에는 깊이

---

8) 위의 제12항 결론단락을 참조할 것―후설의 주.

뿌리박힌 어려움이 있었다. 그것은 판단하는 활동에서 주제로 추상화하는 어려움, 이 속에 일관되게 머물면서 기하학자가 순수 기하학적 형태에 관해 또 산술학자가 수에 관해 그렇게 하듯이, 판단의 영역을 아프리오리한 이념성의 고유한 객체적 장(場)으로 이론적으로 간주하는 어려움이다.

판단이 형성한 것의 이념적 객체성이 인정받을 수 없었던 사실, 심지어 그 객체성 자체가 최근에 체계적으로 명백히 제시되고 경험론적 심리학주의에 대항해 비판적으로 돌파해나간 다음에도 여전히 보편적 타당성에 이르지 못했던 사실이 사안 자체의 고유한 본성에 놓여 있다. 판단은 근원적으로 우리의 판단하는 활동 속에 현존한다. 모든 인식의 작업은 인식의 형성물이 발생하는 다양하고-통일적인 심리적 활동이다. 물론 근원적으로 외적 객체도 주관적으로 경험하는 가운데 우리에게 존재한다. 그러나 이것은 주관적으로 경험하는 가운데 이미 앞서 존재하는 것('존재하는 것')으로, 또한 오직 경험 속에 파고들어 가는 것만으로 등장한다. 그것은 사고의 형성물(판단, 증명 등)처럼 우리 자신의 사유활동에서 우리에 대해 존재하지 않으며, 순수하게 그 사유활동(가령 이미 현존재하는, 사유활동 바깥의 외적 소재에서는 아닌)에서 형성되지는 않는다. 달리 말하면, 사물은 활동하는 삶에 근원적으로 자아에게는 생소하게 미리 주어져 있다. 즉 그것들은 외부에서 주어져 있다.

반면 논리적 형성물은 오직 내부에서 주어지고, 오직 자발적 활동으로 또 이 속에서만 주어진다. 다른 한편 논리적 형성물은 물론 사실적으로 산출된 다음에도 여전히 존재하는 것으로 간주될 수 있다. 즉 우리는 '그것으로 되돌아가고', 동일한 것으로서 임의로 반복하며, 일종의 실천에서 그것을 사용하고, 그것을 (가령 전제로) 결합시키며, 추론이나 증명 등 새로운 것을 산출한다. 그러므로 비록 여기에서 실재성에 관한 논의가 있을 수 없더라도, 어쨌든 그것을 실재적 사물처럼 다룬다. 따라서 논리적 형성물은 주관성과 객체성 사이에서 불명확하게 흔들거린다. 이것을 비실재적 객체로 진지하게 간주하는 것, 아마도 어쨌든 정당하지 않게 서로에 대항해 역할을 하는 두 가지 측면의 명증성을 만족시키는 것 그리고 여기에서 진지하게 문제제기가 된 것, 즉 진지하게 그 자체로서 주목해 파악하는 것, 이러한 것은 사람들이 예전부터 전해온 플라톤주의에 대한 공포 때문에 순수하게 파악될 수 있는 그 의미와 그 진정한 문제를 제대로 볼 수 없었기에 과감하게 실행되지 못한 것이다.

수학이라는 명칭 아래 역사적으로 전승된 그 밖의 아프리오리한 학문에서도 이는 원리적으로 동일하다. 따라서 기하학, 산술 등의 학문, 어쨌든 그것에 속한 객체의 영역에, 즉 기하학적 형태나 부정수나 서수(序數) 등에, 전혀 의심할 여지없이 관련된 것으로 보이는 학문─비록 이러한 대상성이 선을 긋고 면 등을 기학적으로 산출하거나 수집하고 셈하고 정열하고 결합함으로써 탐구자의 주관적 작용 속에 발생하더라도─에 대해서도 원리적으로 동일하다. 아무튼 사람들은 여기에서 형성물 자체를 주관화는 것에 대해 거의 생각하지 않았다. 왜냐하면 여기에서 사람들은 처음부터 객관적으로 시선을 지배하지만 물론 동시에 수학적 형태의 비실재성을 은폐시킨 감성적 공간형태와 시간형태에서 지속적인 범례적 지지발판을 지녔기 때문이다. 범례적 재현물인 실재적 대상으로써 수행된 구축물, 집합형성물, 수 형성물 등은 실재적인 것(실재적 도형, 물체, 집합, 수)으로 간주될 수 있는 형성물을 제공했던 반면, 판단하는 작용의 형성물에서는 결코 그렇지 않았다.

이것에서 고대에 이미 매우 발전된 통찰인 스토아학파의 '말해질 수 있는 것〔언표〕'(lekton)[9]에 관한 학설이 성공하지 못했던 사실, 근대에 형식적 수학이 형성되고 심지어 이것이 논리계산에 힘입어 확장된 다음에도 대부분 논리학자가 수학적 주제제기와 논리적 주제제기 사이의 긴밀한 연관을 알 수 없었던 사실이 이해된다. 이 연관은 형식적-논리적 형성물이 형식적-수학적 형성물에 평행하는 것으로 주제가 설정될 때, 또 동일한 객체적-이념적 태도 속에 주제가 설정될 때 비로소 부각될 수 있었다. 수학에서는 이러한 추상적 태도가 확고한 전통이었고, 예전부터 수학적 이론화의 이론적 목표만 규정했다. 그러나 논리학에서는 그것이 아직 성취되어야 할 일이었다.

c) 그 밖의 근거, 특히 진정한 근원에 대한 탐구의 결여

게다가 진술논리 영역을 수학에 편입시키는 데 필연적인 것으로 취급된 판단을 과감하게 '외연논리로' 해석하는 일은 철학적으로 사고하는 논리학자에게 결코 추천할 만한 것이 못 되었다. 그 결과 아주 개별적 논리학자만 수학자의 논제를 지지했지만, 이 경우에도 근본에서 실제적 연구에 대해 그가 취한 관점에 근거를 두기보다 로체(H. Lotze)처럼[10] 정당한 것에 대한 감정에 따르거나, 명백히 리일

---

9) 스토아학파에 따르면, 판단은 어떤 표상(생각)에 대해 주체가 그것이 실제로 있다는 것을 확신(동의)하는지, 판단의 참과 거짓은 그 표상의 내용이 사태와 일치하는지에 달려 있다. 그래서 판단에는 개념이 필요한데, 아리스토텔레스는 개념을 언어적 측면으로만 이해했지만, 스토아학파는 단순한 기호로서의 언어(terminus)와 이 기호가 지시하는 내용으로서의 개념(ratio), 이 내용이 지시하는 대상(res)을 분리해 인식했다. 원서에 그리스어로 표기된 'λεχτόν'의 올바른 형태는 'λεκτόν'으로, 'λεγειν'(legein, '말하다' '의미하다')이 어원이며 '말할 수 있는 것'이라는 뜻에서 파생된 'lekton'에는 말로 진술된 것(effatum), 말로 드러난 것(enuntiatum), 말해진 것(dictum)이라는 뜻이 함축되어 있다.

10) 로체가 『논리학』(Leipzig, 1912) 제1권 제1장 제18항과 제3장 제111항에서 수학 일반에 관해 언급하고, 상관관계에서 나타나듯이, 실질적 수학을 배제하지는 않았기 때문에 더구나 완전히 사고된 것으로는 간주될 수 없는 표명들

(A. Riehl)[11]처럼[12] 수학자가 통찰한 것의 우월성에 대한 편견에 따랐다.

수학에 관해 논리학자는 형성물의 이념적 객체성과 형성물을 주관적으로 구성하는 활동성(셈하기, 결합하기 등)이 서로 얽혀 있음(Ineinander)이나 서로 함께 있음(Miteinander)이라는 사실상 완전히 평행하는 어려움이 존재한다는 사실을 느끼지 못했다. 왜냐하면 본래 그것은 바로 주관적으로 구성된 형성물의 개념으로서 형식적-수학적 근본개념의 기원을 결코 진지하게 철학적으로 탐구하지 못했기 때문이다. 그러한 탐구가 이루어졌다면, 판단작용과 셈하는 작용은 비슷한 방식으로 그 이념적 상관자인 판단과 수를 구성하는 밀접한 동질의 능동적 자발성이라는 사실이 반드시 밝혀졌을 것이다.[13] 그 결과 일관된 한 측면의 태도가 [판단과 수] 두 가지 측면에서 동등한 의미로 객체적 이론—수학적 이론—을 가능케 하며 요구했을 것[14]이라는 사실도 반드시 밝혀졌을 것이다.

따라서 두 가지 측면의 학과에 이른바 타고난 의미를 근본적으로

을 참조할 것—후설의 주.

11) 리일(1844~1924)은 오스트리아의 신칸트학파 철학자로, 심리학주의를 반대하고 논리주의를 강조한 관점에서 철학은 세계관을 가르치는 것이 아니라 주로 지각에 대한 비판이라고 주장했다. 또한 실증주의적 경향에 따라 형이상학을 부정하고 인식대상의 실재성을 주장했다. 저서로『실재론 개요』(1870),『철학의 개념과 형식』(1872),『철학적 비판주의와 이것의 실증과학에 대한 의미』제1~2권(1876~87) 등이 있다.

12)『철학적 비판주의와 실증과학에 대한 그 의미. 역사와 체계』(*Der philoso-phische Kritizismus und seine Bedeutung für die positive Wissenschaft*, 1879) 제2권 '인식의 감각적 근본토대와 논리적 근본토대', 228쪽을 참조할 것—후설의 주.

13)『산술철학』(1891), 예를 들어 91쪽(형성물로서의 범주적 대상)을 참조할 것—후설의 주.

14) 이것을 명백히 제시하는 것이 나의『논리연구』제1권의 주요주제이었다—후설의 주.

원리에 따라 숙고하는 것은, 전통의 마력을 타파하고 수학자처럼 이론적 기술(技術)에 입각한 통일체에 만족하거나 대부분 철학자처럼 어떤 원리적 통찰로도 이해할 수 없게 하는 표면상의 구별에 만족하는 대신, 그 주제제기의 통일성에 대한 내적인 〔상호〕이해함에 파고들어 가기 위해 〔각 학과에〕 동등하게 필연적이었으며, 언제나 필연적이라는 사실을 대체적으로 이해할 수 있게 된다.

d) 형식적 존재론의 이념에서 '볼차노'의 관점에 대한 주석

논리적 분석론에서 형식적 수학으로 파고들어 가든 거꾸로 형식적 수학에서 논리적 분석론으로 파고들어 가든 이러한 방식으로 끝까지 사고하는 것이 얼마나 어려운지, 따라서 이러한 관점에서 라이프니츠의 작업수행은 얼마나 높게 평가할 만한지는, 볼차노(B. Bolzano)[15]에게서 알 수 있다. 그는 1837년 경탄할 만한 『학문이론』(*Wissenschaftslehre*)에서 이미 명제에 관한 이론과 진리 그 자체를 하나의 완결된 진술논리 분석론으로 체계적으로 계획할 정도로까지 발전했다. 다른 한편 그는 이미 1810년 『수학의 더 정초된 해설』(*Beiträgen zu einer begründeteren Darstellung der Mathematik*)에서 수학을 원리적으로 정의하는 것까지 목표로 세웠다. 이러한 시도는 형식적으로 아프리오리한 대상이론의 이념을 향해 노력할 준비를 한 것이었

---

15) 볼차노(1781~1848)는 칸트와 독일관념론의 주관주의를 비판하고 수학과 논리학, 인식론과 윤리학 분야에서 독특한 객관주의를 주장했다. 특히 그는 논리학을 주관적으로 해석하는 심리학주의에 반대하고 판단작용과 판단내용을 구별해 객관적인 '명제 그 자체' '진리 그 자체'를 확립하고자 순수 논리학을 추구했다. 후설은 이러한 그의 이론에 큰 영향을 받아 『산술철학』에서 취했던 심리학주의의 한계를 극복하고 『논리연구』 제1권에서 수학의 근거로 파악한 순수 논리학을 정초하게 된다. 저서로 『학문이론』(1837), 『무한한 것의 역설』(1851) 등이 있다.

다. 물론 (이 항의 결론에서 곧 밝히겠지만) 그 실제적 의미를 파고들어 가지는 않았다. 볼차노는 명제의 분석론과 형식적인 수학적 분석론의 두 가지 이념을 끝까지 사고하고 이것들의 내적 등가성(等價性)을 발견하는 데까지는 도달하지 못했고, 논리적 형성물을 대수학으로 이론화할 가능성을 일상적 의미에서 형식적-수학적 형성물을 대수학으로 이론화하는 것에 평행해 숙고하는 데까지만 도달했을 뿐이다. 요컨대 그는 라이프니츠에게 많이 배웠지만, 라이프니츠의 통찰에는 훨씬 미치지 못했다.

우선 할스(H. Fals)[16]의 노력에 힘입어 이전에는 거의 접근할 수 없었던 볼차노의 젊은 시절 저술을 가치 있게 되살린 신판—쇤니히(F. Schöningh)의 『철학적 읽을거리 총서』(*Sammlung philosophischer Lesestoffe*, Paderborn, 1926) 제9권—제8항(앞의 책, 17쪽)의 「서론」 문장에서 놀랍게도, 비록 이것이 부분적으로 비판받더라도, 형식적 존재론에 대해 정의할 것을 약속하는 것처럼 보이는 다음과 같은 내용이 있다.

나는 우리가 수학을 사물이 그 현존재에서 따라야 할 일반적 법칙(형식)을 다루는 학문으로 설명할 수 있다고 생각한다. 여기에서 나는 '사물'이라는 말에 우리의 의식에서 독립된 객관적 존재를 지닌 것뿐 아니라, 단순히 우리의 표상 속에 존재하며 게다가 이것이 다시 개체(즉 직관)나 단순한 보편개념까지 포함한다. 따라서 일반적으로 우리의 표상능력의 대상이 될 수 있는 모든 것을 포함한다.

정확하게 검토해보면 여기에서 볼차노가 질료적 존재론과 공허한-형식적 존재론을 구별하지 않고 자체 속에 포괄하는 보편적인 아

---

16) 영역본에는 'Heinrich Fels'로 되어 있으나, 자세한 인적사항은 찾을 수 없다.

프리오리한 존재론에 대해 (물론 개선될 필요가 있지만) 정의하고 있음을 알 수 있다. 그런 다음 그는 학과로서 '수이론' '결합이론' 등이 포함될 수 있는 '일반적 수학'을 분리하고자 했고, 이러한 학과와 달리 기하학이나 시간측정학 같은 학과는 병렬적 학과가 아니라 종속적 학과로 간주해야 한다고 강조했다. 그리고 그는 학과에 관한 전자의 법칙이 '예외 없이 모든 사물에 적용될 수 있는' 반면 후자의 법칙은 그렇지 못한 점에서 이 학과의 두드러진 특징을 발견했다. 하지만 사물 일반을 최고 유—이것 아래에는 분류로 생긴 특수한 유인 기하학과 이것에 병렬적인 학과의 상위개념이 있다—로 생각할 경우, 그가 공허한-형식적인 것으로서 구별 짓는 최고 유인 어떤 것 일반이라는 공허한 형식과 특수한 영역들로 구별 짓는 가능한 방식의 현존재자(가장 넓은 의미에서 실재적인 것)의 보편적 영역 사이의 차이를 간파하지 못했다는 점, 따라서 형식적 특수화가 형식적 일반성 아래 포섭되는 것과 영역적 (질료적인 수학적) 특수화가 다시 형식적 일반성 아래 포섭되는 것의 차이도 간파하지 못했다는 점이 명백해진다. 후자의 포섭은 결코 형식적 수학 안에서 취급되지 않으며, 전자의 포섭은 질료적 수학의 형식화 때문에 생긴다. 요컨대 볼차노는 형식적인 것의 본래 개념, 즉 형식적 존재론을 규정하는 개념에는—비록 어떤 방식으로 이 개념을 언급했더라도—도달하지 못했다.

27 『논리연구』에서 형식적 존재론의 이념을 소개함

형식적 존재론의 이념은, 내가 아는 한, 『논리연구』 제1권[17]에서 게다가 그 후에 소개한 형식적 존재론이라는 이름으로 등장한 것은

---

17) 『논리연구』 제1권 '순수 논리학 서설'(제1판, 1900)—후설의 주.

아직 아니지만 순수 논리학의 이념을 체계적으로 전개하려는 시도에서 문헌상으로는 맨 처음 등장했다. 하여튼 『논리연구』, 특히 그 제2권은 칸트주의와 경험주의가 그토록 매우 경멸했던 아프리오리한 존재론의 옛 이념을 새로운 형태로 다시 과감하게 수용했고, 이것을 철학에 필연적 이념으로서 구체적으로 수행된 부분 속에 정초하고자 했다.

형식적–존재론적 아프리오리는 (『논리연구』 제1권 결론 절에서) 진술논리의 아프리오리(진술의미의 아프리오리)와 불가분하게 결합된 것으로 밝혀졌고, 이것으로 이러한 불가분이 어떻게 이해될 수 있는가 하는 문제를 일깨웠다. 이제까지 연구한 경로를 규정한 형식적 존재론과 진술논리의 관계에 관한 이 문제는 『논리연구』에서는 아직 제기되지 않았다. 그 책 결론 절에서 언급된 진술로 이끈 동기부여를 추적하고 그런 다음 이것 자체도 언급하는 것이 유익할지 모르겠다. 거기에서 극히 간결하게 서술한 것을 새롭게 해명함으로써 비판적 경계설정과 본질적 발전이 생기는데, 이것은 이제까지 우리의 연구목적에 본질적으로 상세히 접근할 수 있게 해준다.

a) 『산술철학』에서 범주적 대상성을 최초로 구성적으로 탐구함

나는 형식적인 것에 대한 일정한 시선방향과 형식적인 것의 의미를 이미 『산술철학』(1891)[18]에서 처음 이해했는데, 이 책은 최초의 저술로서 매우 미숙해도, 어쨌든 군집('총괄' '집합')과 부정수들이 근원적으로 산출하는 방식으로 주어지는 군집작용과 셈하는 작용의 자발적 활동으로 되돌아감으로써 집합론과 부정수론의 근본개념의

18) 이 책은 1887년 할레대학교 교수자격청구논문 『수 개념에 관해』 가운데 일부를 (서점판매용이 아니라) 학술적 목적을 위해 단순히 문헌적으로 교정해 마무리한 것이다—후설의 주.

근원적인 진정한 의미를 획득하려는 최초의 시도를 서술했다.

그러므로 그것은, 나의 후기(後期) 논의방식으로 표현하면, 현상학적-구성적 연구였고, 동시에 최초의 그리고 더 높은 단계의 '범주적 대상성'(더 높은 단계서열의 집합과 부정수)[19][20]을 '구성하는' 지향적 활동—따라서 그 대상성은 이 활동의 작업수행으로서 그 의미의 완전한 근원성 속에 원본적으로 등장한다—에 입각해 이해할 수 있도록 시도한 첫 번째 연구였다. 이 자발적 작용의 형식이 자주 동등한 것으로 남아 있듯이, 이와 상관적으로 그 형성물도 동등한 형식을 갖춰야 함을 아프리오리하게 통찰할 수 있다. 그래서 만약 집합과 부정수의 개념형성이 순수하고 가장 넓은 일반성에서 수행된다면, 군집된 요소들과 셈한 단위들의 사태내용(본질내용) 가운데 아무것도 이러한 일반성 속에 함께 들어올 수 없다. 왜냐하면 이 사태내용은 집합론과 부정수론의 지향[의도]에 명백하고 근본적으로 상응하는 것인 절대적으로 자유롭게 변경할 수 있는 것으로 반드시 남아 있기 때문이다. 그렇다면 이와 같은 학과의 형식적인 것은 모든 실질적 규정을 규정하지 않은 채 임의의 것으로 남겨놓는 가장 공허한 일반성에서 '대상성-일반' '어떤 것-일반'의 이러한 관계 속에 놓여 있다. 그러나 그 근본개념은 (나의 후기 논의방식으로는) 형식상 구문론적 형성물, 즉 공허한 어떤 것의 구문론적 도출형식이다.

---

19) 이것들에 대한 명백한 관계에서 그리고 다른 범례로서 법인(法人)을 끌어들이는 가운데 에르트만(B. Erdmann)은 자신의 저술『논리학』(*Logik*) 제1권(제1판, 1892) 101쪽에서 '더 높은 서열의 대상'이라는 전문용어를 소개했다—후설의 주.

20) 에르트만(1851~1921)은 논리학을 심리학주의로 해석하는 데 반대하고, 논리학은 판단의 방법과 가치에 관한 규범학이라고 주장했다. 저서로『기하학의 공리』(1877),『논리학』제1권(1892),『인과법칙의 내용과 타당성』(1905),『신체와 영혼의 학문적 가정』(1907) 등이 있다.

궁극적으로 '연역적 체계의 이론', 즉 연역적 학문 그 자체의 형식을 목표 삼았던 나의 계속된 그리고 형식적 수학 전체를 포괄하는 연구[21]에서 내가 곧바로 형식적 수학 일반을—어떤 것-일반의 도출형태와 원리적으로 관계를 맺으며, 그래서 이것을 통해 본질적으로 연관을 맺는 그 모든 학과에서 공통적 토대를 어떤 것-일반의 공허한 영역 속에 지닌—하나의 학문의 통일적 관점 아래 파악한 것은 당연한 일이었다.

b) 형식적 진술논리에서 형식적 존재론에 이르는 『논리연구』 제 1권의 길

이제 『논리연구』 제1권 '순수 논리학 서설'의 마지막 절에서 형식적 진술논리의 의미를 형식적 존재론으로 일관되게 전개해 이끌어 간 길을 고찰할 것이다. 아프리오리한 학문이론의 주도이념은 그것이 학문의 객관적-이념적 내용—아무리 주관적 작업수행에 입각해 형성되었더라도, 참된 명제들의 체계로, 이론의 통일체로 제시된 내용—만 탐구함으로써 형식적 진술논리의 주도이념으로 이바지한다. 더 자세하게 말하면, 나의 우선적 관심은 이론적으로 설명하는 (법칙론적·연역적) 학문과 '체계적으로 완성된 이론의 통일체',[22] 즉 '엄밀한 의미에서 이론'의 통일체를 향해 있었다.

따라서 어떤 이론이 관련된 대상 또는 대상영역의 모든 실질적 특수성이 규정되지 않은 형식적 일반성에서 이렇게 이해된 이론 그 자체의 아프리오리가 문제다. 이제 무엇보다 어떤 이론 그 자체의 본질에 속하는 구성적 개념을 명백히 밝히는 것이 그러한 형식논리학의 과

---

21) 『산술철학』의 「머리말」을 참조할 것—후설의 주.
22) 『논리연구』 제1권, 제64항—후설의 주.

제다. 이것은 명제(판단)와 개념이라는 개념으로, 단적인 것이든 복합적인 것이든 판단을 구축하는 데 관련되는 모든 개념으로 그리고 당연히 진리의 개념으로 이행한다.[23] 이러한 개념그룹을 '의미범주'의 그룹이라 한다. 논리적 학문의 상관적 개념인 '형식적인 대상적 범주'의 그룹이 그것에 대립한다. 이 개념에는 대상, 사태, 단일성, 다수성, 부정수, 관계, 결합 등이 있는데, 이 모든 개념은 인식질료의 특수성에서 자유롭다.[24]

이와 연관해[25] 그에 속한 법칙을 규정하는 과제가 논의되고, 법칙은 바로 이 두 가지 그룹의 범주에 따라, 즉 의미범주와 대상범주로 구분된다. 바로 이렇게 구분됨으로써 형식논리학은 진술논리와 동시에 아프리오리한 형식적 대상이론으로 매우 선명하게 특징지어진다. 계속된 상론의 결과에서 밝혀지듯이, 이것에는 이념적 의미의 장(場)으로 환원된 삼단논법뿐 아니라 부정수론, 서수론(序數論), 수량론(數量論),[26] 마찬가지로 당연히 형식적 양론(量論) 일반, 결합과 치환에 관한 이론 등도 속한다.

<hr>

23) 같은 책, 제67항 243쪽(제1판). 단지 몇 가지 표현방법만 변경된 제2판 242쪽 이하—후설의 주.
24) 범주의 개념과 이와 연관된, 종합적 또는 질료적 법칙에 대립된 '분석적' 또는 형식적 법칙의 개념, 감성적 직관과 범주적 직관의 차이 등은 『논리연구』 제2권의 포괄적 연구, 특히 제2-1권 제3연구 제11항과 제2-2권 128쪽 이하의 제2장 '감성과 오성' 전체가 관련되어 있다—후설의 주.
25) 『논리연구』 제1권 제68항—후설의 주.
26) 같은 책, 251쪽(제2판은 251쪽 이하)—후설의 주.

제3장 연역적 체계이론과 다양체이론

28 형식논리학의 최고단계.
연역적 체계이론 또는 다양체이론

그러나 19세기에 강력하게 이론적-기술적으로 발전하면서 갑자기 싹튼 수학적 해석학의 완전히 새로운 유형을 고려해 그리고 완전히 혼란했던 이 해석학의 논리적 의미를 명석하게 이끌 필요 때문에, 나에게는 여전히 형식논리학 또는 형식적 학문이론의 제3의 최상의 과제가 생겼다. 이 과제는 제69항[1]의 가능한 이론형식들의 이론, (이와 상관적으로) 다양체이론이라는 명칭으로 예고되었다.

(『논리연구』 제1권 앞의 항에서 말한 것에 따라) 이론이라는 개념이 —법칙론적 학문이나 연역적 학문에 일치해, 따라서 체계적인 통일적 연역의 형식 속에 명제들의 체계적 결합으로서—적확한 의미로 이해되어야 하므로, 여기에서 최초의 출발은 연역적 체계의 이론, 동일한 것으로 연역적 학문 자체에 관한 논리적 학과의 이론을 위한 것이었고, 이론적 전체성으로 고찰되었다. 논리학의 이전 단계에서는

---

1) 같은 책, 247쪽 이하—후설의 주.

어떤 학문 안에서 아프리오리하게 등장할 수 있는 모든 의미형성물, 따라서 판단형식(그리고 그 요소들의 형식), 추론형식, 증명형식이 순수 형식에 따라 주제가 되었고, 이와 상관적으로 대상적 측면에서는 대상 일반, 집합과 집합의 관계 일반, 결합, 서열, 크기 일반 등과 함께 그에 속한 형식적 본질관계와 결합이 주제가 되었고, 이제는 가능한 연역적 이론의 통일체, 즉 '엄밀한 의미에서 이론'[2]의 통일체를 완성하는 그 전체성 속에 있는 판단체계가 주제가 될 것이다.

여기에서 수학의 각 전개에 관한 그 의미를 규정하지 않고 '다양체'(Mannigfaltigkeit)라는 명칭 아래 주시하는 것이 대상적 (항상 형식적 일반성에서 이해된) 총체개념으로 등장한다. 이것은 이론의 체계적 또는 총체적 통일체로 생각된 연역적 학문에 속하는 영역의 형식개념이다. 나는 여기에서 이론형식이나 다양체에 관한 형식적 이론의 이념이 지닌 엄밀한 특성을 반복하겠다. 내가 아는 한, 나는 이것들에서 아무것도 변경시키지 않았으나, 그래도 여기에서 그 내용을 주목해야 한다.

단지 형식에 따라 규정된 가능한 이론이라는 개념의 대상적 상관자는 그와 같은 형식의 이론으로 지배할 수 있는 가능한 인식영역 일반이라는 개념이다. 그러나 수학자는 (자신의 분야에서) 이러한 영역을 '다양체'라 한다. 따라서 이것은 그러한 형식을 지닌 이론에 종속된다는 점, 즉 이러저러하게 규정된 형식의 근본법칙(여기에서는 유일하게 규정하는 것)에 지배되는 일정한 결합이 그 영역의 객체에 대해 가능하다는 점에서만 유일하게 규정되는 영역이다. 그 질료에 따라 객체는 완전히 규정되지 않은 채 있다. 수학자는 이러

---

2) 이것이 (『논리연구』 제1권, 제64항에) 소개된 '이론'이란 말의 의미다—후설의 주.

한 점을 암시하기 위해 '사유의 객체'라는 말을 즐겨 사용한다. 실로 이것은 직접적으로 개체적이거나 종적 개별자로 규정되지 않고, 간접적으로 그 질료의 종이나 유를 통해 규정되지도 않고, 오직 그것에 부여된 결합의 형식으로서만 규정된다. 따라서 이 결합 자체는 그 객체와 마찬가지로 내용상 거의 규정되지 않는다. 즉 그 형식은 그것에 타당하게 받아들인 기본법칙의 형식으로서만 규정된다. 그렇다면 이 기본법칙은 **영역**뿐 아니라, 구축될 수 있는 **이론**, 더 정확하게 말하면, **이론의 형식**을 규정한다. 다양체이론에서 예를 들어 '+'는 수를 더하는 기호가 아니라, 'a+b=b+a' 등 형식의 법칙이 타당한 결합 일반의 기호다. 다양체는 그 사유의 객체가 이러한 (또한 이와 함께 아프리오리하게 양립할 수 있는 것으로 증명될 수 있는 다른) '조작'을 가능케 한다는 점에 따라 규정된다. 다양체이론의 가장 일반적인 이념은 가능한 이론의 본질적 유형을 규정해 형태를 갖추고 이 유형의 법칙적 상호관계를 탐구하는 학문이 되는 것이다. 그렇다면 모든 실제적 이론은, 이론적으로 각색된 모든 인식영역이 단일적 다양체인 것처럼, 그 이론에 상응하는 이론형식을 특수화하거나 단수화하는 것이다. 만약 다양체이론에서 관련된 형식적 이론이 실제로 수행되면, 이로써 동일한 형식을 지닌 모든 실제적 이론을 구축함으로써 모든 연역적 이론적 작업은 해결된다.[3]

그러므로 여기에서 문제되는 학과의 새로운 상위개념은 **연역적 이론의 형식**, 또는 '**연역적 체계**'의 형식일 것이다. 당연히 이 개념은 낮은 단계의 범주적 개념 속에 기초 지어진다. 이 개념을 형식적으로

---

3) 여기까지가 『논리연구』 제1권, 249쪽 이하다─후설의 주.

정의하는 과제 이외에도 이제 무한하게 파악하는 다음과 같은 과제가 있다. 즉 그 개념들을 구별 짓고 그와 같은 연역적 이론의 가능한 형식을 명백한 체계적 형태 속에 설계할 뿐 아니라, 이러한 종류의 다양한 이론의 형식을 더 높은 형식 일반성의 단일성으로서 이론적으로 인식하고, 체계적 이론에서 이 형식 일반성 자체—그리고 마지막에는 곧 이론의 형식 일반, 즉 연역적 체계 일반의 최고 이념—를 그 특수하고도 규정된 형식으로 구별 짓는 과제다.

29 법칙론적 학문들을 형식화하는 환원과 다양체이론

이러한 과제를 설정하는 의미는 현대 수학의 다양체이론(또한 결국 현대의 형식적 해석학 전체)이 이미 가능한 연역적 체계에 관한 학문의 이 이념을, 물론 단지 부분적이지만 그래도 생생하게 계속 발전하는 가운데 포함되어, 실현하고 있다는 사실을 입증함으로써 더 상세하게 해명되었다.[4] 바로 이렇게 입증함으로써 현대의 형식적 해석학의 의미를 이해할 수 있고 원리적으로 통찰할 수 있는 해명이 최초로 획득되었는데, 이 해석학은, 연역적 체계의 최고단계인 보편적 논리학의 발전된 의미가 동시에 라이프니츠가 염두에 두었던 의미의 필연적 발전이듯이, 그 완전한 범위에서 보면 라이프니츠의 '보편수학'의 이념을 실현한 것이다.

『논리연구』 제1권 제70항 〔순수 다양체이론의 이념에 관한〕설명'을 자유롭게 반복하는 가운데 법칙론으로 설명하는 각각의 이론적 학문, 예를 들어 유클리드 자신이 직관적 세계공간의 이론으로 이해했던 유클리드 기하학을 이론의 형식으로 이끌 수 있다는 사실이

---

4) 『논리연구』 제1권, 제70항—후설의 주.

여기에서 이미 지적될 수 있다. 물론 이러한 사실은 논리학에 고유한 '형식화'라는 일반화를 따라 일어난다. 개념의 실질적 모든 내용(Wasgehalt), 따라서 여기서는 모든 특수한 공간적인 것이 이 일반화 속에 규정되지 않은 것, 즉 공허한 '어떤 것–일반'의 양상으로 변화된다. 그렇다면 기하학의 실질적 체계는 범례적 체계의 형식으로 변화되며, 각각의 기하학적 진리에는 진리의 형식이, 각각의 기하학적 추론이나 증명에는 추론의 형식이나 증명의 형식이 상응한다. 공간적으로 주어진 것이 규정된 대상의 영역에서 어떤 영역의 형식, 또는 수학자가 말하듯이, 다양체가 생긴다. 그 대상의 영역은 다양체가 집합과 동일하다면 단적으로 다양체 일반도 아니고, '무한한 집합 일반'이라는 형식도 아니다. 오히려 그것은 공허한 형식적 일반성에서 유클리드의 공준(公準) 형식들의 완전한 총괄(Inbegriff)로 규정된, 따라서 유클리드의 공간기하학에서 그 형식화로 도출된 형식에 관한 연역적 학과들 속에 규정된 '하나의' 영역으로 생각된 것 속에서만 자신의 특수성을 갖추는 집합이다.

30 '리만' 이래의 다양체이론

근대 수학, 특히 리만(G.F.B. Riemann)[5] 이래 근대 수학이 이룩한 거대한 진보는 그것이 기하학에서, 또 그 밖의 사실적 학문들에서 연역적 체계의 형식(따라서 연역적 학문들의 그때그때 형식)으로 되돌

---

5) 리만(1826~66)은 하노버왕국(오늘날 독일)에서 태어나 괴팅겐·베를린대학교에서 수학을 배웠고 저명한 수학자 가우스(C.F. Gauss)의 제자로 마흔의 짧은 생애 동안 해석학·미분기하학·복소(複素)함수론·위상수학 등에 혁신적 업적을 쌓아 리만 적분, 리만 방정식, 리만 함수, 리만 다양체, 리만 가설 등의 업적을 남겼다. 저서로『기하학의 기초를 이루는 가정에 관해』(1868) 등이 있다.

아가는 이 가능성을 해명했다는 점뿐 아니라, 그와 같은 체계의 형식 자체를 수학적 객체로 간주하고 이것을 자유롭게 변경하며 수학적으로 일반화하고 이 일반성을 특수화하는 것으로 이행한 점에도 있다. 이 것은 아리스토텔레스 전통의 의미에서 유와 종에 따라 구별하는 것 (여기에서 이렇게 구별하는 것은 무의미하다)에 구속된 것이 아니라, 형식적인 것의 영역 속에 제공되는 형식적-수학적 상위질서와 하위 질서의 의미로 구별하는 것이다. 통상적 논의는 명백하지 않았으며, 물론 지금도 명백하지 않다. 사람들〔수학자들〕은 공간이라는 범주적 형식을 언급하지 않고, 오히려 '유클리드 공간'을 언급한다.[6]

그런데 사람들은 일반화하는 가운데 '3차원의 유클리드 다양체'라 는 그 범주적 형식을 n차원의 형식 그리고 형식에 따라 이러저러하 게 더욱 상세하게 정의된 '다양체'의 형식 속에 일반화하는 대신, n 차원의 공간, 즉 리만 및 로바체프스키(N.I. Lovachevskii)[7]의 공간을 언급한다. 이와 마찬가지로 수학자는 공리의 형식 대신, 공리에 불명 확하게 언급하고, 더 나아가 전제된 근본명제의 형식에서 이 속에 포 함된 정리들의 형식이 추론과 증명의 형식으로 유도되는 형식적인 일반적 연역이 문제되는 곳에서 정리(定理), 증명 등을 언급한다. 『논 리연구』 제1권의 앞에서 지적한 항〔제70항〕을 명증적으로 (그러나

---

6) 여기에서 우리는 실제적 자연과 가능한 모든 자연의 영역적 형식에 관한 공간 형식이라는 칸트와 같은 개념 때문에 혼란스러워하면 안 된다. 한편 우리는 여 기에서 순수한 분석적 형식, 모든 사태의 내용을 완전히 공동화(空洞化)함으로 써 대상과 판단에 속한 '범주적' 형식과 관계를 맺어야 한다. 칸트적인 의미에 서 공간이라는 형식은 유클리드 기하학의 공간, 즉 공간기하학 그 자체다. 이 '공간의 형식'은 그 자체로 '유클리드 다양체'라는 분석적 형식의 단일성이다 —후설의 주.

7) 로바체프스키(1793~1856)는 러시아의 수학자로서 3차원의 유클리드 공간에 서 유클리드 기하학의 공리를 반증함으로써 비유클리드 기하학을 창시했다.

언제나 주목되지는 않은 채) 증명함으로써 비로소 제거될 나눔이 그 대로 있기 때문에 수학자와 심지어 이들이 잘못 이끈 논리학자들은 혼란에 빠졌으며, 또한 철학적 측면에서는 그릇된 반향을 불러일으 켰다. 왜냐하면 이 문제에서 수학적 천재[리만]는, 비록 논리적 자기 이해가 거부되었더라도, 항상 그러하듯이 정당하기 때문이다.

31 다양체의 정확한 개념 또는 '결정성' 개념으로 해명된 '연역적' · '법칙론적 체계'의 개념

수학자들은 위에서 지적한 방향으로 제한 없이 계속 나아갔다. 그 들은 미리 주어진 이론적 학문에 개의치 않고, '다양체'(다양체의 형 식) 또는 이와 상관적으로 연역적 학문의 형식을 자유롭게 구축했다. 물론 고대 이래 수학의 전체적 발전에서처럼, 기하학과 이 속에 명시 된 유클리드의 이상(理想)은 어쨌든 궁극적으로 수학을 주도하는 것 이다. 다양체라는 수학적 개념을 부각시키려는 (따라서 다양체이론의 특별한 목적을 설정하려는) 경향은 이 유클리드의 이상에서 출발했 다. 나는 결정적 다양체라는 개념으로 이러한 경향을 구체적으로 파악 하고자 했다.

내가 보기에 수학을 끊임없이 내적으로 주도하는 이러한 개념이 은폐된 기원은 다음과 같다. 만약 유클리드의 이상을 실현했다고 생각 하면,[8] 공간기하학의 무한한 체계 전체는 순수한 삼단논법의 연역에 서 (그러므로 논리적 하위단계의 원리에 따라) 공리들의 환원할 수 없 는 유한한 체계에서 유도될 수 있고 그래서 공간의 아프리오리한 본질

---

8) 요컨대 그 이상은, 비록 유클리드 자신이 형식화하지 않았더라도, [그의 저술] 『요소들』(*Elemente*)의 체계의 형식으로 수학자들에게는 자명하게 제시된 이상 이다—후설의 주.

은 이론적으로 완전히 밝혀질 수 있을 것이다. 그렇다면 형식으로 이행하는 가운데—형식화를 따라 유클리드의 공리체계에서 유도된 형식의 공리체계에 종속된 것으로 생각되어 완전히 법칙론으로 해명될 수 있었을—다양체 일반의 형식이념이 생기며, 더구나 기하학과 (내가 괴팅겐대학교 강의에서 줄곧 명명했듯이) '동등한 형식의' 연역적 이론에서 생긴다. 만약 처음부터 규정되지 않은 일반성 속에 사고된 다양체를 공리형식의 그러한 체계를 따라 정의된 것으로, 즉 그 체계를 따라서만 사고된 것으로 생각했다면, 정리나 부분적 이론의 규정된 형식체계 전체와 결국 그러한 다양체에 대해 필연적으로 타당한 학문의 형식 전체는 순수한 연역으로 도출될 수 있다. 물론 구체적으로 제시될 수 있는 모든 다양체—이 공리체계들은 형식화할 경우 동등한 형식으로 명백히 밝혀진다—는 실질적으로 동일한 연역적 학문형식을 공통적으로 지니며, 학문형식 자체와의 관계 속에 동일한 형식을 지닌다.

이러한 연관에서 우리는, 그것으로 실제로 '다양체'가 적확한 의미에서 정의되는, 그 자체로 완결된 공리체계를 순수하게 형식적으로 '결정적'(definit)인 것으로 특징짓는 것은 본래 무엇인가 하는 문제에 직면한다. 왜냐하면 내가 인식했듯이, 이러한 개념의 지향[목표] 속에는 은폐된 지향적 의미가 놓여 있기 때문이다. 다양체는 본래 이론적 설명의 통일체, 또는 같은 말이지만, 법칙론적 학문의 통일체가 존재하게 되는 무한한 대상영역의 형식이념을 뜻했다. '이론적으로 설명할 수 있는 영역'(연역적 학문의 영역)의 형식이념과 '결정적 공리체계'의 형식이념은 동등한 값을 지닌다.

이 경우 물론 각각 형식적으로 정의된 임의의 공리체계가 무한한 연역적 귀결을 지니는 사실에 주목해야 한다. 그러나 '법칙론적 학문', 이와 상관적으로 말하면, 설명하는 법칙론(Nomologie)으로 지배할 수 있는 무한한 영역(수학적-논리적 논의에서는 다양체)의 이념에는, 법칙론적 학문의 '근본법칙' 속에 연역적으로 포함되지 않고 진리 가운데 이 영역에 대해 타당한 진리는 없다는 사실이 포함된다. 그것은 공간공리의 '완전한' 체계 속의 공간에 대한 유클리드의 이상에서와 마찬가지다. 내가 법칙론 영역의 특성을 이렇게 숙고하는 것에서 그 형식화로 이행함으로써, 적확한 의미에서 다양체형식, 곧 법칙론으로 설명하는 다양체형식의 두드러진 특성이 밝혀졌다. 이 다양체형식은 일반적으로 형식적 공리체계뿐 아니라, '완전한' 공리체계로서도 정의된다. 결정적 다양체라는 개념의 정밀한 형식에는 다음과 같은 사실이 함축되어 있다.

즉 그러한 다양체를 형식적으로 정의하는 공리체계는 이 공리체계 속에 등장하는 개념(당연히 개념형식)에 입각해 순수 논리적-문법적으로 구축할 수 있는 각각의 명제(명제형식)는 '참', 즉 공리들의 분석적 (순수 연역적) 귀결이거나 '거짓', 즉 이 분석적 모순 가운데 하나이며, '제3의 것은 주어지지 않는다'(*tertium non datur*)는 사실로 명확하게 부각된다.

물론 여기에는 극히 중요한 문제가 결합되어 있다. 즉 우리는 어떤 영역이 법칙론 영역, 예를 들어 공간이 그 공간형태 속에 있는 공간이라는 사실, 또 우리가 수립한 일련의 직접적 통찰의 공간공리가 공간의 본질을 완전히 파악하고 그래서 법칙론에 도달한다는 사실을 어떻게 아프리오리하게 알 수 있는가? 더구나 순수한 형식화 속에 또는 다양체형식을 자유롭게 구축하는 가운데 어떤 공리체계가 결정적 체계, 즉 '완전한' 체계라는 사실을 어떻게 알 수 있고, 어떻게 증명할 수 있는가?

나는 도처에서 나에게 근원적으로 생소한 표현이지만 힐베르트 (D. Hilbert)[9]에게서 유래하는 '완전한 공리체계'라는 표현을 사용했다. 내 연구를 규정한 철학적-논리적 숙고에 이끌리지 않고도 그는 (물론 출판되지 않은 내 연구와 완전히 독립적으로) 완전성이라는 자신의 개념에 도달했다. 즉 그는 특유한 '완전성의 공리'로 공리체계를 보완하려 했다. 하지만 위에서 주어진 분석은, 명시적이지는 않더라도, 그를 수학적으로 이끈 가장 내적인 동기가 본질적으로는 결정적 다양체라는 개념을 규정한 것과 같은 방향으로 나아갔다는 점을 명백히 보여줄 것이다. 아무튼 위에서 시도된 사고의 과정에 따라 법칙론과 결정적 (법칙론적) 다양체의 깊은 의미를 명확히 이해하는 것은, 내가 보기에는, 오늘날 그리고 철학적 논리학자에게 매우 중요하다.

당연히 결정적 다양체의 개념은 또 다른 목적, 즉 '허상적인 것' (Imaginäres)으로 연산적 경과의 논리적 의미를 해명하고, 연장선에서 유명하지만 논리적으로는 정초되지 않았고 명석하지 않은 한켈 (H. Hankel)[10]의 '형식적 법칙의 영속성 원리'에서 건전한 핵심을 명백히 제시하려는 내 목적을 달성하도록 근원적으로 도와주었다. 나의 의문은 다음과 같은 것이었다.

형식적으로 정의된 연역적 체계(형식적으로 정의된 '다양체') 속에서 그 체계의 정의에 따라 허상적인 개념으로 자유롭게 조작할 수

---

9) 힐베르트(1862~1943)는 독일의 수학자로 수론(數論) 보고서를 작성하고, 『기하학의 기초』(1899)에서 유클리드 기하학 공리체계의 부족한 점을 보완했다. 그는 하나의 공리체계는 완전히 구비되어야 하고, 서로 독립적이며, 무모순성을 갖추어야 한다고 주장했다.

10) 한켈(1839~73)은 독일의 수학자로, 매우 짧은 생애 동안 복소수 이론과 함수에 관한 많은 업적을 남겼다. 이러한 업적들은 『복소수 체계』(1867)에 집약되어 있다. 그는 현대 수학이 그리스 수학보다 인도 수학을 더 많이 닮았으며, 인도-아라비아 수(數)체계의 기원은 인도라고 서양인으로서는 처음으로 주장했다.

있는 가능성은 어떤 조건에 근거하는가? 우리는 그렇게 조작하는 경우 허상적인 것에서 자유로운 명제를 제공하는 연역이 실제로 '정당하다'는, 즉 정의하는 공리형식의 올바른 귀결이라는 사실을 언제 확신할 수 있는가? 어떤 다양체, 즉 잘 정의된 어떤 연역적 체계를 예전의 그 체계를 '부분'으로 포함하는 새로운 연역적 체계로 '확장하는' 가능성은 그 범위가 어디까지인가?

이에 대한 답변은 다음과 같다. 즉 체계가 '결정적인 것'이라면, 허상적인 개념에 따라 계산하는 것은 결코 모순으로 이끌 수 없다. 나는 (이러한 문제를 언급하지 않고) 『이념들』 제1권 135쪽('괴팅겐대학교 수학학회'에서 1901년부터 1902년으로 이어지는 겨울학기에 행한 2회의 강연에 따라)[11]에서 '결정적인 것'의 개념을 상세하게 기술했다. 본래 『논리연구』 제2권의 현상학적 연구에 대한 입문으로만 계획했던 『논리연구』 제1권에서 나는 다양체이론의 문제를 계속 추적하는 것을 단념했고, 그래서 '결정적인 것'의 개념에 대한 논의 그리고 나의 오래된 철학적-수학적 연구를 종결짓는 주제인 허상적인 것에 대한 논의가 결여되었다.

32 다양체형식들에 관한 보편적인 법칙론적 학문인 다양체이론의 최상이념

수학자는 수학적 자유 속에 다양체들의 형식을 정의하고, 또 그것

---

11) 후설은 『이념들』 제1권 제72항에서 형식적-수학적 분과의 이론을 다루면서 '결정적 다양체'에 관해 논의하고, 그 항의 마지막에 주석으로 이 문제를 괴팅겐대학교 수학학회에서 발표했다는 사실을 언급하고 있다. 이 내용은 후설 전집 제12권으로 출간된 『산술철학』에 부록으로 수록되어 있다.

에 대해 타당하다고 생각된 명제들의 형식만을 활용해 정의하면서, 무한한 다양체형식에 빠져들어 갔다. 공리형식의 체계로 정의된 각각의 다양체에는 그에 속한 연역적 학문 자체의 형식을 명백히 구축하는 과제가 생겼는데, 이것을 상세한 논의과정에서 보면, 실질적 개념과 더불어 구체적인 연역적 학문에서 형식이 수행되는 방식과 정확하게 동일한 구축적인 연역의 작업을 낳았다.

이와 같은 상이한 형식을 선별하지 않고 구축하는 것은 불가능할 뿐 아니라, 맹목적인 일이었다. 왜냐하면 사실적으로 존재하는 학문들에서 형성된 형식에서 연역적 체계의 형식이 그 자체로 연역적 체계에 결합된다는 사실을 즉시 파악할 수 있었기 때문이다. 그러므로 가능한 모든 이론형식 또는 가능한 모든 다양체형식을 수학적 특수화로, 따라서 도출할 수 있는 것으로 자체 속에 포괄하게 될 최상의 이론을 획득하려는 보편적 과제의 이념이 여기에서 생긴다.

33 실제의 형식적 수학과 놀이규칙의 수학

새로운 형식적 수학의 본래 논리적 의미를 명백히 밝히는 일을 크게 억압하며 이것을 은폐시켜 밀어붙이는 지향〔의도〕 전체가 충분히 파악된 과제의 형식으로 발전하지 못하게 하는 과도한 상징주의 (Symbolismus) 속에 갈피를 잡지 못할 위험은 이러한 수학의 이념이 ─『논리연구』에서 서술한 방식으로─논리학의 이념과 전체적 연관 속에 구축될 경우에만 피할 수 있다. 그러면 이 수학은 (그 각각이 체계로 포함된) 이론형식의 보편적 이론으로, 이와 상관적으로 다양체에 관한 가능한 형식의 보편적 이론으로 인식될 것이다. 그러므로 이것은 (『논리연구』〔제2-1권〕 제4연구의 성과를 고려해보면) 순수 형식이론과 타당성이론(귀결논리)으로 나뉘는 본질적으로 선행하는 하부단계 속에 정초된 **논리적 분석론**의 최고단계로 나타난다.

무엇보다 수학자는 그때그때 자신의 이론적-기술적(技術的) 관심이나 걱정거리에 사로잡혀 『논리연구』에서 한 것과 같은 원리적인 논리적 분석을 거의 받아들이지 않았고, 최근에 와서야 비로소 자신의 방식으로 이러한 단계를 구별하는 것에 주목하기 시작했다. 즉 수학자는 더 높은 단계의 다양체의 형식적 수학에서는 특수한 논리적 범주(의미범주와 대상범주) 그리고 이것들에 관한 실제적 공리가 생략될 수 없다는 사실을 점차 파악했다. 물론 대부분 수학자는, 논리적으로 고찰해보면, 부정수(不定數)의 산술이 자신의 고유한 현존재를 지니며 서수(序數)의 산술이나 미지수(未知數)의 산술 등도 마찬가지라는 사실을 지금도 여전히 파악하지 못한다.[12)

다른 한편으로 수학자는 (높은 단계의 형식적 수학에 속하는) '실수'(實數) 이론이 부정수의 산술에서 독립되어 그 자체적으로 구축될 수 있는 어떠한 학과도 제공할 수 없다는 사실을 파악하지 못했다. 물론 여기에서 우리를 현혹할 만한 것은 동등한 형식의 연역적 학과가 문제된다는 사실과 따라서 형식화의 더 높은 단계에서 단연코 관련된 이론형식을 공통적 공리형식에서 체계적으로 도출하는 대신 그러한 각 학과를 명백히 그 자체로 구축하는 것은 기술적(技術的)으로 맹목적이 아닌가 하는 사실이다. 어쨌든 이미 말했듯이, 논리적 범주와 이것에 관련된 실제 공리의 연관 속에 관련된 근본개념을 그 자체로 명백히 제시하는 일을 결코 생략할 수는 없다.

게다가 이것은 우리가 수학적 해석학 자체 또는 진지한 다양체이론 자체 대신, 단순히 기호를 갖고 하는 **연역적 놀이**의 학과를 구축하는 경우에도 타당하다. 이 학과는 우리가 놀이기호를 실제적 사유객체,

---

12) 『산술철학』의 「머리말」을 참조할 것―후설의 주.

단위, 집합, 다양체에 대한 기호로 간주하고 놀이규칙에 이러한 다양체에 대한 법칙형식의 의미를 부여할 때 비로소 실제적 다양체이론이 된다. 심지어 놀이하는 가운데도 우리는 판단하고, 총괄하며, 실제로 셈하고, 실제적 결론 등을 이끌어낸다.

34 완전한 논리적 분석론과 동일한 완전한 형식적 수학

완전한 전체적 '보편수학'을 구축하는 데, 따라서 허공에 떠도는 것이 아니라 그 근본 위에 수립되었고 이 근본과 불가분적으로 일치된 형식적 수학을 구축하는 데 체계적 질서는 당연히 중대한 문제다. 그러나 이 문제는, 우리가 입증한 것에 따르면, 『논리연구』에서 서술한 것의 의미 속에 이미 놓여 있던 완전하고 전체적인 논리적 분석론의 문제일 뿐이다. 어쨌든 그렇다면 보편적 다양체이론은 그 자유로운 종(種)에서 공리형식, 요컨대 전제된 타당한 명제의 형식을 통해 그때그때 다양체의 형식을 정의해야 하고, 판단의 형식이론 속에 체계적으로 등장하는 명제의 근본형식과 이것 속에 함축된 논리적 범주를 모두 마음대로 처리할 수 있어야 하며, 결국 그것이 뜻하는 것도 의식해야 한다는 사실은 명백하다. 달리 말하면, 보편적 다양체이론은 선행하는 판단(범주적 의미)의 형식이론 위에 자각적으로 구축되어야 한다. 바로 여기에서 더 중요한 정밀성에 관한 추정된 요구에서 유래하는 경향은 실제적 다양체이론에 그 기호적으로 유사한 것을 전가시키도록, 즉 다양체들의 정의를 단순한 놀이규칙에 따라 논쟁하도록 유도한다.

다양체를, 예를 들어 '기호 b+a는 항상 a+b로 치환될 수 있다는 방식으로 그때그때 기호를 조작하는 것이 허용되어야 한다'처럼, 단순히 기호나 연산으로 정의하면 안 된다. 오히려 그것은 다양체의 (우선 공허한 어떤 것, '사유의 객체'로만 생각된) 대상에 대해 'a+b= b+a'라는 법칙형식과 함께 어떤 **결합형식**이 존재해야 하며, 이 경우 **동등함**은, 그것이 범주적인 논리적 형식에 속하듯이, 곧 실제적 동등함을 의미한다는 사실을 뜻해야 한다. '정의하는 데 어떤 논리적 범주를 끌어들여야 하는지'는, 비록 무모순성으로 결합되었더라도, 자의적인 정의(定義)의 소관사항이다. 그러나 어떤 경우라도 그 논리적 범주는 전체적으로 규정된 범주로 생각되고 지시되어야 한다.

35 왜 보편적 분석론인 '보편수학'의 영역에서는 연역적 이론형식만 주제가 될 수 있는가

a) 연역적 이론만이 순수한 분석적 체계형식을 지닌다

이제 『논리연구』 제1권의 서술에 대한 비판에서 한 가지 중요한 것을 보충하자.

전체성의 문제는 체계적 이론들의 학설이나 다양체이론으로 상승함으로써, 형식적 문제로 제기될 수 있는 한, 논리학에 편입된다.[13]

---

13) 이러한 사고가, 비록 전체 상론의 의미를 지속적으로 규정하더라도, 반복된 강조에도 핵심에 놓이지 못했다는 것은 『논리연구』의 서술에서 드러난 하나의 결점이다. 그 밖에 주목할 점은 다음과 같은 『논리연구』 제1권의 더 중대한 결점이다. 즉 진리의 개념과 일치해 진리의 양상이 언급되지 않았고, 개연성이 진리의 양상 가운데 하나로 제시되지 않았다. 그에 따라서 형식논리학이 필연적으로 확장되는 것은 판단작용과 판단의 양상적 변화가—각각의 그와 같은 변화가 판단의 술어적 내용 속에 들어갈 수 있고, 이 경우 그것이 형식 외적인 것으로 간주되면 안 되기 때문에—일반적인 형식적 가능성인 확실성 논리나 진리논리 속으로 들어오는 방향으로 규정되었다. 달리 말하면, '어떤 것-일반'을 넘어서는 내용만이 형식적인 논리적 의미에서 판단들의 '질료'다. 곧 확실성에서뿐 아니라 가능성 등에서 판단되는 모든 형식은 '어떤 것 일반'에 속한다. 이와 비슷한 종류의 의미를 확장하는 것은 심정(心情)도 속견적

형식논리학(가장 넓은 의미에서 분석론)이 이것 때문에 오직 의미형식과 대상형식의 보편적 분야에만 초점을 맞추는 가운데 완성되는지는 물론 앞(같은 책, 같은 곳)에서 탐구되고 입증되었어야 했다.

특유하게 이론적인 학문의 이상, 즉 (기하학이나 이론물리학 같은) 법칙론적 학문의 이상으로 '순수' 논리학(또는 분석론으로서)의 의미에 관한 물음설정 전체를 주도하는 것은 우선『논리연구』제1권에서 그 정당성이 확인되지 않았던 어떤 제한을 가했다. 그 제한은 바로 학문 일반 자체 속에 완결된 명제들의 체계라는 가장 넓은 의미의 이론인 학문이라는 일반적 개념을 연역적 이론(법칙론으로 '설명하는' 학문)의 특수한 개념으로 다루는 것이었다. 그렇지만 여기에서 작동하고 이제 명백하게 표현될 수 있는 문제—어떤 영역의 형식과 이와 상관적으로 어떤 이론의 형식을 가장 넓은 의미에서 특징지을 수도 있는 문제—를 고려하면, 그 제한은 어떤 방식으로든 추후에 정당화되어야 할 것이다.

우선 다음과 같은 점을 충분히 통찰해야 한다. 심리학이나 현상학 또는 역사의 유형에 관한 학문에서 형식화를 수행하고 이제 여기에서 생기는 모든 명제형식을 체계형식의 통일체로 결합하는 것은 무엇인지 또는 이러한 형식 자체는 과연 어느 정도까지 체계의 형식통일체를 갖추는지 묻는다면, 우리는 대상적으로 연관을 맺고 언제나 분석적 무모순성의 방식으로 서로 함께 결합할 수 있다는 명제들의 개방된 무한성이라는 공허한 일반성에 도달할 수밖에 없다. 이러한 학문은 우리가 정밀하게 정의한 개념의 의미에서[14] 법칙론적 학문

영역 속에 마찬가지로 편입되는 '어떤 것-일반'의 양상을 제시한다는 사실이 고려되는 경우에 생긴다(이에 관해서는『이념들』제1권, 243쪽 이하 그리고 이 책 제50항을 참조할 것)—후설의 주.

14) 이 책 제31항 후반을 참조할 것—후설의 주.

과 그 이론적 유형에서 원리적으로 구별된다.

이것은 곧 그 체계형식이 결정적인 연역적 이론의 체계형식은 아니라는 사실을 뜻한다. 또는 이와 상관적으로 말하면, 그 영역은 어떤 결정적 다양체가 아니다. 그러한 학문에서 통일체의 원리는 명백히 분석적–논리적 형식을 넘어섬으로써만 인식에 이를 수 있다. 이에 반해 연역적 이론의 체계형식은 그 자체로 분석적 영역을 형성하는 것이다. 그러므로 연역적 학문 또는 법칙론적 학문은 그 체계원리가 순수하게 분석적인 것이라는 사실로서만 특징지어진다. 연역적 이론은 형식논리학 자체에 속하는 체계적 통일형식을 지니며, 이 통일형식은 형식논리학 자체 속에 게다가 그것의 최고학과인 다양체이론 속에 아프리오리하게 가능한 연역적 체계에서 그 형식들 전체 체계의 한 부분으로 아프리오리하게 구축될 수 있다.

b) 명제들의 체계는 언제 분석적으로 특징지을 수 있는 체계형식을 지니는지 하는 문제제기

이로써 논리학을 이해하는 데 매우 중요한 인식을 얻었다. 그 인식은 『논리연구』에는 결여되어 있었다. 더 정확하게 말하면, 거기에는 '이론적 학문' '법칙론으로 설명하는 학문'의 이상(理想)—결코 모든 학문에 대한 이상으로 간주될 수 없는 이상—에 결부된 모든 선행하는 언급이 방치되었다. 그 대신 학문이론으로서 논리학의 의미를 전개하는 길에서 (더구나 결과물의 형식적인 것에만 주목하고 아주 임의적인 학문 일반에 대해) 그에 상응하는 문제가 제기되었어야 했다.

이 문제는 다음과 같은 방식으로 간략하게 요약될 수 있다. 즉 학문은 일반적으로 우연히 함께 맺어진 진리가 아니라, 결합되고 어떤 경우든 통일적 영역에 관련된 진리의 다양체다. 그렇다면 학문의 무한히 계속되는 명제들의 전체는 언제 체계적 통일형식, 즉 논리적–범주

적 개념에 따라 유한한 약간의 순수한 공리(公理)형식에서 아프리오리하게 구축할 수 있는 통일형식을 갖추게 되는가? 어떤 이론형식을 정의하는 공리형식의 집단은 언제 결정적인가? 또는 언제 영역형식은 '수학적' 다양체, 즉 '결정적' 다양체인가? 만약 이러한 조건이 충족되면, 그것은 '연역적' 학문, 즉 '이론적으로 설명하는' 학문의 체계형식이다.

'보편수학'(이제부터 이 명칭은 항상 '논리적 분석론'과 같은 값을 지닌다)은 아프리오리한 근거에 입각해 보편적으로 구축하는 영역이며, 조작적 요소를 도외시하면, 전적으로 그 무한성에도 불구하고 어쨌든 아프리오리하게 지배할 수 있는 조작적 형태의 영역이다. 이 영역에는 최상의 단계로 연역적 체계형식이 등장하며, 그 밖의 다른 체계형식은 등장하지 않는다. 바로 이러한 사실로 어떤 학문이나 학문적으로 완결된 어떤 명제집단이 언제 순수한 분석적(수학적) 원리에 따라 통일적 체계형태, 즉 수학적으로 구축할 수 있는 체계형태를 갖는지 하는 물음에 답변이 이루어진다.

이러한 물음은 일정한 의미에서만 형식적 분석론에 속한다는 사실을 주목해야 한다. 학문이라는 명칭에서 형식적 분석론이 밝히는 것은 그리고 우리가 이제까지 진행해온 것에 따라 알고 있는 것은, 비록 대상들의 일정한 전체가 그 체계적 질서 속에 규정되는 이론적 작업에서 발생했더라도, 명제들의 일정한 전체를 뜻한다. 따라서 분석론인 논리학은, 구체적(기술하는) 학문과 추상적('설명하는') 학문에 관한 어떤 통상적 구별이나 그 밖에 사람들이 실로 제안할지도 모를 구별처럼, 학문에 관한 어떤 구별도 미리 부여하지 않았다. 논리학은 그 자체에서 다음과 같은 인식에만 도달할 수 있다. 즉 형식적인 일반성에서 생각된 대상들의 개방된 다수성(多數性) 또는 '다양체'는 그 특수한 규정과 함께 형식적으로 생각될 수 있다는 인식, 이것은 결정적 수학의 다양체라는 인식, 이와 상관적으로, 그것에 대해 함께 타당한 것으로 형식적 일반성에서 생각된 명제들은 구축적(연역적) 체계형식을 지닌다는 인식이다.

『논리연구』가 목표 삼은 것을 훨씬 넘어서 학문이론의 이념을 지향적으로 전개하려는 목표를 달성하기 위해 노력해가는 우리의 길에서 무엇이 이러한 전개의 첫 번째 단계로 자리매김한 분석론을 넘어서 학문이라는 명칭 아래, 이제 더 이상 분석적-형식적인 것의 의미를 지니지 않는 '형식적' 일반성에서 여전히 아프리오리하게 추구될 수 있는지는 여전히 해결하지 못한 문제다.

36 회고와 그 밖의 과제에 대한 예시

『논리연구』 제1권 결론부분의 내용을 이렇게 해명한 다음 (물론 이 책의 앞 장에서 보충과 비판적 제한이 있었지만) 나는 거의 30년이 지난 지금도 그 본질적 사항과 아직도 충분히 영향력을 발휘하지 못한 사항을 지지할 수 있다고 믿는다. 그러나 이 경우 우리가 어떤 관점에서 지금 연구한 것, 즉 이 책 제1장에서 논리학의 근본적인 세 가지 층 또는 형식적 '무모순성 논리'와 형식적 '진리논리'의 새로운 구별을 정초할 수 있었다는 점에서, 본질적 부분에 더 가까이 다가섰다는 점도 명백해졌다. 다른 한편 그래도 우리는—그 『논리연구』의 결과를 고려함으로써 이제 더 높은 단계의 문제, 즉 그 전체성의 문제나 '다양체'의 문제를 승인할 수밖에 없으며, 더구나 비록 여전히 형식적-논리적('분석적') 학과라도, 높은 단계의 학과의 주제로 승인할 수밖에 없는 한—이 책 제1장에서는 『논리연구』에 뒤져 있었다.

그 결과 실로 이러한 최상의 단계에서도 무모순성과 진리의 층〔의 구별〕이 앞에서 상세하게 정초된 의미에서 정확히 수행되어야 할 것이다. 어쨌든 우선 이것을 위해 필요한 준비를 해야 하며, 게다가 존재론 (Ontologie)과 의미논리(Bedeutungslogik)의 관계와 관련해 출발했던 문제를 상세히 다룸으로써 필요한 준비를 해야 한다.

제4장 대상을 향한 태도와 판단을 향한 태도

37 형식적 진술논리와 형식적 존재론의 관계에 관한 물음. 이제까지의 해명에서 불충분한 점

우리가 하부단계에 관련된 본질법칙 그리고 어쩌면 상론된 학과는, 이 법칙과 학과가 실로 명백히 형식적 의미범주와 형식적 대상범주 두 가지에 관련되었기 때문에,[1] 동시에 또 불가분하게 형식적-존재론이며 진술논리라는 사실을 증명하는 데로 되돌아가자. 물론 이러한 점은 이론형식이 그 고유한 의미상 대상적 다양체에서 자신의 상관자가 있는 한, 완전히 발전된 형식적 분석론에 대해서도 마찬가지로 타당하다. 명제에서, 따라서 의미의 측면에서 가능한 진리와 결국 참된 학문을 추구하려고 학문을 구축하는 일관된 길은 곧 명제 자체 속에 놓여 있는 대상성과의 의미관계에 따라 동시에 최상의 단계에서 다양체이론이라는 명칭을 규정하는 보편적인 형식적 존재론으로 나아가게 된다.

이제 형식적 분석론의 이러한 본질적 이중 의미를 이미 충분히 이

---

1) 이 책의 제25항과 제27항을 참조할 것—후설의 주.

해했는지 물어야 한다. 어떤 때는 판단 일반에 초점이 맞추어지고, 다른 때는 형식적 보편성에서 대상성 일반에 초점이 맞추어진다는 것이 본래 뜻하는 바가 실로 명백한가? 또한 질료적 존재론(우리는 이 명칭으로 있을 수 있는 것을 아직 알지 못하기 때문에 실재적 존재론을 말하는 것이 아니다)에 대립한 형식적 존재론의 의미가 실로 충분히 투명하게 밝혀졌다면, 형식적 존재론을 논하는 것은 도대체 망설임 없이 가능한가? 사실상 나는 『논리연구』 시기에도 또 그 후에도 오랫동안 이러한 관점에서 어려움을 느꼈다. 따라서 이제 우리의 최우선 과제로 이에 대해 필요한 해명을 하는데, 이 경우 앞에서 분석론의 세 가지 구분을 가능케 한 통찰이 부분적으로 도움이 될 것이다.

38 판단의 대상 자체와 구문론적 형성물

앞에서 서술한 것[2]을 기억하는 동시에 다음과 같이 묻는다. 형식적 존재론은 진술논리 논리학―만약 이것이 형식적 존재론의 상관자로서 명제에서 대상으로 단순히 태도를 변경시킴으로써 생긴다면―과 과연 구별될 수 있는가?

그런데 형식적 존재론의 분야(Gebiet)는 대상 일반의 '형식적 영역(Region)[3]'이어야 하고, 따라서 형식적 존재론은 진술논리 진리 속의 대상을 곧 이러한 형식적 보편성에서 규정해야 한다. 우리가 이 대상의 범위 속으로 들어가 규정하려는 대상의 범례로, 예를 들어 '여기에 있는 이 탁자'로 그 어떤 개별적 경우를 고찰한다면, 규정은 우선

---

2) 앞의 제25항을 참조할 것―후설의 주.
3) '영역'은 가장 보편적인 내용(실질)적 본질을 뜻하며, '범주'(Kategorie)는 어떤 영역 속의 형식적 본질을 가리킨다. 후설은 이 영역 일반과 이에 속한 보편적 본질들의 의미를 밝혀내는 존재론을 '영역적 존재론'이라 부른다.

특정한 개별적 속성을 해명하는 형식에서 수행되고, 그런 다음 항상 새로운 판단작용의 더 높은 단계에서 수행된다. 이러한 새로운 판단 작용에서는 새로운 대상이 들어오고 **상대적 규정**이 성취되거나, 복수의 판단 속에서 다수성이 동일한 술어에 관련되거나, 그 복수의 판단 속에서 일반적으로 판단되고 그래서 일반적인 것이 더 높은 주제가 된다. 이 판단하는 규정작용의 길에서 우리는 사실상 대상적으로, 즉 탁자를 향해 있는데, 여기에서 탁자가 내용적으로 규정된 대상적 의미가 실질적 개념의 상이한 단계로 나아간다. 그러나 대상, 속성, 관계, 다수성 등처럼 '형식적-존재론적' 개념으로, 따라서 어떤 것-일반을 변경하는 개념으로 그 탁자를 순수하게 규정하려고 하면, 이제 어떻게 해야 하는가? 이것은 '범주적' 개념, 즉 대상이 구문론적 작용 ―판단작용―의 변화하는 단계들에서 파악되는 **구문론적 형식**을 단순히 추상적으로 고려함으로써 발생된 개념과 다른 것인가?

따라서 형식적 분석론에서 대상은 가능한 판단과 이로써 대상의 것으로 된 판단형식의 대상으로서 순수하게 생각된다. 그리고 만약 이것이 곧바로 어떤 사유함에 대해 아프리오리한 일반성에서 중요한 성과를 낸다면(반면 '구체적으로는' 이것이 우스꽝스러운 공허한 판단으로 이끌 것이다), 대상이 진리 속에 있거나 술어적 판단이 진리일 수 있어야 한다면, 구문론적 형태화의 자의성(恣意性)이 제한된다는 명증성 때문에 그러하다. 형성하는 구문론인 판단의 구문론은 가능한 진리의 조건을 서술하는 법칙에 아프리오리하게 종속된다. 판단 속에 수행되고 그것에서 집합, 부정수, 수열, 양, 다양체처럼 더 좁거나 가장 좁은 모든 수학적 개념 역시 발생하는―비록 높은 단계의 판단형성물에서 발생하더라도―형성함(Formung)은 물론 '초월적' 대상에서가 아니라, 판단 자체 속에서 표상된 대상에서 수행된다. 그러므로 논리학의 형식적-아프리오리한 판단에서도 어떤 것(Etwas)이라는

'공허한 핵심'은 문자 S, p 등의 형식적 의미, 즉 판단 자체의 존립요소다. 따라서 우리는 어떻게 형식적 판단이론을 넘어섰는가? 어쨌든 우리는 판단하는 대상성의 모든 형식적 구별에 따라 형식적 판단이론 속에 머물러 있지 않은가?

39 판단의 개념을 구문론적 작용들의 모든 형성물로 확장함

물론 이러한 고찰에서는 집합작용, 셈하는 작용, 정렬하는 작용, 결합하는 작용 등의 활동은 판단활동으로 분류되고, 그 상관자는 판단의 형성물로 분류된다. 그러나 이것은 실제로 상이한 단계에서 형식을 형성하는 활동이 아니지 않은가? 또한 그 상관자는 일상적으로 그렇게 명명된—술어적—판단 속에서 판단의 어떠한 형식이론도 간과하면 안 될 형식으로 대변되는 것이 아니지 않은가?

이러한 점을 이미 언급했다.[4] 속성이 판단 속에 우선 비자립적으로 등장하는 형식—'명사화(名辭化)되어' 속성이라는 기체(Substrat)의 형식을 산출하는 형식—을 지시하는 것처럼 복수(複數)의 판단작용에 복수가 등장하는데, 이 복수는 '명사화되어' 부각된 의미에서 대상—기체의 대상, '대상이 된 것'(Gegenstandes-worüber)의 대상—으로 변형된 채 집합을 산출한다. 여기에서 형성물을 실제의 술어화에 즉시 편입시키지 않고 집합하고 셈할 수 있다는 사실은 전혀 상관없다. 집합하고 셈하는 것은 술어적 활동과 마찬가지로 '객관화하는'('속견적') 활동이며, 술어적 활동과 같은 (그리고 동일한) 확신의 양상을 띤다. 그것은 생각해낼 수 있는 모든 기체(어떤 것-일반)에서

---

4) 이 책 앞의 제25항—후설의 주.

수행될 수 있으며, 따라서 그 형성물은 동일한 방식으로 형식적 범주다.[5] 게다가 그것은 모두 본질적으로 술어적 판단에 편입될 수 있고, 이 속에서 계속 형성될 수 있다.

술어적 판단에 관한 이론인 실제로 철저하게 수행된 진술논리에서 형식논리학에 요구되는 모든 진술논리의 형식을 보편적으로 다루는 데 속견적 '정립'(doxische Setzung)과 속견적 명제의 모든 형식—어쨌든 형식적-존재론적 형식이라 부르는 모든 형식—도 분명 제시된다. 그러나 이러한 〔활동이〕 서로 속해 있음과 다른 한편으로는 이러한 연관에도 주의해야 하며, 마치 예를 들어 집합과 집합론, 부정수와 부정수론처럼 그것들이 아무 관계도 없는 것처럼, 진술논리 논리학을 충분치 않은 방식으로 제한하면 안 된다.

40 사고놀이인 형식적 분석론과 논리적 분석론. 가능한 적용으로의 관계는 형식적 학과의 논리적 의미에 속한다

그러나 방금 전에 상술한 것은, 다음과 같은 인식관심을 함께 고려하면, 여전히 유의미한 표현방식을 유지한다. 그것은 지배적이며 어떤 인식영역에 일관되게 관련된 인식관심이라고 생각된 것으로서 모든 속견적 활동에 인식에 대한 지향을, 게다가 해당되는 영역에 대한 인식으로 합체시키는 인식관심이다. 그렇다면 우리는 학문의 지평과 관계하고 형식적-일반적으로 고찰할 경우 논리학과 관계하는데, 여기에서 논리학은 학문 일반으로서 두 가지 측면의 주제—즉 주관적 관점으로는 학문적 인식형성물을 산출하면서 인식하는 작용의 가능한 형식과 객관적 관점으로는 이러한 형성물 자체—가 있다.

---

5) 이러한 점의 본질은 이미 『산술철학』, 91쪽에서 언급되었다—후설의 주.

물론 논리적 분석론은, 이제까지 순수하게 객관적으로 파악했듯이, 추상적 일면성에서 오직 형성물과만 관계한다. 하지만 우리가 학문적 인식작용과 인식영역이라는 말이 지시하는 테두리 안에서 이를 진행하자마자 곧 모든 종류의 속견적 활동은 술어로-서로 결합된 활동 속에 필연적으로 편입되는 것으로 생각된다. 그렇다면 예를 들어 우리는 유희를 위해 또는 인식 밖의 다른 이유로 그것에 관심을 품기 때문에 집합하고 셈하지는 않는다. 오히려 영역(예를 들어 자연)에 대한 인식의 관심에서, 따라서 궁극적으로는 다루는 요소와 단위를 그 영역에 속하는 것으로서 인식하고 술어로(진술논리로) 규정하기 위해 집합하고 셈한다. 그렇기 때문에 인식관심, 즉 학문의 인식관심만 주시하는 논리학에서는 항상 술어적 판단에 관해서만 논의된다. 하지만 술어적 판단 속에 다수성, 부정수 등은 부분적 형성물로 등장하거나, 그 이상의 가능한 인식의 연관에서 등장하는 것으로 생각된다.

자기 목적에 따라 특수한 학문으로 형성되는 수학은 그러한 것에 신경 쓰지 않을지 모르며, 따라서 그것이 논리학이며 논리적 방법이라는 사실, 그 형성물은 규정되지 않고 남아 있는 인식연관의 형식법칙으로서 마찬가지로 규정되지 않고 남아 있는 인식영역에 대해 기능하도록 소임을 부여받았다는 인식의 직무를 수행해야 한다는 사실에 신경 쓰지 않을지 모른다. 그것은 개방되어 규정되지 않은, 이념적으로 가능한 적용의 관계는 그 자신의 형식적–논리적 의미에 속한다는 사실, 게다가 그렇기 때문에 이러한 적용의 범위는 어떤 '인식질료'로도 제한되지 않으며 따라서 형식적 범위라는 사실에 신경 쓸 필요가 없다. 그래서 수학은 그 모든 형성물이—이것이, 가령 이론적 물리학에서 물리학적 규정의 존립요소로 기능하기 때문에, '응용수학'에서 사실적으로 적용하는 모든 경우에 등장하도록 소임을 부여받은 것처럼—그 어떤 (자신의 질료에서 규정되지 않고 남아 있는) 인식판단

안에서 등장하도록 소임을 부여받은 그러한 의미가 있다는 사실에
전혀 무관할 수 있다.

그러나 철학적 논리학자는 이 점에 신경 써야 한다. 그는 '결합되
지 않은 것'(*kata medimian symploken*)[6]으로 생각된 수학을 승인할 수
없다. 이것은 적용할 수 있는 이념에서 떨어져 재기발랄한 사고놀이
가 되는 수학, 단순히 계산적으로 형성된 수학에서처럼, 단순한 계
산의 규약에 따라 자신의 의미를 유지하는 기호의 놀이가 되는 수학
이다. 논리학자로서 그는 형식적 수학이 근원적으로 논리적 분석론이라
는 사실, 이 경우 인식하는 지향〔의도〕으로 정초된 인식기능의 범위
─즉 어떤 것도 전혀 규정되어 있지 않는데도 수학적 의미에 함께 속
하는 가능한 적용의 범위─는 자신의 고유한 논리적 의미에 속한다는
사실을 파악해야 한다. 그리고 우리는, 이미 말했듯이, 바로 이러한
사실에서 모든 수학적 형성물이 어쨌든 구성요소로 정돈되는 진술
논리 판단의 영역에 관계하게 된다.

41 진술논리의 태도와 존재론의 태도의 차이 그리고
이 차이를 해명하는 과제

이제 우리의 어려운 점으로 되돌아가면, 이 문제는 마지막 상론
이 이끈 중요한 통찰로도 명백히 제거되지 않았다. 형식논리학 또
는 '형식적인 것'의 이념은 진술논리, 즉 논리학의 일상적 의미에

---

6) 그리스어 '*symploken*'은 '문자들로 단어가, 단어들로 명제가 결합된 것' 또는
   '주어와 술어가 결합된 것'을 말한다. '결합되지 않은 것들'이라는 용어는 아리
   스토텔레스의 논리저술(특히『범주론』제4권, 1b 25;『토피카』제1권, 제9장 103b
   30)에도 나오는데, 이것은 주어(실체범주)와 술어(그 밖의 아홉 개 술어범주)가
   결합되지 않아 명제가 되지 못한 것을 뜻한다.

서 판단의 구문론적 통일체 속에 모든 것이 함께 등장할 수 있고 논리적으로 등장해야 할 속견적 구문론을 따라 확고하게 한정된다. 판단의 대상성인 모든 인식의 대상성에는 '범주적' 형식, 즉 '진술함' (*kategorein*)[7](또는 그 구문론적 작용)에서 유래하는 구문론적 형식이 속한다.

형식논리학은 이러한 형식으로 순수한 일반성에서 대상을 규정한다. 또한 판단 이외에는 어디에서도 대상 일반이 논리적으로 생각되는 어떤 것(Etwas)이라는 공허한 개념(Leerbegriff)이 등장하지 않는다. 그러나 이것이 진술논리 논리학과 형식적 존재론에 전혀 차이가 없다는 사실, 우리가 형식적-존재론적 규정에서 판단영역을 결코 넘어서지 않기 때문에 형식적 대상이론의 주제는 어쨌든 대상이 아니라 판단이라는 사실을 주장하는가? 판단을 겨냥해 주제로 태도를 취하고 그 속에 포함된 것(주제로 형성된 판단 속에 판단의 존립요소에 대한 의미와 더불어 등장하는 구문론적 형태화를 겨냥해 태도를 취하는 것) 과 다른 한편으로 대상을 겨냥해 태도를 취하는 것의 구문론적 형태 —판단작용 속에 주제로 있지만, 판단이 아니라 판단의 존립요소가 주제인 형태—는 본질적으로 다른 것이 아닌가?

42 이러한 과제의 해결

a) 판단작용은 판단이 아니라 주제가 된 대상성을 향한다

이제 이 이중적 태도를 해명하고 이것에 따라 (가장 넓은 의미에서) 진술논리 논리학과 형식적 존재론의 구별을 근원적으로 정당화하자. 이 구별은, 두 학과가 개별적인 것에 이르기까지 철저한 상관관

---

7) 이것은 어떤 주어(사람이나 사물)에 대해 술어를 부여해 진술하는 것을 뜻한다.

계에 놓여 있고 그렇기 때문에 하나의 유일한 학문으로 간주되어야 하는 한, 어쨌든 동시에 같은 값을 지닌 것이다.

대상이 우리에 대해 존재하고, 그것이 존재하는 그대로 존재한다는 사실에서 출발하자. 오직 그때그때 우리에게 의식된 것으로, 경험된 것(즉 지각되고 회상된 것)으로, 또는 공허하게 표상되었으나 존재신념 속에 추정된 것으로, 확실하거나 추측된 것으로, 그래서 그 외에도 그것이 이제까지 우리의 의식 삶에서 어떻게 지금 우리에게 타당한 의미를 획득하게 되었는지와는 전혀 상관없이 일반적으로 심정이나 의지의 어떤 의식의 방식으로 추정된 것으로 존재한다. 또한 여기에는 특수한 사유함, 즉 포괄적으로 판단하는 사유함뿐 아니라 당연히 '인식하면서'-술어화하는 사유함의 의식방식도 속한다. 따라서 이것이 우리가 대상을 다루는 것, 특히 대상에 대해 판단하는 것을 의미하면, 우리는 우리 자신의 의식 안에 있음을 뜻한다. 물론 이것은 우리의 의식이 우리가 다루고 있는 것이라거나, 더구나 이 대상이 의식체험일 뿐이라는 사실을 주장하는 것이 아니다.

여기에서 어떠한 선험철학도 부여할 필요가 없고, 단지 우리가 관계를 맺은 것, 게다가 판단하는 경우 이러한 판단작용 자체 속에는 대상과의 관계가 제기된다는 것만 정확하게 설명할 필요가 있다. 이 경우 그 대상은 술어적 판단 이전에 경험으로 미리 주어질 수 있다는 사실, 그러나 경험판단 또는 추후에 더 이상 경험되지 않지만 어쨌든 '경험에 기인한' 판단은 (경험판단의 경우) 그 자체 속에 경험을 포함하거나 (추후에 더 이상 경험되지 않지만 경험에 기인한 판단의 경우) 하여튼 선행하는 경험에서 연역되고 이 경험을 변경시키는 의식의 방식을 포함한다는 사실—바로 이러한 사실에서만 판단작용은 그 구체성에서 이러저러한 것에 대한 판단작용이 된다—에 주목할 필요가 있다. 실로 우리는 그때그때 판단작용에서 어떤 판단을 내리며,

내려진 판단(또는 판단을 내리는 활동 속에 자신의 항項들에서 연속으로 구축되는 판단)은 이러한 활동, 즉 판단작용과 혼동될 수 없다는 사실을 잘 알고 있다.

이제 '판단을 내림에서 내려진 판단을 가짐'은 이러한 판단을 대상적으로 가짐, '주제'를 가짐, 특별한 경우 판단의 기체를 가짐과 전혀 다른 것을 의미한다는 사실에 주목한다. 판단하면서 우리는 판단이 아니라 그때그때 '대상이 된 것'(기체대상), 그때그때 술어, 즉 대상적으로 규정하는 계기, 관계, 인과적 판단에서는 원인인 그때그때 사태와 결과인 대립된 사태 등을 향해 있다.

그렇지만 판단, 그 구성요소, 그 결합과 관계를 주제로 만드는 태도의 변경이 언제나 가능하다는 것은 자명하다. 이것은 두 번째 단계의 새로운 판단작용, 즉 판단이 규정의 대상이 되는 판단에 관한 판단작용 속에 일어난다. 물론 이러한 태도변경이 없다면, 판단과 그 판단의 구문론에 관한 어떠한 개념도 획득할 수 없을 것이다.

b) 구문론적 조작의 변화 속에 주제가 된 대상의 이념성

그 어떤 대상을 향한 태도에서 우리는 판단하면서 사정에 따라 많은 형태의 조작을 수행한다. 예를 들어 'S는 p다'를 판단했다면, 우리는 '명사화(名辭化)하면서' 그리고 이를 통해 'S는 p라는 것이 유감스럽다. 그것이 자신의 근거가 있다' 등 새로운 형식을 부여하면서 판단할 수 있다. S가 근원적으로 기체(基體)대상이고 이것이 p 속에 속성으로 규정되었다면, 이제 'S는 p라는 이것'은 기체대상, 즉 이전에 구성되었지만 '대상이 된 것'은 아니었던 사태다. 마찬가지로 p에서 실행된 동등한 조작은 명사화된 P, 판단기체가 된 P(빨간색, 빠름 등)로 그 변화를 산출한다. 따라서 판단작용 속에 수행된 이러한 형식의 변화(구문론적 변화)는 우리가 대상을 향해 있다는 사실을 결코

변경하지 않는다. 이것과 관련된 구문론적 형식 자체는, 비록 우리가 판단의 대상인 것 자체를 향해 있기 때문에 구문론적 형식을 판단의 대상에 속하는 것으로 간주하지 않더라도, 판단 속에서, 판단의 대상인 것에서 등장한다. 예를 들어 우리는 동일한 사태가 단지 상이한 형식일 뿐이지 판단에 따라 'S는 p다'와 'S는 p라는 이것'으로 생각된 것이라고 그리고 동일한 속성이 어떤 때는 '빨간'(rot)이라는 술어로 다른 때는 '빨간 이것'(dieses Rot)이라는 주어로 생각된다고 말한다.

　동일화(Identifizierung)[8]의 이 작용은 판단을 판단과 결합해 더 높은 단계의 판단으로 만드는 종합이다. '동일한 것'이라는 형식은 이 종합으로 그리고 (빈번히 암묵적이더라도) 상이한 방식으로 의미내용 속에 들어온다. 또한 이것은, 예를 들어 복수의 판단작용 속에 판단된 '동일한' 다수가 그 후에 '총괄'(Inbegriff)이라는 대상으로, '이 다수' 등으로 등장하는 경우처럼, 다른 모든 경우에서도 마찬가지다. '동일한 것'이 상이하게 형식화된 것으로 제시되는 판단양상의 변화 속에 해당되는 동일화를 수행한다는 것은 판단작용 자체가 항상 완결하는 대상적 태도의 본질에 속한다. 바로 이것에 따라 통일적 규정작용(가장 넓은 의미에서는 어쨌든 판단작용이 지속하는 것)은 판단연쇄를 관통해 수행된다. 아무리 판단작용이 때때로 또 상이한 단계에서 명사화된 기체의 규정작용이 되더라도, 하여튼 그것은 궁극적으로 가장 낮고 최초인 주제의 기체, 학문에서는 영역의 대상에 관한 것이다. 판단작용은 모든 중간단계를 관통해 이 기체의 규정을 겨냥한다.

---

8) 이 동일화(同一化)는 '동일한 것으로 만든다'보다 '동일한 것으로 확인한다'는 뜻이다.

c) '어떤 것'의 양상에 유형학인 구문론적 대상형식의 유형학

대상적인 것 그리고 그러한 판단의 경과—그 어떤 주제적 영역의 통일체에 관련되어 규정의 통일체를 수행하는 것—속에 언제나 다시 동일화된 것은 그것의 가능한 범주적 형태(이것은 대상적 형태다!)의 관점에서 전적으로 규정된 유형을 지닌다. 이것은 '속성', 관계, 사태, 다수성, 단일성, 계열, 질서 등으로 '어떤 것-일반'의 양상에 속하는 유형이다.

이것[9]을 '어떤 것', 형식적 근본범주인 대상의 도출형식이라 한다. 그리고 사실상 이것은 그것에서 도출된다. 즉 판단작용 자체로 또는 판단에 관한 그 밖의 의미를 형성하는 모든 속견적 활동으로 도출된다. 형식으로서 속성은, 집합이 근원적으로 집합작용에서 생기는 것과 마찬가지로, 단적으로 범주적으로 규정하는 판단 속에 근원적으로 생긴다. 물론 그것은 내실적인 심리적 자료로서가 아니라 지향적 정립의 상관자로서다. 그렇다면 이 상관자는 판단하는 규정작용의 진행 속에 상이한 판단의 구문[론]을 받아들일 수 있고, 앞에서 살펴보았듯이, 그러한 변화 속에 동일한 속성, 동일한 사태, 동일한 집합, 동일한 일반성 등으로 동일화될 수 있다.

d) 구문론적 조작의 이중 기능

물론 이때 무엇보다 **구문론적 조작이 이중으로 기능한다**는 사실이 혼란스러울 것이다. 즉 한편으로 구문론적 조작은 상이한 구문론적 형식—단일적이든 다른 것과 함께든 기체가 된 생각해볼 수 있는 모든 대상이 속견적 작용 자체 속에 그리고 이로써 그것으로 받아들일 수 있는 '어떤 것-일반'의 도출형식—의 대상성을 산출함으로써 형식을

---

9) 『이념들』 제1권, 24쪽[제11항 중간]을 참조할 것—후설의 주.

산출하는 조작으로 기능한다. 다른 한편으로 구문론적 조작은 그러한 범주적 대상성(기체, 속성, 관계, 유 등)을 받아들일 수 있는 **변화하는 구문론**으로 기능한다. 그러나 이러한 변화에서 범주적 대상성은, 어떤 때는 주체로 다른 때는 객체나 근원적 술어로 그런 다음 다시 명사화된 술어로, 단적인 사태나 전제가 된 사태의 기능 속에 있는 사태 등으로 기능하는 동안, 동일하게 남아 있다.

모든 구문론적 양상은 두 가지 방식으로 기능한다는 사실, 특히 다른 측면에서 우리에게 이미 중요하게 된 것인 모든 구문론적 형식이 사태 자체에 속한 존립요소로서 '사태'라는 형식으로 들어올 수 있다는 사실이 여기에서 쉽게 파악될 수 있다. 다른 한편 사태는 이른바 그 이상을 포괄하며 사태를 포괄하는 그 어떤 구문론적 활동 속에 사태 자체에 포함되지 않은 변화하는 기능의 형태를 외부에서 다시 받아들일 수 있다. 그렇다면 이 기능의 형태는 곧 새로운 판단작용으로 구성된 높은 단계의 사태에 속한다.

그래도 이렇게 뒤엉켰지만 그 본질필연성에서 완전히 파악할 수 있는 관계는 여기에서 우리에게 주요한 사실, 즉 판단하는 자는 대상을 향해 있고, 그는 이러는 동안 그 어떤 범주적(또는 구문론적) 형식, 따라서 존재론적 형식 이외에는 결코 대상적인 것을 갖지 않는다는 사실을 전혀 변경시키지 않는다. 판단의 연관 속에 있는 모든 새로운 판단, 모든 판단결합 그리고 결국 오직 매우 높은 단계의 하나의 판단인 전체적 연관은 새로운 범주적 대상성을 구성한다.

e) 규정되는 기체대상성의 통일 속에 판단작용의 연관. 기체대상성을 규정하는 '개념'의 구성

전진해가는 판단작용은 그것을 관통하는 하나의 '주제'의 통일체와, 최초의 또 가장 적확한 의미에서 그 규정을 판단작용 속에 지속

적이며 궁극적으로 겨냥하는 그때그때 기체대상성의 통일체와 연관된다. 지속적으로 판단을 내리면서 판단하는 사람은 이러한 대상성에 대해 개체적이든 일반적이든 다양한 '그것이 어떤 상태에 있음'을 획득한다. 그는 그 대상성에 대해 이것이 이러저러한 사정에 있는 사태를 획득하며, 기체대상성이 판단에 적합하게 그 속으로 들어가는 언제나 새로운 범주적 대상성을 새로운 대상성의 형식으로 획득한다. 이러한 새로운 대상성은 그 자체로 상대적 주제가 되고, 따라서 그 자체로 다시 규정된다. 그러나 이것을 관통해 동시에 최초의 기체대상성이 궁극적 주제로 규정된다.

판단의 과정은 통일적 과정으로서 무한히 전진해갈 수 있으며, 기체대상성 자체는, 학문이 예시하듯이, 무한한 단일성을 포함할 수 있다. 예를 들어 판단하는 사람은 단순한 경험에서 판단하면서 추구하는 것으로 이행함으로써 판단하는 동안 아직 규정되지 않은 무한한 본성을 기체로서, 규정될 수 있는 것으로서 자신 앞에 지닌다. 그리고 그는 이제 규정의 형성물, 즉 기체의 새로운 범주적 형태를 구성한다. 판단하는 사람이 이처럼 활동하면서 획득한 모든 다양한 특수 형성물은 (그 자체로 판단하는 동일화 속에 구성된) 기체대상성의 동일성에서 그 자체로 범주적 연관을 맺으며, 이러한 기체대상성으로 전진해가면서 바로 기체대상성에서 이 판단하는 작업수행 전체의 증대하는 규정하는 개념을 구성한다. 즉 그때그때 '그것에 따라 총체적 전체인 것', 앞으로 계속 움직이며 끊임없이 계속 형태를 구성하지만 또한 변형하는 개념을 구성한다. 왜냐하면 판단작용의 계속된 진행에서 확신이 확장될 뿐 아니라 단일적으로는 '거짓된' 것으로, 그래서 이것에 대해 다른 확신이 새로운 방식으로 기체를 규정하면서 '올바른' 것으로 등장해 말소될 수 있다는 사실을 고려해야 하기 때문이다. 이러한 사실이 통찰로 일어나는지는 여기에서 우리의 관심 밖이다. 판단하는 사람이 '마음에 둔' 판단기체의 형태가 구성되는 과정이 일어난다는 사실만으로도 충분하다.

이 경우 이념도 이념들의 차이도 판단작용 속에 구성되는 작업수행의 통일체에 함께 속한다는 사실을 강조해야 한다. 여기에서 내가 말하는 이념들의 차이는 예를 들면 다음과 같은 것들이다. 그 하나는 본성의 참된 존재의 이념으로서, 또는 동일한 것이지만, 본성의 (물론 불가능하지만) 완전하고 일치함으로 이끄는 판정 속에 개념이 산출되듯이, 그 본성을 완전히 규정하는 개념의 이념으로서 '그것이 단적으로 존재하는 그 본성'이고, 다른 하나는 이제까지 획득된 확신의 통일체로서 그것이 그때그때 이제까지 그리고 더 이상 연장되지는 않지만 언제나 다시 계속 수행될 수 있는 판단의 작업수행에 따라 존재하는 그 본성이다. 아직 규정되지 않았지만 〔앞으로〕 규정할 수 있는 영역의 통일체를 향한 판단작용의—이 판단작용 자체에서 형성되고 형성된—고유한 의미내용에는 규정하는 범주적 형성을 지속적으로 수행할 이념 그리고 규정함을 목표 삼는 가능한 귀결에서 무한히 지속적으로 수행하는 이념이 놓여 있다. 이 이념은 그 의미내용 속에 우선 현실적으로 계속 진행되고 계속 수행되는 가운데 미리 지시되는 지평(Horizont)[10]으로서 '묵시적으로' 놓여 있지만, 그런 다음 특별한 단계와 권위를 지닌 범주적 대상성으로서 이념을 판단에 적합한 고유의 형태

---

10) 후설에 따르면, 모든 경험은 스스로 거기에 주어진 핵심을 넘어서 처음에는 주시하지 않았던 국면을 점차 드러내 밝혀줄 가능성(Möglichkeit)을 미리 지시하는 생생한 지평을 지닌다. 이것은 자아의 능력(Vermöglichkeit)이다. 요컨대 아직 규정되지 않았지만 지속적 관심(Interesse)으로 구성된 친숙한 유형에 맞춰 지각하고 규정할 수 있는 가능성의 활동공간인 공허한 지평(Leerhorizont)을 지닌다. 이렇게 아직 규정되어 알려져 있지 않지만 앞으로 상세하게 규정할 수 있고, 그래서 그 존재에 성큼 다가가 그 사태를 직관할 수 있는 영역이 곧 그가 말하는 아프리오리(Apriori)다.

로 구성하는 경우에는 '명시적으로' 놓여 있다. 그리고 마찬가지로 의미내용에는 '그것 자체가 있는 그대로의 본성' 또 단적으로 존재하는 본성이라는 첫 번째 언급한 이념이 놓여 있다. 이것은 그런 다음 상대적이며 일시적이고 부분적으로 그때그때 우리에게 이러저러하게 인식되었지만 경우에 따라 교정될 수도 있는 본성의 이념으로 파고들어 가는 본성이다. 그렇다면 '본성 자체'는 이렇게 일시적이며 부분적으로 (본성에 관한 상대적 개념과 더불어) 계속 진행하면서 단념된 규정을 배제하고 교정된 규정을 삽입함으로써, 무한히 관철될 수 있는 일관된 판단과정의 이념에 대한 범주적 상관자로서 종합적으로 구성되는 개념의 가치를 명백히 획득한다.

방금 상술한 것은, 판단과정이 통찰적인 규정을 향한 지향을 자체 속에 지니고 진정한 학문의 이념이 숙고되면, 그 특수화도 함께 밝혀질 학문적 영역으로서 모든 종류의 기체에도 타당하다.

f) 습득적이고 상호주관적인 소유물인 규정작용 속에 발생하는
   범주적 형성물

물론 범주적 형성물은, 그 자신의 존재의미 속에 초재(Transzendenz)[11]가 놓여 있기 때문에, 단순히 판단하는 작용 속에 또 그 동안에만 판단하는 자에게 대상성인 것은 아니라는 사실을 간과하면 안 된다. 판단하는 자가 자신의 현실적 사유함 속에 구성한 형태를 그는 이제부터 지

---

11) 전통적으로 이념성과 실재성은 '의식'을 기준으로 '내(內), 외(外)'로 구분해 왔다. 그러나 후설은 '시간성'을 기준으로 삼기 때문에 시간 속에 일어나는 의식의 다양한 작용도 실재성이 있다고 보았다. 따라서 구체적 체험흐름인 내실적 내재(Immanenz)뿐 아니라, '외적' 감각자료가 인식작용으로 구성된 인식대상도 지향적 내재(內在)다. 결국 지향적 내재는 내실적 초재(超在)다. 물론 사념되거나 정립되었어도 의식에 직관되지 않은 것은 순수 초재다.

속적인 정신적 획득물로 소유한다. 즉 현실적 타당성은 그에게 습득적 타당성으로 변화된다. 실제로 구성하는 활동 속에 언젠가 타당하게 정립된 것은 기억에 다시 떠오를 수 있으며, 타당하게 존재했던 것으로뿐 아니라 여전히 타당한 것으로도 떠오른다. 이 떠오름은 단계적으로 구성의 이전 과정을 '명시적으로' 반복하는 회상을 뜻하는 것이 아니라, 이전의 작용에 입각해 존재하는 것으로 단선적이며 모호하게 다시 되돌아감을 뜻한다.

그러나 여기에는 구성적 과정을 복원하고, 이 과정을 여전히 타당하게 다시 수립하거나 이러한 범주적 대상성을 동일한 것으로 수립할 수 있다는 확신이 포함된다. 이렇게 함으로써만 일반적으로 전진하는 판단의 과정과 거기에서 중단됨에 따라 다시 연결될 수 있으며 계속 수행되는 판단의 과정이 가능하다. 이것은 모든 임의의 다시 일깨움을 관통하는 지속적 타당성인 습득적이며 다시 일깨울 수 있는 타당성에 기인한다. 즉 존재자는 판단하는 자에게—그가 자신의 '확신'을 포기하지 않고, 동시에 **지속적 타당성**인〔습득적〕타당성을 말소하지 않는 한—'그때부터의' 존재자다.

판단하는 자가 사유하는 가운데 그의 **공동체화**(Vergemeinschaftung)도 고려하고 따라서 범주적 대상성을 판단의 공동체 속에 구성된 대상성으로 간주하는 경우, 우리의 서술에서 본질적인 점은 전혀 변화되지 않는다. 그러므로 본성의 예에서 중요한 점은 '나에 대한' 본성이 아니라, '우리에 대한' 본성, 가령 '자연과학자인 우리에 대한' 본성이나 '우리 시대 자연과학에 대한' 본성 등이다.

g) 범주적 사유대상성에 대립된 사유함 속에 이미 미리 주어진—
　　본성에서 설명된—대상성
물론 우리는 모든 **사유함**에 앞서 단순한 경험에서 미리 주어진 본성에 의지하면 안 된다. 판단의 형태, 특히 자연과학적 인식의 형태로서 본성은 당연히 경험의 형태, 즉 실제적이거나 가능한 경험, 자기 자신의 경험과 다른 사람의 경험과 공동체화된 경험의 통일체로서 본성을 자신 아래 지니게 될 것이다. 그러나 '자신 아래'(Unter-sich)는 동시에 '자신 속에'(In-sich)다. 판단작용 자체로 들어가 받아들인 본성경험만 판단의 의미를 규정하는 경험이며, 판단하는 자 자신에게 적용되는 것은 판단작용 속에 범주적으로 형식화된 바로 그 본성뿐이다. 그 밖에 경험되거나 경험할 수 있는 본성에 관해 이것은 경험에서 산출할 수 있는 판단의 개방된, 하지만 아직 실현되지 않은 지평을 뜻한다. 당연히 보편적 경험의 통일체를 본성이라고 하며, 이것이 존재하고 그 자체로 이러저러한 특성을 지니며 우리의 판단작용 '이전에' 존재하는 것 또는 그러하게 존재하는 바로 그것이라고 한다.

그러나 이것은 우리의 판단작용에서만 또 판단할 수 있는 자에 대해서만 '존재자' 그리고 '그것이 그러하게 존재하는 그것', 즉 '속성' '사태' 등을 아프리오리하게 지닌다. 경험에 근거해 단적으로 판단하는 행위(이 속에서 범주적 형성물을 획득한다)에서 경험작용 자체와 이것의 작업수행을 판단의 주제로 삼는 것으로 종합적으로 이행하는 경우에만 우리는 이러한 (일치해 경과하는) 경험작용이 실로 사유함과 그 범주적 형성물 '이전에' 사유함이 명시적으로 밝히는 것으로서 본성의 존재의미를 자체 속에 '묵시적으로' 지닌다는 사실을 근원적으로 알 수 있다.

이 모든 것 역시 논증하는 관념론의 한 부분이 결코 아니며, 그 어떤 사변적 '인식론'과 관점철학(Standpunktphlosophie)에서가 아니라 단적으로 숙고하고 제시하는 것에서 획득된다.

43 형식적 학문이론인 분석론은 형식적 존재론이며, 이러한 것으로서 대상을 향해 있다

존재하는 것인 자연에 대해 또 자연을 규정하는 자연과학에 대해 타당한 것은 모든 영역과 그 학문에 대해 타당하다. 따라서 이것은 형식적 학문이론인 분석적 논리학에도 해당된다. 분석적 논리학의 주제는 그 순수한 형식에 따라 범주적 대상성 일반인데, 이 주제는 형식화에서 발생한 그러한 대상성의 형식개념으로 포착된다. 이 경우 가장 낮은 단계에서 경험하는 직관에서 유래하고 대상과 영역의 구체적인-고유한 본질적인 것을 판단에 적합하게 구성하는 실질적 '핵심'은 규정되지 않은 일반성 속에 남아 있고, 그 어떤 것으로, 즉 동일화 속에 동일한 것으로 유지되는 어떤 그것임(Das)과 무엇임(Was)으로, 이러한 일반성 속에 단지 사고될 뿐이다. 사태내용-(Sachgehalt)의 이러한 '추상화', 사태내용을 임의로 동일화할 수 있는 것을 변경할 수 있게 집어넣는 것은 상관적으로 논리학의 개념형성이 오직 범주적 구문론을 따른다는 것을 뜻한다. 이러한 연관에서 드러나듯이, 논리학자가 학문적으로 판단하는 자에 대해, 즉 계속 진행된 규정에서 자신의 그때그때 영역을 향하고 이론의 언제나 새로운 단계에서 끝나는 학자에 대해 그가 방향을 정하는 것이 당연히 수반된다고 생각해 보자. 그렇다면 그는 마찬가지로 그의 주제의 범위에 적합하게 그 어떤 기체대상성을 규정할 수 있는 것으로 함께 생각했으며, 또한 그 어떤 범주적 대상성을 규정 속의 기체로서 함께 생각했다. 이때 그가 처음부터 보편적 학문영역을 명시적으로 생각하고 이것에 대해 언급할 필요는 없다. 그러나 그는 어쨌든 형식적 가능성을 숙고해 진행하면서 다음과 같은 사실에 직면하게 된다. 즉 단일적 판단이 기체에 적합하게 연관될 수 있을 뿐 아니라, 이러한 방식으로 무한한 판단체계도 연관되는 것이 가능하다는 사실이다. 여기에서는 실로, 위에서 보여주었듯이, 논리학 자체(분석적 형식논리학)의 이념범위 안에서 연역적 체계의 장점이 명백히 밝혀진다.

그러므로 결론은 다음과 같다. 즉 형식적 학문이론으로서 분석론은 학문 자체와 마찬가지로 존재적으로, 더구나 그것의 아프리오리한 일반성에 따라 존재론적으로 향해 있다. 이것이 형식적 존재론이다. 그것의 아프리오리한 진리는 형식적 일반성에서 대상 일반, 대상영역 일반에 대해 무엇이 타당한지 말해주며, 대상 일반이 도대체 어떤 형식 속에 존립하는지 또는 존립할 수 있을 뿐인지 말해준다. 대상 일반은 단지 판단에 적합하게 '존립하며' 또 범주적 형식 속에 존립하기 때문에, 당연히 판단에 적합하며, 또다시 동일한 근거에 입각해 존립한다.

44 형식적 존재론인 분석론에서 형식적 진술논리인 분석론으로 전환함

a) 논리학의 의미에서 판단들로 대상영역의 주제를 전환함

여기까지 이른 다음, 제기되는 문제는 다음과 같다. 즉 이제 우리가 보여주려던 것에 정반대의 것이 명증적으로 되지 않았는지 하는 문제다. 우리가 보여주려던 것은 형식적 존재론과 형식적 진술논리로서 논리학의 이념의 이중성이었다. 그러나 우리가 지닌 것은 단지 하나뿐이라고 말할 수도 있다. 우리가 이제껏 다루고 또 다루어왔던 모든 대상성이, 그것의 모든 형식적-존재론적 형태와 더불어, 이제껏 존재한다고 말하고 또 말할 수 있을 모든 것은 그리고 인식하면서-입증하면서 태도를 취하면 그것은 참으로 이러저러한 것이라고 말하고 또 말할 수 있을 모든 것은 '판단'과 결코 다르지 않을 것이다. 여기에서 판단은 우리의 확장된 의미에서 판단, 판단활동과 속견적 정립 자체에서 형성된 '명제', 이것의 현실적이며 그런 다음 습관적인 상관자, 형성물을 뜻한다. 이것들 자체는 다시 새롭고도 새로운 판단으로 포괄될 수 있으며, 그런 다음 그 판단 속에서 부분으로 등장한다. '정의에 따르면' 판단은 판단하는 작업 속에 판단된 것으로 형성되는 것과 이미 형성된 것, 그렇다면 이념적 대상성으로서 항상 재차 동일화〔동일한 것으로 확인〕할 수 있는 것이 아닌가? 이것은 범주적 대상성과 다른 것인가?

이제 (어떤 의미에서 보면, 이제까지의 서술에 반론할 수 없을 명증성에도 불구하고) 앞에서 예고된 우리의 주장을 정당화하기 위해, 이제까지 다룬 주제의 태도에 대립해 어떤 주제를 전환하는 것이 항상 가능하다는 사실을 분명하게 보여주어야 한다. 이 주제를 전환하는 것에 따라 그때그때 대상영역과 이 대상영역에서 출발해 더 높은 단계로 형성된 범주적 대상성이 아니라, 어떤 다른 것으로서 그리고 잘 구별된 것으로서, 우리가 판단이라 하는 것과 이 판단의 존립요소, 그 결합 그리고 그 밖에 항상 새로운 단계의 판단으로 변화함이라 하는 것이 주제의 장(場) 속에 놓여 있다.

b) 이러한 전환함에 대한 현상학적 해명

α) 소박하게-단도직입적으로 판단하는 자의 태도

우선 다음과 같은 사실을 지적할 수 있다. 즉 우리는 앞에서 진행한 서술 속에 판단하는 자로 옮겨갔으며, 결국 판단하는 자 자체에게 '존재'했던 것에 대해, 따라서 이러저러한 기체대상 또는 영역, 이것을 규정하는 이러저러한 판단작용 속에 판단하는 자에게 생기는 항상 새로운 형식과 단계의 범주적 대상성—판단하는 자에게 타당한 것인 대상성—에 대해 물음을 제기했다. 왜냐하면 판단함은 항상 어떤 것을 믿음이고, 그것이 실로 직관적이든 비직관적이든, 어떤 것을 존재하는 것으로서 '자신 앞에 가짐'이기 때문이다. 다른 말로 표현하면,

그것을 존재타당성 속에 가짐이다. 위에서 방금 말했듯이, 이것은 계속되는 판단과정 속에 이러한 존재타당성이 판단하는 자에게서 유지되지 않는다는 사실을 배제하지 않는다. 존재하는 것은 의심스러운 것, 의문스러운 것, 가능한 것, 추측적인 것 또는 심지어 무효한 것으로 '양상화된다.' 판단의 연관은, 그와 같은 것이 일어나지 않는 한 그리고 그때그때 해당되는 대상성이 단순한 존재타당성 속에 남아 있어 판단하는 자 그 자체에 대해 존재하는 한, 일치하는 판단의 연관이라 부른다. 〔판단하는 자의〕 계속되는 판단활동의 양식에 대해 이것은 이러한 대상성 각각이 그것의 모든 계속적인 구문론적 변화를 관통해 언제나 다시 연결 짓는 동일화 속에 그것이 판단에 적합하게 동일한 것으로 타당하며 계속해서 타당한 것인 '하나의 동일한 것'으로 정립된다는 사실을 뜻한다.

　β) 인식하려는 자의 비판적 태도 속에 사념된 대상성 자체와 실제적 대상성 자체가 구별된다

　그러나 그때그때 판단하는 자는 존재타당성 속에 정립할 뿐 아니라 여기저기를 지워 없애며, 이것 대신 다른 것을 타당하게 정립하고, 양상화를 관통하는 가운데 만족스럽지 못한 장애 때문에 자유롭게 일치되어 끝난다. 실로 일상적 판단작용은 경우에 따라 부각된 의미에서 인식관심, 즉 보증하는 '확증'의 관심, '사태가 실제로 존재하는 그대로' '사태 자체에서' 확신하는 것을 요구한다. 판단하는 자에게 이전에 단순히 존재하는 대상성이었고 동일화를 하면서 단순히 동일한 것이었던 범주적 형성물은 이제 명증성으로 이행하는 가운데 그리고 그것이 그 '자체'로서 원본적으로 주어졌을 '범주적 직관'으로 이행하는 가운데 입증되고, 참으로 또 실제로 존재하는 것으로 인식되어야 한다. 이로써 경우에 따라 판단하는 자에게도 다음 두 가지가 구별된다. 그 하나는 **추정된 것으로서**—순수하게 그의 판단작용 속에

이러저러한 범주적 형태로 정립된 것으로서, 순수하게 정립작용의 구문론적 과정 속에 바로 **정립된 것 그 자체로서**—추정된 대상성이다. 다른 하나는 이것에 상응하는 '참된' 또는 '실제적' 대상성, 즉 통찰로 부각된 현상학적 형태로 단계마다 형성물마다 '**스스로를 부여하는**' 판단작용 속에 생기는 범주적 형성물이다.

일반적으로 자연스러운 막연한 판단작용은 다음과 같이 진행될 것이다. 즉 판단하는 자는 그에게 타당한 대상성을, 그가 확증할 요구에 따르는 동안에도, 타당하게 받아들이며, 그래서 명증적으로 간취된 대상 '자체'에 한정하면서 "그 대상이 실제로 존재하고, 실제로 그러한 성질을 지니며, 실제로 이러한 관계 속에 놓여 있다"라고 말한다. 이때 이행하는 가운데 다음과 같은 두 가지를 동일화하는 합치가 일어난다. 그 하나는 이전에 이미 신념 속에 있던 대상적인 것(결국 전체적 판단사태, 사태)이고, 다른 하나는 인식지향을 충족시키는 명증적 신념 속에 그것 자체로서, 충족시키는 실제성으로서 지금 주어지는 것이다. 확증이 성공할 경우는 이와 같다.

그러나 판단하는 자가 그래서 대상적인 것 '자체'를 향한 노력을 추가하고, 대상적인 것 자체 옆에 있으며, 대상적인 것 자체에서 '앞에 놓여 있는 것'을 통찰하는 확증을 겨냥한 지향은 충족되는 대신 '**실망시킬**'〔실패될〕 수도 있다. 그러면 이 지향은 부분적 정립 속에서는 충족되지만, 이 부분적 정립은 사태 자체에서 하나의 범주적 대상성의 전체적 정립으로 보완된다. 이 범주적 대상성과 이전에 믿었던 대상성은 '다투는데', 이것은 이전에 믿었던 대상성을 삭제할 것을 근원적으로 필연적이게 하는 대립을 뜻한다. 지금 이것은 예를 들어 "**내가 생각한 것처럼 사태가 존립하지는 않는다**"라는 뜻이다. 그렇다면 다음에 첨부하는 것은 어떤 **의미변양**을 드러낸다. 왜냐하면 이러한 연관에서 '사태'는 신념 속에 계속 유지된 것이 아니며, 〔그러한 것으로] 남아 있을 수 없었기 때문이다. 지금 타당하게 된 삭제함 때문에 사태는 '이전에 단순히 추정된 사태'가 된다.

첨부

대상이 스스로를 부여하는 명증성에 입각해 진리로 이끄는 본래의 '확증'에 대한 우리의 논의는, 어떤 이상적인 경우의 다른 모든 우선권처럼, 하나의 단순화였다는 사실을 통찰할 수 있다. 그 단순화는 앞으로의 서술을 고려해 어떤 우선권을 지니지만, 판단하는 자에게 사념된 것 그 자체와 실제적인 것을 구별하도록 동기를 부여하기 위해 무조건 필요한 것은 아니다. 여기에서 먼저 명증성의 불완전함이 고려되며, 그런 다음 본래의 확증이라는 개념이 이상적으로 완전할 경우에 방향이 정해질 수 있을 것이다. 이상적인 경우는 판단하는 자에게 스스로를 부여하는 존재자로 또는 참된 것으로 드러나는 것, 즉 어떠한 유보조건도 미리 취하는 어떠한 추정도 부착되지 않은 것이다. 요구된 참된 것이 최종적으로 참된 것인지는 계속 종합적으로[12] 연결할 수 있는 명증성 속에 그 추정을 충족시킬 수 있음에 의존한다.

그러나 본래의 확증이라는 개념에 대해 다른 방향을 정할 수도 있다. 즉 비록 불완전한 일치(adaequatio)라도 실제로 어떤 일치가 스스로를 부여하는 직관에서 실행되는 한, 그것을 본래의 확증이라 할 수 있다. 이러한 의미에서 본래가 아닌 확증과 이에 상응하는 반박(일상적 토론에서 논쟁과 비판은 대개 이 반박을 넘어서지 않는다)도 있다. 그것은 확실하고 논박할 수 없게 확고히 성립된 것으로 인정된 것에 대한 확증과 반박(이러한 것이 통찰로 정초되었다고

---

12) 이 단어(synthetisch)는 영역본에는 '구문론적으로'(syntactically)로 표기되어 있다.

말하는 것은 아직 아니다)이다. 이러한 반박에서 이전에 단순히 존재하는 것이었던 것은 그에 상응하는 단순한 의견으로 변화된다. 다른 한편으로 어쩌면 의심스럽게 된 것에 대한 검증, 즉 이것에서 요구되는 것인 '확립된 것'과 연결해 검증된 확실성으로 되돌아가는 변화는 참으로-존재하는 것 그리고 실제로-존재하는 것이라는 본래가 아닌 술어를 낳는다.

γ) 학자의 태도. 사념된 것 자체는 학자가 인식비판을 하는 대상이다 여기에서 더 광범위한 연구로 들어갈 필요는 없다. 추정된 것과 실제적인 것을 **구별함과 함께** (확장된 의미에서) 단순한 판단의 영역과 대상의 영역을 구별하는 일이 여기에 준비되어 있다는 사실을 알기 위해서는 위에서 말한 것이 충족되어야 하기 때문이다. 이러한 방향으로 더욱 나아가기 위해 학문에 주목하자. 단지 어쩌다 인식태도를 지닌 일상적으로 판단하는 자 대신, 우리는 지금 학문적으로 판단하는 자를 다룬다. 학문적으로 판단하는 자인 그는 직업에 적합하게 **'이론적 관심'** 속에 산다.[13] 즉 학문적으로 판단하는 자의 직업적 판단작용은 언제나 그리고 어디에서나 인식[을 향한]지향에 철저히 지배되며, 이 지향 자체는 자신의 종합적 통일체를 지닌다. 즉 그때그때 학문분야를 향한 인식관심의 통일성에서 통일체를 지닌다. 엄밀한 (물론 어떤 이상적인) 의미에서 학문적으로 판단하는 자의 분야(Gebiet)를 인식하는 것은 학자에게 다음과 같은 학문적 결과 이외에 어떤 것도, 어떤

---

13) '직업에 적합한 결과'는 주기적으로 분리되었지만 지향적[의도적] 종합을 통해 내적으로 결부된 그 생애(직무시간, 직무일 등)가 습관적 '직업관심'에 소속된 전체 삶의 주기화(週期化)에 관련된다. 이 직업관심은 언제나 새로운 이성을 획득하게 해내는 일종의 직업활동 속에 일관되게 영향을 미친다. 그리고 이 직업관심은 예전에 획득한 것을 타당하게 유지하며, 어쩌면 (학문에서처럼) 새롭게 획득한 것에 대한 구조요소로 또는 하부단계로 타당하게 유지한다—후설의 주.

판단도 타당하게 허용하지 않는다는 사실을 뜻한다. 그것은 사태 자체와의 일치로 사태의 '올바름'과 사태의 '진리'를 증명한 판단 그리고 이 올바름 속에 항상 다시 근원적으로 생산해낼 수 있는 판단, 즉 일치를 다시 실현시킴으로써 생산해낼 수 있는 판단이다. 이것은 마치 학자가 '사태'를, 즉 그때그때 범주적 단계에서 대상성 '자체'를 그렇게 스스로 갖기 이전에 결코 어떤 판단도 내리지 않았다는 말은 아니다. 그러나 학자는 그러한 모든 판단을 단지 잠정적인 것으로, 그러한 판단 속에 타당한 범주적 대상성을 단지 잠정적으로 타당한 것으로, 단순히 추정된 것으로 간주한다. 그래서 인식지향은 추정된 것으로서 그것을 통과해, 바로 사태 자체로, 사태가 스스로 주어져 있음 또는 명증성으로 진행하게 된다.

그러나 학자의 인식추구와 학문 이외에 사유하는 자의 소박한 인식추구를 구별하는 또 하나의 차이가 여전히 있다. 학문 이외에 사유하는 자는 사태가 실제로 그러한지 '단순히 조사하며', 만약 본다면, 그는 보는 것으로 만족한다. 그렇지만 학자는 명증성이 명석함에 관한 등급이 있다는 사실뿐 아니라, 그 명증성이 기만하는 명증성일 수도 있다는 사실을 일찍부터 배워왔다. 그래서 학자에게는 다시 추정된 명증성과 진정한 명증성이 구별된다. 그러므로 학자의 판단은 진정한 명증성, 가장 완벽한 명증성으로 확증되어야 하며, 오직 이렇게 확증된 것만 이론으로서 학문의 결과물로 받아들여야 한다. 이것으로 학자 특유의 판단하는 태도가 생긴다. 판단작용은 이른바 이리저리 움직이면서 우선 스스로를 부여함으로 거리낌 없이 전력을 다해나가는 것이지만, 그런 다음 비판하는 방식으로 이미 획득한 잠정적 결과로 되돌아가는 것인데, 하지만 여기에서 비판 자체는 동일한 근거에 입각해 다시 비판받아야만 한다. 따라서 학자를 이끄는 것은 목표를 달성할 수 있거나 접근할 수 있는 참된 존재의 상관자를 둔 비판의 길에서 도달할 수 있는 완전한 명증성 또는 체계적 단계 속에 완전하게 될 수 있는 명증성에 대한 이념이다(그렇더라도 이러한 이념의 의미와 한계를 탐구하는 것은 실증적 학문 자체의 소관사항이 아니다).

여전히 첨부해야 하듯이, 비판적 태도는 판단하는 활동 속에 등장하는 양상화에 관해서도 그리고 이 양상화 자체 특유의 명증성과 명증성이 아닌 것의 구별에 관해서도 판단하는 모든 활동에 관계한다. 인식지향은 이러한 양상화, 즉 의문스러움, 가능성, 개연성, 부정의 방법으로 통찰적인 확실성을 목표로 줄곧 노력할 뿐이기 때문이다. 이것은, 실현되었을 때, 스스로 주어진 진리 그 자체, 이제부터는 지속하는 인식획득물이다. 즉 이것은 항상 다시 통찰할 수 있지만 이러한 방식으로 일반적으로 이성적으로 사유하는 자인 모든 사람이 도달할 수 있고, 심지어 〔이성적으로 사유하는 자가〕 '발견하기' 이전에 도달할 수 있는 것으로 존재했던 인식획득물이다. 항상 재차 통찰할 수 있는데, 모든 '학문적 진술(Aussage)'은 미리 이러한 의미가 있다. 학문적 진술은 이러한 '모든 사람'에 의지하며, 관련된 기체대상성이 진실로 무엇인지를 모든 사람이 통찰할 수 있도록 진술한다.

45 진술논리 논리학의 의미에서 판단

모든 학문적 인식에 필요한 비판적 태도를 거치는 과정은, 따라서 모든 학문적 판단이 기꺼이 받아들여야 할 이 과정은, 학자가 한편으로 대상성 그 자체—판단작용 속에 곧바로 학자에게 존재하는 것으로서 또는 인식하는 자인 학자가 목표 삼는 실제성으로서—와 다른 한편으로 추정된 대상성 자체, 즉 추정된 결과, 추정된 규정, 추정된 다수(多數), 추정된 정수 자체 등을 끊임없이 교환하는 가운데 대립시키도록 한다. '의견을 말함'(Meinen)—언어적으로 종종 의견(Meinung)

인 속견(doxa)이라고도 한다—의 단순한 상관자인 이 추정된 것 자체와 함께 우리는 이제 **전통논리학에서 판단(진술)**이라 부르는 것과 진술논리 논리학의 주제[14]를 파악하게 되었다.

이미 알고 있듯이, 어쨌든 전통논리학은 이러한 개념형성—이것도 학문적 행위로 이루어졌다—에서 어떤 더 좁은 개념을 선호하지만, 이 개념은 비록 당연히 종(種)에 적합한 특수화로서는 아니지만 '추정된 범주적 대상성 자체'라는 가장 넓은 개념을 자체 속에 완전히 포함하고 있다. 학문적 판단작용은 그때그때 학문영역을 규정하면서 인식하는 것을 겨냥한다.[15] 그에 따라 술어적 판단—실로 자체 속에 완결된 규정의 통일체인 진술(Apophansis)—이 끊임없이 선호된다. 이미 상론했듯이, 형성할 수 있는 모든 범주적인 것은 술어적 판단 속에 기능해야 하며, 이러한 판단 안에서 학문(우리는 이때 논리학 자체를 제외한다) 속에 그 존립요소로 등장한다. 달리 말하면, 진술논리 논리학의 의미에서 판단은 추정된 사태 자체이며, 더구나 자립적으로 완결된 것이다. 다른 모든 범주적으로 추정된 것은 이와 같은 '판단' 속에 부분요소로 기능하기 때문이다.

46 비판의 결과인 진리와 거짓. 진리와 명증성의 이중 의미

비판의 최종결과물은—이상적으로 말하면—'진리' 또는 '거짓'이다. 이 진리는 올바른 판단, 비판적으로 확증된 판단을 뜻하며, 이에 상응하는 범주적 대상성 '자체'와의 일치를 통해 어떻게 그것이 명증

---

14) 이것은 판단작용의 인식대상(Noema)이다. 인식대상의 개념에 관해서는 『이념들』제1권, 181쪽 이하[제88항]와 특히 판단의 경우에는 같은 책, 194쪽 이하[제94항]을 참조할 것—후설의 주.

15) 이 책 제40항을 참조할 것—후설의 주.

적인 스스로를 가짐(Selbsthabe) 속에, 즉 경험된 기체 '자체'에서 산출하는 활동 속에 근원적으로 주어지는지를 확증한다. 이러한 일치에서, 따라서 스스로를 가짐으로 충족시키는 이행에서 그리고 단순한 의견에 대한 반성과 이 단순한 의견이 충족된 의견과의 합치에 대한 반성에서 진리에 대한 어떤 개념, 즉 진리에 대한 비판적 개념을 형성하는 다음과 같은 올바름의 개념이 생긴다. 이 올바름은 그것에 따라 판단이 참인지 거짓인지, 또는 이제 그 밖의 양상화를 만족시키기 위해 의문스런지, 추측적인지 등을 결정한다. 거짓은 추정된 것 자체가, 따라서 판단이 사태와 모순되고 이 때문에 판단이 근원적으로 지양(止揚)되는(이에 상응하는 관심을 전환하는 경우 존재하는 무효함 Nichtigkeit으로서 무효함에 대한 명증적 자기파악이 명백히 밝혀지는) 어떤 사태가 스스로 주어져 있음에 의존하는 반면, 그 밖의 양상에서는 사정이 다르다. 근원적으로 주어지는 것은 사태 또는 그 사태를 부정하는 것이 아니라, 기껏해야 '그렇게 존재함(Sosein)에 반박하는' 어떤 동기가 부여된 반대의 가능성이나 그러한 다수의 가능성 등이다.

이로써 비판적인 태도의 논리학자는 그 밖의 양상에서 현저히 부정(Negation)적인 입장 그리고 정립[명제](Position)과 통상적으로 병립된 입장이나 동등한 입장을 이해할 수 있다. 어쨌든 여기에서 이 문제를 더 이상 다룰 필요는 없다.

따라서 우리는 스스로 주어진 실제성을 근원적으로 향해 있음(또는 향했음)에서 판단의 올바름이라는 비판적 진리개념 외에 두 번째 진리개념인 실제성(Wirklichkeit)이라는 개념을 지닌다. 참된 것은 이제 스스로를 부여하는 명증성의 상관자로서 실제로 또는 참되게 존재하는 것이다. 물론 실재적인 것(Reales)이라는 의미에서 실제적인 것은 이러한 가장 넓은 분석적-형식적 실제성개념의 단순히 특수한 경우

일 뿐이다.

명증성(Evidenz)이라는 단어도 이 두 가지 진리개념과의 연관 속에 이중 의미를 지닌다. 그 하나는 참된 또는 실제적 존재에 관한 근원적인 스스로를 가짐이라는 의미이고, 다른 하나는 근본적 활동성 속에 판단에 상응하는 실제성에 적합할 수 있는 추정된 범주적 대상성('의견')으로서 판단의 속성이라는 의미다. 따라서 후자의 경우 명증성은 현실적 일치 속에 생기는 근원적 올바름의 의식을 뜻한다. 이 의식은 의식의 측면에서 보면 올바름의 관점에서 첫 번째 의미의 명증성이지만, 스스로를 가짐이라는 더 넓은 명증성개념의 특수한 경우다. 그렇다면 판단은 자연적으로 확장된 의미에서 그것을 일치로 이끌 수 있는 잠재성의 관점에서도 명증적인 것을 뜻한다.

두 번째 (그러나 결국 그 자체에서 첫 번째) 진리개념, 즉 존재진리인 실제성이라는 진리개념에 관해서는 그 개념의 고유한 넓이를 여전히 주의해야 한다. 학자는 실제적 존재 또는 참된 존재에 대해 사태의 관점뿐 아니라, 즉 술어적 판단의 (올바름으로서) 진리가 겨냥하는 그 '진리'의 관점뿐 아니라, 모든 범주적 대상성 일반의 관점에서도 말한다. 실제성이라는 명칭은 실제적 속성, 실제적 관계, 실제적 전체와 부분들, 실제적 집합 그리고 결합된 복합체(예를 들면 태양계) 등을 포괄한다. 술어적 판단에서 이것에 상응하는 것은 판단의 존립요소로 등장하는 추정된 범주적 대상성이다. 판단 전체가 올바름의 증명 또는 판단 전체를 '정정함'과 하나가 되어 판단 자체는 그에 상응하는 자신의 올바름 또는 올바르지 않음을 증명한다.

학문적 삶과 이것이 산출하는 형성물의 통일체를 철저히 지배하는 지향성의 고유한 형식유형은 끊임없이 함께 진행되는 인식비판으로 '진정한' 인식을 실현시키는 이성인 학문적 이성의 특수한 유형을 규정한다. 이에 상응해 학문적 이성의 체계적 작업수행—무한히 계속 형태

지을 수 있는 이론으로서 학문—은 다음과 같은 판단의 체계가 되는 특수한 의미를 지닌다. 즉 그 판단은 끊임없는 비판 아래 명증적으로 스스로를 부여함과 일치하게 의식적으로 이끌리고 이러한 의미에서 진리인 판단이며, 또한 근원적으로는 올바른 판단, 참으로 또 실제로 존재하는 것 자체를 겨냥한 판단, 이념적으로 그 분야의 모든 참된 존재를 포괄하면서 '완전한' 체계 속에 전부 이끌어내는 판단이다.

이때 다음과 같은 사실을 주목해야 한다. 즉 학문적 판단작용은 실로 단도직입적 명증성의 소박한 스스로를 가짐에서 유래한 대상적 실제성에 소박하게 단도직입적으로 향한 인식의 방향을 바꾸고, 끊임없이 판단, 즉 추정된 대상성 자체를 주제로 삼는다는 사실이다. 또한 그에 따라 '올바른' 또는 '참된'이라는 말이 술어로서 근원적으로 획득되고 확립되는 명제 속에 항상 마무리된다는 사실이다. 비록 이러한 일이 모든 이론적 결과를 관통해가더라도 대개 침묵할지 모른다. 그렇지만 다른 한편으로 이러한 목적에 적합한 처리절차는 분야 자체를 규정하는 데 이바지하며, 따라서 판단명제의 주제제기는 단지 중재하는 것이라는 사실은 자명하다. 목표는 분야의 개념 속에 포괄된 기체대상성에 대한 인식이다. 요컨대 이상적 의미에서 인식은 현실적으로 목적을 달성한 그때그때 대상성 자체가—곧 그것이 참되게 존재함을 알려주고, 참된 것으로 근원적으로 구성되며, 이미 이것을 실행했던 한(여기에서 곧 '~한'은 인식에 적합하게 참된 존재자다), 모든 범주적 형태에 따라—참되게 존재함(Sein)에 대한 명칭이다. 현실적으로 진행해가는 참된 존재에 대한 인식은 그에 상응하는 현실화함의 잠재성과 더불어 근원적으로 획득함에서 생긴 습관적 소유물이라는 의미에서 인식을 따라간다. 오히려 참된 존재(함)의 목적달성을 보증하려는 비판 또는 완전한 인식과 불완전한 인식 사이의 긴장을 줄이려는 비판으로 변경되는 것은 아무것도 없다.

제5장 의미이론인 진술논리 그리고 진리논리

47 학문에 대한 비판적 자세로 전통논리학의 방향에서
   그 진술논리의 태도가 따른다

학문이 판단하는 방식과 학문 속에 지배하는 지향성을 이렇게 고찰한 결과 우리는 계속 논리적 이념을 구조적으로 이해하게 된다. 우리는 논리학이 그 근원에서 학문이론(Wissenschaftslehre)이고자 했던 사실을 기억한다. 따라서 논리학은 항상 선행하는 출발에 또는 그 범례적 장(場)인 학문들의 폭넓게 실행된 구상에 눈길을 돌렸고, 이성과 이성의 작업수행을, 그것들이 이 구상 속에 이상적으로 실현되어 제시되지 않지만, 어쨌든 그 자체 속에 학문적 지향성의 이상적 목적의미를 드러낸 것에 따라 이해했다. 그래서 논리학에서 판단영역이 순수하게 그러한 것으로 분리될 수밖에 없었고 우선 고유한 주제의 장이 될 수밖에 없었다는 사실을 이해할 수 있다. 그러므로 학문이론인 논리학은 처음부터 진정한 학문을 만드는 그 비판에 이바지하려던 학문으로 구성되었다. 논리학은 인식, 즉 논리학이 범례로서 눈길을 돌렸던 학문들을 단순한 요구로, 그래서 단순한 '판단'(추정된 것)과 판단의 체계로 파악했다. 이 체계는 비판받아야 하며, 비판으로 규정되어 이것이 정당하게 진리에 술어가 속하는 것으로 인정받고 유지되도록 형성되어야 할 것이다.

그래서 논리학은 단도직입적으로 판단하는 것이 아니라, 판단에 관해 판단하는 비판하는 자의 태도를 따랐다. 따라서 논리학은 단지 간접적으로만, 논리학이 판단논리로 남아 있는 한, 스스로를 부여하면서 형성되는 능동성에서 가능한 방식으로 등장하는 존재자 자체를 향했지만, 직접적으로는 존재자에 관한 추정인 판단을 향했다. 확실히 전통적으로 완전히 판단논리로 생각되고 또 그렇게 발전한 '형식논리학'으로서, 논리학은 존재자 자체와 가능하게 일치함에 대한 본질법칙의 조건인 그러한 판단형태를 자신의 주제로 지녔다.

학문들에서 술어적 판단의 우선권에 관해 우리가 미리 살펴본 고찰 이후에는 형식논리학이 진술논리 논리학으로 구성되었다는 사실, 따라서 술어적 판단은 논리학에 주제적 주요개념이었다는 사실을 잘 이해할 수 있다. 그러나 체계적으로 완벽히 상론해 통찰할 경우, 그 상론이 사실 논리학에 매우 상처 입히는 일을 뜻했듯이, 어떠한 제한을 뜻하지 않았을 것이다. 왜냐하면 우리가 잘 알고 있듯이, 진술(Apophansis)은 모든 범주적으로 추정된 것을 자체 속에 포착하기 때문이다. 그러므로 그것은, 좁은 의미의 판단과 우리의 가장 넓은 의미에서 판단과 더불어, 형식논리학—완전히 이해된 진술논리—의 주제이며, 이것은 모든 단계의 형식논리학의 학과에서 주제다.

48 단순히 추정된 것인 판단은 의미의 영역에 속한다. 의미를 향한 태도의 현상학적 특성

판단이 우리의 주제다. 이것은 추정된 것 그 자체가 어떤 고유한 영역의 대상이며, 그 자체로 완결된 대상의 장(場)을 형성한다는 사실을 뜻한다. 여기에서, 우리가 부분적으로 〔이 책 제1부〕 제4장의 분석에서 이미 획득했지만 어쨌든 이제 더 일반적인 관점에서 여전히 심화하려는, 더 깊게 파고들어 가는 현상학적 해명이 필요하다.

간략히 반복해 이미 상론한 것에 연결시켜보자. 모든 판단작용은 대상을 향해 있다. 판단하는 자는 그때그때 자신의 '대상이 된 것'(Gegenstände-worüber)—그가 이것을 규정하는 가운데 부각된 의미 속에 향해 있는 것—을 지닐 뿐 아니라, 어떤 2차적 의미에서 규정함에도 향해 있다. 더 나아가 본래적이 아닌 의미에서 사태에 향해 있다. 판단하는 자가 그 사태를 이미 그 기체대상성과 규정함으로 구성했지만, 특별한 의미에서 그 사태에 향해 있을 수 있기 위해 미리 주제의 시선을 전환시킬 필요가 있으므로 본래적이 아니다.

이러한 방식으로 많은 종류의 범주적인 것(Kategorialien)은 판단하는 자 자체에 대해 '현존하고', 이미 논의되었듯이, 어떤 연관된 판단과정의 통일체 속에 동일화되며, 동시에 거기에서 규정되어야 할 궁극적 기체에 대해 규정하는 기능을 지닌다. 인식하는 판단작용에서도 그러하다. 단지 범주적인 것의 스스로를 가짐에 대한 지향은 이른바 명증적인 판단작용의 형식으로 범주적인 것을 관통해갈 뿐이다. 이 경우 충족시키는 동일화는, 그것이 '그것 자체'의 양상 속에 도달되었을 때, 일어난다.

완전히 상대적인 어법으로 즉시 명백하게 밝혀지듯이, 이것이 판단작용 그 자체다. 즉 모든 판단작용은 본질에 적합하게 어떤 두 번째 단계의 판단작용으로 변화될 수 있고, 이 속에서 단도직입적으로 판단된 것, 따라서 판단하는 자에 대해 존재하는 대상성인 것은 더 이상 정립되지 않고, 반성하는 가운데 판단된 것 그 자체로 정립된다. 따라서 그것은 새로운 것을 산출하는 반성이지만, 판단작용을 주제로 삼거나 그래서 어떤 판단작용(이때 술어로 규정하는 정립으로 이행해야 할 새로운 정립)의 대상이 되게 하는 반성[1]이 아니다. 어떤 기체대상, 성질, 사태 등만 아니라, 추정된 것으로서 추정된 기체, 추정된 것으로서 추정된 성질 등도 대상적이 될 수 있다. 그리고 이것은, 우리가 즉시 정초할 것이지만, 이 소급해 관련됨에도 불구하고 사실상 하나의 독특한 영역을 지시하는 대상성이라고 위에서 언급했다. 그것은 우선 다음과 같다.

물론 어떤 판단—추정된 대상성 그 자체(schlechtin)—에서 판단의 견—추정된 대상성 자체(als solche)—으로 이행할 수 있는 것은 임의의 단계에서 반복된다. 이것은 가능한 반성과 끊임없는 태도변경의 반복적 과정이다. 그러나 이 경우 여기에서 추정된 것인 대상성과 추정된 것이 아닌 대상성의 차이인 궁극적 차이로 되돌아간다는 사실이 명백하다. 바로 이렇기 때문에 우리는 형식적인 보편적-영역인 '대상성-일반' 안에서 구별된 영역에 관해 이야기한다. 더 높은 단계의 모든 추정된 것은 실로 그 자체로 추정된 것 또는 '의견'의 영역에 속한다. 의견(Meinung) 대신 우리는 의미(Sinn)를 말할 수 있고, 진술(Aussagen)에서 그 의미(Bedeutung)[2]에 관해 말할 수도 있다. 어떤 진술의 의미(Sinn) 또는 의미(Bedeutung)에 관해 심문하고 이것을 판명하게 하는 것은 분명히 단도직입적으로 진술하고-판단하는 태도—이 태도 속에 우리는 단지 관련된 대상을 '지닌다'—에서 반성된 태도—이 태도에서 그에 상응하는 대상[에 관한]의견, 사태[에 관한]의견은 파악되거나 정립된다—로 이행하는 것일 뿐이다. 그래서 이

---

1) 이것은 인식대상적 통일체를 구성하는 인식작용적 다양체에 대한 인식작용적 반성일 것이다. 이에 관해서는 『이념들』 제1권, 201~207쪽[제97~98항] 참조할 것—후설의 주.

2) 'Sinn'과 'Bedeutung'의 자세한 용법에 관해서는 이 책 제3항의 옮긴이주 5를 참조할 것.

영역을 의미(Sinn)의 영역으로도 부를 수 있다.[3] 그것은 완결된 술어적 판단에 대해 사태의 의미(추정된 사태 자체)이고, 기체대상에 대해 바로 더 좁은 의미에서 대상적 의미이며, 관계에 대해 관계의 의미 등이다.

여기에서는 단도직입적(반성되지 않은) 의미에 대한 판단 그리고 반성적 의미에 대한 판단이 명증적인지, 이 판단이 인식의 지향을 내포하는지, 어쩌면 그 지향의 충족으로 등장하는지에 관해 아무것도 진술하지 않았다. 그와 같은 변화의 양상은 두 가지 판단의 태도, 즉 '단도직입적' 판단의 태도와 의미를 반성하는 태도 속에 자명하게 일어날 수 있다. 그 양상이 실로 모든 판단 자체에 포함되고, 따라서 의미에 대한 판단에도 포함되기 때문이다. 그래서 이 판단의 경우에도 명증적으로 '스스로를 가짐'과 단순한 '타당성-속에-가짐'의 차이가 존재하고, 양상화—특히 어쩌면 말소함, 확증, 명증적 논박(부정적 확증으로서) 등—가 존재하며, 그런 다음 어쨌든 더 높은 단계의 의미로 되돌아감으로써 비판이 존재한다.

의미해석은 명증적일 수 있지만, 명증적일 필요는 없으며, 더구나 기만할 수도 있다. 만약 여기에서 의미라 부르는 대상이 실제로 단순한 대상과 다른 것이라면, 이것은 연관된 판단작용 그리고 이미 정립된 대상으로 동일화하면서 되돌아가는 판단작용, 그런 다음 특히 인식하는 판단작용을 서로 다른 형식적 영역에 대해 상이한 길을 걸으며, 상이하게 동일화하거나 말소시켜 상이하게 구별하고 상이하게 제거한다는 사실도 뜻한다. 여기에서 'S는 p라는 판단'을 뜻하는 의미는 단순히 판단된 'S는 p다'와 또 이것에서 명사화(名詞化)를 거쳐 이끌어

---

3) 『이념들』 제1권, 265쪽[제4장 제1절 제128항] 참조할 것. 더 나아가 의미와 인식대상(Noema)의 관계에 관해서는 185쪽[제90항], 267~273쪽[제129~132항] 참조할 것—후설의 주.

낼 수 있는 사태와 결코 동일화될 수 없다. 더 나아가 존재의 명증성으로 이행함에서 다음과 같은 사실은 분명하다. 즉 만약 'S'가 없거나 'S'가 'p'가 아니라면, 요컨대 만약 판단하는 자에게 존재하는 사태가 없다면, 의미인 판단의 실제적 존재는 피해를 입지 않는다는 사실이다. 그렇다면 판단은 올바르지 않지만, 그것은 〔올바르지 못한〕 판단으로서 의미영역의 존재자다. 그런데 가능한 판단의 연관(그 가운데 이것을 명증하게 하는 것은 특별한 일부분이다) 속에 동일화에 관한 모든 형식은 변양되어 의미의 영역으로 들어온다.

단지 언급될 필요가 있는 것은 대상인 의미는 의미에 관련된 작용과 주체에 대립해 어떤 의미도 아닌 대상과 아주 똑같은 의미로 '초월적'이라는 사실, 즉 이념적 통일체의 극(極)들이라는 사실이다. 그와 같은 것은 실로 모든 대상성 일반에 적용된다.

49 판단(명제)에 관한 이중 의미

판단작용(Urteilen)과 판단(Urteil)의 상관관계(Korrelation)를 소급해 주시해보면, 이 모든 해명에 결정적 역할을 하는 이중 의미가 여전히 명확하게 부각될 수 있다. 즉 가장 넓은 의미에서 판단작용은 속견적(doxisch) '정립작용'(Setzen)이다. 그리고 이 속에서 정립된 것은 '명제'(Satz)다. 특히 술어적 판단은 술어적 명제를 정립한다. 이 명제는 판단된 그것이다. 그러나 그렇다면 명제나 판단은 진술논리 논리학, 즉 올바름과 그름에 대해 비판하는 논리학이 이러한 명칭으로 이해하는 것인가?

어떤 판단작용 속에 판단된 것은 판단된 것, 즉 판단하면서 추정된 범주적 대상성이다. 우리가 확인했듯이, 두 번째 단계의 판단작용 속에 비로소 논리학의 의미에서 명제—추정된 범주적 대상성 자체인 의미로서의 명제—가 대상이 되며, 이 자체는 이 새로운 판단작용 속에 판단하면서 추정된 것 그 자체다. 모든 판단작용에는 자신의 의미가 '놓여 있으며', 또한 우리는 그 판단작용 속에 단도직입적으로 추정된 대상성은 항상 존재할 필요가 없다고 명증적으로 말한다. 그러나 이러한 것은 바로 두 번째 단계의 판단과 명증성—이 속에서 우리는 단순한 판단에서 이것이 추정된 것을 대상으로 삼으면서 '이끌어낸다'—으로서만 명증적으로 진술할 수 있다. 바로 이것으로 추정된 것은 그 자체로 자신의 인식목적이 되며, 명증성 속에 그것 자체로 목적이 달성된다. 반면 단도직입적 판단작용에는 그때그때 추정된 것이 '암묵적으로' 의식되지만, 인식의 목적을 추구하는 데 단순한 '통로'다. 인식의 목적을 추구함은 자신의 측면에서는 단순한 판단 속에 종결되는 것이 아니라 그에 상응하는 범주적 대상성 자체 속에 종결된다.

50 의미라는 개념을 정립적 영역 전체로 확장함과 형식적 가치론과 실천학을 위해 형식논리학을 확장함

이제 판단작용과 판단의 의미에 대해 말한 것이 정립적 의식영역 전체에 적용된다는 사실에 주목하는 것은 여전히 교훈적이다. 모든 '사유함'(Cogito)은 자신의 '사유된 것'(Cogitatum)을 지닌다. 이것은 지향성의 현상학에 기본적 본질토대다. '사유함'은 '나는 지각한다' '나는 기억한다' '나는 예상한다'를 뜻할 수 있다(이것은 물론 술어로 규정하는 사유함의 속견적 영역 속에 있지 않더라도, 그 자체로 속견적 영역 속에 있다). 그러나 이것은 내가 좋아함이나 싫어함, 희망함이나 두려움에서 '평가하면서' 감정의 활동이나 의지의 활동 등을 하는 것을 말할 수도 있다. 단도직입적으로 실행되면, 모든 그러한 '사유함'은 자신의 방향을 각기 경험의 객체, 가치와 무가치, 목적과 수단 등으로 향한다. 그러나 모든 '사유함'은 태도변경으로 자신의 '사유된 것으로서 사유된 것', 즉 자신의 '지향적 대상성 자체'에 대한 반성을 허용한다. 그러한 반성 아래 어떤 속견적 반성, 그러나 어쩌면 그에 상응하는 감정이나 목적을 추구하는 활동에 대한 반성이 생각될 수 있다.

모든 경우 동시에 가능한 속견적 반성에 입각하면, 그 반성 속에 이제 새로운 것, 즉 관련된 의미―지각의 의미,[4] 가치의 의미, 실천적 의미 등―가 정립에, 즉 추정된 것 자체에 이른다. 만약 '비판'이 시작되려면, 그때그때 의미가 주제로 되어야 한다는 사실도 어디에서나 타당하다. 현저한 의미에서 모든 '작용'(Akt), 즉 '정립(Setzung)'―정립(Position), 정립(These),[5] 태도를 취함(Stellungnahme)―을 실행하는 모든 지향적 체험은 '이성'의 비판을 받으며, 그 같은 모든 정립(Position)의 모든 유(類)에는 본질법칙에 따라 속견적 명증성으로 변할 수 있는 **독특한 명증성**[6]이 포함된다. 그래서 판단영역의 동일성 종

---

4) 이미 『논리연구』 속에 모든 지향적 영역에 관련된 의미의 이러한 일반적 개념이 출현했다. 우리 시대의 '사유심리학'(Denkpsychologie)은 이 개념을 이어받았지만, 유감스럽게도 더 깊은 지향적 분석들을 고려하지 않은 채, 특히 『이념들』 제1권(256쪽[제124항] 이하 참조할 것)이 제시한 더욱더 광범위한 분석을 고려하지 않은 채 이어받았다―후설의 주.

5) 'Satz'는 단순한 '문장'이 아니라 순수 의식의 인식작용이 주어진 대상에 의미를 부여하여 '정립된 명제'를 뜻한다. 그리고 'Position' 또는 'positional'은 '지향적 의식이 대상에 대해 일정한 태도를 취하는, 즉 정립하는 작용'을 뜻한다. 또한 이러한 뜻으로 사용되는 'Setzung'이나 'These'에서도, 후자는 전자의 특성을 가리키지만(『이념들』 제1권, 특히 제106, 117항을 참조할 것), 후설이 때때로 이것들을 구별하지 않고 사용하기 때문에 모두 '정립'으로 옮기며 간혹 원어를 병기하기로 한다.

6) 감정의 명증성은 브렌타노(F. Brentano)가 처음으로 명백하게 지시했다. 그의 강연 『도덕적 인식의 근원에 관해』(*Vom Ursprung sittlicher Erkenntnis*, 크라우스O.

합도 그 밖의 정립적 영역의 동일성 종합에서 자신과 비슷한 것을 지니게 된다. 어디에서나 단도직입적 주제(따라서 이 말은 지금 정립성의 모든 유에 관련된 가장 넓은 의미로 이해된다)는 그 반성으로 어떻게든 변양된다.

우리는 모든 명증성이 속견적 명증성으로 전환할 수 있음을 이야기했다. 여기에서는 더 일반적으로 다음과 같이 말해야 할 것이다. 모든 속견-외적 의미는 언제나 가능한 속견적 주제화함에서 속견적 영역으로 들어갈 수 있고, 특히 진술논리 영역으로 들어갈 수 있다. 이것은 각기 양상화된 판단이 어떤 확실성의 판단형식, 즉 정상적인 의미에서 어떤 판단형식을 받아들일 수 있는 것과 비슷하다. 그렇다면 판단의 상태에는 가능한 것, 개연적인 것 등이 등장한다. 이것은 아름다움이나 좋음의 경우도 비슷한 상태다. 그러므로 확실성의 형식논리학은 양상의 형식을 위해 풍부하게 될 수 있지만, 어떤 방식으로는 감정의 양상도 자체 속에 받아들일 수 있다.

이러한 고찰은 속견-외적 작용의 영역도 형식적 고찰을 허용한다는 사실을 예견할 수 있게 해준다. 이 사실은 중대한 의미가 있다. 형식적 가치론과 실천학을 위해 형식논리학의 이념을 확장할 가능성이 열리기 때문이다. 이렇게 함으로써 이른바 가치, 선(善)의 형식논리학이 생긴다. 모든 정립적(positional) 영역은 자신의 '구문론적' 범주를 지니고, '어떤 것'(Etwas)과 이것의 파생형태에 대한 자신의 독특한 근원적 양상을 지니며, 따라서 그 각각은 자신의 '형식논리학', 자신의 '분석론'을 지닌다.[7][8]

Kraus의 새로운 편집판, 라이프치히, 1921) 속에 「올바른 사랑과 올바르다고 특징지어진 사랑」(앞의 책, 17쪽)에 관한 상론을 참조할 것—후설의 주.
7) 1902년 여름학기 세미나 이래 나는 약간의 강의와 세미나에서, 또한 논리학 강의나 윤리학 강의와의 연관 속에서 형식적 가치론과 실천학의 이념을 체계적

51 순수한 의미이론인 순수한 귀결논리. 귀결논리와 진리논리로 분류한 것은 논리학의 최고단계인 다양체이론에도 적용된다

이제 다시 진술논리의 의미와 이 속에 포함된 모든 범주적 의미의 분야인 판단의 영역으로 한정하면, 순수 형식적 분석론은 그 자체 속에 완결된 체계적 이론으로 간주될 수 있고, 이 이론의 주제 영역은 바로 이러한 의미가 있다. 이 사실이 명백해지는 것은, 〔한편으로〕 이러한 연구에서 획득한 술어적인 대상적 의미인 판단이라는 개념의 해명과 〔다른 한편으로〕 의미에 관한 그리고 논리적 분석론의 구조에 관한 확인을 〔앞의〕 제1장과 결합할 때다. 거기에서는 물론 그 최고단계, 즉 연역적 이론의 형식에 대한 학설은 아직 우리 시야에 들어오지 않았다. 엄밀하고 본래로 이해된 의미의 영역에 대한 순수 체계적 이론은 두 가지 근본 층(層)에 대한 분석론, 즉 의미(Sinn)—또는 의미(Bedeutung)—의 순수 형식이론과 무모순성의 순수 분석론에 대한 분석론이다. 무모순성의 순수 분석론이 형식이론 속에 기초 지어지기 때문에, 이것은 오직 의미의 순수 형식이론과 일치해서만 그 자체만으로 완결된 하나의 논리적 학과를 형성하며, 이렇게 이해되면, 그것은 자신의 본질적인 것을 넘어서는 어떤 것도 함께 포괄하지 않는 진술논리의 의미에 관한 보편적이고 순수한 학문이다. 이 학문의 주제는

으로 형성시키려고 했다. 아마 그 이래 문헌 속에 등장하는 비슷한 의미의 모든 상론은,—비록 전달된 사상이 상당한 변화를 겪었을 수 있다 해도—무엇보다 완전히 직접적으로 레싱(Th. Lessing)의 가치공리론(Wertaxiomatik)은 이 강의와 세미나로 되돌아간다—후설의 주.

8) 레싱(1872~1933)은 독일의 유태계 철학자로, 쇼펜하우어의 영향으로 염세적 의지의 형이상학을 주장했다. 그는 『유럽과 아시아』(1918), 『무의함의 의미부여로서 역사』(1919) 등을 썼는데, 후설이 여기서 언급한 '가치공리론'은 『가치공리론 연구』(1908)를 뜻한다.

진리에 관한 모든 물음을 배제한다. 왜냐하면 '참된'(이것의 모든 변화를 포함해)이라는 술어를 지닌 바로 이 진리의 물음은, 일치에 의거하는 그것〔'참된'〕의 의미가 보여주듯이, 의미영역의 순수 고유한 본질적 아프리오리를 넘어서기 때문이다.

위에서 해명하기 위해 더 폭넓게 해석한 것에서 다음과 같은 사실을 이해할 수 있다. 분석론이 체계적 이론형식(또는 수학적 다양체)에 관한 학설과 이와 함께 완전한 '보편수학'(mathesis universalis)으로 확대됨에 따라 우리가 더 낮은 단계, 즉 우선 무모순성의 순수 수학(Mathesis)과 가능한 진리의 수학으로 층을 쌓아 올리는 단계와 무모순성의 순수 수학을 순수 의미의 수학으로 해석하는 단계에 대해 입증한 모든 것은 여전히 타당해야 한다는 사실이다. 왜냐하면 그 어떤 규정된 체계적 이론형식, 또는 이와 상관적으로 말하면, 그 어떤 수학적 다양체를 그것—예를 들어 유클리드 기하학의 형식, 또는 이와 상관적으로 유클리드의 다양체—이 아프리오리하게 구성되어 있는 것처럼 포착하면, 이러한 형식(일반적 개념)의 범위 속에서 단독의 다양체는 비록 완전히 규정되지 않았더라도 단일적인 것으로 (유클리드 형식의 단순한 다양체의 예에서) 생각되기 때문이다. 그리고 그 단독의 다양체는 철저히 **범주적 형성물에서** 구축된 것으로 생각되기 때문이다. 그래서 이 범주적 형성물은 그 구문론적 형식에 따라 그때그때 전체적 다양체 자체에 이르기까지 완전히 진술논리-논리적 영역으로 포함된다. 그러므로 전체적 '보편수학'은 가능한 범주적인 것들의 분석론, 즉 그 본질형식과 본질법칙의 이론이다.

이제 다양체의 이론은 그 이론형식에 대한 가능한 진리의 물음, 이와 상관적으로 그 어떤 단독의 다양체—이것은 일반적으로 그 속에서 주제를 이끄는 다양체에 대한 그 형식적 이념 아래 놓여 있다—에 관한 가능한 실제성(가능한 참된 존재)의 물음을 강요하는 근거를 전혀 지니지 않는다는 사실에 주의해보자. 따라서 이와 동등하게 수학자는 구체적 '실제성'에서 다양체(예를 들어 수학적으로 인식할 수 있는 자연이나 가령 유클리드 다양체로 포착할 수 있는 공간 형성물들의 분야)가 실제로 존재하는 사실, 실로 그러한 것이 존재할 수 있다는 사실, 그러한 것을 그 어떤 사태 속에 생각해볼 수 있다는 사실에 결코 관심을 둘 필요가 없다. 그러므로 그는 가능한 방식으로 구체적으로 존재하는 다양체의 의미에서 가능한 다양체를 전제할 필요가 없으며, '순수한' 수학자로서 자신의 개념을 이것의 범위가 그러한 가능성을 결코 포함하지 않는 방식으로 포착할 수 있다.

52 본래의 논리적 '순수 수학'과 논리 외적인 '순수 수학', '수학자의 수학'

물론 그것 때문에 논리적 분석론의 낮은 단계뿐 아니라 높은 단계에 대해서도 그리고 결국 전부를 포괄하는 분석론—'보편수학'—에 대해서도 그 본래의 논리적 의미, 즉 그 학문이론의 본질적 의미는 잃어버린다. 왜냐하면 논리학은, 단순한 형식논리학이 되려고 하는 곳에서조차, 가능한 분야와 이 분야의 인식, 가능한 체계적 이론에 관련되려 하고, 이것에 대해 가능성의 본질법칙을 미리 또 규범으로서 확정하려 하기 때문이다. 논리학이 애쓰는 가운데 가능한 진리와 참으로 존재하는 이론 그리고 이론화할 수 있는 인식의 분야에 대한 조건이 이미 '판단' 자체의 형식으로 제시될 수 있다는 사실에 직면하면, 논리학은 당연히 자신의 특수한 논리적 의미를 외면하지 않는다. 그러나 논리학이 무모순성의 분석론과 가능한 진리의 분석론 속에 자신의 본질적 층을 깨닫고 따라서 다음과 같은 사실을 인식하면, 논리학은 아마 그쪽으로 한 걸음 더 내디딘다.

1) 순수하게 의미로서 이해된 판단(여기에는 모든 대상성이 순수하게 대상적 의미로서 포함된다)은, '판명함'의 단계에서—그 자체로 아직 판단에 상응하는 대상성의 가능한 존재나 이러한 판단 자체의 가능한 진리에 대해 아무것도 말하지 않는—귀결, 불일치, 무모순성의 법칙성을 지닌다는 점을 인식하면, 그 자체 속에 완결된 형식법칙성을 지닌다는 점.

2) 명증적으로 무모순성의 법칙성은 논리적 법칙성, 즉 가능한 진리의 최초의 가장 일반적인 법칙의 가치를 직접 받아들인다는 점, 더구나 특수한 논리적 의도에 따라 가능한 존재와 가능한 진리는 그 가능성의 본질법칙을 심문해야 하고, 이제 그 의미(순수 판단)는 따라서 함께 전제되었다고 생각되는 그 같은 가능성과 관련해 생각되어야 한다는 점.

이러한 점이 명백하게 되면, 특수한 논리적 의도에서 벗어나 순수 진술논리의 의미에 관한 보편적 분야만 탐구하고 또 탐구하려는 하나의 전체적 학문을 확립할 수 있다. 가능한 진리와 진리개념 자체에 관한 물음을 이처럼 일관되게 배제할 경우, 우리가 이때 이 전체적인 논리적 수학(Mathesis)의 아무것도 본래 상실하지 않았고 오히려 그 수학을 완전히 '순수' 형식적 수학(Mathematik)으로 지닌다는 사실이 명백하게 제시된다. 대상적 의미, 즉 확장된 의미에서 '판단'을 그 자신의 본질성 속에 주제로 제한하는 이 순수성도 어느 정도는 의식되지 않은 채 발휘될 수 있다. 즉 수학자들이 이전부터 수학적 해석학에서처럼 다양체의 가능한 실제성에 관한 물음을 제기하지 않는다는 점, 또는 단순한 의미형식에 입각해 다양체가 가능한 실제성의 조건을 심문하지 않는다—이와 대조적으로 진술논리 논리학이 전통적으로 이러한 일을 하는 것처럼—는 점 때문에 의식되지 않은 채 발휘될 수 있다. 단지 이러한 생각이, 사실적으로도 항상 그러했듯이, 수학 자체에서 그 어떤 기능을 결코 발휘하지 않는다면, 수학적으로 구축된 다양체의 형식이 대개 그처럼 가능한 실제성으로 함께 생각되는 한, 순수하지 않은 어떤 흔적도 남아 있을 수 있다. 그러므로 (의식적으로뿐 아니라 무의식적으로) 어떤 '순수' 형식적 수학에서 직접적이든 간접적이든 분석적 귀결과 불일치인 '무모순성' 이외에 다른 어떤 인식에 대한 고려도 존재할 수 없다는 사실이 이해된다. 수학적 '현존'의 모든 물음은 명백히 분석적 귀결과 불일치에 속한다.

물론 논리학자에게 다음과 같은 사실은 다른 것이다. 즉 논리학자가 학문이론적 태도를 취해 심지어 전통적으로 제한되어 좁은 것을 '보편수학'으로 일관되게 확장하면서 돌진해갈 때(나 자신이 『논리연구』에서 그랬듯이)조차 순수 의미의 분석론으로 이렇게 환원한다는 생각을 쉽게 하지 못하고, 따라서 수학은 단지 하나의 확장된 논리학으로서만, 그러므로 가능한 대상분야와 이론에 본질적으로 관련된 논리학으로서만 획득된다는 사실이다. 철학적으로 여기에서 설정해야 할 경계를 가장 충만하게 깨닫고 철저하게 인식할 필요가 있다. 가령 전문적 수학자가 추정적으로 생각하는 것을 해석하고 이것에 관해 심문하는 것은 충분치 않다. 우리는 그 환원된 순수성의 의미에서 하나의 형식적 수학이 자신의 고유한 권리를 지닌다는 점 그리고 수학에서 어쨌든 이 순수성을 넘어서는 어떠한 필연성도 존재하지 않는다는 점을 확인해야 한다. 그러나 동시에 논리적 수학(본질에 적합한 완벽함으로 이끌린 형식논리학)을 무모순성의 순수 분석론으로 이렇게 제한하는 환원이 자신의 고유한 본질적 아프리오리에 관한 진술논리의 의미와만 관계하는 하나의 학문으로서 자신의 본질적 의미를 지닌다는 사실 그리고 이것 때문에 결국 '형식적 수학'—본래 논리적인, 즉 학문이론적인 모든 지향[의도]과 멀리 떨어진 수학, 요컨대 수학자의 수학—의 본래 의미가 원리적으로 해명된다는 사실은 철학적 통찰에서 하나의 중대한 진보다. 여기에서 형식논리학과 단순한 형식적 수학이 유일하게 정당하게 구별된다.

53 '유클리드' 다양체의 범례에서 설명

사안이 중요하기 때문에 다양체이론을 순수 의미론으로 환원하는 본성에 대해 여전히 약간의 설명을 첨부하는 것이 유익할 것이다.

다양체이론은 논리학자에게 우선 가능한 진리를 갖춘 가능한 다양체가 아프리오리하게 구축될 수 있는 형식유형(이와 상관적으로 가능한 연역적 학문인 체계적 이론의 형식유형)에 관한 학문으로 제시된다. 여기에서 순수성으로의 환원을 단일적으로 해석할 때, 다음과 같은 사실이 생긴다. 즉 '유클리드 다양체'는, 이 다양체의 당연한 예에 연결시키기 위해, 우선 참된 명제의 가능한 체계인 가능한 연역적 학문에 대한 형식인 유클리드 공간기하학에서 범례화된 형식을 뜻했다. 이것은 이제 이 동일한 범주적 형식을 지닌 개방된 무한히 가능한 연역적 학문 가운데 하나의 가능한 형식이다. 가능한 진리의 전제와의 모든 관련을 차단하는 환원은 가능한 명제(판단)—게다가 판명함의 명증성 속에 단일적으로뿐 아니라 전체 체계로서 판명함으로 (순수한 판단으로서) 실행될 수 있는 명제, 요컨대 그 자체 속에 완결된 순수 귀결('무모순성')의 체계를 형성하는 명제—의 체계형식인 형식(여전히 '유클리드 다양체'의 형식)을 순수하게 의미로서 제공한다. 따라서 유클리드 형식은 그 범위 속에 가능한 방식으로 존재하는 분야에 관련된 연역적 학문을 더 이상 지니지 않고, 오히려 무모순적 판단의 체계를 지닌다. 그 형식은 다음과 같은 사실을 뜻하는 형식법칙을 가리킨다. 유클리드 공리형식의 그룹에 포괄될 수 있는 판단들의 각 그룹은 아프리오리하게 모순 없이 일치될 수 있고, 이 그룹에서 무모순성의 더 낮은 분석론의 원리(진정한 공리)에 따라 도출할 수 있는 모든 귀결은 출발명제와 하나로 일치할 수 있으며, 이 귀결은, 유클리드 공리체계가 하나의 결정적 공리체계라는 것을 입증할 수 있다면,[9] 무모순적 체계와 결정적 체계를 형성한다는 사실이다.

우리는 가능한 체계적 이론의 상관자로서 가능한 다양체, 즉 그 다양체에 따라 체계적으로 이론화된 대상들의 가능한 분야를 지닌다. 이러한 가능성이 관여되지 않은 다음에야 그것에 대해 대상 그 자체에 관한 다양체가 아니라 추정된 대상 자체—따라서 술어의 기체로서 하나의 판단체계 속에 일치하게 기능하는 데 적당한 기체의 의미인 대상적 의미—에 관한 다양체가 들어온다. 그러나 기체의 의미는 그 자체가 순수 이론-의미로 환원된 이론의 단지 대상적 근본의미일 뿐이다. 단일하거나 복잡한 모든 판단에서 그리고 판단 속에 등장하는 모든 범주적 형태에서 그것 자체는 지금의 환원 이후에는 '추정된 대상성 자체'이며, 확장된 의미에서 대상적 의미 또는 판단이다. 왜냐하면 기체의 의미가 형태를 구성할 단계보다 더 높은 단계의 범주적 형태가 중요한 문제이기 때문이다.

이미 더 낮은 단계의 분석론에서 말한 것을 순수 수학으로 확장된

---

9) 명백하게 이 배후에는 순수 귀결의 분석론의 원초적인 근본법칙이 있다. 즉 하나의 일치하는 판단에서 귀결로 생기는 (가장 넓은 의미에서) 두 판단은 판단의 통일체 속에 양립할 수 있다. 즉 그 두 판단은 '다양하게 증가될' 수 있다. '논리적 계산'으로 '다양하게 증가됨'은 그 자체 속에 무모순적인 것으로 생각된 판단들을 하나의 판단으로 연언(連言)으로 결합하는 이러한 조작(Operation)을 뜻할 뿐이다. 이에 속한 (반복할 수 있는 의미의) 조작법칙은 근본법칙으로서 다음과 같은 것을 뜻한다. 즉 각각의 판단(그 자체 속에 무모순적인 '판명한' 판단)은 다른 각각의 판단과 더불어 바로 그러한 하나의 판단으로 통합될 수 있다는 사실이다. 판단이 타당함은 귀결[일관성]의 영역에 판단이 그 자체 속에 일치함, 이 일치함을 판명하게 실행할 수 있음, 즉 그러한 실행 속에 집어넣어 생각해볼 수 있는 가능성인 그러한 실행할 수 있음을 뜻한다—후설의 주.

분석론에서 명백하게 반복할 필요는 없을 것이다. 순수 수학은 학문으로서 당연히 그 분야에 관해 진리를 겨냥했고, 따라서 의미와 이 의미의 귀결관계에 관한 진리를 겨냥했다. 그러나 진리(정당함, 가능한 참된 존재 자체 등)의 법칙은 순수성에서, 본래의 논리학을 제외하고, 다른 학문보다 순수 수학의 분야에 속하지 않는다. 요컨대 진리는 자연과학의 주제로 탐구될 수 있는 자연의 술어보다 '순수' 수학적 술어에 속하지 않는다.

54 형식논리학과 형식적 존재론의 관계를 종결짓는 확정

a) 문제제기

마지막 고찰에서 모든 범주적 단계의 진술논리의 의미에 관한 학문인 '보편수학'의 이념을, 이 이념을 그 특유성 속에 순수하게 파악하기 위해, 모든 논리적 관심에서 분리시켰다. 이제 이 관심을 다시 불러일으켜 보자.

그러므로 수학은 다시 학문이론 안에 있고, 이 학문이론 속에 비판의 기능을 하며, 따라서 이 학문이론은 그 자체로 이러한 기능의 의미를 받아들인다. 무모순성과 진리의 관계법칙은 미리 표명되고, 그렇다면 이 법칙에 따라 진리개념(참된 술어적 판단, 참으로 존재하는 기체의 대상, 참된 술어, 참된 다양체 등)을 도입하는 것이 허용되며, 이에 상응해 실행된다. 그래서 귀결과 무모순성의 법칙은 가능한 실질적 진리의 법칙이 된다. 이 법칙 속에 사태의 내용(핵심)이 결정되지 않은 것으로 남아 있는데도, 어쨌든 법칙은 이제 이러한 일반성에서 가능한 대상성과 관련된 것으로 생각된다. 정당성으로서 가능한 진리는 실로 가능한 사태(Sache) 자체와 일치할 가능성을 뜻한다. 따라서 예를 들어 술어적 판단의 가능한 정당성의 형식법칙에는 사태에 관한 가능성의 법칙이 '당연히' 포함되어 있다. 그러므로 이러한 방식으로 논리학의 수학적 체계 전체는 가능한 대상성 일반과의 관련을 획득한다.

이제 다음과 같은 문제를 제기한다. 따라서 형식논리학은 형식적 존재론으로 간주될 수 있는가? 그리고 어쨌든 왜 단순한 무모순성의 분석론—그렇지만 이 분석론이 판단 일반에, 그래서 어떤 것-일반에 관련되는데도—에는 적용되지 않는가?

b) 형식논리학의 상관적인 이중 의미

단도직입적으로 그 어떤 것, 그 어떤 대상이나 대상 일반에 관해 이야기하는 것은 정상적인 방식으로 그것을 실제성이나 가능성으로서 이야기하는 것, 아프리오리한 일반자(Überhaupt)의 경우에는 완전히 자유로운 상상 속에 생각해낼 수 있는 것으로서 형상적 가능성에 관해 이야기하는 것을 뜻한다. 형식적 존재론을 대상 일반에 관한 하나의 아프리오리한 학문이라 하면, 따라서 이것은 즉시 순수하게 그 자체로서 가능한 대상에 관한 학문을 뜻한다. 물론 이 학문의 주제분야에는 가능한 것으로 생각해낼 수 있는 '대상 일반'에 관한 범주적 변화도 포함된다. 그렇다면 형식적이지 않은 존재론은 그 밖의 그 어떤 아프리오리한 학문일 것이고, 이것은 가능한 대상성에 관한 특별한 분야인 그 대상적 분야에 관해서 존재론일 것이다.

따라서 다음과 같이 말해야 한다. 즉 무모순성의 순수 수학은, 학문이론의 논리학에서 분리되어, 형식적 존재론이라는 명칭에 걸맞지 않다. 그 순수 수학은 의미 자체인 순수 판단의 존재론이며, 게다가 무모순적 의미와—판명함의 명증성 속에 가능한 것으로 이해되면—가능한 의미의 형식의 존재론이다. 그 대상의 의미는 각각의 가능한 대상에 상응한다. 가능한 대상의 각각의 의미형식은 '논리-외적' 수학의 가능한 의미형식 아래에서 자연히 생긴다. 그러나 의미형식의 가능성은 그 자체에서 또 그 자체에 대해 그것에 상응하는 의미의 대상의 가능성에 관해 아무것도 포함하지 않는다. 그리고 이러한 상응함 자체도 순수한 의미의 영역을 넘어서게 된다.

그 상응함을 끌어들이고, 두 가지 가능성, 즉 무모순적인 대상적 의미와 가능한 대상 자체를 서로 관련시키며, 따라서 가능한 정답함의 물음을 제기하자마자, 우리는 본래의 논리학 속에 있게 된다. 이 속에서 의미(Sinn) 자체인 판단의 전체적 수학은 하나의 형식적-존재론적 의미(Bedeutung)를 즉시 받아들인다. 그렇지만 어쨌든 이것을 당장 형식적 존재론으로 간주하면 안 된다.

다음과 같이 숙고해보자. 가능한 진리의 형식논리학인 형식적 분석론은, 앞에서 상론했듯이, 비판적으로 태도를 취한다. 바로 그렇기 때문에 그 주제는 가능한 일치의 관점 아래 판단의 전체 분야(항상 범주적 의미의 전체성이 함께 포함된)다. 그러나 판단이 유일한 주제로 간주되는 한, 그에 상응하는 가능한 대상성—이것에 맞추어 판단은 '정당함', 즉 '진리'의 술어를 받아들일 수 있을 것이다—을 끌어들인다 해도, 우리는 아직 본래의 형식적-존재론적으로 태도를 취하고 있지 않다. 그런데 학문에서처럼 끊임없이 반복된 비판적 태도 그리고 이와 함께 판단에 향한 태도는 사태 자체에 대한 또 이 사태가 어떻게 참으로 존재하는지 그래서 논리학, 즉 학문이론으로서 자신의 소명(召命)을 놓쳐버리지 않은 논리학에 대한 1차적 관심에 이바지하기 위한 단지 하나의 수단일 뿐이다. 그렇다면 이 논리학의 궁극적 의미에 따르면, 논리학은 순수 형식적인 진술논리 논리학이 아니라, 오히려 형식적-존재론적 논리학이다. 하나의 진술논리는 실로 그 자체로서 의미인 판단과 그 일치의 가능성을 향한 확고하고 유일한 주제의 태도 속에 실행될 수 있고, 이러한 경향이 논리학의 역사적 발전 속에 형성되었다. 그러나 형식적 분석론의 심오한 의미 그리고 학문이론으로서의 과제에 적합한 의미는 그 속에서 기체의 대상성이 참으로 존재할 수 있어야 할 가능한 범주적 형식에 관한 학문이 되는 것이다.

범주적으로 형식을 갖춘 대상성, 이것은 진술논리의 개념이 아니라, 존재론적 개념이다. 그것은 상응하는 의미형식이 **충족된** 판단일 뿐인 그러한 대상성의 본질로 존재한다. 판단하는 자가 대상을 향한 태도에서 명증적인 스스로를 가짐으로 이행할 때, 이 충족의 종합의 본질에는 그것이 합치의 종합이라는 사실이 포함된다. 우리는 실로, 또 (그 종합에 대해 반성하면서 그 종합에 관한 어떤 진술을 하는 가운데) 명증성을 갖추고 "내가 방금 전에 생각했고 여전히 생각하는 바로 동일한 것이 그 자체로 주어져 있다"라고 말한다. 이상적인 경우를 예로 들어보자. 충족이 이상적으로 완벽하다면, 기체의 대상성은 이것의 모든 범주적 형성됨과 더불어 가장 엄밀한 의미에서 그 자체로 주어지고, 명증성은 실현되며, 그 대상성이 참으로 존재하듯이 그 대상성 자체를 파악한다.[10] 단순한 판단의 의견—따라서 추정된 범주적 형식 속에 추정된 기체—과의 명증적 합치에 따라 **참으로** 존재하는 대상성에서 각각 판단의 의견은 명백하게 이 판단의 의견이 오직 여기에서 인식이 충족되어야만 충만하게 된다는 **점**에 놓여 있다.

바로 그 때문에 이미 이전에 명백하게 제시한 **명증성의 이중 의미**를 판단의 이중 의미와 평행하게 지닌다. 하나의 의미 속에 명증성은 스스로 주어진 양상에서 참으로 존재하는 사태(그때그때 참으로 존재하

---

10) 명증성은 그 대상성을 당연히 그 대상성에 의미에 적합하게 그때그때 속하는 단계적 구조 속에, 따라서 서로 얽혀 기초 지어진 명증성의 단계적 서열 속에 실현한다. 이 명증성은 그 종합적 통일체—스스로를 실현함에 입각해 자기 스스로를 가짐의 통일체—속에 이러저러하게 구축된 하나의 범주적 대상성에 대해 바로 하나의 명증성을 형성한다—후설의 주.

는 속성, 관계 등에서 참으로 존재하는 기체의 대상성)처럼 많은 것을 뜻한다. 두 번째 상관적인 의미에서 명증성은, 첫 번째 의미의 명증성에, 따라서 스스로 주어진 범주적 대상성에 그것이 적합하므로, 판단의 의견의 정당함이 스스로 주어져 있음을 뜻한다. 인식하면서-판단하는 자인 우리는, 이미 상론했듯이, 범주적으로 형식을 갖춘 대상성만 지니며, 여기에서 다른 어떤 대상성을 지니려는 것은 아무 의미가 없다. 참으로 존재하는 자연, 참으로 존재하는 사회성 또는 문화 등, 이것은 확실한 범주적 대상성의 의미만 지닐 뿐이다. 이 대상성을 방법적으로 산출하면서 학문적 방법으로 이 대상성으로 돌진해 가는 것이 학문의 전체적 목표다.

이때 형이상학에 반론을 제기하면 안 된다. 형이상학이 명석하지 않은 사상과 논의에 대한 단어가 아니라 하나의 학문에 대한 단어라면, '논리적인 것의 형식적이거나 실재적인 의미'에 대한 어떠한 이성적 문제도 존재하지 않는다[11] 〔그래서 형이상학이 아니다〕. 예를 들어 자연과학이 우리를 만족시키지 않는다면, (그 명증성의 권리, 따라서 그 스스로를 가짐의 완벽함이 반론할 수 없게 남아 있고, 그래서 이 학문 자체가 반론할 수 없게 남아 있다면) 오직 그렇게 지시된 학문은 그 어떤 방식으로 일면적이게, 또 그 분야에 관해 여전히 더 이상의 인식—그에 상응하는 명증성을 방법적으로 수립할 목적으로 정립되어야 할 동일한 기체의 영역과 관련해 새로운 범주적 형성물—이 필요하다는 사실만 말할 수 있을 뿐이다. 그와 같이 규정된 실질적 학문 대신 형식논리학을 취한다면, 그것이 (그에 상응하는 대상적 의미가 아니라) 범주적 대상성의 가능한 형식을 의식적으로 궁극적 주제로 삼는

---

11) 전도된 로체의 문제제기에 대한 내 비판은 『논리연구』 제2-2권, 199쪽 이하 〔제65항〕를 참조할 것—후설의 주.

다면, 그것은 형식적-존재론적 학문이다. 이에 관한 더 특수한 경우는 다음과 같다. 즉 형식논리학이 어떤 연역적 이론의 형식을 형성하는 그 범주적인 것을 탐구한다면, 이때 그 이론은 판단의 체계가 아니라 가능한 사태로, 전체적으로는 어떤 범주적 대상성이 부각되어 형식을 갖춘 통일체로 이해된다.

우리가 분명하게 밝힌 명증성과 진리의 상관적 이중 의미는 또한 명백하게 형식논리학의 상관적 이중 의미를 뜻한다. 진술논리의 의견인 판단을 향한 전통적 태도에서 출발하면서, 따라서 비판의 태도에 우선권을 부여하면서, 범주적 의미형식의 측면에서 이론의 진술논리의 의미형식까지 완전히 확장되어 우리는 '보편수학'에 도달하는 진술논리 논리학을 획득한다. 가능한 범주적 대상성 자체 또는 그 형식을 향한 태도에 우선권을 부여한다면, 우리는 처음부터 또 일관되게 형식적-존재론적 논리학을 추구하는 것이다. 그러나 이 논리학은 자명하게도—그 궁극적 목표는 그 대상에 관계하는 반면, 비록 단지 하나의 수단으로서라도—어쨌든 방법의 근거에 입각해 판단의 의미를 대상으로 삼지 않을 수 없다.

c) 형식적 존재론의 이념은 학문이론의 이념에서 분리될 수 있다

이러한 연구 이후에 우리는 논리학의 이중 의미와 논리학의 두 가지 측면에 속한 태도의 이중 의미를 완벽한 것으로 해명했다고 생각할 수 있다. 물론 수학자에게 그러한 해명은 아무래도 상관없다. 수학자는 자신의 실증성 속에 전적으로 새로운 이론적 결과를 발견하려는 의도에서 〔어떤〕 같은 값을 지닌 것을 〔다른〕 같은 값을 지닌 것으로 변화시키는 태도변경에 대한 최소한의 관심도 두지 않는다. 명증적 상관관계로 이행하는 것은 그의 의미에서 '동일한 것'을 제공할 뿐이다. 그러나 그러한 해명이 없음을 깨닫지 못하거나 아무래도

상관없는 것으로 설명하는 논리학자는 결코 철학자가 아니다. 왜냐하면 여기에서는 형식논리학에 대한 원리적인 구조적 통찰이 중요한 문제이기 때문이다. 형식논리학의 원리적 의미에 관한 명석함 없이는, 보편적 철학의 이념 안에서 논리학과 논리학의 철학적 기능에서 제기되어야 할 중대한 물음도 전혀 거론될 수 없다.

결론적으로 형식적 존재론도 처음부터 학문이론의 이념에서 출발하지 않고 직접적으로 과제로서 제기될 수 있다는 사실을 여전히 주목해야 한다. 그렇다면 형식적 존재론의 물음은 다음과 같다. 우리는 대상-일반이라는 공허한 영역 안에서 무엇을 진술할 수 있는가? 구문론적으로 형태를 만드는 것은 이 형식적 일반성에서 순수하게 아프리오리하게 자유롭게 이루어지며, 이로써 가능한 것으로 미리 주어져 있다고 생각된 그 어떤 대상(어떤 것-일반)에서 언제나 새로운 범주적인 것이 산출된다고 생각될 수 있다. 이때 우리는 단순히 판명한 의견을 제공하지만 그러나 모순적인 것으로 가능한 대상 자체로 이끌수 없는 등의 가능한 산출의 차이에도 도달하게 된다. 그렇다면 전체적인 형식적 수학이 명백하게 생긴다. 그런 다음에야 우리는 어쨌든 항상 이 존재론의 학문이론의 의미를 분명하게 할 수 있다. 왜냐하면 각각의 학문은 자신의 분야에 대해 '참된 존재', 따라서 범주적인 것을 겨냥하기 때문이다. 이 범주적인 것의 형식은 그것이 진정한 학문일 경우 형식적-존재론적으로 가능한 형식 아래 놓여 있어야 한다.

제2부

형식논리학에서 선험논리학으로

모든 판단이 경험을 소급해 지시하기 때문에
논리학자인 우리는 명증성의 작업수행이라는 문제,
즉 경험 자체에 관한 문제와 경험에서 생기는
범주적인 것에 관한 문제를 만난다.
두 가지 문제는 판단의 가장 낮은 단계 또는
경험의 원천을 여전히 직접 지니는 범주적인 것의
가장 낮은 단계의 해명 속에 얽혀 있다.
소박한 논리학과 그 실증성에 대한 비판을 통해
우리 자신을 선험논리학으로 이끄는 이러한 문제의 길은
우리를 우선 명증성과 진리 또는 논리적 전통 전체를 지배하는
참된 존재에 관한 소박한 개념에 대한 비판으로 이끈다.

제1장 심리학주의 및 논리학의 선험적 정초

55 논리학이 객관적–형식적 논리학으로 형성됨으로써
과연 형식적 학문이론의 이념까지 만족시킬 수 있는가

제1부에서는 아리스토텔레스의 분석론으로 전통적 형식논리학에 미리 지시된 의미를 해명했다. 이 형식논리학은 완전히 완결된 학문으로 제시되었다. 우리는 그 영역의 뚜렷한 본질적 경계를 명확히 설정했고, 마찬가지로 그 경계 안에서 정초 지음(Fundierung)으로 아프리오리하게 결합된 '층(層)에 관한 학과들'도 명확히 설명했다. 또한 우리는 그것과 상관관계를 맺고 그렇기 때문에 같은 값을 지닌 주제 제기를 형식적 진술논리와 형식적 존재론으로 이해해 익숙하게 되었는데, 이것은 단지 두 가지 태도에서 다룰 수 있는 하나의 논리학에 대한 논의를 허용해주었다.

이제 우리는 철학자로서 논리학을 끝마친 것 같고 논리학의 이론적 형태를 구성하는 일을 수학자에게 맡길 수 있을 것처럼 보일 수도 있다. 그렇지 않아도 수학자는 실로 철학적 인식욕구에 개의치 않고 이러한 일을 하고 있다. 그 결과 우리가 아직도 논리학자로서 과제를 부여하려 한다면, 오직 논리적 이념을 확장하는 일만 중요한 것처럼 보일 수도 있을 것이다. 처음에 우리를 주도하는 이념은 보편적인 아프리오리한 학문이론의 이념이었다. 이 학문이론은 모든 학문 그 자체의 가장 넓은 의미에서 형식적-아프리오리한 것을 다루는 것이었다. 즉 아프리오리한 일반성에서 모든 학문을 포괄하는 것, 모든 학문이 실제로 학문인 한, 모든 학문이 필연적으로 그것에 결부된 것을 다루는 것이었다. 어쨌든 형식은 분석적 논리학 또는 '형식'논리학의 의미에서 이러한 종류다. 왜냐하면 모든 학문은 범주적 형성물을 산출하고 이것의 형식의 본질법칙에 지배되기 때문이다.

그러므로 이 분석적-형식적 학문이론이 학문이론의 이념을 대체로 충족시켰는지, 질료적 학문이론으로 보충되어야 하는 것은 아닌지를 지금 물어볼 수 있을 것이다. 분석론의 형식개념을 규정하는 분석론은 그것이 가능한 판단과 인식에서 일정한 대상영역에 결부시키는 '핵심'('인식의 질료')을 단지 동일하게 견지할 수 있는 것으로서 생각된 임의 핵심으로, 즉 '어떤 것-일반'의 양상으로 만든다. 만약 공허한 일반성으로 유지된 이 핵심 속으로 다시 충만함이 흘러들어가게 허용하면, 혹시 보편적 학문이론의 의미를 지닌 아프리오리, 즉 실질적 아프리오리를 획득할 수 있지 않은가?

분석적 아프리오리라는 개념을 순수하고 완전히 넓게 파악된 형식적 분석론[1]으로 규정하면, 우리의 물음은 새로운 '종합적' 아프리오리, 더 특징적으로 표현하면, '핵심을 지닌' 아프리오리, 실질적 아프리오리, 더 상세하게는, 모든 실질적-아프리오리한 특수영역을 하나의 총체성 속에 함께 묶는 보편적 아프리오리에 관계된다. 달리 말하면, 구체적으로 실질적으로 규정되고 또 규정할 수 있는 것으로 생각된 모든

---

1) 어쨌든 분석적인 것의 근본적 개념을 형성하는 것은 『논리연구』 제2-1권, 3연구 225쪽 이하에서 구분했던 것이다—후설의 주.

존재자는 본질상 존재우주, 즉 '세계' 속의 존재자가 아닌가? 가능한 각 존재자는, '본질상'이 의미하듯이, 자신의 가능한 존재우주에 속하지 않는가? 그에 따라 각각의 실질적 아프리오리는 보편적 아프리오리, 곧 존재자의 가능한 우주에 대해 아프리오리한 실질적 형식을 미리 지시하는 보편적 아프리오리에 속하지 않는가? 그러므로 우리는 지금 단순히 분석적-형식적 존재론이 보충될 수 있을 실질적 존재론, 즉 본래의 존재론으로 전념해야 할 것처럼 보인다.

이러한 사고과정 전체가 당연하다고 생각해도, 자꾸 떠오르는 이 새로운 주도이념을 아직 따라가면 안 된다. 왜냐하면 우리가, 즉 수학적 기술자(技術者)가 아니라 철학적 논리학자로서 분석적-형식적 학문이론의 목적이념을 만족시키려는 생각을 진지하게 품은 우리가 실제로 이미 형식적 분석론과의 관계를 끝냈다는 것은 사실이 아니기 때문이다. 우리의 연구가 이제까지 이것을 이미 완전하게 수행했는가?

56 주관적으로 향한 모든 논리적 형성물의 고찰에 대한 심리학주의의 비난

앞의 '예비고찰'에서 언급했지만,[2] 주관적으로 향한 주제제기의 의미를 충분히 해명하지 않았던 논리적 탐구의 두 가지 측면에 대한 요구와 관련지어보자. 이 요구는 매우 일반적인 것으로, 따라서 그 자체로 최초의 논리학인 분석적 논리학에 대해 타당한 것으로 표명되었다. 그런데 주관적으로 향한 이 논리적 주제제기—이것을 동등하게 말하기 위해, 객관적-이념적으로 향한 분석론에서 분리될 수 있는 독특한 논리적 분과의 의미가 요구하지 않을 주제제기—의 의미와 권

---

2) 이 책의 제8항을 참조할 것—후설의 주.

리가 이제 문제된다.

그러나 여기 도입부에서 심리학주의(Psychologismus)의 악령(惡靈)이 등장한다. 주관적으로 향한 논리적 탐구의 요구에 맞서 사람들은 ('순수 논리학 서설'이라는 독특한 명칭을 띤)『논리연구』제1권을 원용하면서 이 책이 어쨌든 처음에는 전통논리학, 그런 다음에는 완전한 '보편수학'으로 확장된 논리학의 주제에서 모든 심리적인 것을 말소하는 작업수행이었다고 반론한다. (역사적 유래에 따라 반反-플라톤주의인) 지배적이 된 경험론은 모든 이념적 형성물의 고유한 객체성을 보지 못했다. 어디에서나 경험론은 이 객체성을 그때그때의 심리적 활동성과 습득성으로 심리학주의에 따라 바꾸어 해석하기 때문이다. 그래서 그 객체성도 자신의 고유한 의미에 따라—진술명제, 판단, 진리, 추리, 증명, 이론 그리고 이 속에 형성된 것으로 등장하는 범주적 대상성인 논리학의 주제 영역을 형성하는—비실재적 대상성이다. 논리학이 자신의 법칙에서 이야기하는 판단은 판단의 체험(판단작용)이 아니고, 진리는 명증성의 체험이 아니며, 증명은 주관적-심리적 증명작용이 아니다 등등.

마찬가지로 (우리가 알고 있듯이, 그 자체로 논리학에 속하는) 부정수(不定數)론은 그 영역으로서 묶고 셈하는 체험이 아니라 수(數)에 관련되고, [집합]배열과 서수(序數)에 관한 학설은 배열하는 체험이 아니라 배열 자체와 그 형식에 관련되며, 삼단논법 이론도 판단작용과 추론작용의 심리적 체험에 관련되지 않는다. 이것은 그 밖의 객관적 학문에도 적용된다. 누구도 자연 자체 대신 자연에 대해 경험하고 사고하는 심리적 체험을 자연과학의 영역이라 하지 않는다. 여기에는 최근의 논리학이 거의 일반적으로 빠져든 심리학주의의 유혹이 없었다. 따라서 (인간 심리학과 동물 심리학은 제외하고) 다른 모든 객관적 학문에 대해서처럼 논리학에 대해서도 주관적으로 향한 모든 주제제기(이에 대해 대부분의 사람들은 즉시 심리학적 주제제기라고 말할 것이다)가 배제된 것처럼 보인다. 이러한 주제제기는 곧 논리학의 영역에 속하는 것이 아니라 심리학의 영역에 속한다.

그렇다면 주관적-상관적인 연구가 논리학에 포함되어야 한다는 우리의 요구는 사정이 어떠한가? 그것은 모든 학문에 대해서도 같은 요구를 할 수 있지 않은가?

이미 『논리연구』 제1권이 출간된 즉시 순수 논리적 근본개념의 '해명'이라는 명칭 아래 거기서 요구된 현상학적 연구, 즉 제2권이 확장된 상론으로 부각시키려던 연구가 심리학주의로의 후퇴라는 비난이 제기되었다.

이상하게도 사람들은 '순수 논리학 서설'〔『논리연구』 제1권〕을—이 책 어디에도 (보편적인 인식론적 오류로서) 심리학주의 그 자체에 대한 논의가 없었고, 오히려 논의는 아주 **특별한 의미의 심리학주의**, 즉 논리학의 주제인 비실재적 의미형성물을 심리학화(心理學化)하는 것에 관한 것이었다는 사실은 주목하지 않은 채—심리학주의에 대한 단적인 극복으로 간주했다. 나 자신은 선험철학 전체(여기에는 이른바 인식론도 포함된다)의 원리적 의미와 관련된 인식론적 심리학주의의 그 문제에 대한 오늘날에도 여전히 지배적인 불명확함을—그 제2권의 '현상학적' 연구가 선험적 현상학으로의 길을 개척한 동시에 선험적 심리학주의의 문제를 밝히고 철저히 극복하는 데 필수적인 문을 열었더라도—그 당시에는 아직 완전히 극복하지 못했다. 우리는 이러한 문제에 관련된 해명을 아래에서 계속 시도할 것이다.[3]

---

3) 그 이상은 아래의 제6장, 특히 제99항을 참조할 것. 또한 더욱 자세한 상론은

따라서 여기에서 다시 한번 '순수 논리학 서설'[『논리연구』제1
권]에서 다룬 심리학주의의 특별한 문제를 더 상세하게 살펴보는 것
이 매우 필수적이다. 그렇지만 단일한 점들에서 개선이 필요한 이전
의 서술에 얽매이지 않고, 그 문제에 더 순수한 형식을 부여하고 또
한 그 문제를 진정한 의미의 철학적 논리학인 '두 가지 측면'에서 탐
구하는 논리학의 필연적 의미를 해명해주는 더욱 일반적인 연관 속
에 집어넣어 설정하고자 한다. 왜냐하면 우리의 주된 목표는 단도직
입적으로 자신의 고유한 주제 영역을 향해 있고 결국 이것을 인식하
는 활동을 하는 논리학은 소박함 속에 빠져 있다는 사실을 보여주는
데 있기 때문이다. 이 소박함은 논리학에 대해 근본적으로 자기 자신
을 이해하고 원리적으로 자신을 정당화하는 철학적 장점을 폐쇄시
키는, 또는 같은 말이지만, 여기에서 철학[의 존재이유] 그리고 무엇
보다도 학문이론인 철학을 충족시킬 수 있는 가장 완전한 학문성(學
問性)의 장점을 폐쇄시키는 것이다.

57 논리적 심리학주의와 논리적 관념론

a) 이 심리학주의를 촉발하는 원인

이미 앞에서[4] 논리학의 주제 영역을 형성하는 심리적 형성물을 심
리학적 주관성에서 분리해내는 어려움을, 따라서 판단(그런 다음 집

곧이어 출간될 저술에서 미리 지적될 수 있을 것이다—후설의 주.

　이 저술은 가령 심리학주의에 대한 후설의 논쟁이 담긴 1925년 여름학기 강
의 『현상학적 심리학』(후설전집 제9권)과 1931년 칸트학회의 초빙강연 「현상
학과 인간학」(이것은 『논문과 강연들(1922~37)』(후설전집 제27권)에 수록되어
있다)을 가리킨다—안센의 주.
4) 이 책의 제10항을 참조할 것—후설의 주.

합, 부정수 등도)을 다른 것, 그래서 판단하는 인간 속의 심리적 사건과 다른 것으로 간주하는 어려움을 이야기했다. 판단하는 행위 속에 주어와 술어, 전제명제와 결론명제 등에서 생기는 것은 어쨌든 판단하는 자의 의식 장(場) 속에 각 항(項)마다 등장한다. 이것은 심리적인 것에 생소한 것, 물리적 경과 같은 것, 물리적 행동 속에 생긴 물리적 형성물 같은 것이 결코 아니다. 오히려 의식체험으로서 경과하는 심리적 활동 자체 속에—이 활동에서 분리되지 않고 그 밖이 아니라 그 안에—판단의 항들과 전체의 판단형성물이 등장한다. 실로 영국 경험론에 잘못 이끌린 사람들은 여기에서 판단하는 체험작용과 '이 속에' 항(項)의 방식으로 형태가 만들어진 형성물 자체를 구별하는 일조차 결코 성공하지 못한다.

근원적으로 산출하는 사유작용에 해당되는 것은 사유함의 2차적 양상에도 해당되며, 그래서 혼란된 착상과 그 밖의 '불명료한' 사념(이성적 의식에 평행하는 방식들의 혼란된 착상과 불명료한 사념, '심정'의 혼란된 착상과 불명료한 사념 또 상응하는 것에 속한 2차적 양상)에도 해당된다. 이렇게 혼란된 사고는 외적인 것으로서가 아니라 혼란된 사유의식 속에 등장한다. 그렇다면 우리는 논리학에서 어떻게 '심리적 현상', 즉 '내적 경험 현상'의 장을 벗어났는가? 모든 논리적 자료는 심리학적 영역의 실재적 사건일 텐데, 일상적 견해에 따르면, 이와 같은 것으로서 실재적 세계의 일반적 인과연관 속에 명백하게 한정될 것이고 인과법칙에 따라 설명될 수 있을 것이다.

아무튼 우리는 이 후자의 문제를 고려하지 않을 수 있다. 여기에서 요점은 **판단형성물**(그런 다음 물론 이성의 작용 일반에 관한 비슷한 모든 형성물)을 내적 경험 현상과 동등하게 다루는 것이다. 이렇게 동등하게 다루는 것은 작용의식 자체 속에 이것이 '내적으로' 등장함으로써 정초된다. 그러므로 개념, 판단, 추리, 증명, 이론은 심리적 사건일 것이며, 밀(J.S. Mill)이 말했듯이,[5] 논리학은 '심리학의 부분 또는 분과'일 것이다. 논리적 심리학주의는 바로 이러한 겉모습으로 매우 명백하게 파악된다.

   b) 논리적-심리적 영역 속에 비실재적인 것으로 등장하는 논리적
      형성물의 이념성

   이에 대립해 다음과 같이 말할 수 있다. 즉 동일한 것이든 비슷한 것이든 반복된 작용 속에 형성된 판단, 추론 등은 단순히 동일하거나 유사한 판단, 추론이 아니라 수적으로 동일한 하나[6]의 판단, 추론이라는 사실은 근원적 명증성이다. 이것이 의식의 영역 속에 각기 다른 모습으로 '등장한다'. 그때그때 형성하는 사유의 과정은 시간적으로—실재적 인간의 실재적-심리적 과정으로 간주된 객관적-시간적으로—서로의 외부에, 개별적으로 상이한 것이며 또 분리되어 있다. 그러나 사유함 속에 생각된 사고는 그렇지 않다. 확실히 이것은 의식 속에 '외부의 것'으로 등장하지 않는다. 이것은 실재적 대상, 즉 공간의 대상이 아니라 비실재적인 정신의 형성물로서, 그것의 고유한 본질은 공간적 연장(延長), 근원적 장소와 움직임을 배제한다. 그러나 이것은, 다른 정신의 형성물처럼, 물리적 신체화(Verleiblichung)—여기에서는 감성적 문자기호를 통한 신체화—를 허용하고, 그래서 2차적인 공간적 존재(발언되거나 글로 쓴 명제의 존재)를 획득한다. 모든 종류의 비실재성—이 가운데 의미의 이념성과 이것과 구별될 수 있

---

5) 밀, 『해밀턴 철학에 대한 검토』(*An Examination of Sir William Hamilton's Philosophy*, 1865) 제20장 참조할 것.

6) 여기에서 '수적으로 동일한 하나'가 의미하는 동일성은, 가령 어느 공장에서 한꺼번에 생산한 똑같은 탁구공들이 크기와 질에서 동일함을 말하는 것이 아니라, 그 가운데 어느 하나의 탁구공의 동일성을 말한다.

는 일반적 본질이나 종(種)⁷⁾의 이념성은 특별한 경우다——은 실재성에 관여할 방식을 지닌다. 그러나 이것이 실재적인 것과 비실재적인 것의 원리적 구별에서 변경시키는 것은 전혀 없다.

그렇지만 여기에서는 더 깊게 파고드는 해명이 불가결하다. 실재적인 것과 비실재적인 것의 명증성을 연구하고 대비시킴으로써——대상성인——대상성의 일반적 동종성(同種性)이 이해될 수 있다.

58 개별적 대상의 명증성과 유사한 이념적 대상의 명증성

비실재적 대상, 즉 가장 넓은 의미에서 이념적 대상의 명증성은 그 대상의 작업수행 속에 이른바 내적이거나 외적인 일상적 경험의 명증성과 완전히 비슷하다. 사람들은 편견 외에 다른 근거 없이 단지 이 경험에 근원적으로 객체화(Objektivierung)하는 작업수행이 있다고 믿을 뿐이다. 이념적인 것의 동일성과 함께 이 이념적인 것의 대상성은 동등한 근원성에서, 일상적 경험대상, 예를 들어 자연에 대한 경험의 대상 또는 그 어떤 심리적 자료에 대한 내재적 경험대상의 동일성처럼, 직접 '볼 수' 있다(이 말을 그에 상응하는 확장된 의미로 파악하려면, 직접 경험할 수 있다). 반복된 경험 속에, 그 전에 과거지향(Retention)과 미래지향(Protention)⁸⁾에서 순간적 지각

---

7) '순수 논리학 서설'[『논리연구』 제1권]에서 아직 구별하지 않았던 이 차이에 관해서는 곧 출간될 논리학에 관한 나의 연구가 정초지우는 상론을 제공할 것이다——후설의 주.

　　이 저술은 란트그레베가 후설의 위임을 받아 수정하고 편집해왔던 것을 결국 후설이 죽은 다음 해인 1939년 출간한『경험과 판단. 논리학의 발생론 연구』를 가리킨다——얀센의 주.

8) '과거지향'은 '방금 전에 지나가버린 것'이 그 자체로 직접 지각된 사태로, 과거에 지각된 것을 상상 속에 다시 기억하는 2차적 기억, 즉 연상적 동기부여로

의 끊임없는 변화 속에, 그런 다음 임의로 반복할 수 있는 가능한 회상(Wiedererinnerung) 속에, 이것들의 종합으로 동일한 것에 관한 의식이, 게다가 이 동일성(Selbigkeit)의 '경험'으로 실현된다. 이렇게 근원적으로 '동일화할 수 있음'은 일상적이고 적확한 의미에서 경험의 모든 대상의 의미에 본질적 상관자로서 속한다. 그것은 개별적(내재적 또는 실재적) 자료에 대한 명증적인 '스스로를 파악함'(Selbst-erfassung)과 '스스로를 가짐'(Selbsthabe)으로 규정되는 의미다.

마찬가지로 비실재적 대상의 의미에는 '스스로를 파악함'과 '스스로를 가짐'이라는 그 대상에 고유한 방식에 근거해 그 대상에 소속된 동일화할 수 있음이 포함된다. 그래서 작업수행에 따라 동일화할 수 있음은, 그러한 [비실재적] 대상은 곧 그 대상에 근원적으로 속한 시간성에서 개별화되지 않는다[9]는 점에서, 실제로 '경험'과 같은 것이다.

기만(欺瞞)의 가능성은 경험의 명증성에 함께 속하며, 비록 기만임을 명증적으로 깨달음이 관련된 경험이나 명증성 자체를 '폐지'하더라도, 기만의 근본특성과 그 작업수행을 폐지하지 않는다. 새로운 경험의 명증성은 이 명증성에서 이전에 논쟁되지 않았던 경험이 폐지됨, 말소됨이라는 신념을 변경시키며, 오직 이러한 경험의 명증성만 신념을 변경시킬 수 있다. 따라서 경험의 명증성은 여기[신념의 변경] 곁에 언제나 이미 전제되어 있다. 어떤 기만을 의식에 적합하게 '해소하는 것'은—'나는 지금 그것이 하나의 환상(Illusion)이라는 사

재생산된 '회상'과 달리, 1차적 기억이다. 그래서 '과거지향'은 직관적으로 재생산된 것들의 상관관계를 해명해야 충족되지만, '미래지향'은 현실적 지각 속에서 충족된다. 더 상세한 것은 『시간의식』, 제11~25항을 참조할 것.

9) 비실재적 대상성은, 본질 외적으로 공간에 관련되어 있음이나 실재화(Realisierung)와 마찬가지로, 본질 외적으로 시간에 관련되어 있음을 매우 잘 받아들일 수 있다—후설의 주.

실을 본다'는 것의 근원성 속에—그 자체로 일종의 명증성, 즉 어떤 경험작용을 무효로 함(Nichtigkeit)에 관한 명증성이나 (이전에 변경되지 않은) 경험의 명증성을 '폐지함'에 관한 명증성이다. 이것은 모든 명증성이나 확장된 의미에서 모든 '경험'에도 적용된다. 심지어 스스로를 필증적인 것이라고 주장하는 명증성도 기만으로 밝혀질 수 있고, 어쨌든 이러한 일에는 그 명증성이 '산산조각 나는 것'과 비슷한 명증성을 전제한다.

59 스스로를 부여함인 명증성에 대한 일반적인 것

이렇게 서술하는 데 느낄지 모를 끊임없는 장애는, 그 모든 형식을 공통적으로 관통해가는 작업수행에 대한 진지한 현상학적 분석이 완전히 결여되었기 때문에, 명증성에 대해 통상 근본적으로 전도된 해석에 그 원인이 있다. 그러므로 사람들은 기만에 대립된 절대적 확실성, 즉 **절대적 필증성**(Apodiktizität)[10]—주관적 체험작용의 구체적인 본질 통일적 연관에서 중단된 개별적 체험작용에 대해 완전히 이해할 수 없게 부여된 필증성—의 의미에서 **명증성의 개념**을 이해하게 된다. 사람들은 이 필증성 속에 모든 외적 명증성뿐 아니라 본래 내적 명증성에 관한, 그것이 삭제할 수도 있을 진리의 절대적 기준을 본다. 이제 어쩌면 일종의 감각론으로 대체해—명증성을 기능하는 지향성으로 해석할 능력이 없어—이른바 명증성의 감정〔느낌〕에 의

---

10) 후설은 명증성을 "정합성(Richtigkeit)의 가장 완전한 징표"(『논리연구』 제1권, 13쪽), "사태나 대상에 사고가 맞아떨어지는 일치"(『이념』, 49쪽)라고 표현한다. 그리고 이것을 주어진 사태와 사고가 일치하는, 즉 대상이 충족되는 '충전적(adäquat) 명증성'과 주어진 사태가 존재하지 않음을 결코 의심할 수 없는 자의식의 확실성인 '필증적(apodiktisch) 명증성'으로 구분한다.

지하면, 어쨌든 항상 명증성에 요구된 진리 자체를 성취하는 것은 경이(驚異), 결국 이치에 어긋난 것(Widersinn)이 된다.

가령 '내적 지각'의 유명한 명증성을 이러한 상론에 대립된 반대요청으로 항의하면 안 된다. 왜냐하면 이에 관해 나중에[11] 다시 이야기하겠지만, 그것의 '내재적으로 지각된 것'에 대한 이 지각의 스스로를 부여함은 그 자체만으로 단지 어떤 대상의 이전 단계에 대한 스스로를 부여함이지, 본래의 의미에서 어떤 대상의 스스로를 부여함이 아니기 때문이다. 지각 자체가 완전히 객체화하는 작업수행—이 속에 바로 어떤 대상의 스스로를 파악함이 이해될 수 있다면—은 결코 아니다. 임의로 반복할 수 있는 가능한 회상이 암묵적으로 고려된다는 사실로서만 내적 지각은 어떤 대상의 스스로를 파악함으로서 우리에게 인정된다. 내적 지각은 완전한 의미에서 비로소 활성화되어 주관적 대상의 존재, 이른바 심리적 자료에 관한 근원적 확실성을 제공한다. 사람들은 '언제나 다시' 주관적 대상으로 되돌아갈 수 있으며 또 재활성화(Reaktivierung)하는 가운데 이것을 동일한 것으로 재인식할 수 있다. 물론 이 '재인식(Rekognition)의 종합'[12]에 지향적으로 함께 관련짓는 것은 모든 외적 대상성에도 유사한 역할을 하는데, 그러나 이것은 그러한 것이 실로 외적 경험의 완전한 작업수행을 형성한다고 말하는 것이 결코 아니다.

---

11) 이 책의 제107항을 참조할 것—후설의 주.

12) 칸트의 '순수 오성개념의 연역'(『순수이성비판』, A 99~104)은

① 직관형식인 시간과 공간으로 촉발된 잡다한 내용이 직관(Anschauung) 속에서 전체와의 연관 아래 각지(Apprehension, 통관, 총괄)되고,

② 구상력(Einbildungskraft)으로 계속 이어지는 선행표상을 소멸시키지 않고 재생산(Reproduktion)시켜 현재의 표상과 통일하며,

③ 선행표상과 현재표상의 동일성을 개념(Begriff) 속에서 재인식하는 과정이다.

명증성은, 위의 상론에서 이미 명백해졌듯이, **스스로를 부여하는 지향적 작업수행**을 뜻한다. 더 정확하게 말하면, 명증성은 '무엇에 관한 의식'인 '지향성'의 일반적인 탁월한 형태다. 이 지향성 속에 지향적으로 의식된 대상적인 것은 '스스로 파악된 것' '스스로 보인 것'의식에 적합하게 그 자신 곁에 있는 것'의 방식으로 의식된다. 그것은 자연 그대로의 의식이라고 할 수도 있다. 즉 나는 '그것 자체'를 원본적으로, 예를 들어 상(像) 속의 파악작용에 대립해 또는 그 밖에 직관적이거나 공허한 미리 생각함(Vormeinung)으로서 대조해, 파악한다.

어쨌든 여기에서 명증성은 상이한 원본성의 양상을 띤다는 점을 바로 지적한다. **스스로를 부여함의 근원적 양상은 지각이다.** '그 곁에-있음'은 지각하는 자인 나에게는 의식에 적합하게 나의 '지금-그 곁에-있음', 즉 지각된 것 자체 곁에 있는 나 자신이다. 지향적으로 변경되고 복잡하게 구축된 스스로를 부여함의 양상은 공허하게 떠오르는 것이 아니라, '스스로'를 다시-현실화하는 기억, 즉 **명석한 회상**이다. 이것이 현상학적으로 존립하는 것은 명석한 회상이 그 자체로 '재생산적' 의식, 나의 지나간[과거의] 대상—상관적으로 말하면, 나(그러나 '지나간' 재생산된 자아의 양상에서 나)에게 지각되었던 대상—인 대상 자체에 관한 의식 때문이다. 이 대상에서 나(그 자신에 대해 현재로서 현실적 자아)는 지금 '다시' 그 자신 곁에 존재한다.

이것이 혼란을 일으킬 수 있기 때문에,[13] 여기에서 지각과 회상으로서 스스로를 부여하는 변경이 실재적 대상성과 이념적 대상성에 대해 매우 상이한 역할을 한다는 점을 주목해야 한다. 이것은 이념적 대상성이 이것을 개별화해 결합하는 시간위치를 전혀 지니지 않는다는 점과 관련된다. 이념적 종(種)에 대한 모든 명석한 명시적 회상은, 본질에

---

13) 이것은 『논리연구』 시절 나 자신을 혼란시켰던 것과 같다—후설의 주.

적합하게 가능한 단순한 태도변경에 따라, 시간적으로 개별화된 대상에서 자연스럽게 배제된 지각으로 이행한다.

우리는 명증성에 대한 일반적 특성묘사를 가령 어떤 새로운 '이론'으로, 즉 최초로 그리고 그 방법을 아는 사람이면 누구나—결국 사고실험(Denkexperimente)으로까지—시험할 수 있을 매력적 해석으로 통상적 특성묘사와 대립시키지 않는다. 오히려 모든 경험과 실제로 활동하는 모든 '통찰'(사람들은 이른바 일상적 경험에서 이것을 근거 없이 매우 원리적으로 구별한다)을 현상학적으로 전개함으로써 획득할 수 있는 더 높은 단계의 명증성으로 제시한다. 이 명증성은 그것의 측면에서 그 자체가 다시 제3의 단계의 명증성으로서만 자신의 작업수행 속에 설명되고 이해될 수 있으며, 이렇게 '무한히' 계속된다. 오직 보면서 나는 어떤 '봄'(Sehen) 속에 본래 앞에 놓여 있는 것을 밝힐 수 있고, 그러한 봄의 고유한 본질을 보면서 해석해야한다.

스스로를 부여하는 모든 의식은, 바로 이 의식이 자신의 대상적인 것을 그것 자체로 부여하기 때문에, 어떤 다른 의식에 대해, 단순히 명석하지 않거나 아주 혼란된 의견을 말함에 대해, 또는 직관적이지만 단순히 미리 심상화(心像化)하는 의견을 말함이나 그 밖에 스스로를 부여하지 않는 의견을 말함에 대해, 권리와 정당성을 정초할 수 있다. 게다가 앞에서 이미 기술했듯이,[14] '사태 자체'에 종합적 일치(Adäquation)의 형식으로, 또는 정당성이 없는 경우 무효로 함(Nichtigkeit)의 명증성인 불일치의 형식으로 정초할 수 있다. 따라서 스스로를 부여함이 명증적 권리를 창출하는 작용인 한, 바로 그것이 우리에게 존재하는 것으로서 그때그때 대상성 자체에 대해 근원적으로 의미와 존재를 건설하는, 근원적으로 구성하는 작용이기 때문

---

14) 이 책의 제44항 b) β를 참조할 것—후설의 주.

에, 권리의 근원적 건설(Urstiftung), 즉 정당성으로서 진리[15]를 창조하는 근원적 건설이다. 마찬가지로 무효로 함의 스스로를 부여함인 근원적 불일치는 허위, 즉 부당성인 옳지 못함(관점을 바꾸어 말하면, 무효로 함, 부당성의 진리)의 근원적 건설이다. 이것으로 단적인 대상성, 즉 존재하는 대상성이 구성되는 것이 아니라, 사념된 대상성에 근거해 그러한 '의견'을 말소함이, 따라서 그것의 비존재(Nichtsein)가 구성된다.

60 지향성의 근본법칙성과 명증성의 보편적 기능

방금 전에 우리는 모든 단일적인 지향적 체험처럼 스스로를 부여함은 의식의 보편적 연관 속에 있는 기능이라는 사실을 언급했다. 따라서 스스로를 부여함의 작업수행은 개별성 속에 완결되지 않으며, 자신의 지향성 속에 암묵적으로 더 이상의 스스로를 부여함을 '요구할' 수 있고, 그 객관화하는 작업수행을 완전하게 할 스스로를 부여함을 '지시할' 수 있는 한, 스스로를 부여함으로, 즉 명증성으로 완결되지 않는다. 명증성에 일반적으로 관계하는 의미심장한 인식을 우리의 것으로 삼기 위해 의식 삶의 보편적인 것을 주시해보자.

지향성 일반—그 어떤 것을 의식해 가짐의 체험—과 명증성, 스스로를 부여함의 지향성은 본질적으로 함께 하나의 전체를 이루는 개념이다. '정립하는'(setzend) 의식, 즉 정립적(positional)[16] 의식으로 제한해

---

15) 이 책의 제46항을 참조할 것—후설의 주.

16) 'setzen'은 순수 의식의 인식작용이 주어진 대상에 의미를 부여하여 '명제를 정립함'을, 'postional'은 '지향적 의식이 대상에 대해 일정한 태도를 취하는, 즉 정립하는 작용'을 뜻한다. 이 용어들에 관한 더 자세한 사항은 이 책 제50항의 옮긴이주 5를 참조할 것.

보자. '중립적'(neutral)[17] 의식의 경우 지금 상술하는 모든 것은 쉽게 이해할 수 있는 방식으로 변양된다. 그러면 명증성을 더구나 일치와 그 밖의 것을 이러한 것의 '마치-변양'(Als-ob-Modifikation)이 대신한다. 이것은 이제 지향성의 근본법칙성으로 간주된다.

그 어떤 것에 관한 모든 의식은—함께 타당함('함께-정립함' conpositio)의 통일형식 속에 '동일한 것'에 관한 의식으로서 각기 하나의 의식에 종합적으로 결부시킬 수 있는—가능한 의식방식의 개방된 무한한 다양체에 아프리오리하게 속한다. 이 다양체에는 이에 상응해 융합된 다양한 명증성의식의 양상도 속한다. 그리고 동일한 것에 관한 명증적인 스스로를 가짐이든 이것을 명증적으로 폐기하는 다른 것에 관한 명증적인 스스로를 가짐이든 선택적인 명증성의식의 양상이 속한다.

그러므로 명증성은 의식 삶 전체와 관련된 지향성의 보편적 방식이며, 명증성으로 의식 삶은 보편적 목적론[18]의 구조를 갖추게 된다. 이 구조는 '이성'을 겨냥함, 게다가 이성을 관통하는 경향, 따라서 정당성의 입증(그런 다음 정당성의 습득적 획득)과 부당성의 말소(이로써 부당

---

17) '중립적'은 어떠한 태도를 취하지 않는 것, 어떠한 정립도 하지 않는 것을 뜻한다. 그렇지만 이것도 신념의 확실성이나 추측의 개연성 등 정립의 특성을 판단중지하는 지향적 의식이다. 더 자세한 사항은 『이념들』 제1권, 제3장 제109~120항 참조할 것.

18) 후설 현상학의 목적론(Teleologie)은 아리스토텔레스처럼 모든 실체의 변화가 목적(순수 형상)을 향해 미리 설정된 것도 아니며, 헤겔처럼 의식이 변증법적 자기발전으로 파악한 절대정신이 이미 드러나 있는 것도 아니다. 그것은 정상적인 모든 인간에게 동일하게 기능하는 '이성'과 '신체'에 근거해 부단히 '사태 자체'로 되돌아가 경험의 지향적 지평구조를 해명할 뿐 아니라, 이 경험이 발생하는 원천인 선험적 주관성의 자기구성을 되돌아가 물음으로써 궁극적 자지이해와 세계이해에 도달하려는 이중의 방향으로 전개되며, 인간성의 자기책임과 의지의 결단을 표명한 것이다.

성은 획득된 소유물로서 타당하기를 그친다)를 겨냥함이다.

명증성은 이러한 보편적 목적론의 기능이라는 관점에서만 광범위하고도 중대한 연구의 주제는 아니다. 이 연구는 단일적 체험으로 명증성의 일반적인 것에 관계하는데, 여기에는 모든 명증적 대상의식속에 재인식의 종합을 지향적으로 지시함이 함께 포함되었다는 위에서 언급된 특성이 속한다. 게다가 그 연구는 명증성의 원본성의 양상과 그 기능에 관계하며, 더 나아가 대상성 자체의 영역과 범주에도 관계한다. 왜냐하면 어떤 대상이 스스로를 부여함(주관의 측면에서 말하면, 스스로를 가짐)으로서 명증성의 특성묘사로 모든 대상성에 동일한 방식으로 관련된 일반성을 의미했다면, 이것이 가령 명증성의 구조는 어디에서나 동일하다는 것을 뜻하지 않기 때문이다.

대상성의 범주와 명증성의 범주는 상관적이다. 지향적 종합으로 관철될 수 있는 지향적 통일체로서, 궁극적으로 가능한 '경험'의 통일체에 관한 대상성의 모든 근본종류에는 명증성, 즉 '경험'의 근본종류가 속하며, 마찬가지로 경우에 따라 스스로를 가짐의 완전성이 상승되는 가운데 지향적으로 표시된 명증성양식의 근본종류가 속한다.

그래서 관련된 대상성이 경우에 따라 더 불완전하거나 완전하게 **스스로를 입증하는**──종합적 일치로 함께 가며 언제나 새롭게 미리 지시하는──극도로 복잡한 작업수행을 이해할 수 있게 하는 명증성의 이 방식을 모두 철저하게 탐구하는 중대한 과제가 생긴다. 앞서 명증성과 '이성이 스스로를 신뢰함'을 논의한 것은 여기에서 아무 소용이 없다. 그리고 오래 전에 망각된 또 아무튼 결코 해명되지 않았던 동기에서 명증성을 절대로 의심할 여지가 없고 이른바 그 자체로 절대로 완성된 필증적 통찰로 환원하는 전통에 부착된 것은 모든 학문적 작업수행에 대한 이해를 차단할 뿐이다. 예를 들어 외적 경험은 곧 **자연의 객체에 관한 스스로를 가짐**의 양상이기 때문에 바로 자연과학은 외적 경험에 의지해야 하며, 외적 경험 없이는 자연에 관한 (공간사물적) 의견을 말함이 향하는 것은 결코 생각해볼 수 없다. 단지 불완전한 경험도 어쨌든 경험이고 스스로를 가짐의 의식이기 때문에, 경험을 경험으로 향할 수 있고 경험을 통해 수정될 수 있다. 자연적으로 그 원리적 불완전성(이것은 계속되는 경험에 의지한다!)을 명백히 제시하는 감성적 경험에 대해 그 감성적 경험을 거부하며 그래서 초월적(이치에 어긋난 초월적) '그 자체'[의 존재]의 환영(幻影)을 포착해야 할 가설과 간접적 추론에 일단 호소하는 것으로 그 비판을 마무리하는 것은 바로 이러한 근거에서 역시 전도된 것이다. 순수한 '내적' 경험의 '내재적' 영역에서 심리 외적 초월적인 것으로 추론하는 모든 선험적-실재론적 이론은—자연과학적 이론에 대해 그러한 토대로만 존재할 수 있는—스스로를 부여하는 작업수행인 '외적' 경험의 특성에 대한 맹목성(盲目性)에 기인한다.

나는 사람들이 최초로 『논리연구』(제2권)에서 시행되고 『이념들』[제1권]에서 심화된 명증성에 대한 해명 및 단순한 '지향'과 '충족'에 완전히 속한 관계에 충분히 주의를 기울였다고 생각하지 않는다. 확실히 그 해명은 더 완전하게 할 필요가 매우 크지만, 어쨌든 나는 이러한 최초의 해명에서 과거의 철학에 대립해 현상학의 결정적 진보를 살펴볼 필요가 있다고 믿는다. 나는 현상학으로 비로소 현상학에서 생긴 명증성의 본질과 고유한 문제제기에 대한 통찰에 입각해 진지한 학문적 선험철학('이성비판')이 가능케 되었고, 결국 마찬가지로 진지한 학문적 심리학, 즉 (브렌타노F. Brentano[19])가 발견했듯이)

---

19) 브렌타노(1838~1917)는 독일관념론과 신칸트학파를 배격하고 자연과학에 따른 경험적-기술적 심리학의 방법으로 철학을 정초하고자 했고, 윤리적 인식의 근원을 해명하는 가치론의 분야를 개척했다. 후설은 브렌타노의 이 기술심리학에서 결정적으로 영향받아 수학에서 철학으로 전향해 그의 제자가

지향성 속에 놓여 있는 심리적인 것의 고유한 본질에 관한 학문으로서 중심적으로 파악된 심리학도 가능케 되었다고 분명 확신한다. 물론 이 새로운 학설에는 불편함이 있다. 명증성에 의거하는 것이 이른바 인식론적 논증에서 하나의 계략이 되는 것을 중단하고, 그 대신 명증적으로 파악할 수 있고 해결할 수 있는 엄청난 범위의 과제를 제기하며, 궁극적으로 제6장과 제7장에서 제시할 현상학적 구성(Konstitution)[20]의 과제를 제기하기 때문이다.

61 종합적 통일체인 실재적이거나 비실재적인 모든 대상의 기능에서 명증성 일반

이제 비실재적 대상성과 분석적-논리적 영역의 대상성으로 다시 되돌아가면, 제1장에서 이 대상성에 대해 그 상이한 층 속에 정당성을 부여하거나 스스로를 부여하는 명증성을 알게 된다. 이것은 모든 층의 비실재적 대상성에 상응하는 '경험'이며, 비실재적 대상성은 모

되었으며, 특히 물리적 현상과 구별되는 심리적 현상의 특징인 의식의 지향성에 대한 분석은 현상학의 형성에 큰 역할을 했다. 저서로는 『경험적 관점에서의 심리학』(1874), 『도덕적 인식의 근원』(1889) 등이 있고, 그의 사후에 『신(神)의 현존에 관해』 『인식에 관한 시론(試論)』 『올바른 판단론』 등이 전집으로 출간되었다.

20) 칸트에게 '구성'(Konstruktion)은 감성의 직관형식인 시간과 공간을 통해 잡다하게 주어진 것을 오성의 아프리오리한 사유형식인 범주를 집어넣어 구축(인식)하는 것이다. 그런데 후설에게는 인식의 형식뿐 아니라 내용도 아프리오리하다. 다만 그 내용은 완성된 채 주어지지 않기 때문에 경험이 발생하는 지향적 구조를 분석해야 한다. 결국 '구성'은 "이미 현존하는 것을 다시 확립하는 작용, 대상에 의미를 부여해 체계적으로 명료하게 밝히는 작용"(『이념』, 71쪽)으로, 실재세계를 '창조'하는 형이상학적 개념이 아니라, 의식의 구조와 존재의미를 '해명'하는 방법론적 개념이다.

든 경험 또는 명증성 일반의 본질속성을 지닌다. 비실재적 대상성은 주관적 체험을 반복하는 가운데, 동일한 것에 관한 상이한 경험들을 나열하고 종합하는 가운데 바로 수적(數的)으로 동일한 것(그리고 단순히 같은 것이 아닌 것)―거기에서 여러 번 경험된, 또는 그것이 의식의 범위 속에 여러 번 (이념적 가능성에 따라 무한히 여러 번) '등장하는' 그 대상―을 명증적으로 볼 수 있게 한다. 이념적 대상성이 '등장하는' 의식 삶의 시간적 사건을 이념적 대상성에 끼워 넣으면, 일관된 방식으로 사람들은 경험의 자료에도 이렇게 할 것이다. 그래서 심리적 자료, 즉 '내적' 경험의 자료는 내재적인 시간적 자료로 경험되고, 따라서 주관적인 시간적 양상의 흐름 속에 지향적으로 동일한 자료로 경험된다. 그러므로 이 자료를 '근원적 시간의식'[21]의 내재적인 구성적 연관 밑에 놓아야 한다.

어쨌든 외적 경험의 동일한 것에 관한 구성적인 것은 더 쉽게 접근할 수 있다. 물리적 대상도 '의식의 장(場) 속에' 등장하며, 가장 일반적인 관점에서 보면 이념적 대상과 다른 것이 아니다. 즉 비록 '스스로 부여된 것'의 양상이지만, 잇달아 구축된 다양한 나타남의 방식의 흐름 속에 지향적 통일체로 등장한다. 물리적 대상은 경험의 체험 안에서 이렇게 등장하는 가운데 일상적 의미에서는 아니지만 충분한 의미에서 경험의 체험―내실적 내재[22]―에 내재적이다.

---

21) 시간적 자료의 구성에 대한 분석에 관해서는 하이데거가 편집해『철학과 현상학적 탐구 연보』제9권(1928)에 개재된『내적 시간의식의 현상학에 관한 강의』를 참조할 것―후설의 주.

　　이 책에는 순수한 감각자료가 시간적으로 구성되는 과정과 이러한 구성의 기초인 현상학적 시간이 구성되는 시간의식의 지향성을 밝힌 후설의 1904~1905년 괴팅겐대학교 겨울학기 강의 '현상학과 인식론의 주요문제들' 가운데 마지막 부분을 중심으로 관련 부록들과 보충자료들이 수록되어 있다―얀센의 주.

의식의 작업수행과 특히 경험의 작업수행을 이해하려면, 여기에서나 그 밖의 어디에서 의식 특히 경험하는 의식이 대상을 '향해 있음'에 관해 이야기하는 것 그리고 기껏해야 피상적으로 외적 경험과 내적 경험, 이념화작용 등을 구별하는 것만으로는 충분치 않다. 의식의 다양체—이러한 명칭으로 있는—를 현상학적 반성 속에 직시해야 하며, 구조적으로 분석해야 한다. 그런 다음 의식의 다양체를 종합적으로 이행하는 가운데 추적해야 하며, 가장 기초적인 구조에 이르기까지 지향적 역할이나 기능을 심문해야 한다. 그래서 체험의 다양체의 내재성이나 이 다양체 속에 변화하면서 등장하는 나타남의 방식의 내재성에서 어떻게 그것이 〔무엇을〕 향해 있음과 그것이 향해 있는 것이 어울리는지 그리고 종합적 경험 자체의 시각영역 속에 초월적 대상이 개별적 체험에 내재적이고 어쨌든 이 체험을 넘어서는 동일성 속에 초월적 동일성의 극(極)으로 존재하는지를 이해해야 한다. 그것은 스스로를 부여함이며, 아무튼 '초월적인 것'의 스스로를 부여함이다. 이 초월적인 것은 '해명'이라는 종합적 형식의 잇달아 계속되는 스스로를 부여함 속에 또다시 '자신의' 이념적-동일한 '규정'으로 해석되는 우선 '규정되지 않은 채' 스스로를 부여하는 동일성의 극이다. 그러나 이 초재는 근원적으로 건설하는 방식에서 **경험 자체의 고유한 본질** 속에 놓여 있다. 이것이 의미하는 것은, 어떤 법률적 소유권이 그때그때 의미하고 증명하는 것(그 밖에 그 자체로 우리의 영역에 속하는 것)은 이러한 권리의 근원적 건설로 되돌아감으로써만 확인할 수 있는 것

---

22) '내실적'(reell)은 감각적 질료와 의식의 관계, 즉 의식작용에 본질적으로 내재하는 것을, '지향적'(intentional)은 의식과 실재 대상 사이의 불가분한 상관관계를 뜻한다. 따라서 '내실적 내재'는 구체적인 체험흐름을 가리킨다. '내재'와 '초재', '이념성'과 '실재성'의 구분에 관해서는 제42항 f)의 옮긴이주 11을 참조할 것.

처럼, 오직 경험 자체에서만 심문할 수 있다.

그러므로 중대하지만 매우 자주 경시된 스스로를 이해함은 모든 원리적 성찰의 중심에 놓여야 한다. 스스로를 이해함은 어떤 대상(예를 들어 물리적 대상도)의 특유한 존재적 의미(이 의미를 통해 그것은 그런 다음 모든 가능한 의식방식에서 그것이 의미하는 것을 뜻한다)를 근원적으로 오직 경험의 체험과정에서만 이끌어내며, 그 자체로 '그것 자체'의 양상에서 '의식해 가짐'으로—어떤 것의 '스스로-나타남'으로, (물리적 대상의 예에서) 존재확실성 속에 우리에게 직면하는 것으로—특징지어지는 것으로서 [그 존재적 의미를] 이끌어내는 것이다. 이 경우 근원형식은 지각이 '자기-자신을-현재에-알려주는 것', 또는 과거의 양상 속에 회상이 '자신을-'다시'-알려주는 것'이다.

경험은 그 대상적 의미의 대상들이 '우리에-대해-존재함'을 근원적으로 건설하는 것이다. 이 점은 분명히 비실재적 대상—이것이 종적(種的)인 것의 이념성이라는 특성을 띠든 어떤 판단이나 교향곡 등의 이념성이라는 특성을 띠든—에 대해서도 아주 마찬가지로 적용된다. 어디에서나, 따라서 외적 경험에 대해 명증적인 스스로를 부여함은 구성의 한 과정으로서, 경험의 대상이 스스로 형성되는 과정으로 특징지을 수 있다는 사실도 적용된다. 물론 그 구성은, 대상 역시 현실적 경험의 다양성을 넘어서서 현존재를 요구하고 대상의 존재의미의 이 계기(契機)도 자신의 구성적 해명을 필요로 하며 경험 자체 속에 함축되어 있고 언제나 드러내 밝힐 수 있는 지향성으로 가능케 되기 때문에, 우선 단지 제한된 구성일 뿐이다. 다양한 경험의 지속적이거나 따로 분리된 종합 속에 경험의 대상 그 자체가 항상 새롭게 변화하는 알려짐으로, 즉 그 대상에 고유한 본질인 항상 새로운 계기로 본질에 적합하게 '눈에 띄게' 구축되며, 그 자신의 가능한 일치의 경과를 미리 지시하는 이러한 구축하는 삶에서 그 측면들과 계기들 그리고 (오직 그렇게 변화하면서 알려지는 대상인) 대상 자체는 자신의 의미를 이 경우 가능한 스스로를 형성함의 동일자로, 또 실현된 다음에는 반복할 수 있는 스스로를 형성함의 동일자로 이끌어낸다. 여기에서 이 동일성은 명증적이다. 또는 대상은 그 자체가 대상을 구성하는 실제적이거나 종종 가능한 경험과정이 아니며, 더구나 이 과정과 결합된 ('나는 할 수 있다'의 가능성으로서) 반복하는 종합의 명증적 가능성이 아니다.

62 구성하는 의식에 대립된 모든 종류의 대상성의 이념성. 자연을 실증주의적으로 오해한 것은 일종의 심리학주의다

따라서 경험할 수 있는 모든 대상의 의미에는, 또한 물리적 대상의 의미에는—내재적인 시간적 개체화(Individuation)로 분리된 다양한 '심리적' 과정(경험하는 체험작용의 과정, 그런 다음 경험할 수 있음의 과정, 경험하지 않은 종류도 포함한 모든 의식될 수 있음의 과정)에 대립해—어떤 이념성이 놓여 있다. 이것은 그 과정을 구성하는 다양체에 대립해 모든 지향적 통일체의 일반적 이념성이다.

여기에는 대상성에 관한 의식에 대립한 (그에 상응해 변화되었지만 의식의 주체 극Subjektpol으로 이해된 그때그때의 의식-자아에 속한 방식으로 대립한) 대상성의 모든 종류의 '초재'가 있다.

그래서 초월적 대상에서 내재적 대상을 구별하면, 그것은 단지 이러한 가장 넓은 초재의 개념 안에서의 구별을 뜻한다. 그러나 이것이 실재적인 것의 초재와 가장 높은 단계에서 상호주관적인 실재적인 것 (부각된 의미에서 객체적인 것)의 초재도 오직 내재적 영역—의식의 다양체의 영역—속에서만 그 존재와 의미에 따라 구성된다는 사실, 실재적인 것으로서 그것의 초재는 '이념성'의 특수한 형태 또는 오히려 심리적 비실재성의 특수한 형태라는 사실을 변경하는 것은 결코 아니다. 이 심리적 비실재성은 순수 현상학적 의식에 영역 속에 그 의식의 고유하게 본질적으로 속한 모든 것과 더불어 스스로 등장하는 것이거나 가능한 방식으로 등장하는 것 그리고 어쨌든 그것은 명증적인 방식으로 의식의 내실적 부분이거나 계기가 결코 아닌 것, 내실적인 심리적 자료가 결코 아닌 것이다.

그러므로 우리는 논리적 비실재성과 그 밖의 모든 비실재성(이것을 플라톤적 이념의 확장된 영역이라 할 수 있다)을 심리학주의로 해석하는 것과 정확하게 비슷한—'흄(D. Hume)식의 사상'[23]이라 할 수 있을—실증주의의 다음과 같은 잘 알려진 유형 속에 발견한다. 그것은 예를 들어 마흐(E. Mach)[24]의 철학이나 '마치(Als ob)의 철학'[25]으로 대표된다. 물론 흄 이후에는 문제제기의 근원성과 깊이에 관해 그가 달성한 것보다 훨씬 더 미치지 못했다. 이러한 실증주의에서 사물은 경

---

23) 원문에 이 용어는 'Humanismus'(인문주의, 휴머니즘)로 표기되어 있다. 그런데 케언스(D. Cairns)는 아무런 주석도 없이 이것을 'Humanism'이 아니라, 'Humeianism'으로 번역했다. 이에 옮긴이는 인문주의(휴머니즘)가 실증주의와 관련이 없을 뿐 아니라, 케언스의 영역이 바로 뒤에 이어지는 원문의 문맥과 관련해 옳다고 판단하기 때문에 '흄식의 사상'으로 옮긴다.

24) 마흐(1838~1916)는 오스트리아의 물리학자이자 철학자로, 아베나리우스(R. Avenarius)와 함께 실증적 경험비판론을 주장했다. 그에 따르면, 진정한 실재는 감각적 경험요소일 뿐이며, 물질이나 정신은 단지 이 감각요소의 특수한 복합에 지나지 않는다. 과학은 경험을 초월한 통일원리로 실재 세계를 설명하는 것이 아니고, 현상적인 경험적 사실을 기술하는 것이다. 이 기술에서 개념이나 법칙은 모두 감각을 정리하기 위한 사유경제적 수단일 뿐이다. 이러한 관점은 논리적 실증주의에 깊은 영향을 주었다.

25) 이것은 신칸트학파 가운데 실증적·실용적 경향을 띤 파이힝거(H. Vaihinger)의 주장이다. 그에 따르면, 인간은 세계의 실재를 직접 관찰하거나 실제로 인식할 수 없고, 단지 사유체계를 구축한 결과로서만 '마치' 세계가 이러한 모델에 어울리는 것처럼 행동할 뿐이다.

험적으로 규칙화된 심리적 자료('감각')의 복합체로 환원되고, 이 자료의 동일성과 따라서 그 전체의 존재의미는 단순한 허구(虛構)가 된다. 이것은 현상학적 본질의 존립요소에 대해 완전히 맹목적인 거짓된 학설일 뿐 아니라, 심지어 허구도 어떻게 자신의 존재본성—명증성의 방식, 다양체에 관한 통일체로 존재하는 방식—을 지니는지 보지 못하며 그래서 이러한 방식으로는 탈(脫)이론화될 수밖에 없을 동일한 문제를 어떻게 수반하는지 보지 못한다는 사실로도 이치에 어긋난다.

63 논리적 형성물의 스스로를 부여함인 근원적으로 산출하는 활동성과 그 산출에 관한 논의의 의미

우리는 의식 속에서 논리적 형성물의 산출작용에 관해 자주 이야기했다. 이러한 논의에 '필요한 변경을 가해' 의식 속에서 대상성의 구성에 관한 모든 논의를 다룬다는 오해를 경계해야 한다.

그 밖에 산출작용에 관해 이야기하는 경우, 우리는 우리 자신을 실재적 영역에 관련시켰다. 이 산출작용은 실재적 사물이나 경과를 행동으로 만들어내는 것, 즉 주변세계의 범위 속에 실로 거기에 있는 실재적인 것이 목적에 상응해 다루어지고 재정리되거나 변형되는 것을 뜻한다. 그러나 우리의 경우 실재적인 심리적 경과 속에 주어진 비실재적 대상이 있다. 비실재적 대상은 우리가 이 대상을 향해 있지 결코 심리적 실재성을 향해 있지는 않은 실천적 주제제기 속에 다루는 것이자, 행동하면서 이러저러하게 변형시키는 것이다. 따라서 마치 실제로 여기에서 새로운 것이 실로 실천적으로 미리 주어진 것에서 목적을 달성하기 위해 활동하면서 산출되지 않는 것처럼, 여기에서 그리고 매우 진지하게 형성하는 행위, 행동함, 실천적으로 목표나 목적을 향해 있다는 것이 약화될 것 같지는 않다. 사실상 판단작용(그리고 그 근원성에서 특별한 방식으로 당연히 인식하는 판단작용) 역시 행위이며,[26] 단지 바로 원리적으로—아무리 자명한 방식으로 모든 행위 자체가 심리적으로 실재적인 것(심리학적 태도에서 판단작용을 인간의 활동으로 간주하는 경우 객관적으로 실재적인 것)이더라도—실재적인 것에 관한 행위가 아니다.

그러나 이 행위는 처음부터 또 그 모든 단계형성에서 자신의 주제적 영역 속에 비실재적인 것만 지닌다. 왜냐하면 판단작용 속에 비실재적인 것이 지향적으로 구성되기 때문이다. 실로 미리 주어진 판단에서 새로운 판단을 형성할 때 우리는 진지하게 산출하면서 활동한다. 모든 행동의 경우처럼 행동의 목적, 즉 산출하려는 새로운 판단은 내용적으로 아직 규정되지 않았고 어쨌든 아직 충족되지 않은 공허한 예견(Antizipation)의 양상으로 우리가 추구하려는 것 또한 실현시켜가면서 스스로 주어져 있음으로 이끄는 것—바로 이것이 단계적으로 완성되는 행동을 형성한다—으로서 우리에게 의식된다.

그러므로 여기에서 '다룬' 것은 결코 실재성이 아니다. 이념적 대상성의 특유한 의미에서—이미 말했듯이—경험에서 나온 실재적 대상성과 똑같이 고유한 명증성 속에 우리에게 근원적으로 확실한 것은 흔들릴 수 없다. 하지만 다른 한편으로 그 대상성 역시 산출할 수 있는 목적, 최종목적과 수단이라는 사실, 그 대상성은 오직 근원적 산출 '에서'만 그것의 본질이라는 사실도 마찬가지로 흔들릴 수 없다. 하지만 이것은 결코 그 대상성이 오직 근원적 산출 속에서만 또 그 동안에만 그것의 본질이라는 것을 뜻하지 않는다. 만약 그 대상성이 근

---

26) 전통적으로 인식작용 또는 판단작용은 이론적 작업으로 실천과 대립시켰지만, 후설은 이것도 하나의 실천적 행위로 독특하게 파악하고 있다. 후설의 이론과 실천에 관해 더 자세한 것은 제7항의 옮긴이주 11을 참조할 것.

원적 산출 '속에' 있다면, 이것은 그 대상성이 **자발적 활동성**의 형식에 관한 지향성으로 게다가 원본적인 자기[자신]의 양상으로 산출 속에 의식된다는 것을 뜻한다. 그러한 근원적 활동에서 이렇게 주어지는 방식은 그것에 고유한 '지각'의 본성일 뿐이다. 동일한 말이지만, 근원적으로 획득하는 이 활동은 이러한 이념성에 대한 '**명증성**'이다. 명증성은 곧, 매우 일반적으로, 자신의 지향적 대상성을 원본적인 '그것 자체'의 양상으로 제공하는—경우에 따라 아주 복잡한 일련의 단계로 구축되는—의식의 방식일 뿐이다. 명증적이게 하는 이 의식의 활동— 여기에서는 탐구하기 어려운 자발적 활동성—은 '근원적 구성', 더 적확하게 말하면, 논리적 종류의 이념적 대상성을 근원적으로 건설하는 구성이다.

64 비실재적 대상에 앞선 실재적 대상의 존재우위

이 연구를 종결지을 때는 물론 우리의 현상학적 조사결과를 간과한 많은 격렬한 반대가 이념적 대상성과 (사태처럼) 실재성의 범주적 변형을 실재성 자체와 대등하게 다룬 의미를 오해하기 때문에 생긴다는 사실을 첨부할 것이다. 우리에게는 '대상-일반' 또는 어떤 것-일반의 가장 넓은 의미의 권리와 이와 상관적으로 자기부여인 명증성의 가장 일반적인 의미의 권리가 중요한 문제다.

그러므로 이념을 대상의 개념에, 따라서 가능한 술어화(述語化)의 기체(Substrat)라는 개념에 정당하게 포섭하는 관점과 다른 관점에서는 실재적 대상성과 이념적 대상성 사이에, 우리의 학설에 근거해 곧바로 이해할 수 있듯이, 동등성(同等性)이 전혀 없다. 모든 비실재성이 본질상 실제적이거나 가능한 실재성에 소급해 관련되는 한, 실재성은 모든 비실재성에 앞서 존재우위를 지닌다. 이러한 관련을 모든 측면에서 조망하고 실제적이거나 가능한 방식의 모든 존재자—실재성과 비실재성—의 총체적 연관을 체계적으로 인식하는 것은 최상의 철학 문제, 즉 보편적 존재론의 문제로 이끈다.

65 심리학주의의 더욱 일반적인 개념

앞에서 연구한 논리적 심리학주의를 특별히 확장하고 동시에 이에 대해 근본적으로 논박하는 것도 심리학주의의 이념을, 게다가 매우 일정한—그러나 유일한 의미는 아닌—의미에서 심리학주의의 이념을 극도로 일반화하게 될 것이다. 심리학주의는 명증적으로 만들 수 있는 대상성의 그 어떤 종(種)이나 흄의 철학에서처럼 심지어 모든 종이, 그것이 자명하게 의식에 적합하게 구성되고 따라서 경험이나 경험과 얽힌 다른 의식의 방식으로 자신의 존재의미를 주관성 속에 그리고 주관성에 대해 구축하기 때문에, 심리학화(心理學化)되는 사실로 특징지을 수 있다. 그것이 '심리학화된다'는 것은 그 대상적 의미, 특유한 본질을 지닌 대상에 하나의 종인 자신의 의미가 주관적 체험을 위해, 내재적 또는 심리학적 시간성 속의 자료를 위해 부정된다는 것을 뜻한다.

어쨌든 사람들이 이 자료를 심리학(객관적 실재성으로서 인간과 동물에 관한 학문)의 의미에서 비실재적 자료로 간주하는지 비록 이것과 구별할 수 있더라도 '선험적'(인간의 주관도 포함한 모든 객관적 실재성에 선행하는) 주관성의 자료로 간주하는지, 후자의 경우 〔그 자료를〕 절대적으로 정립된 감각들의 한 무더기나 어떤 구체적 자아와 자아공동체의 목적론적 통일성 속에 지향적 체험으로 간주하는지는 여기에서 중요하지 않다. 물론 심리학주의라는 표현은 심리학주의에 대한 적확한 의미까지 틀림없이 규정할 본래의 심리적인 것으로 바꾸어 해석하는 모든 것에 더 적절하다.

66 심리학주의적 관념론과 현상학적 관념론. 인식에 대한 분석적 비판과 선험적 비판

매우 일반적이며 더구나 의도적으로 잡종으로 파악된 이 심리학주의는, 버클리의 관념론이나 흄의 관념론[27]처럼, 모든 조악한 '관념론'(이것은 얼마나 역설적 설명인가!)의 근본특성이다. 그렇지만 심리학주의는 사람들이 관념론이라는 말에 흔히 결부시키는 통상적 개념을 훨씬 넘어선다. 그것은 이 개념이 바로 확장된 플라톤적 영역의 진정한 이념성을 흔히 고려하지 않기 때문이다(물론 이 경우 흄의 개념은 제외될 수밖에 없다). 그러나 내 저술에 대한 피상적 독자(또한 현상학적 독자)가 줄곧 그러하듯이, 이 관념론과 내가 만들어낸—바로 명증성에 대한 현상학적 해명에 근거해 그 심리학주의를 근본적으로 비판함으로써 자신의 근본적으로 상이한 새로운 의미를 유지한—현상학적 관념론을 혼동하면 안 된다.

이와 관련된 다음의 논의도 현상학적 관념론의 특성묘사에 이바지할 수 있다.

모든 '봄'(Sehen)[28] 또는 '명증성' 속에 동일화된 모든 것은 자신

---

27) 흄은 시간적 선후관계인 '이것 다음에'(post hoc)를 논리적 필연관계인 '이것에 의해서'(propter hoc)으로 파악하는 것은 허구라고 지적하고, 인과관계는 인간의 연상적 습관에 따른 주관적 신념일 뿐이라고 주장했다. 그런데 후설은 이러한 흄의 현상론마저 주관적 체험을 심리학화하는 관념론이라고 독특하게 해석해 비판한다.

28) 후설은 "직접적인 '봄'—단순히 감각적으로 경험하는 봄이 아니라 어떤 종류든 원본적으로 부여하는 의식인 봄 일반—이 모든 이성적 주장의 궁극적 권리원천"(『이념들』제1권, 36쪽)이라고 한다. 이러한 주장은 "원본적으로 부여

의 고유한 권리가 있다. 마찬가지로 자체 속에 완결된 가능한 '경험'의 모든 범위는 어떤 학문의 영역으로서, 최초의 또 가장 본래의 의미에서 학문의 주제로서 자신의 고유한 권리가 있다. 이 경우 2차적 주제의 영역, 즉 학문에 대한 비판의 영역은 각 학문에 속한다. 이것은 최초의 의미에서, 즉 이념적 인식결과—'이론'의 인식결과—에 관련된, 또 주관적 방향에서는 이와 상관적인 의미에서 이념적인 것, 즉 이 이념성에 속한 행위(추론함, 증명함)에 관련된 인식의 비판이다. 인식의 분석적 비판이라 할 수 있는 이 비판 때문에 모든 학문은 형식적 일반성에서 이론의 보편적 학문인 분석론과 관련되고 이와 상관적으로 상응해 한정된 분석적 기술론(Kunstlehre)과 관련된다.

그러나 결국 모든 학문은 제3의 주제 영역, 마찬가지로 비판의 영역, 그렇지만 다르게 방향이 전환된 비판의 영역이 있다. 이 비판은 모든 영역에 그리고 이 영역에 종사하는 모든 학문적 작업수행에 속한 구성하는 주관성에 관계한다. 의식의 장(場) 속에 명백히 등장하는 미리 주어짐, 행위, 결과의 비판에 대립해, 여기에서는 완전히 다른 종류의 인식비판을 지닌다. 즉 그것은 인식의 정립적 의미와 권리가 발생하는 구성적 근원의 원천에 대한 비판, 따라서 곧바로 어떤 영역을 탐구하고 이론화하는 가운데 은폐된 작업수행에 대한 비판이다. 그것은 (심리학적으로 파악되든 선험적으로 파악되든) '이성'에 대한 비판, 또는 분석적 인식비판과 대조해 말할 수 있듯이, 인식에 대한 선험적 비판이다. 이것은 논리학뿐 아니라 모든 학문에 대해서도 적용되며, 우리는 '논리적 주제제기의 양면성'이라는 표제 아래 [앞의] 일반적 '예비고찰'에서 이미 이것을 주장했는데, 다만 여기에서 명확하

하는 모든 직관이 인식의 권리원천"(같은 책, 43쪽)이라는 현상학의 최고원리를, 즉 의식 자체에 직접 주어지는 '사태 그 자체로'(zur Sachen selbst) 부단히 접근하려는 후설 현상학의 철저한 직관주의적 태도를 단적으로 밝혀준다.

게 진술할 수 있는 것만큼 판명하게 주장하지는 않았다.

67 선험적 인식비판에 필수적인 논리적 기능을 이해하지 못한 심리학주의의 반론

이제 우리가 기억하듯이, 심리학주의의 반론은 바로 그 양면성에 반대했다. 그것은 『논리연구』에 관해 그 연구가 '순수 논리학 서설'[제1권]에서 심리학주의와 투쟁했는데, 아무튼 '제2부'[제2-2권]에서 현상학적 주관성에 관한 연구로 넘어갔다. 이 연구는 진술함과 의미함, 표상과 표상내용(의미), 지각과 지각의 의미, 판단작용과 사념된 사태, 범주적 작용과 감성적 대상성에 대립된 범주적 대상성의 구성, 직관적 의식에 대립된 상징[기호]적-공허한 의식, 단순한 지향과 충족의 지향적 관계, 명증성의 의식, 참된 존재와 술어적 진리의 구성 등 지향적 구조에 관한 것이었다. 인식심리학의 이러한 '기술적(記述的) 심리학' 탐구를 보고 순수 논리학이 심리학주의로 넘어가는 것이라고 말한다. 이처럼 사람들은, 인식비판적 탐구가 모든 학문(그리고 아마 논리학도 포함해)과 관련해 그러한 이유로 거부되지 않아야 하는 데도, 반론을 제기했다. 그래도 그 탐구는 모든 측면에서 높은 신망을 받았다. 사람들은 그 탐구는 완전히 다른 계열에 속하며, 실제적이거나 가능한 구체적 인식 삶을 과제로 제시하면 안 된다고, 또한 이것의 지향적 분석을 과제로 제시하면 안 된다고 생각했다. 이것은 심리학일 것이며, 하나의 인식론적 심리학주의를 뜻할 것이다.

이와 같은 비판과 지배적인 파악 일반에는 사람들이 학문과 이성비판을 분리한다는 사실, 학문에 특유한 현존재를 특유한 권리로 인정하고 이성비판을 모든 학문에 관련된—아무튼 학문의 정당한 특유의 존재를 방해하지 않는—더 높은 권위를 지닌 새로운 종류의 학문으로 포착한다는 의미가 놓여 있다. 이러한 사실은 무엇보다 분석적 논리학에서 그러하다. 왜냐하면 분석적 논리학은 모든 이성적 인식이 전제하는 절대적 규범으로서 미리 타당하기 때문이다. 사람들은 논리적 심리학주의에 대해 내가 비판한(그리고 그 이전이나 이후에도 비슷하게 비판한) 가치를 바로 모든 심리학과 구별될 수 있는 순수(분석적) 논리학을 하나의 **독립적** 학문, 즉 기하학이나 자연과학과 같은 학문으로 명백히 제시하는 데서 본다. 순수 논리학에 관련된 이성 비판의 물음은 있을 수 있지만, 그러나 이 물음이 자신의 특유한 경과를 방해하면 안 되며, 또한 결코 논리적 의식 삶의 구체화로 파고 들어 가면 안 된다. 왜냐하면 이것은 심리학일 것이기 때문이다.

이에 대립해 우선 논리적 심리학주의와의 투쟁은 분석적 논리학의 고유한 **영역**이 그것의 순수성과 이념적 특성에 눈뜨게 하고, 또한 그 영역을 심리학화하는 혼동과 오해—그 영역은 처음부터 이러한 혼동과 오해에 빠져 있었고 계속 빠져 있다—에서 해방시키는 극히 중요하다는 사실에 주목하자. 분석적 논리학의 영역, 이것은 모든 학문이 그러한 영역을 지닌 것과 유사하게, 최초의 또 주요한 의미에서 자신의 주제의 장(場)을 뜻한다. 어쨌든 이것은 영역에 속하지 않는 것도, 그렇지만 영역과 본질적 관련이 있는 것도 2차적으로—영역의 인식에 봉사하는—주제가 된다는 사실을 배제하지 않는다. 실로 이 것은, 앞에서 이미 언급했듯이, 모든 학문에 불가결한 '분석적' 비판의 최초의 장에, 즉 그 비판의 이론과 영역에 관련된 그 비판의 판단 일반 또한 이에 상응하는 이념적 행위의 장에 벌써 적용된다.

그런데 이제 이와 비슷한 것이 지향적 작용, 나타남의 방식들, 학문적 영역과 그 대상 그리고 대상적 연관이 판단하는 자—또한 그 속에서 영역에 관련된 이론적 삶과 추구 전체가 지향적으로 일어나고, 이론과 학문적으로 참된 영역의 존재가 지향적으로 구성되는 판단하는 자—에게 미리 주어진 모든 양식의 의식 전체의 영역에 대해 적용될 수 없고 적용되면 안 되는가? 여기에서 장은 사실 모든 학문에 필수적인 비판, 즉 학문이 진정한 학문이 되기 위해 필수적인 선험적 비판의 장이 아닌가? 이러한 점이 명백해지고 궁극적이며 가장 깊은 이 비판의 중대한 과제의 장이 전개될 수 있다면, 이것은 당연히 논리학에 이바지할 것이다. 왜냐하면 보편적이지만 단순히 분석적이지는 않은 학문이론인 (단순한 '보편수학'인) 논리학은 그 일반적 본질가능성에 관한 진정한 학문 일반뿐 아니라, 학문과 그 진정함에 속한 그리고 그 본질일반성에 관한 모든 비판에도 관련될 것이기 때문이다. 일반적 학문이론은 '당연히' 그처럼 고유한 본질적 비판으로서—그 이념적 이론의 이념적 존립요소인 형성물로서 판단의 비판이든 영역과 이론을 구성하는 지향적 삶의 비판이든—진정한 학문의 일반적 이론이다.

여기에서는 전승되었거나 지금 통용되는 그 어떤 이성비판에 대해 그리고 이성비판을 위축시키는—심리학주의라는 표제 아래 금지된—인식 주관성에 관한 구체적 고찰에 대한 불안, 즉 심리학을 학문이론의 고찰로 포함시키는 모든 것에 대한 불안을 심문하면 안 된다. 우리는 단지 진정한 학문의 본질가능성에 속하는 것을 심문한다. 인식 삶에 속한 지향성의 전체적 목적론을 향한 구성적 의식의 탐구가 학문의 진정함을 가능케 하는 데 본질 필연적인 것으로 입증될 수 있다면, 그 의식의 탐구는 우리에게 타당할 것이다. 어쨌든 이러한 관점에서 여전히 어떤 '심리학주의'(우리가 이제까지 다루어온 심리학주의의 의미—비록 이것과 얽혀 있는 의미이지만—와는 다른 의미의 심리학주의)를 저지할 수 있으려면, 우리는 논리적 요구 자체를 숙고해 이것을 얻어야 할 것이다. 어떤 구속력도 없이 우리는 그 본질적 기능을 최초로 해명할 수 있는 주관적 주제제기, 즉 더욱 판명하게 말하면, 지향적-구성적 주제제기를 계속해서 현상학적 주제제기라 부를 것이다.

68 앞으로의 과제를 전망해봄

우리가 해명해야 할 사안은 복잡하다. 논리학 자체가 하나의 학문이며 또한 하나의 학문으로서 그러한 비판이 필요하기 때문이며, 다른 한편 논리학은 가능한 학문의 개방된 범위와 관련해 모든 학문에 필수적인 이 주관적인 비판적 탐구를—비록 모든 학문에 통일적으로 관련된 일반성으로이지만—주제로 상세히 논하는 학문이 되어야 하기 때문이다. 이 두 가지 측면이 당장 일치하지는 않는다. 왜냐하면 논리학, 게다가 우리에게 지금만 확실하게 한정된 형식적 분석론이 그 최초의 주제의 영역을 범주적 판단의 형성물과 대상의 형성물의 형식 속에 지니고 이 형식 아래 있는 모든 학문의 형성물에 단지 외연적으로만 관련된다면, 우리는 논리학에 대해 바로 논리학 특유의 구성적 문제를 지니기 때문이다. 그것은 일반적 범주의 형식을 주관적으로 형성하는 데 관계하는 문제, 우선 판단 일반, 대상성 일반과 같은 논리학의 최상의 영역개념에 관계하는 문제다. 물론 개별적 학문에서 이 문제도 고려되지만, 개별적 학문의 방법인 논리학에 대한 수단으로서만 비로소 고려된다. 즉 학문의 진정함이 논리적 원리를 따라 의식적으로 규범화하는 데 근거한 진정함일 수 있다는 사실, 따라서 앞서 「머리말」에서 주장했지만 그 후의 논의에서야 비로소 실제로 정초해야 하듯이, 논리학은 다른 학문 가운데 하나의 독특한 학문일 뿐 아니라 동시에 실현할 수 있는 모든 학문 일반에 대한 방법의 근본요소라는 사실이 입증될 수 있는 한에서 고려된다.

아무튼 분석론의 특유한 영역과 분석론 속에 구분되는 영역을 근본적으로 해명하고 비판적으로 확보하려고 이제까지 수행한 연구에 따라, 우리의 바로 다음 과제는 이후의 연구를 우선 이 분석론에 요구된 주관적 연구의 해명과 그 필연성으로 향하는 것이다. 그 결과 형식적 존재론의 이념을 실재적 존재론, 결국 절대적 존재론의 이념으로 형성시키는 데 필요한 연구는 자연히 우리를—형식논리학을 지향적 탐구에 근거 짓고 마찬가지로 실증적 학문을 그러한 탐구 속에 경과하는 인식론에 근거 지우면, 확실히 사람들이 결코 빠져들지 않을—'선험적 심리학주의'의 진정한 의미를 아직도 기대하는 해명으로 이끌 것이다.

제2장 선험적-논리적 문제제기를 시작하는 물음. 근본개념의 문제

69 단도직입적 명증성 속에 주어진 논리적 형성물. 이 명증성을 반성적으로 주제화하는 과제

분석적 논리학은, 분석적 영역을 오해하거나 은폐하는데도, 어쨌든 더 좁은 의미에서 형식적-수학적 학과에 관해 더구나 매우 발전된 형태로 오래 전에 주어졌다. 따라서 논리적 범주와 세분화된 형식을 형성하는 데 명증성이 부족할 수 없었으며, 실로 그 명증성의 가치는 모든 시대에 특별히 평가받았다. 그렇지만 그것은 결코 전형적인 것이 아니다. 이러한 말을 사용함으로써 우리는 동시에 이 명증성—명증성 일반—이 반성적으로 고찰되고 분석되며 순수화되고 개선되어야 한다는 사실, 그런 다음 그 명증성은 경우에 따라 전형으로 또 규범으로 간주될 수 있고 간주되어야 한다는 사실을 이미 표현했다.

논리적 형성물과 그 일반적 형식은 우선 단도직입적 명증성 속에 주어지며, 이 점은 필연적으로 최초의 일이다. 그러나 이제 이 명증성, 즉 그 이전에 주제 밖의 소박함에서 곧바로 수행된 형성하는 활동성을 주제로 한 반성이 요구된다. 이 경우 그 대상적 의미에 근원적으로 목표를 두고 그 의미를 실현하는 지향성을 해명함으로써 그 의미 자체를 정당한 방식으로 파악하고 한정하며 소박함의 가능한 모든 변위(變位)와 위장(僞裝)에 맞서 그 동일성을 확보할 수 있기 위해, 활동성 속에 우선 단독으로 '주어진' 형성물과 일반적 형식(더 높은 단계의 형성물)을 '해명하는' 것이 중요한 문제다. 달리 말하면, 작업을 수행하는 모든 행위에는 지향과 〔이 지향을〕 실현시킴이 놓여 있다. 우리는 이 행위와 이 속에 놓여 있는 것 자체를 고찰할 수 있고, 그것이 의도함과 이것을 충족시키는 실현시킴의 동일성을 확인할 수 있다. 겨냥함은 소박하게 의도하고 행위하는 데 변위될 수 있고, 마찬가지로 소박하게 반복하거나 그 밖에 이전에 추구했고 겨냥했던 것으로 되돌아가는 가운데 변위될 수 있다. 그래서 논리학자의 소박한 작용들의 연관 속에 주제화하는 가운데도 변위될 수 있다. 단도직입적으로 단독으로 주어진 주제(경우에 따라 매우 본질적으로 전위된 주제)에서 이 주제를 겨냥하고 충족시키는 가운데 구성하는 활동성, 즉 소박한 행위 속에 이전에 은폐되거나 '익명적'으로 남아 있고 지금에야 비로소 고유한 주제가 되는 활동성으로 반성하는 가운데 우리는 나중에 관련된 활동성을 심문한다. 즉 우리는 바로 반성으로 일깨워진 그 명증성에서 반성이 겨냥하는 것 그리고 반성이 획득한 것에 대해 심문하고, 더 높은 단계의 명증성 속에 이전에 주목받지 못했던 주제가 변동할 수 있도록 변경시킨 것을 동일화하고 고정시키거나 추적하며, 그에 속한 겨냥함과 실현시킴—달리 말하면 변위된 논리적 개념의 형성—을 구분한다.

70 근원에 대한 구성적 탐구로서 요구된 해명의 의미

a) 지향적 겨냥함과 애매함의 전위

사람들은 여기에서 종종 (나도 이것을 이전에[1] 그렇게 표현했다) 애매함의 위험에 대처하는 것이 중요하다고 말한다. 그렇지만 여기에서 사람들이 이 말과 그 말의 의미를 단순히 추구해야 하고 추구할 수 있을 만큼 각인된 애매함이 문제는 아니라는 사실을 주목해야 한다. 오히려 문제는 내적이며 게다가 본질연관으로 결합되고 요구된 **지향성**과 그 작업수행의 전위다. 이 전위의 결과로서 언어적 애매함이 생기고, 그래서 이 애매함은 언어적인 것 자체에 밀착되어 그것이 연상적으로 의미를 겨냥하는 것을 심문하는 가운데 해소될 수 없게 되고, 단지 지향적으로 겨냥하는 것과 이것을 시행하는 가운데 이루어진 형성물의 근원적 구성에 대해 앞에서 말한 반성적 심문으로서만 해소될 수 있고 애매함으로서 단지 형성될 수 있다.

하나의 예증—그러나 동시에 방금 서술된 것에서 이어진 하나의 보충—은 우리가 논리적 영역을 해명하는 관심에서 행한 연구 전체를 제공한다. 진지한 학문적 논리학의 관심에서 이 연구가 불가결하다는 것은 의심할 여지가 없다. 그러한 논리학에 근원적으로 속한 주제제기가 혼란된 경우 그와 같은 연구가 도대체 어떻게 가능한가? 논리학을 심리학주의로 바꾸어 해석하는 것은 틀림없이 끝내야 했을 뿐 아니라, 실로 순수하게 파악된 논리적 영역에 대해서도 자신의 세 가지 층을 단독으로 명증적이게 할 수 있을, 앞에서 말한 어려운 연구가 필요할 것이다. 이 연구는 철저하게 주관적–현상학적으로 향해 있었다. 그 연구가 판단작용에서 세 가지 태도를 대조하는 것에 관련

---

1) 예를 들어『논리연구』제2권(제2판[1913]과 그 이후 판)「머리말」6쪽 이하를 참조할 것—후설의 주.

되었기 때문이다. 그 태도는 실제적이거나 가능한 동일화의 방향—대상적 방향—이 변화되는 경우, 세 가지 명증성과 이것에 상응하는 공허한 선(先)-지향 및 충족의 세 가지 방식의 증명, 이에 따라 근원적으로 구별되는 판단의 개념이다. 여기에서 문제는 논리학자가 사유하는 가운데 우연적이 아니라 본질적 근거에 입각해 수행되었고 은폐되었을 개념의 전위와 애매함이다. 이것 자체는 진리의 규범에 따라 판단을 비판하는 논리학자의 '단도직입적으로' 사유하는 주제의 통일체에 함께 속하기 때문이다. 더 정확하게 말하면, 가능한 참된 판단의 형식적 조건에 관한 물음이 필연적으로 우리가 판단의 형식이론, 귀결이론, 진리이론으로 구별한 체계적 단계로 경과할 것이기 때문에, 이 개념의 전위와 애매함은 은폐되어 있다.

여기에서 문제는 단순히 눈에 띄지 않고 수행되는 의미변화가 결코 아니라 매우 탁월하고 특별히 중요한 유형으로, 즉 **변화는 동시에 중첩**(Überschiebung)**과 합치**(Deckung)라는 것이다. 후자는, 즉 더 낮은 단계의 판단의 통일체는 동일화에 의해 더 높은 단계로 들어가는 한, 그렇다. 이때 더 높은 단계의 새로운 것(그래서 판단작용의 판명성이나 고유성 또는 명증성의 충족)이 분명 그때그때 특유한 술어로 파악된다. 논리적 사유함의 통일체 속에 모든 단계의 통일체는 자신의 사유기능과 인식기능을 지니며, 그러므로 태도가 변화할 수 있고, 그래서 합치를 관통하고 어쨌든 다시 변화되는 통일체의 의미가 변화할 수 있다.[2]

---

2) 이에 관해서는 이 책의 제4장 특히 제89항과 제90항의 더 상세한 해명을 참조할 것—후설의 주.

b) 은폐된 주관적 형성방법을 밝히고 이 방법을 비판하는 논리적
　학과에서 구별될 수 있는 근본개념의 해명

그러므로 언어적 애매성은 어떤 방식에서 본질 필연적이다. 그러
나 다른 한편 이 애매성을 해소하고 억제하는 것, 세 가지 판단의 통
일체와 이것에 관련된 **근본개념을 근본법칙으로** 구별하는 것은 어쨌든
자신의 주제 영역을 원리적으로 구별되는 영역으로서 끊임없이 염
두에 두려는 논리학—논리학은 진정한 학문으로서 그래야 하듯—에
절대적으로 필연적이다. 논리학자는 형식이론의 의미에서 판단, 즉
언어적 지시의 운율론(韻律論)에서 단순한 판명함이 명증적으로 스
스로 주어진 충분한 판단은 귀결의 관계를 정초할 수 없다는 사실을
명백히 알아야 한다. 논리학자는 단순히 언어적으로 잘 이해된 명제,
즉 기호에 따른 지시를 일정하게 파악해 명시적으로 이해된 명제는
바로 단순한 운율적 지시의 통일체인 '의미'의 통일체로 파악된다
는 사실, 이 경우 지시된 것은 두 번째 의미에서 판단, 본래의 판단작
용 속에, 실제로 수행된 범주적 작용의 판단작용 속에 구성되는—추
후에 수행되어 기호적 운율론을 충족시키는—판단의 의견(이것은 사
태의 의견이다)의 새로운 운율론이라는 사실을 명백히 알아야 한다.
논리학자는 인식을 겨냥함이 판단작용을 통과해가는 곳에서 명시적
판단, 즉 의견으로서 본래의 판단이거나 '판명한 판단' 자체가 충족
된 그 자체—사태 '자체', 자신의 주어와 술어 '자체' 등—를 향해 생
각한다는 사실도 명백히 알아야 한다.

논리학자는 이 모든 것을 알아야 한다. 그에게는 이것이 방법이기
때문이다. 또한 그에게는 소박하고 본능적이며 은폐된 어떤 행위도
존재하면 안 되기 때문이다. 그는 모든 행위와 그 작업수행도 설명할
수 있어야 하고, 따라서 논리학자로서 원리적 일반성에서 은폐된 소
박한 방법에 대해 반성하며, 이것으로 **진정한 논리적 방법을** 실시하기

위해 그 방법을 주제로 해석해야 하기 때문이다. 판단과 판단형식을 논리적인 것으로 구성해내는 가장 근원적인 이 방법은 형식이론에서 귀결이론과 본질적으로 다르며, 진리이론과도 다르다.

동일한 방식으로 논리학자에게는 우리가 위에서 다룬 주관적으로 향한 다른 모든 연구가 명백히 불가결하다. 이 연구에서 진술논리와 형식적 존재론의 상관적 의미, 마찬가지로 순수 수학과 논리적 수학의 특징이 분명하게 밝혀져야 한다.

이 모든 연구의 근본적 특성은 근원적인 논리적 방법을 밝히고 비판하는 데 있다. 게다가 이 모든 연구는 자신의 동일하며 모든 전위에 앞서 확보된 본질을 확신시켜주는 명증성에서 분석론의 '근본개념'을 근원적으로 산출하는 방법에 대한 탐구라고도 할 수 있다.

근본개념은 이미 매우 친숙하고 자유롭게 처분할 수 있으며, 이것은 명증성에 대한 요구가 일깨워지고 또한 새롭게 된 어디에서나 산출되었고 산출될 것이다. 그러나 이렇게 소박하게 시행된 '방법'은 아직 진정한 방법이 아니다. 그것은 마치 단순한 '심리적 분석'—이 경우 어떻게 우리가 그때그때 이 개념을 형성했고 형성하는가 하는 반성적인 심리학적 고찰—이 문제인 것은 아니다. 구성적 탐구는 시작에서 그러한 반성일 뿐이며, 사실적이거나 '의식되지 않은 채' 시행된 방법을 계속 드러내 밝히는 것이다. 계속 진행하면 구성적 탐구는 '비판', 즉 종합의 통일체 속에 얽혀 있는 지향적 방향을 체계적으로 구별하는 데 입각해 상이한 충족의 계열로 능동적으로 충족시킨다. 이 것은 여기에서 그러한 비판이 일치하는 스스로 주어짐의 통일체 속에 관련된 대상성의 창조적 구성이며, 이것의 본질과 본질개념의 창조다. 그런 다음 전문용어로 확정하는 그에 속한 작업수행에 근거해 이 개념은 습득해 획득된 것으로서 계속 유지된다.

모든 구성적 분석은 이러한 관점에서 창조적이다. 왜냐하면 창조적으로 획득된 구성적 통일체는 규범이고, 이것을 창조적으로 획득하는 것은 그 자체로 주제가 된 방법이며, 미래의 습득적인 방법적 실천에 대한 그러한 규범으로서 주제가 된 방법이기 때문이다. 진정한 논리적 방법은 주제로 탐구하는 것과 소박하게 시행된 방법 자체를 목적에 맞게 활동적으로 형성하는 것에서만 가능하다.

71 학문의 근본토대의 문제와 구성적 근원탐구. 논리학은 지도하도록 위임받았다

이것은 많이 논의된 수학뿐 아니라 모든 객관적 학문의 근본토대의 문제에 이미 빛을 비춘다. 분석론인 형식적 수학에 대해 이 문제의 의미는 이제까지의 고찰로 이미 결정되었고, 문제의 지위에 대한 통상적 혼란은 제거되었다. 어디에서나 우리는, 인식론적 문제제기의 경우처럼, 사람들이 학문을 마치 근본토대에 대한 탐구가 단지 추후에 따라오는 해명이나 기껏해야 이 학문 자체를 본질적으로 변화시키지 않는 개선을 뜻하는 이미 존재하는 것으로 간주하는 실로 반복적으로 언급된 전도(顚倒)를 관찰하게 된다. 실제로 역설을 지니며 근원을 해명하고 비판으로 형성하지 않은 근본개념을 다루는 학문은 결코 학문이 아니라, 재치 있는 모든 작업수행의 단순한 이론적 기술(技術)이다.

따라서 근본개념의 창조는 사실 가장 문자 그대로의 의미에서, 이미 말했듯이, 모든 학문에 대해 기본이 되는 작업수행이다. 하지만 무엇보다도 모든 학문에 대해 원리적 방법이어야 하고 방법 일반의 아프리오리 속에 학문의 모든 특수한 방법을 포괄하며 원리에 입각해 모든 학문의 형성을 의식적으로 정리하도록 위임받은 논리학에 기본이 되는 작업수행이다. 이러한 탐구의 근본주의에 굴복하는 학문적 삶에서만 진정한 학문이 가능하다. '어떻게 이러한 삶이 충족될 수 있는지' 그리고 '절대적이 아니라면 방법론적 접근(Approximation)의 어떤 단계의 발전에서 충족될 수 있는지'는 창조적 방법을 형성하는 한 주요부분, 즉 주관적으로 향한 논리적 작업의 한 주요부분이라는 사실을 우리는 예견한다. 그러나 여기에서 우리는 이제 막 출발했을 뿐이며, 이러한 출발에서 시초는 가장 엄밀한 의미에서 근본개념에 종사하는 것이다. 이것은 그 자체로 규정되고 항상 다시 활성화할 수 있으며, 그래서 실증될 수 있는 방법에 따라 소박한 형태의 혼란됨과 불안정함에서 학문적 근본개념의 확고함과 규정성으로 넘어가야 한다.

72 객관적 아프리오리에 상관적인 아프리오리인 주관적 구조. 비판의 새로운 단계로 넘어감

주관적으로 향한 논리학에 관해 이제까지 기술한 탐구에서 문제되는 주관적 구조는 객관적인 논리적 이론의 상응하는 개념과 더불어 명백히 우연적인 심리학적 사실성(Faktizität)에 속하지 않는다. 그 구조는 객관적 아프리오리에 상관적인 아프리오리를 나타낸다. 예를 들어 어떤 판단이 명시적으로 스스로 주어지는 명증성의 과정은 반성적 분석이 제시하는 것과는 다른 본질구조를 지닌다. 사실적 판단을 판단형식 일반으로 변화시키는 형식화하는 일반화는 주관적 관점에서 필연적으로 본질일반화이며, 더구나 상관적인 의미에서 사실적 판단의 명증성에 대한 형식적 본질일반화다. 그렇다면 이것은 이에 상응하는 방식으로 순수 분석적 논리학의 그 밖의 모든 근본개념뿐 아니라 그에 속한 논리적 이론의 근본법칙과 파생된 법칙에도 적용된다. 형식론의 모든 조작적 법칙에는 구성하는 주관성에 관해 주관적 합법칙성이 아프리오리하게 상응한다. 그것은 생각해볼 수 있는 모든 판단하는 자와 판단에서 새로운 판단을 형성할 판단하는 자의 주관적 가능성에 관한 형식적 합법칙성이다.

근본개념, 논리적 근원개념은 논리적 영역 자체와 종합적으로 기능하는 부분영역으로 그 영역이 층화(層化)된 최상의 개념이다. 이 개념을 형성함과 더불어 필연적으로 최초의 단도직입적 논리학에 대한 최초의 비판인 동시에 논리학의 인식방식, 그 방법적 본성에 대한 비판이 수행된다. 그러나 이 최초의 비판과 그 결과로서 생길 수 있는 영역개념의 최초의 형성은—계속 이어지는 개념에 대해 필연적이 되는 예측적인 새로운 비판적 탐구는 제외하고—이미 완전한 전체적 비판인가?

제3장 논리학의 이념화하는 전제와 그 구성적 비판

우리의 충분하지 못했던 처음 일련의 비판적 연구를 이제 그 필연성에 따라 명백하게 해보자. 지금은 일련의 이념화하는 전제, 즉 논리학이 가령 주제로 형성된 방법이 아니라 다시 소박하게 시행된 방법에 입각해 자명한 것처럼 다루었고, 그것을 살펴보지 않고 함께 이어받은 전제를 의식하게 할 분석적 논리학을 비판할 필요가 있다. 이 새로운 비판은 우리가 최초의 단계에서 그 세 가지 층의 해명을 위해 계속 실행한 것이며, 따라서 이러한 비판의 연구를 전제한다.

73 구성적 비판의 주제인 수학적 분석론의 이념화하는 전제. 구성적 문제인 판단형성물의 이념적 동일성

우선 순수한 그리고 완전하게 간주된 수학적 분석론, 즉 분석적 판단귀결의 단순한 논리학을 고찰하면, 그 분석론은 자신의 일반적 형식을 따라 그 분석론이 그 이념적 동일성을 전제하는 가능한 판단의 개방된 무한한 범위에 관련된다.

여기에서 어느 정도까지 전제에 관해 이야기할 수 있고 이 전제 속에 무엇이 포함되어 있는지 숙고해보자. 형식은 범례적 판단—이것 자체는 우리가 기술한 명증성의 방식에서 이끌어낸 것이다—에 입각해 고유한 명증성 속에 획득된 일반적 본질성('개념')이다. 판단작용의 지향성은 체험에 적합하게 변화되는 지향성이다. 하지만 동일한 판단에 대해 이야기하면, 명증성 속에 동일한 것, 즉 처음에는 혼란된 의견이었고 그런 다음 판명하게 된 동일한 것으로 스스로 주어지는 지향적 통일체, 즉 하나의 동일한 판단을 향해 유지된다. 자신의 고유한 활동성 속에 판명하게 하면서 명백히 제시하는 모든 것은 이미 이전에 추정된 것으로 혼란됨 속에 '묵시적으로' 있었고, 그래서 결국 판명하게 함이 완전히 성공할 경우 전체의 판단이 된다.

그러나 이제 실로 '혼란된' 판단작용, '모호한' 판단작용도 죽고 경직된 것이 아니라 변하기 쉬운 것이며, 그 속에 동일한 판단, 즉 고유한 산출의 활동성이 전혀 필요치 않는 형식이론의 의미에서 동일한 판단이 동일한 대상성으로 구성되어야 하면, '무엇이 이 동일성을 우리에게 확인시켜주는가?' 하는 물음이 제기된다. 그리고 계속해서 '판명한' 특유성에서 판단에 대한 이러한 물음이 제기될 수 있다. 물론 명증성이 생생한 동안 우리는 체험이 변화되는 가운데 그 자체로 제시되는 것으로서 판단 자체를 지닌다. 그러나 사고과정이 진행되고 우리가 종합적으로 결부시키면서 이전에 하나로 주어진 것으로 되돌아가면, 이것 자체는 실로 더 이상 근원적으로 명증적이지 않으며, 그것은 회상과 결코 직관적이지 않은 회상의 매개 속에 다시 의식된다. 실제로 본래의 직관으로서 성공한 회상은 실로 근원적 과정의 모든 개별적 계기나 단계의 재생일 것이다. 하지만 심지어 이러한 일이 일어났을 때, 따라서 새로운 명증성이 실현되었을 때, 그것이 이전의 명증성의 재생이라는 사실이 확실한가? 그리고 이제 생생한 명증성 속에 '스스로를 가짐'의 양상으로 지향적 통일체로 근원적으로 구성되었던 판단이 항상 우리에게 존재하는 대상, 즉 우리에게 항상 마음대로 할 수 있는 대상으로, 최초의 구성 이후부터 계속 우리에게 존재하는 확신으로 지속적 타당성을 갖춰야 한다는 사실을 생각해보자.

논리학은 단순히 활동적 명증성 속에 주어져 있음에 관계하지 않고, 활동적 명증성 속에 근원적으로 건설된 지속하는 형성물, 언제나 다시 활성화할 수 있고 동일화할 수 있는 형성물에 관계한다. 즉 이후부터 현존하는 대상성으로서 형성물에 관계한다. 사람들은 그 형성물을 다시 포착하고 사유하면서 이 대상성을 다루고, 그 형성물을 동일한 것으로서 새로운 형성물과 언제나 다시 새로운 형성물로 범주적으로 계속 형성할 수 있다. 모든 단계에서 형성물은 명증적으로 동일화할 수 있는 자신의 방식을 지닌다. 모든 단계에서 형성물이 판명하게 될 수 있고, 일치[귀결]나 불일치의 명증성연관 속으로 끌어올 수 있으며, 이 연관에서 불일치를 말소함으로써 또는 이에 상응해 변형시킴으로써 일치의 순수한 연관이 산출될 수 있다. 분명히 형식적 일반성과 법칙성을 지닌 논리학은 모든 종류와 단계의 판단, 범주적인 것들(Kategorialien)을 전제한다. 이 범주적인 것들의 그 자체 존재는 동일성 속에 확정되어 있다. 논리학은 모든 사유하는 자와 모든 사유공동체에 자명한 것을 전제한다. 즉 나는 나의 판단의견이나 확신의 동일성을 나의 사유활동성의 모든 일시적 중단을 넘어서서 언제나 확신할 수 있고 이것을 지속적이며 언제나 마음대로 처리할 수 있는 소유물로서 통찰해 확신할 수 있다.

이제 누구나 이러한 관점에서 그때그때의 착각, 즉 의견이 전위되고 혼동되는 사실을 알지만, 혼란되어 흔들리는 의미를 확고하게 하고 모호한 판단을 판명하고 일정하게 동일화할 수 있는 판단이 되게 할 가능성도 안다. 모호함은 그것을 여러 가지로 규정할 수 있을지 모르지만, 사유하는 자가 반복하고 명증적으로 동일화할 수 있는 규정성으로 이행하면, '나는 이것을 뜻한다'는 그의 확증은 결국 '나는 이제부터 이렇게 규정된 것을 항상 나의 의견으로 인정할 것이다'라는 의지의 결단을 의미할지 모른다. 그러나 단순히 순간적이며 사정에 따라 다시 변화하는 자의(恣意)는 여기에 있을 수 없다. 만약 입증하는 자가 입증의 연관 속에 이전의 판단으로 되돌아가면, 그것은 바로 어쨌든 실제로 동일한 판단임에 틀림없다.

전통논리학과 소박하게 단도직입적으로 이론화하는 수학은 이 점에 대해 별로 걱정하지 않는다. 이것은 동일성, 즉 존재적 태도 속에 대상의 동일성인 대상적 의미의 동일성과 진술논리에서 판단의 동일성이 진정으로 수행된 사유함을 관통한다는 사실을 전제한다. 따라서 결국 이것은 구체적인 경우, 즉 그때그때 학자가 사유하는 가운데 이 동일성과 관련된 작업수행이 올바른 방식으로 이미 잘 진행되고 있다는 사실, 학자가 혼란됨과 불명료함의 변화에 대립해—이 경우 가능한 의미의 전위에 대립해—엄밀하게 동일화할 수 있는 대상과 의미의 확정을 이미 배려했다는 사실을 전제한다.

판단의 이념적 존재를 항상 동일화할 수 있는 의미로 명백히 제시하고 그런 다음 그 존재를 논리학자로서 끊임없이 요구하는 것은 소박하게 단도직입적으로 쉽다. 그러나 그 확인함이 자신의 작업수행 속에 실제로 통찰될 수 있는 경우에만 어쨌든 이 이념적 존재가 우리에게 요구할 수 있는 타당성을 지닐 수 있으므로, 그러한 명백히 제시함과 확인함은 어떻게 가능한가? 이 이념적 존재는 특유한 초재(超在)를 암시한다. 즉 이 존재는 판단이 이러한 판단으로서 실제로 스스로 주어진 그때그때의 생생한 명증성을 초월한다. 아무튼 이 명증성은 스스로 주어진 것이 이념적 초재의 의미와 권리를 획득할 새로운 작업수행을 아직 떠맡을 수 없다. 어쨌든 사유하는 각자는 판단을 확고하게 동일화할 수 있는 판단으로 실현할 수 있음을 즉시 확신한다. 그는 이러한 판단이 존재하며 이 판단에 접근할 수 있다고—심지어 그가 이것에 대해 생각하지 않더라도—믿는다. 이제 만약 이러한 관점에서 어떤 고유한 명증성이 이념적 대상성을 스스로 주어진 것으로 이끄는 전자(前者)를 보충하는 가운데 요구된다면, 그렇다면 문제가 반복되고 그래서 '무한히' 반복될 위험은 없는가?

이 이념적 동일성을 획득하기 위해 (논리학도 실제로 이 동일성을 항상 획득할 수 있는 동일성으로 전제한다) 소박하게 시행된 방법이 논리학에 요구된 것을 수행하더라도, 따라서 논리학의 전제가 근원적 권리를 지니더라도, 그 방법이 소박하게 시행된 것으로서 익명적으로 남아 있고 그 지향적 작업수행이 주제로 해명되지 않는 한, 어쨌든 우리는 부당하게 요구된 그 권리를 인정할 어떤 권리도 없다. 또는 사람들은 가령 성과가 풍부한 학문의 특권이 주어진 경험(Empirie), 즉 자신의 이론에서 확고한 판단을 획득하는 학자의 실천을 지적하는 것에 만족할 것인가? 그렇지만 여기에서 학문의 근본개념과 함께 학문의 모든 이론의 애매함을 기억하고, 따라서 실제로 획득하는 것이 결코 문제될 수 없다는 사실, 그래서 실천적으로 결코 충족되지 않고 아마 결코 충족될 수도 없을 이념적인 것이 중요하다는 사실을 말해야 한다. 그러나 진정한 학문 일반의 가능성을 위해 최초로 규범을 부여하는 논리학을 전제하는 이념적인 것이 중요하다면, 다음과 같은 딜레마에 직면한다.

논리학은 보편적 허구(Fiktion)를 다루며, 그렇다면 그 자체는 규범을 부여하는 것이 결코 아니다.

논리학은 규범을 부여하는 것이며, 그렇다면 이 이념적인 것은 곧 진정한 학문의 가능성에 불가분하게 속한 실제적 근본규범이다.

후자(後者)를 파악하는 데 적어도 먼저 우선권을 주어야 하고 그 파악을 정당화해야 한다면, 주관적으로 향한 논리학의 방법문제는 본질적으로 새로운 부분만큼 우리에게 확장되고, 더구나 이것으로 논리적 근본개념성을 만들어내는 방법의 문제도 확장된다. 사실상 (여러 겹의 의미에서) 진술의미의 동일성이라는 그 이상(理想)은 실로 모든 논리적 근본개념의 의미 속에 빠져 있다. 따라서 형식적 일반성에서 모든 구체적인 논리적 사유함, 즉 학문적 사유함에 속하는 방법과 동일한 의미를 실현시킬 일반적으로 포착할 수 있는 방법은 논리학의 근본개념을 형성하기 위한 방법의 존립요소다. 특수하게 파악하면 그것은 규범적이며 이념적인 객관적 동일성의 구성, 즉 예견할 수 있듯이, 본질적으로 [이러한 구성에] 포함될 수 있는 접근의 단계를 지닌 구성에 관한 문제다.

우리의 논리적 고찰에서 배제된 언어적 표현이 상호주관적 사유함에 대해 그리고 이념적으로 존재하는 것으로 간주된 이론의 상호주관성에 대해 본질적 전제라는 사실, 따라서 표현을 표현으로서 이념적으로 동일화할 수 있음도 구성의 문제를 틀림없이 수반한다는 사실을 생각하면, 구성의 문제는 또다시 확장된다.

74 '그 밖의 등등'의 이념성, 구축적 무한성의 이념성 그리고 이것의 상관자

(단순히 분석적으로 형식적인 것을 제한하는 모든 경우) 진지하게 학문이론이 되려는—진정한 학문의 가능성을 진지하게 정초하려는, 진정함의 정당성을 증명할 원리를 학자에게 진지하게 제공하려는—분석론의 주관적인 지향적 주제제기는, 이미 알고 있듯이, 예상 밖으로 현상학의 심층과 폭넓은 범위로 우리를 이끈다. 그런데도 우리

는 분석론에 대해 보편적 역할을 하는 모든 **이념화를** 전혀 고려하지 않았다. 그 밖에도 나는 단지 논리학자가 결코 강조하지 않는 '그리고 등등'(Und so weiter)의 근본형식, 반복적 '무한성'의 근본형식을 지적하고자 한다. 이 근본형식은 자신의 주관적 상관자를 '누구라도 언제나 다시 할 수 있다'(man kann immer wieder) 속에 지닌다. 그것은, '사실상' 누구라도 언제나 다시 할 수 없기 때문에, 명백한 이념화다. 그러나 이념화는 어쨌든 논리학 어디에서나 자신의 의미를 규정하는 역할을 한다. 또한 '그리고 등등'이 근본요소로서 제73항의 문제에 속하는 한, 누구나 이념적 의미통일체로 그래서 이념적 통일체 일반으로 언제나 다시 되돌아갈 수 있다. 예를 들면 누구나 어떤 집합에서 이 집합에 상반되는 집합을 언제나 다시 지닐 수 있고, 그 집합을 추가하면서 첨부할 수 있다. 왜냐하면 누구나 모든 부정수(不定數) 'a'에 언제나 다시 'a+1'을 만들 수 있고, 그래서 '1'로 무한한 계열의 부정수를 만들 수 있기 때문이다. 분석적 의미의 형식이론 속에 우리는 오직 반복할 수 있는 합법칙성만 지닌다.

이 모든 것에는 무한성, '언제나 다시' '그리고 등등'이 포함되어 있다. 수학은 무한한 구축의 영역, '무한한' 의미에서뿐 아니라 구축적 무한성에서도 이념적 존재(Existenz)의 영역이다. 명백히 여기에서 주관적인 구성적 근원에 관한 문제는 은폐되었지만 드러내 밝힐 수 있고 규범으로 새롭게 형성할 수 있는 구축의 방법으로서 반복된다. 그것은 상이한 의미의 '그리고 등등'과 무한성이 그 속에 새로운 종류의 범주적 형성물(그러나 이 형성물 역시 실로 개념 이전의 표상 영역 속에 자신의 중대한 역할을 한다)로 명증적이 되는 방법이다. 그러나 자신의 모든 특수한 형태에서 이 명증성이 바로 이제 주제가 됨에 틀림없다.

75 분석적 모순율과 이것의 주관적 표현방식

이제 주관적 문제제기를 드러내 밝히는 데 한 걸음 더 나아가보자. 순수 귀결논리는 귀결과 모순의 법칙 그리고 기껏해야 여전히 (귀결에 의거하지 않는) 외적 무모순성(無矛盾性)에 관련되었다.[1] 만약 어떤 판단이 다른 판단의 직접적 모순이거나 간접적 모순인 다른 판단의 귀결에 대립된 모순이라면, 그 판단은 객관적으로 다른 판단의 모순이라 한다.

그렇다면 객관적-이념적 근본법칙은 다음과 같다. 즉 모든 모순된 판단은 그것이 모순되는 판단으로 '배제된다.' 다른 판단의 분석적 귀결인 각각의 판단은 이 귀결 속에 '함께 포함된다.'

후자는 주관적이라는 것을 뜻한다. 즉 어떤 판단의 의견을 지닌 채 이것을 해석하면서 그 어떤 분석적 귀결을 이끄는 자는 이제 사실적으로 그 귀결을 판단할 뿐 아니라, '그가 그렇게 판단하는 것과는 다르게 할 수 없다'는 것도 판단한다. 구문론적 형식을 단순히 주의함 속에 그리고 곧바로 생기는 핵심이 임의성(任意性)을 지닌다는 의식 속에 필연성, 즉 '다르게 할 수 없음'(Nicht-anders-können)이 가장 완전한 방식으로 형식적 일반성으로 실제로 이행하는 가운데 함께 의식된다. 분석적 귀결의 일반적 명증성은, 이것을 부정하는 시도 그리고 발단과 하나가 되어, 객관적으로는 이러한 [모순된 판단들의] 통일이 일반적으로 불가능함을 알려주고, 주관적으로는 사실적으로 판단하는 자뿐 아니라 (명석함의 명증성에서) 판단하는 자 일반에 대해서도 판단하는 신념이 불가능함을 알려준다. 누구도 이러한 연관 속에 그 사실을 결코 부정할 수 없다. 마찬가지로 [모순된] 두 판단을 어떤 사람에게 판단된 것으로 생각하고 이것을 판명하게 함에서

---

1) 이에 관해서는 또한 이 책의 제19항과 제20항을 참조할 것—후설의 주.

어떤 판단이 다른 판단에 모순된다는 것을 인식하는 사람은 이 두 판단에서 형성된 연언적(連言的) 판단을 부인할 수밖에 없다. 따라서 여기에서는 주관적으로 전환된 순수 분석론의 형식적 근본법칙이 일반적으로 타당하다.

두 가지 서로 (직접적이든 간접적이든) 모순된 판단 가운데 본래의 또는 판명한 통일체를 판단하는 자 일반에게는 두 가지 중 하나만 타당하다.

물론 타당성은 여기에서 진리가 아니라, 판명함의 양상에서 곧 단순한 판단작용을 뜻한다. 따라서 분석적 모순율은 가령 이러한 명칭 아래 역사적으로 표명된 진리논리의 법칙과 혼동될 수 없다.

만약 그러한 주관적 표현방식 역시 옳다면, 이 표현방식은 상관적인 주관적 구조를 실제로 밝히는 가운데 드러나는 그 배후에 놓여 있는 실제적 합법칙성만 가리킨다. 순수하게 객관적으로 순수한 분석적 모순율은 이념적인 수학적 '존재'와 공존에 관한 명제, 따라서 판명함에서 판단들이 함께 가능할 수 있음에 관한 명제다. 그러나 주관적 측면에서는 명증성과 그 밖에 이것에 속한 주관적 작업수행의 아프리오리한 구조가 있다. 이 구조를 드러내 밝히는 것은 그 객관적 의미에 상응하는 주관적 본질토대를 실제로 명백히 제시한다.

특별히 일치와 불일치의 이념적 영역에 속하는 명증성의 주관적인 것과—혼란됨의 양상에 그리고 이전에 제시된 지향과 충족의 통일체연관에 관련된—형식이론의 명증성은 본질필연성에서 서로 얽혀 있다.

자신의 본질구조를 지닌 이 모든 명증성은 상이한 이념적 통일체와 연관—이것은 수학적 분석론의 통일체를 위해 형식이론과 귀결이론을 결합한다—의 지향적 구성에 관한 주관적이며 은폐된 '방법론' 속에 함께 기능하는 것으로 전개되어야 한다. 모든 주관적 구조는 곧 기능의 아프리오리를 지니는데 모두 명백히 제시되어야 하며, 이 아프리오리는 명백한 '자기-자신을-이해함'에 입각해 근본적으로 정당한 형식이론과 이 형식이론 속에 정당하게 근거한 완전한 분석론—이것에 대해 어떤 역설(逆說)도 존재할 수 없고 그것을 정당하게 적용한 의미가 완전히 의심할 여지가 없어야 할 분석론—을 위한 근원적으로 명석한 방법으로서 의식적으로 형성되어야 한다.

76 진리논리의 주관적 문제제기로 넘어감

이제까지는 '순수' 보편수학이라는 더 좁은 의미에서 분석론에 관해 논의했다. 이 보편수학은, 이미 알고 있듯이, 이것이 나중에 진리의 개념을 자신의 주제 속에 포함시키고 그 개념과 관련된 몇 가지 명제를 위해 확장되면, 새로운 학과가 늘지 않더라도 단지 특수하게 논리적 기능을 획득한 성과를 무한히 거둘 수 있는 학문이다. 단순한 무모순성의 형식적 법칙이 진리 가능성의 조건이 되고 그러한 것으로서 표명될 수 있는 것은 그 명제 속에 근거한다. 그렇다면 순수 수학적 분석론은 고유한 분석적 학문이론, 또는 동의어이지만, '형식적 존재론'으로 넘어간다.

더 정확하게 숙고해보면, 그러한 학문이론이나 존재론은, 이것이 자신의 영역을 드러낸 다음 곧바로 실행되었다고 생각하면, 어쨌든 그것이 규정된 목적을 수행하기에, 즉 진정한 학문의 본질가능성에 대한 단순한 형식적 규범 등 규범을 제공하기에 거의 적합하지 않다. 그러한 일은 지금 특히 새로운 근본개념과—이 개념을 통해 순수 수학적 분석론으로 흘러들어 간—새로운 의미규정을 지닌 법칙에 관계한다. 만약 순수 수학적 분석론이 '형식'논리학으로서 그렇게 풍부해져 규정되지 않은 일반성에서 구문론적 소재를 그대로 놔두고 가능한 참된 존재와 가능한 술어적 진리의 단순한 구문론이 되는 자신의 원리에 충실하게 남으면, '도대체 어떻게 그 분석론은 이 '참인 것'〔존재와 진리〕을 자신의 형식적 일반성으로 이끌어오는지' 심문해야 한다. 우선 새로운 근본개념을 창조하려는 이 경우에는 선행하는 논리적 학과를 창조하려는 경우와 다르지 않은 것처럼 보인다. 즉 논리적 학과가 형식에 대한 자신의 본질개념을 본질일반화로 범례(範例)에서 이끌어내듯이, 형식적 진리이론은 〔본질일반화로 자신의 본질개념을〕 참된 존재와 술어적 진리의 범례에서 이끌어낸다. 거기에서 어떤 이념화하는 전제에 대한 인식은 연구가 주관적이 되도록 강제했다. 또한 상응하는 것이 여기에서 예상될 수 있고, 그래서 이와 비슷한 길이 미리 지시된 것처럼 보이며 해결할 수 있는 어려움의 본성도 비슷한 본성인 것처럼 보인다.

그러나 더 깊게 파고들어 가보면, 우리는 여기에서 비슷할 뿐 아니라 새로운, 우리가 이제까지 알 수 있을 기회를 누렸던 것에 비해 훨씬 더 풍부한 전제와 어려움에 직면하게 된다는 사실이 분명해진다. 물론 이 전제와 어려움을 볼 수 있자마자, 이것은 순수 수학적인 것에 한정된 분석론 전체도 즉시 포괄한다. 왜냐하면 모든 역사적 형태에서 논리학은 논리학의 '타고난' 근본의미, 즉 분석적 논리학의 근본의미(소박한 실증성 속에 있는 탐구는 이 의미에 포함된다)로 본질적으로 규정되어 있기 때문에, 우리는 논리학도 그 모든 형태에서 이 소박함으로 바로 은폐된 근본적 어려움이 이 논리학 자체에 부착되어 있다는 사실을 발견한다. 여기에서는 이 어려움을 순수하게 제시된 분석론의 이념과 관련해 규명해야 한다.

우리 연구의 출발점은 진리의 개념 속에 그리고 이 개념을 공리에 의거해 해명하는 '논리적 원리' 속에 주어진다. 우리는 참된 존재와—이것이 스스로를 부여함(더 좁거나 넓은 의미에서 경험)과 일치

(Adäquation)로 되돌아가 관계하는 가운데 판단의 정당성으로서—진리의 개념에 대한 근원의 분석을 기억하고 있다.[2] 이 분석은 진리의 형식논리학에 대립해 (단순한 무모순성의) 순수 수학적 분석론을 분리시키려는 그 당시 우리의 목적을 달성하는 데 충분했다. 하지만 그 분석은 예를 들어 (이중 의미에서) 명증성의 완전함에서 차이를 얼핏 지적하는 것에서만 누구든 그 분석으로 파고들어 가자마자 매우 어려운 물음에 직면하는 어두운 부분을 몇 가지 언급했다.

77 모순율과 배중률 속에 포함된 이념화하는 전제

'논리적 원리'의 명증성에 관한 문제에서 시작해보자. 이 원리의 명증성은 어쨌든 진리와 허위라는 개념을 명증적으로 창조함에 근거한다. 모순율은 모순된 두 판단이 함께 참(또는 거짓)이라는 것이 일반적으로 불가능함을 표현한다. 만약 이러한 불가능함이 근거한 명증성에 관해 심문한다면, 이 불가능함 속에 다음과 같은 사실이 놓여 있음을 알게 된다. 즉 어떤 판단이 긍정적인 실질적 명증성의 의미에서 일치를 이끌어낼 수 있다면, 그것에 모순된 상대방은 판단으로서 아프리오리하게 배제될 뿐 아니라, 그와 같은 일치를 이끌 수도 없다. 그 거꾸로도 마찬가지다.

이것은 일반적으로 각각의 판단이 일치를 이끌 수 있다는 것을 말하지는 않는다. 바로 이것은 배중률(排中律) 속에, 또는 자신의 주관적 명증성의 상관자 속에 함께 포함되어 있다. 각각의 판단은 긍정적 일치에서든 부정적 일치에서든 '자신의 사태 자체'(Sachen selbst)를 향

---

2) 이 책의 제1부 제16항a) 이하 그리고 '논리적 원리들'에 대해서는 제20항을 참조할 것—후설의 주.

할 수 있다. 어떤 경우 그때그때 판단 속에 생각되고 그래서 스스로를 부여하는 것으로서 자신을 제공하는 범주적 대상성과 충족하면서-확증하는 합치에서 그것은 명증적으로 참이다. 다른 경우, 즉 판단의 의견(사념된 범주적 대상성 그 자체)이 **부분적 충족과 일체**가 되어 총체적 판단의 의견에 상반되고 이것을 필연적으로 '폐지하는' 어떤 범주적 대상성이 스스로 주어진 것으로 밝혀지는 한, 그것은 명증적으로 거짓이다. 그렇다면 (이미 알고 있듯이) 판단형성에 본질적으로 가능한 변화가 말소되는 것인 폐지하는 부정 대신 변화된 술어적 의미를 지닌—부정을 술어적 형식으로서 포함하고, 따라서 모순된 상대방의 진리를 진술하는—긍정적 판단을 낳는다.

그러므로 배중율의 원리는 주관적 관점에서 두 **부분**을 지닌다. 이 원리는 어떤 판단이 일치로 이끌 수 있다면 확장된 의미에서 그에 상응하는 스스로 주어짐과의 종합으로, 즉 긍정적 일치나 부정적 일치로 이끌 수 있을 뿐 아니라, 누구도 이것을 고유한 명증성의 원리로서 미리 명백하게 제시하지 않을 경우—이미 말했듯이—각각의 판단은 원리적으로 일치로 이끌 수 있다. 물론 이 사실은 그것에 대해 전혀 설명하지 않은 명증성에 따라 각각 심문된 **이념성** 속에 '원리적으로' 이해된 것이다. 우리는 모두 누구도 '사실상' 그리고 최대한 애써도 그 많은 판단을 직관적으로 입증할 수 없음을 매우 잘 안다. 그리고 어쨌든 '그 자체'로 게다가 긍정적 또는 부정적 명증성의 의미에서 명증적이게 할 수 없을 어떤 명증적이지 않은 판단도 존재할 수 없다는 사실은 아프리오리하게 통찰할 수 있을 것이다.

아직 끝이 아니다. 모순과 배중의 이중 원리는 단적으로 '각 판단은 참이거나 거짓 둘 가운데 하나'라는 사실을 뜻한다. 그 원리는, 진리와 허위가 명증성에서 근원적으로 의미와 권리를 이끌어내더라도, 명증성과 같은 주관적 단어를 전혀 포함하지 않는다. 판단은 어떤 때는 참이고 다른 때는 거짓이 아니라, **영원히** 참이거나 거짓이다. 즉 판단이 어떤 때는 명증적이고 어떤 때는 충족하는 일치의 명증성 속에 증명된다면, 그것은 다른 때는 '기만하는 일치'의 명증성 속에 거짓으로 입증될 수 없다.

　누구나 'A는 A다'라는 많이 해석된 동일성의 원리에도 이러한 의미를 부여할 수 있다. 만약 (A가 가장 넓은 의미에서 판단으로 이해될 수 있는 곳에서) A가 참이면, 그것은 영원히 참이다. 진리는 이념적으로 동일한 판단에 지속하면서 속한 성질이다. 그렇다면 누구나 두 가지 다른 원리를 첨부할 수 있을 것이다. 만약 일반적으로 어떤 A가 참이면, 이것의 모순된 상대방은 거짓이며, 각 판단은 참이나 거짓 둘 가운데 하나다. 그러나 '영원히'는 순수한 객관적 원리에 속하지 않는 주관적 표현방식이기 때문에, 이 세 가지 분류가 같은 종류인지 심문해야 한다.

　하지만 아직 논리적 원리의 의미를 다 다루지 않았다. 이미 순수 수학적 분석론에서 판단의 의미의 동일성을 '**모든 사람**'과 관련지을 수 있을 것이다. 즉 동일한 판단은 단지 나의 지속하는 의견으로서 나의 다양한 주관적 체험의 이념적 통일체로 한정되는 것이 아니어서, 모든 사람이 동일한 의견을 가질 수도 있다. 따라서 이미 이전에 이 동일성(Selbigkeit)의 보편적인 상호주관적 명증성의 문제를 제기해야 했다. 여기에서는 '모든 사람'을 최초로 소개하는 것을 선호했으므로, 어떤 사람이 수행한 일치의 이념적 통일체인 그 진리가 그 **사람**에게 영원히 생길 뿐 아니라 이 이념성은 모든 사람에게도 적용된다는 논리학의 의견이 지금 계속 문제된다. 모든 사람은 각각의 판단을 내릴 수 있고, 이 판단을 일치로 이끌 수 있는 가능성과 마찬가지로 이에 속한 논리적 법칙도 모든 사람에게 적용된다. 모든 사람은 이 점에서 〔다른〕 모든 사람과 완전한 조화를 이룬다.

논리학이 기초를 놓는 '객관적' 진리, 즉 상호주관적으로-동일한 진리의 개념인 논리학의 진리개념에 대한 주목할 만한 의미규정은 논리학이 이론적으로 수립하는 모든 명제, 즉 자신의 공리와 정리에도 적용된다. 따라서 이것은 모두 영원히 그리고 모든 사람에게 타당할 것을 요구한다.

78 '전건 긍정식'과 '후건 부정식'의 법칙을 주관적 명증성의 법칙으로 전환함

'전건 긍정식'과 '후건 부정식'의 명칭으로 구별되는 근본법칙들 —이 가운데 오직 순수 귀결논리에 속하는 분석적 귀결의 원리만 진정한 원리로 입증되었다[3]—에 대해서도 우리는, 모순의 이중 원리에 대해서와 마찬가지로, 주관적 명증성의 법칙으로 전환할 수 있다. 그렇다면 순수 귀결원리에 대해 다음과 같은 법칙을 획득한다. 즉 분석적 근거[선행]판단의 판명한 명증성의 가능성은 결과[후행]판단의 바로 그러한 명증성의 가능성을 필연적으로 수반한다는 법칙이다.

진리논리의 상응하는 법칙을 전환하는 데 근거의 판단작용의 구문론적 (범주적) 작용이 '사태 자체'의 근원성에서 ('경험'에 근거해) 실행될 경우 실질적 명증성의 동일한 가능성이 결과의 판단작용에 대해서도 존재해야만 한다는 사실이 새롭게 제시된다. 물론 이 명증성의 법칙[공리] 역시 그것이 제기한 문제의 자기이해를 제공하지 않으며, 또한 이전의 원리에 대해 제시될 수 있을 아프리오리한 명증성의 법칙을 이해하는 데 관한 모든 어려움 역시 지금 문제가 되는 원리에 소속한다. 이 모든 것은 이러한 명증성, 그 근원, 그 구조, 그 본

---

3) 이 책의 제1장 제20항을 참조할 것—후설의 주.

래의 작업수행에 대한 반성적 연구가 필요하다.

79 진리 그 자체와 허위 그 자체 그리고
모든 판단을 결정할 수 있음의 전제

이제 최초의 원리, 즉 진리와 허위를 이른바 정의하는 원리—바로 그 때문에 앞선 원리—로 되돌아가자. 이 원리에서 진리와 허위는 판단의 술어를 뜻하지만, 판단의 고유한 본질적 술어는 아니다. 즉 전통적 어법으로는 '구성하는 징표'는 아니다. 누구나 이 술어를 판단에서 즉시 '간파할' 수는 없다. 판단을 스스로 주어진 것으로 가짐은 이 술어를 스스로 주어진 것의 어떤 것이나 다른 것을 가짐이 아니다.

본래의 단어의미에서 진리에 대한 요구가 판단에 고유하게 본질적으로 있다고는 결코 말할 수 없다. 따라서 이러한 요구의 개념을 실로 처음부터 판단의 개념으로 간주하는 것은 옳지 않다. 주관적으로 말하면, 판단하는 자에게는, 직관적이든 공허하든, 진리를 함께 표상하는 것이 필수적인 것은 아니다. 누구나 판단을 설명하는 데 애호하는 주장이라는 논의의 이중 의미를 여기에서 조심해야 한다. 주장에 대한 흔하고 이른바 강조된 의미는 '나는 누구나 그것을 언제나 일치로 이끌어 증명할 수 있다는 것이 참이라고 단언한다'를 뜻한다. 그러나 항상 일치할 수 있을 판단은 실로 일치의 가능성에 선행한다. 판단은 범주적 (문법적으로 표현된 술어적) 신념, 즉 통상적으로 더 좁은 의미에서 양상이 변화된 범주적 확신이며, 따라서 그 어떤 증인이나 증거로 지닌 확신함이 아니고, 또한 궁극적으로 결정하는 것, 즉 '사태 자체'가 아니다. 그러므로 그 고유한 본질에서 판단은 진리와 허위를 전혀 요구하지 않는다. 그러나 각 판단은 확증, '그것이 일치하는 것' 또는 그것이 일치하는지 일치하지 않는지 결정하기 위한 실천적 지향을 자신 속에 받아들일 수 있고, 주관적으로—판단하는 의견을 말함 속의 판단으로서—더욱 정확하게 구별할 수 있는 확인과 명증적 확증의 지향적 연관으로 들어올 수 있다. 이 연관을 해명하는 것도 주관적으로 방향이 전환된 논리적 작업의 중요한 과제다.

진술논리의 근원적 의미 그리고 진술논리와 판단비판의 본질적 관련에 따라, 이전에 이미 상론했듯이, 논리학자는 각각의 판단을 처음부터 그래서 인식〔을 향한〕지향 속에 확증될 수 있는 주장으로 생각하거나 각각의 판단을 의문시할 수 있는 것으로, 그에 따라 직접 정당성을 부여하는 명증성을 통하든 간접적 방법의 명증성을 통하든 각각의 진리를 획득된 결정으로 생각한다. 이제 인식〔하려는〕의지 속에 살아가는 학자에게 그처럼 아직 결정되지 않은 각각의 판단을 정당성의 결정으로 이끌어가는 것 그리고 새롭게 될 의문과 비판적 반론에 대항하기 위해 또한 이미 결정된 판단을—경우에 따라—재확인하면서 다시 그렇게 다른 것이 적용되면, 적극성의 상태에서 논리학자와 논리학에게는 언제나 이미 어떤 근본확신, 곧 모든 학자를 암묵적으로 자신의 영역으로 인도하는 근본확신, 즉 진리 그 자체와 허위 그 자체의 근본확신이 앞서 놓여 있다. 우리에게 많은 판단의 정당성이 결정되지 않은 채 남아 있으며, 어쨌든 가능한 대부분 판단은 '사실상' 결코 그렇게 결정될 수 없지만, 그것은 그 자체로 존재한다. 각각의 판단은 그 자체로 결정되며, 진리나 허위라는 자신의 술어는—위에서 지적했듯이, 비록 이 술어가 판단으로서 그 어떤 판단을 구성하는 징표가 아니더라도—자신의 본질에 '속한다.' 이 점은 매우 주목할 만한 것이다.

물론 우리는 확고하게 동일화할 수 있는 판단—우리가 게다가 (위에서 언급한 이념화 속에) 모든 사람이 수립할 수 있고 또 그렇게 동일화할 수 있는 것으로서 실로 줄곧 마음대로 처리할 수 있는 판단

—에 관해 줄곧 논의해왔다. 따라서 이러한 근본적 전제와 이와 관련된 어려운 문제 그리고 그것이 시행되었거나 간과되었더라도 연구에 관해, 비록 이것을 끊임없이 여기의 어디에나 속하는 것으로 고려해야 하더라도, 지금 논의하지는 않겠다. 어쨌든 논리학자인 우리는 마음대로 처리할 수 있는 동일한 판단의 확실성에 기초하고 있다. 그러나 이제 이러한 판단은 '그 자체로 결정되어야' 한다. 아무튼 이것은 하나의 '방법'으로, 즉 직접적이든 간접적이든 일치로, 다시 말해 모든 판단의 참이나 거짓을 명증적이 되게 하는 그 자체로 존재하면서 통용될 수 있는 인식하는 사유함의 과정으로 결정되어야 함을 뜻한다. 이 모든 것에 따라 경탄할 만한 아프리오리가 가능한 판단작용의 모든 주관에게, 따라서 모든 인간과 생각해낼 수 있는 모든 주관에게도 부과되어 있다. 왜냐하면 '어떤 최종적 결과를 지닌 사유과정이 발을 들여놓을 수 있지만 결코 발을 들여놓지 못했던 사유과정으로서, 알려지지 않은 주관적 형태의 사유작용이 실행할 수 있지만 결코 실행되지 않았던 사유작용으로서 '그 자체로 존재한다'는 사실을 우리가 어떻게 아프리오리하게 알 수 있는지〔하는 문제〕때문에 경탄할 만한 것이다.

80 진리가 전제하는 명증성과 이것을 비판하는 과제

어쨌든 우리는 '사실상' 인식을 지니며, 명증성과 이 속에서 진리 또는 거부된 허위를 지닌다. 우리는 사실적으로 아직 거기까지 결정되지는 않은 판단을 품어왔으며, 그래서 판단을 사실적으로 의문시해왔고 또 확실성에서 판단이 긍정적이거나 부정적으로 결정될 수 있다는 사실을 전제해왔다. 동시에 결코 정식화되지 않은 이 전제를 충족시켰던 그 결정이 종종 성공했다. 이제 논리학자로서 모순율과 배중률을 확정했다면, 그처럼 범례적인 개별적 경우와 사정에 따라 이 경우에 수행할 수 있는 달리 사유함(Andersdenken)의 사실적 시도에서 출발한 본질일반화에 입각해, 즉 필증적으로 명증적 일반화에 입각해 그러한 일이 이루어지지 않았다면, 그 결과 우리는 이 원리의 절대적인 일반적 진리를, 또 부정하는 시도 속에 달리 존재함(Anderssein)의 절대적인 일반적 불가능함을 파악했는가? 물론 실제의 진리와 허위 대신 **가능한** 진리와 허위를 이것을 입증함과 더불어, 즉 순수한 상상에서 그 어떤 판단작용 속에 들어가 생각하고 상응하는 가능한 실질성에 긍정하거나 부정하는 일치의 직관적-명시적 과정을 상상하면서 선택할 수 있었다. 본질일반화는 실로 사실(Faktum)에 부착되어 있지 않다. 왜냐하면 본질일반화는 비록 어떤 실제적 사실에서 출발하더라도, 여하튼 그 사실을 (따라서 이념적으로 가능한 사실로) 자유롭게 변경해야 하기 때문에, 본질일반화는 아주 똑같이 처음부터 자유로운 가능성에서 출발할 수 있다.

당연히 이에 대해 우선 어떤 반론도 제기될 수 없다. 무엇보다도 누구나 추구할 수 있고 또한 그 자체로 이미 미리 지시된 길에서 발견할 수 있는 진리 자체가 사실상 존재한다는 것은 어쨌든 삶에서 의심할 여지없이 자명한 것 가운데 하나다. 누구도 진리가 존재하는지 사실을 결코 묻지 않고, 그때그때 단지 어떻게 진리에 도달할 수 있는지, 기껏해야 우리의 사실적으로 제한된 인식능력에 대해 진리는 결코 도달할 수 없는 것은 아닌지 또는 진리는 시간적으로 충분치 못한 우리의 이전 지식과 수단 때문에 결코 도달할 수 없는 것은 아닌지를 물을 뿐이다. 이러한 방식으로, 비록 언제나 제한되었더라도, 우리는 실천적 삶을 가능케 하는 인식할 수 있는 진리의 영역 이외에 학문의 무한한 인식의 장(場)도 지닌다. 학문의 가능성은 학문의 분야가 참으로 존재한다는 그리고 그 분야에 대해 이론적 진리 그 자체가 탐구할 수 있고 점진적으로 실현할 수 있는 인식의 길에서 실현할 수 있는 진리 그 자체로서 존재한다는 이 확실성에 전적으로 의존한다.

이러한 자명한 것 때문에 우리는 아무것도 포기하지 않을 것이며, 그것은 확실히 명증성의 지위를 지닌다. 그러나 이것이 우리가 그 자명한 것을 비판하는 일과 이것을 그 고유한 의미 및 그 '효력범위'에 관해 심문하는 일을 방해하면 안 된다. 판단의 명증성은 전제를 지닐 수 있다. 이것은 곧바로 가설(Hypothese)이 아니라, 실질적 토대의 명증성 영역에 함께 포함된 전제, 따라서 진리와 허위를 함께 기초 짓는 전제다. 이 전제는, 인식의 관심이 이러한 방향으로 나아가지 않고 아마 관련된 인식영역에서 언제나 같은 방식으로, 또한 바로 그래서 무관심한 자신의 역할을 하는 그러한 종류의 자명한 것이 중요하기 때문에, 바로 명증적 확정이 되지 않는다.

예를 들어 우연한 판단, 어쨌든 상호주관적 진리나 허위도 지닌 판단의 엄청난 영역을 주목해보자. 그 진리나 허위는 개별자나 공동체의 일상적 삶 전체가 상황 속에 들어오는 각자는 정상적 인간으로서 '그 자체에서' 그 상황에 속하고 모두에게 공통적인 상황의 지평을 지닌 방식으로 유형적으로 동일한 종류의 상황에 관련된다는 사실에 명백히 의존한다. 누구나 이 지평을 추후에 해명할 수 있지만, 그것으로 일상적 삶 일반의 환경세계가 경험세계로 되는 구성하는 지평지향성은 반성하는 자가 그것을 해석하는 것보다 항상 앞서 있다. 그리고 이것은 그때그때 단어 자체 속에 명확하고 단호하게 말해진 것이나 말해질 수 있는 것을 항상 또 훨씬 넘어서는 우연한 판단의 의미를 본질적으로 규정하는 것이다.[4] 따라서 이 지평은 구성하는 지향성 속

---

4) 『논리연구』에서 지평지향성―이것이 모든 것을 규정하는 역할은 『이념들』 제1권에서 비로소 명백하게 제시되었다―에 관한 학설은 나에게 아직 없었다. 그렇기 때문에 나는 우연한 판단들과 이것들의 의미를 해결할 수 없었다―후설의 주.

에 포함된 지향적 함축으로서 가장 가까운 경험주변의 대상적 의미를 끊임없이 규정하고 그래서 가정의 전제와 일반적으로 우리가 이제까지 논의한 술어적 판단작용의 이념화하는 전제와는 총체적으로 다른 성격을 띤 '전제'다. 논리적 사유함의 형식적 추상화와 그 소박함 때문에 결코 정식화되지 않은 그러한 전제는 쉽게 간과될 수 있으며, 그 결과 잘못된 유효범위가 심지어 논리적 근본개념과 원리에 부여될 수 있다.

일반적으로 우리가 이제까지 명증성을 비판한 부분에서 명증성은 우선 소박하게 작동된 '은폐된 방법'이라는 사실이 이미 분명해진다. 이 방법은 자신의 작업수행에 대해 심문해야 하며, 그것으로 누구나 '스스로를 가짐'의 양상으로 있는 어떤 의식으로서 명증성 속에 실제로 어떤 **지평**과 함께 스스로를 갖는다는 것을 알게 되는 방법이다. 이러한 가장 깊은 작업수행에 대해 비판할 필요성과 의미는 물론 계속 훨씬 더 높은 정도로 뚜렷해지고 이해될 것이다. 그리고 이 경우 왜 '진리란 무엇인가?' 하는 물음이 회의적 부정주의 또는 상대주의와 논리적 절대주의 사이에 논쟁하는 변증법의 단순한 놀이물음(Spielfrage)이 아니라 실질성의 고유한 토대에 의거하고 극도로 포괄적인 연구를 지시하는 강력한 작업의 문제인지도 이해할 수 있게 될 것이다. 그 때문에 논리학이 진정한 학문의 이념을 만족시킬 수 없다는 사실, 따라서 성과가 풍부한 적용의 의미와 한계를 지정하는 지향적 비판이 논리학의 형식적 일반성에는 없기 때문에 모든 학문에 규범이 될 수 없다는 사실이 언제나 새로운 측면에서 입증될 것이다.

81 이후의 문제를 정리함

논리적 '진리 그 자체'의 의미나 '객관적 진리'의 의미 또는 이것에 관련된 원리의 비판이라는 이제까지의 주제는 상이한 문제의 측면, 그러나 밀접하게 얽혀 있어 서술하는 데 어려움이 생기는 문제의 측면 자체를 지닌다.

이미 '영원히 참인 것'과 결합된 '모든 사람에 대해 참인 것'의 문제점이 많은 의미를 언급했지만, 실로 결코 완전히 드러내 밝히고 해명하지는 않았다.

계속될 것은 술어적 진리가 '대상이 된 것'과의 관련으로 제기되고 결국 '궁극적 기체', 즉 가능한 '경험'의 대상과의 관련으로 제기되는 문제다. 궁극적 의미에서 실질적인 이 대상은 전통논리학의 의미에서 '객관적인 것'이다. 왜냐하면 경험은 '당연히' 객관적 경험이고, 진리는 '당연히' 객관적 진리이기 때문이다. 진리는—객관적 세계의—'객체〔객관〕'에 대해 진리 그 자체다. 객체는 그러한 객체로서 자신의 측면에서 '그 자체'이며, 일반적으로 판정할 수 있을 뿐 아니라, 이미 말했듯이, 각각의 판단은 진리(와 허위) 자체 속에 결정될 수 있다는 점에서 판정할 수 있다.

이러한 사실은 전통논리학에서 객체〔객관〕의 존재 의미가 대개 인식하는 주관성과 실제적이거나 가능한 그 주관적 '나타남'으로의 관련이 그것에는 본질 외적인 절대적 존재의 의미에서 생각되었다는 사실과 밀접하게 연결되어 있다. 모든 객체의 절대적 존재는 그것을 완전히 이끌어내면서 술어로 전개하는 절대적 진리 속에 자신의 상관자를 지닌다.

이 모든 것에 우리는 상응하는 명증성의 문제를 지닌다. 이것은 우리가 언제나 이성적으로 진술하려는 것은 명증성에서 이끌어내야 하기 때문에 모든 점에 대해 제기되어야 할 문제다. 그러나 일반적으로 여기에서는 절대적 진리와 절대적으로 존재하는 대상의 상관자로서 절대적 명증성의 작업수행이라는 의미를 두어야 할 전통논리학의 명증성개념이 문제된다. 불완전한 명증성과 완전한 명증성, 경우에 따라 가짜의 명증성과 진정한 명증성 사이의 모두에게 알려진 차이에 대한 해명은 이러한 문제와 연관된다. 미리 그렇게 쉽게 이해될 수 있게 특징지을 수 없을 중요한 것의 다른 점은 여전히 서술 자체의 연관 속에 자신의 동기부여와 기술(記述)을 발견할 것이다.

제4장 논리적 원리의 명증성비판을 경험의 명증성비판으로 되돌림

82 판단을 궁극적 판단으로 환원함. '어떤 것'의 근원적인 범주적 변경 그리고 근원적 기체인 개체

우리의 첫 번째 일은 판단에서 판단의 기체로, 진리에서 이것이 '대상이 된 것'으로 되돌아가는 것이어야 한다.

여기서 우선 무모순성의 순수 논리학에 대해 중요한 보충, 특히 고유한 형식적 수학을 넘어서지만 아직 진리논리에 속하지 않는 보충이 필요하다. 이른바 이 둘 사이에 이행하는 항(項)이 문제다.

우리가 기억하듯이, 분석론이 수행하며 이것의 고유한 성격을 규정하는 형식화는, 판단의 구문론적 소재 또는 '핵심'이 단순한 '어떤 것-일반'으로 생각되어서 오직 구문론적 형식, 즉 특수하게 판단에 적합한 것(명사적名詞的인 것이나 형용사적인 것 등의 형식처럼 핵심형식이 포함된 것)은 '판단형식'으로서 분석론의 논리적 법칙 속에 들어왔던 개념적 본질에 대해 규정하는 것이 될 것이라는 사실에 있었다. 여기에서 실로 이 법칙이 규정되지 않은 일반적 핵심을 그대로 놔두는 상대성에 주목해야 한다. 예를 들어 범주적 판단의 형식이나, 더욱 상세하게는 형용사적으로 규정하는 판단의 형식은 판단의 주어나 술어가 이미 구문론적 형식을 핵심 자체에 내포되지 않는지에 대해 아무것도 말하지 않는다. 왜냐하면 형식으로 이해된 주어 S는 'a인 S' 'a, b인 S' 또는 'Q와 관계가 있는 S' 등으로 형식적으로 마찬가지로 잘 특수화되기 때문이다. 그렇지만 이 형식 각각에 S 자체가 이미 그러한 구문론적 형태를 내포하는지는 규정되지 않은 채 남아 있다. 마찬가지로 술어의 측면에서 p는 이미 범주적 규정(예를 들면 '피처럼 붉은 색'처럼, 가령 q로 존재하는 p)을 자체 속에 지닌다. 그래서 임의로 복잡하게 뒤섞여 범주적 규정을 지닌다.

그런데 실제적이거나 가능한 모든 판단은, 그 구문론을 추적하면, 궁극적 핵심으로 소급해 이끈다는 사실, 또는 비록 경우에 따라 어떤 구문론도 더 이상 포함하지 않는 기본적 핵심에서는 매우 간접적인 것이지만 그것은 궁극적으로 구문론적 구축물이라는 사실을 아프리오리하게 통찰할 수 있다. 우리는 주어가 된 형용사로 그 의미를 추적하면서 근원적 형용사 또는 이것이 속하고 그 속에 이것이 환원할 수 없는 근원형식으로 등장하는 더 근원적인 판단으로도 소급하게 된다. 마찬가지로 더 높은 단계의 일반성(예를 들어 논리적 형식 유類인 판단의 형식처럼)이 더 낮은 단계의 일반성(예컨대 특수한 판단의 형식)으로 우리를 이끌게 된다. 그리고 우리가 환원으로 그에 상응하는 **궁극적인 것**에도 이르고, 따라서 **궁극적 기체**, 즉 형식적-논리적으로 절대적 주어(더 이상 명사화名詞化되지 않은 술어나 관계 등), **궁극적 술어**(더 이상 술어들의 술어 등이 아닌 것), **궁극적 일반성, 궁극적 관계** 등에 이른다는 사실[1]은 항상 분명하다.

이것을 올바로 이해해야 한다. 앞에서 상술했듯이, 판단논리에서 판단은 의미, 즉 대상인 판단의 의견이다. 따라서 환원은 우리가 순수

---

1) 이에 대해서는 '부록 1'의 제1항 이하를 참조할 것—후설의 주.

하게 의견을 추적하면서 궁극적인 어떤 것—의견에, 따라서 우선 추정된 판단의 대상에 관해 추정된 절대적 '대상이 된 것'에 이른다는 사실을 뜻한다. 게다가 상이한 단계의 판단이 그 위에 구축되는 궁극적 판단 속에 우리가 의미의 근원적인 범주적 변경, 즉 의미로서 절대적 속성, 관계 등 절대적인 어떤 것으로 되돌아간다는 사실을 뜻한다.

형식적 수학인 '보편수학'에서 이 궁극적인 것은 특별한 관심을 전혀 받지 않는다. 하지만 진리논리에서는 완전히 다르다. 왜냐하면 궁극적 기체(基體)대상은 개체, 즉 형식적 진리에서 매우 자주 언급될 수 있고 결국 모든 진리가 소급해 관련되는 개체이기 때문이다. 만약 순수 분석론의 형식적인 것 속에 머물면, 따라서 그 분석론에 이바지하는 명증성이 단지 판명함 속에 순수한 판단의 의미에만 관련되면, 우리는 최후에 표명된 명제를 정초할 수 없으며, 따라서 그 명제는 결코 '분석적' 명제가 아니다. 이러한 명제를 통찰하기 위해 **궁극적 핵심**을 직관적이게 해야 하며, 의미의 명증성에서가 아니라 그 의미에 상응하는 '사태'의 명증성에서 충만한 일치를 이끌어내야 한다. 분석적·논리적으로 우리는 의미 속에 구문론적 형식의 궁극적 핵심소재인 어떤 의미요소가 반드시 존재한다는 사실, 궁극적 판단이 '개별적' 기체와 맺는 판단의 연관으로 소급된다는 사실을 매우 많이 말할 수 있지만, 더 이상 말할 수도 없다. 우리는 분석적으로 개체의 가능성이나 본질구조에 관한 아무것도 진술할 수 없다. 왜냐하면 심지어 예를 들면 이것에 필연적으로 적합한 시간형식, 지속 그리고 지속의 질적 충족 등—이것을 우리는 실질적 명증성에서만 알 수 있으며, 이것은 오직 이전의 구문론적 작업수행으로서만 의미로 들어올 수 있기 때문이다.

83 진리들의 평행하는 환원.
모든 진리를 개체들의 세계로 소급해 관련 맺음

판단을 궁극적 의미를 지닌 궁극적 판단으로 이끄는 환원에는 더 높은 단계의 진리에서 가장 낮은 단계의 진리까지, 즉 자신의 사태나 사태의 영역에 직접 관련된 진리나 기체가 이끄는 역할을 하기 때문에 자신의 대상영역에서 개체적 대상과 관련된 진리로 이끄는 진리의 환원까지 상응한다. 따라서 개체적 대상은 그 자체 속에 판단의 구문론에 관한 아무것도 포함하지 않으며, 이것을 경험할 수 있는 현존재에 관해 모든 판단작용에 앞서 놓여 있다. (판단의 의미가 아니라) 판단이 대상에 관련되어 있음은 판단 자체 속에 이 대상이 기체로, 즉 그것에 관해 진술된 기체로 생각된다는 사실을 뜻한다. 그리고 환원적 고찰은 생각해볼 수 있는 모든 판단은 궁극적으로 (그리고 규정되었는지 규정되지 않았는지에 따라) 개체적 (가장 넓은 의미에서는 실재적) 대상과 관련된다는 사실을 아프리오리로서 가르치며, 그래서 (앞으로 더 이끌 것이며 정초되어야 할 것인) 하나의 실재적 우주, 즉 '세계' 또는 '그것에 대해 적용되는' 세계영역과 관련된다는 사실을 가르친다.

〔전자의 사실을〕 더 상세하게 정초하려면 일반적 판단은 규정성에서 개체에 관한 아무것도 말하지 않지만, 그 외연에서 의미에 적합하게 직접적이든 간접적이든 결국 개체적 단일성으로 소급해 관련되는 점을 지적할 필요가 있다. 이 점은 우선 실질적 일반성에서 분명하다. 비록 그 판단이 더 높은 단계의 형식으로 범위에서 다시 일반성에 관련되더라도, 그것은 유한한 수의 단계에서 명증적인 방식으로—그 자체가 다시 일반성, 따라서 개체는 아닌—실질적 개별성으로 소급해 이끌어야 한다. 하지만 가령 수나 다양체처럼 형식적-분석적 일반성이 문제라면, '모든 것이 전부' 그것의 범위나 그 통일체의 범위에 속한다. 여기에는 자의(恣意)로 선택할 수 있는 대상 일

반으로 규정할 수 있음이 놓여 있다. 그런데 이 대상 일반은 그 자체가 다시 분석적-형식적 형성물이 될 수 있고, 동일한 것이 그 통일체에 적용되며 또 무한히 적용되는 대상 일반이다. 그러나 그것도 의미에 적합하게 자의로 선택할 수 있는 실질성에 적용할 수 있음을 포함한다. 이 실질성으로 우리는 이전의 것으로 되돌아갈 것이다. 그러므로 사실상 모든 일반성은 범위 속에—실질적 일반성을 통해 한정된 것이든 그 자체로 그 속에 한정되지 않은 임의의 것이든—개체에 적용할 수 있는 궁극적 관련을 지닌다. 이제 그것은 형식논리학의 의미에, 이와 함께 실질적 학문의 목적에 이바지하려는 학문이론의 기능으로서 모든 형식적-분석적 일반성을 형성하는 의미에 부응한다. 반복적으로 형식을 형성하는 모든 자유와 자신의 고유한 학문성(Wissenschaftlichkeit)에 모두 소급해 관련되는데도, 어쨌든 형식논리학은 여전히 이러한 반복과 이렇게 소급해 관련되는데도 공허한 사고의 유희에 머물려 하지 않고, 실질적 인식에 이바지하려 한다. 따라서 형식적 분석론을 궁극적으로 개체에 적용할 수 있음은 동시에 가능한 모든 개체적 영역에 **목적론적으로**[2] 관련되어 있음이며, 그래서 이 영역은 논리적으로 그 자체로 최초의 것이다.

84 일련의 명증성 단계. 그 자체로 최초인 경험의 명증성. 경험의 적확한 개념

이제 진리 그리고 이와 상관적으로 그것 때문에 진리가 근원적으로 자신의 것이 되는 명증성이 문제되면, 방금 상론한 바로 이것이

---

2) 여기서 '목적론'은 부단히 '사태 그 자체로' 되돌아가 경험의 지향적 지평구조에 따라 의식에 직접 주어지는 궁극적 기체를 해명하는 것을 뜻한다. 후설의 목적론에 관해 더 상세한 것은 제60항의 옮긴이주 18 참조할 것.

명백히 중요하다. 일련의 명증성 단계는 일련의 판단과 그 판단의미의 단계를 따라가며, 그 자체로 최초의 진리와 명증성은 개체적 진리와 명증성이다. 명증성, 게다가 자신의 기체와 사태를 근원적으로 또 아주 직접적으로 파악하는 실제로 가장 근원적인 명증성의 주관적 수행형식에서 판단은 아프리오리하게 개체적 판단이다.

개체는 경험, 즉 개체적인 것과의 직접적 관련으로 바로 정의되는 최초의 그리고 가장 적확한 의미에서 경험으로 주어진다. 이것에 관한 가장 근원적인 명증성을 지닌 판단의 그룹을 경험판단으로 간주하면, 어떤 방식에서 경험은 개별적 현존재 자체의 스스로를 부여함으로 ─따라서 존재확실성에서─뿐 아니라 실로 추측성이나 개연성 등으로 변경될 수 있는 이러한 확실성의 양상화(Modalisierung)까지 포함하는 넓은 의미에서 이해되어야 한다. 그러나 '실제적'(즉 정립적) 경험의 이 모든 형식에 대립해 '중립화된' 경험, 즉 그에 상응하는 자유롭게 가능한 태도변경으로 가능해진 어떤 개체적인 것의 정립적 (positional) 경험이 되는 '상상(Phantasie) 속의 경험'이라 말할 수도 있는 '마치(Als ob)의 경험'도 고려해야 한다. 물론 '마치의 경험'에는 이와 평행해 '마치의 존재확실성'의 근원적 양상인 '마치의 양상(樣相)들'이 속한다.

85 이른바 판단이론의 진정한 과제. 명증성의 단계질서를 탐색할 실마리인 판단의 의미발생

방금 실행된 고찰은 많이 논의되었지만 거의 성과가 없는 '판단이론'의 고유한 과제를 이해시켜준다. 그 판단이론은 논리학의 의미에서 판단에 대해 그리고 판단에 관련된 근본개념에 대해 필수적이었던 주관적으로 향한 연구의 본성을 전혀 이해하지 못했기 때문에 성과가 없었다.

1. 만약 일반적 혼란이 (심리학주의의 혼동을 극복함에서) 판단작용과 판단 자체(이념적 형성물, 진술된 명제)가 구별된다는 범위까지 드러냈다면, 지향성 일반의 독특한 본질이 구성하는 작업수행으로 이해될 수 없는 한, 따라서 판단의 지향성도 이념적 판단의 형성물에 대해 그리고 특히 이념적 진리의 형성물에 대한 작업수행인 명증적 판단작용의 지향성에 대해 구성하는 작업수행으로 이해되지 않은 한, 이제 주관적으로 향한 유의미한 문제는 더욱더 제기될 수 없었을 것이다. 그러므로 판단작용과 판단을 앞에서 그렇게 구별한 다음 논리학에서 제기될 수 있는 판단에 관한 최초의 문제는 구별되어 작업을 수행하는 지향성으로 되돌아가는 가운데 경과하는 현상학적 해명을 하는 것이다. 이 해명에서 논리학의 판단에 관한 상이한 개념은 그 학과에 대한 근본개념으로서 근원에 적합하게 분리되고, 동시에 이것들이 잇달아 관련되는 가운데 이해될 것이다.

2. 만약 이 첫 번째 계열의 연구, 즉 이 책 앞부분에서 시도한 바로 그 연구가 실시되었다면, 우리가 이전에[3] 다룬 종류의 환원적 고찰은 필연적이 된다. 판단작용 속에 또는 판단 자체 속에 자신의 형성물로 포함된 은폐된 지향적 함축은 이 고찰에서 밝혀진다. 따라서 의미인 판단은 의미의 발생을 지닌다.

이것이 뜻하는 바는 예를 들어 명사화된 술어('빨간색')는 인식작용적으로 명사화하는 활동을, 인식대상적으로 근원적으로 술어('빨간')를 그 자체에 지닌다는 현상학적 소급해 지시함(Rückweise)에서 이해된다. 바로 이처럼 소급해 지시함은 그 밖의 명사화된 모든 ('비슷함' 'S가 p인 이것' 같은) 의미형태를 그에 상응하는 더욱 근원적인

---

3) 이 책의 제82항과 제83항을 참조할 것―후설의 주.

형태에서나 그에 속한 명사화하는 활동에서 보여준다. 또는 주어 속의 모든 형용사적 규정은 술어로서 규정의 근원성에서 보여준다.

여기에서 심지어 형식이론에 대해, 그런 다음 귀결의 분석론으로 나아가는 데 발생적 질서의 원리가 생긴다. 이 원리는 진리의 개념과 명제가 중재하는 분석론이 특수하게 논리적으로 겨냥함을 동시에 규정하는 것이 된다. 주관적 관점에서 이것은 미리 지시된 판단형식의 질서가 동시에 미리 지시된 실질적으로 명증하게 하는 질서를 그 자체 속에 그리고 참된 실질성 자체를 단계 짓는 것 속에 포함한다는 사실을 뜻한다.

판단의 의미발생을 드러내 밝히는 것은, 더 정확하게 말하면, 명백하게 드러난 의미 속에 함축되고 이 의미에 본질적으로 속한 의미의 계기(契機)를 해결하는 것 이상을 뜻한다. '구성'(Konstitution)이나 '발생'(Genesis)의 완성된 생산물인 판단은 이러한 구성이나 발생을 심문할 수 있고 심문해야 한다. 그와 같은 생산물의 본질적 특성은 바로 그것이 그 발생의 의미함축으로서 일종의 역사성(Historizität)을 내포한 의미라는 사실, 이 속에는 단계적 방식으로 의미가 근원적 의미와 이에 속한 인식대상적 지향성을 소급해 지시한다는 사실, 따라서 누구나 모든 의미형성물을 그것에 본질적인 그 의미의 역사(Sinnesgeschichte)[4]에 관해 심문할 수 있다는 사실이다.

이렇게 경탄할 만한 특성은 작업을 수행하는 지향성인 의식 일반의 보편성에 속한다. 모든 지향적 통일체는 지향적 발생에서 이루어진 것이며, '구성된' 통일체다. 그리고 어디에서든지 누구나 '완성

---

4) 'Historizität'는 개인이나 사회에 일어난 사건이나 그 흥망의 역사적 사실 및 과정에 대한 총체적 기록을, 'Geschichtlichkeit'는 그 역사적 사실 및 과정의 의미연관에 대한 성찰과 해명을 뜻한다. 하지만 후설은 종종 이들을 엄격하게 구별해 사용하지 않는다.

된' 통일체를 이것의 구성에 관해, 이것의 전체적 발생에 관해, 게다가 형상적으로 파악할 수 있는 그 본질형식에 관해 심문할 수 있다. 지향적 삶 전체를 그 보편성 속에 포괄하는 이 기초적 사실은 **지향적 분석의 고유한 의미**를 지향적 함축을 드러내 밝힘으로서 규정하는 것이다. 그리고 이 함축과 더불어 통일체의 드러난 완성된 의미에 대립해 통일체의 은폐된 의미계기와 '인과적' 의미관련이 드러난다. 어쨌든 우리는 판단 속에 이것을 이해하게 되며, 특히 이제는 드러나거나 완성된 의미뿐 아니라 함축된 의미가 끊임없이 함께 발언해야 한다는 것, 그 의미는 특히 즉 논리적 영역인 여기에서 논리적 원리를 명증적이게 하는 경우 본질적으로 함께 기능한다는 것도 이해하게 된다. 그러나 이것은, 곧 분명해지듯이, 구문론적 함축뿐 아니라—실로 궁극적 '핵심'에 속하고 또 경험에서 근원을 소급해 지시하는—더 깊이 놓여 있는 발생에도 관련된다. 이 모든 것을 명석하게 하지 않으면, 우리는 실제로 논리적 원리를 마음대로 처리할 수 없으며, 그 원리 속에 은폐된 전제에 무엇이 놓여 있는지 알지도 못한다.

86 선험적 판단이론의 그 자체로 최초의 주제인 선술어적 경험의 명증성. 근원의 판단인 경험판단

우리가 의미발생의 실마리에서 되돌아가 추적하면서 도달한 가장 낮은 단계는, 이미 알고 있듯이, 우리를 개체적 판단으로 이끌고, 따라서 사태 자체를 간취한다는 의미에서 명증적 판단에 대해 가장 단순한 형태의 개체적 명증성으로 이끈다. 즉 이것은 가장 낮은 개체의 단계에서 범주적 판단사념의 올바름에 대한 규범을 부여하면서 가능한 지각이나 기억이 주어짐에 관한 판단인 단적인 **경험판단**이다.

일반적 의식이론에서, 게다가 보편적 의식발생의 현상학에서 어떤 명제를 활용해보자. 그 명제는 모든 종류의 대상성에 대해 **스스로를 부여함**의 양상에 관한 의식이 발생적으로 2차적인 그 자기부여에 관련된 다른 모든 의식의 방식에 선행한다는 것이다. 실로 스스로를 부여하는 의식은 과거지향과 미래지향을 거쳐 언제나 스스로를 부여하지 않는 공허한 의식으로 이행한다. 또한 회상은, 비록 직관적일 수 있더라도, 공허한 의식을 일깨움이고, 이전의 원본적 의식을 소급해 지시한다. 따라서 이러한 발생의 관점에서 그 자체로 최초의 판단이론은 명증적 판단이론이며, 명증적 판단이론에서 (그래서 판단이론 일반에서) 그 자체로 최초의 것은 술어적 명증성을 비술어적 명증성—여기에서는 '경험'이라 한다—으로 발생적으로 소급해 이끄는 것이다. 이때 경험은 그에 상응하는 지향적으로 형태를 형성함에 발생적으로 가장 낮은 판단작용으로 함께 들어가고, 그 작업수행에 관해서는 판단의 형성물 자체로 함께 들어간다.

여기에서 누구나 사실상 바로 사태 자체에서 근원적으로 활동하는 판단, 즉 '명증적' 판단을 추구하고 그런 다음 이러한 발생 속에 그 자체로 최초의 것에서 끌어올리는 일정하게 미리 지시된 길을 따라가는 본질적인 체계적 발생의 이론인 체계적 판단이론의 그 자체로 최초의 출발점에 이른다.

또한 이 출발점에는 확실성과 확실성 양상, 사념하는 지향과 충족, 동일한 존재자와 동일한 의미, 명증적인 스스로를 가짐, 존재의 ('실제적' 존재의) 진리, 의미의 올바름인 진리—이 모든 것이 오직 술어적 영역의 특성만 아니라, 실로 경험의 지향성에 속한다는 사실을 판단에서 발견하기 위한 체계적 위치가 놓여 있다. 여기에서부터 이것은 스스로를 부여함 또는 더 높은 단계의 명증성, 예를 들어 개체적인 것에 가장 가깝게 변화된 것(속성, 관계 등)과 특히 자신의 개체적 범위〔외연〕의 미를 지닌 (개체적 경험에서 이끌어낼 수 있는) 일반적인 것의 명증성으로 추적될 수 있다.

그래서 우리는 경험판단에서, 게다가 범주적 형식의 가장 직접적인 경험판단에서 경험에 그리고 '신념'(belief)이라는 흄의 개념[5]으로 표시된 판단의 개념을 확장하는 동기에 이른다. 물론 이 가장 넓은 개념은 역사적으로 조야한 파악에, 심지어 모순되는 파악에 머물러 있다. 그 개념이 충분치 않음은 판단과 '신념'(belief)의 동일화가 즉시 이 '신념'(Glauben)을 명목상 기초 짓는 '표상'(Vorstellung)을 강제로 끌어들인다는 사실로 이미 분명해진다. 여기는 이에 대해 상세히 비판할 자리는 아니다. 흄과 밀에서 완성되고 근대철학 속에 거의 모든 면에서 우세했던 로크의 감각론[6]은 이 '신념'(belief) 속에, 가령 음의 자료나 냄새의 자료 같은, '외적 감각'의 자료와 크게 다르지 않은 '내적 감각'의 단순한 자료를 발견한다. '내적' 경험과 '외적' 경험, 또는 개체적인 심리적 존재영역(누구나 생각했듯이, 내재적 경험에서 그 실재적 존재 속에 파악된 존재영역)과 물리적 존재의 영역을 평행시키는 것에 사로잡혀, 결국 판단의 문제, 즉 심리적 문제 일반은 물리적 자연의 문제—'심리적 현상', 곧 '신념'의 자료를 포함한 '내적 경험'의 자료에 관한 학문으로서 심리학의 문제인 실재성의 문제—와 본질적으로 같은 의미를 지녀야 하며, 같은 방법에 따라 다루어야 한다는 사실은 자명한 것으로 보였다. 심지어 브렌타노가 지향성을 주장한 다음에도—지향성 일반과 이것의 객관화하는 기능에 대한 이러한 맹목성에서

---

5) 흄에 따르면, 필연적인 인과관계도 인간의 연상적 습관에 따른 주관적 신념, 즉 우연적인 선후관계일 뿐이다. 따라서 존재하는 것은 끊임없이 일어나는 '지각의 다발들'이다.

6) 로크는 심리학적 원자론에 입각해 인간의 마음을 단지 감각자료가 나타나고 사라지는 서판(tabula rasa)으로 파악하고, 외적 대상에 대한 감각 또는 이것을 반복하거나 비교하는 반성으로 관념이 형성된다고 주장했다.

판단에 관한 모든 실제적 문제는 당연히 상실되었다. 만약 그 문제의 진정한 의미가 명백히 밝혀졌다면, 따라서 술어적 판단의 지향성은 궁극적으로 경험의 지향성으로 소급해 이끌 것이다.

단순한 범주적 경험판단의 명증성이론은, 지향적 발생 속에 명증적이지 않은 판단, 심지어 이치에 어긋난 판단이 경험판단에서 어떤 근원을 소급해 지시하는 한, 위에서 암시된 것에 따라 '그 자체로 최초의' 판단이론이라 할 수 있다. 술어적 의미발생에 관해 방금 논의한 것과 아주 마찬가지로, 이 소급해 지시함(Zurückverweisen)은 심리학적 관찰자, 가령 어쩌면 '사유심리학적' 실험자의 어떠한 귀납적 경험(Empirie)에서도 도출되지 않으며, 그것은, 현상학 속에 알려질 수 있는 것처럼, 그 고유한 지향적 내용(Gehalt)[7]에서 그에 상응하는 충족의 작업수행으로 드러내 밝혀지는 지향성의 한 본질적 존립요소라는 점이 강조되어야 한다. 따라서 그것은 철학적으로 또 논리적으로 숙고하는 자인 우리에게 명증적이지 않은 판단과 명증적 판단이 동일한 수준에서 제시된다는 점에서, 그래서 소박한–실증적 논리학의 길은 자연스러운 길인데 반해, 어쨌든 그 자체로 고찰해보면, 명증적이고 가장 깊은〔기초적인〕 판단인 경험판단은 근원에 관한 판단이라는 점에서 그러하다. 그 자체로 최초인 판단의 구문론에서 더 높은 구문론적 발생으로 소급해 올라가며, 형식적 분석론은 그 이론 속에 오직 이 발생을 다루고 게다가 판명함의 아프리오리한 수행형식과 그 지향적 상

---

7) 'Gehalt'는 의식에 내재적 내용을, 'Inhalt'는 어떤 것 속에 담겨 있다는 포괄적인 의미의 내용을 뜻한다. 따라서 이 둘을 구별하려고 'Gehalt'를 '내실'로 옮기려고 했다. 하지만 후설이 이 용어와 'reell'(내실적)을 간혹 묶어서 사용하고, 이 경우 번역이 매우 난감해지며, 또 후설이 이 구별을 특별히 중시하거나 일관되게 구별하지도 않기 때문에, 문맥에 따라 충분히 이해될 수 있다고 간주해 모두 '내용'으로 옮긴다.

관자 속에 놓여 있는 가능한 판단의 명증성의 조건을 고려해 다룬다.

이제 형식적 분석론이 그 영역과 이론에 관해 오직 가능한 판단과 진리의 형식에만 관계하고 이 형식 속에 명증성이나 경험에 관한 것이 전혀 발생하지 않더라도, 어쨌든 형식적 분석론은 지향적 작업수행의 근본적 방법을 향한 그 주관적 '인식비판적' 탐구에서 명증성 또는 확증의 범주적 간접성을 추구해야 하며, 따라서 근원에 관한 판단의 **작업수행을 해명해야 한다.** 이 작업수행으로 모든 진리와 모든 판단의 명증성은, 우리가 알 수 있듯이, 경험의 근원적 토대로 소급해 관련되며, 이러한 경험 자체가 근원적 판단 밖이 아니라 속에서 기능하기 때문에, 논리학이 자신의 아프리오리에 대한 정당한 근거와 정당한 한계에 대해, 따라서 자신의 정당한 의미에 대해 학문적 정보를 제공할 수 있으려면, 논리학은 경험에 관한 이론이 필요하다. 경험이 실로 가장 넓은 의미에서 판단을 포함한다면, 이러한 경험의 이론은 최초의 또 가장 낮은[기초적인] 판단의 이론으로 특징지어야 한다. 물론 특수하게 범주적 기능에 선행하고 이것이 형성되는 기능으로서 경험을 이렇게 해석하는 것은 형식적-논리적 목적에 적합하게 '형식적' 일반성 속에 견지되어야 한다. 주관적 관점에서 상관자는 분석론의 형식적인 것의 상관자라는 의미에서 '형식적'이다. 경험판단 속에 수행된 다양한 형태의 경험의 작업수행과 이 근원적 판단 자체를 결코 쉽게 해결하는 것이 아니라 이에 관련된 문제를 해결하는 것은, 다른 곳에서[8] 실시될 것이다. 하지만 특히 이 기초 짓는 경험도 아무튼 범주적인 것을 술어적 판단과 진술의 의미에서 특징짓는[9] 개념적이거

---

8) 위[제57항 b)]에서 이미 반복해 예고된 논리학에 대한 연구[『경험과 판단. 논리학의 발생론 연구』]에서—후설의 주.

9) 『논리연구』 제2-2권 제6연구에서 범주적인 것의 개념은 오직 판단 속에 구문론적인 것에 대한 시선방향에서 최초로 소개되었다. 실로 선술어적 영역 속에

나 문법적인 모든 형성에서 여전히 자유로운 자신의 구문론적 작업 수행의 방식을 지닌다는 점만은 강조해야 한다.

87 더 높은 단계의 명증성으로 이행. 실질적 일반성과 형식적 일반성의 명증성에 대한 핵심의 관련성 문제

누구나 개체적 대상을 부여하는 경험에서 올라가면서 체계적 판단 이론이 그 경험 위에 구축하는 가능한 일반화로 이행해야 하며, 어떤 방식으로 그 경험의 명증성에 대해 근거에 놓여 있는 경험이 기능하는지 심문해야 한다. 그렇다면 그것이 어떤 측면에서는 **질료적 아프리오리**의 의미에서 다른 측면에서는 **형식적 아프리오리**의 의미에서 수행되는지가, 본질일반화의 종류의 기본적 차이가 분명해진다. 질료적 아프리오리에서 우리는 범례가 된 개체적인 것에서 고유한 본질적 내용을 이끌어내며, 실질적 본질 유(類)와 종(種) 그리고 실질적 본질 법칙을 획득한다. 하지만 **형식화하는** 일반화 속에 각각의 개체는 '어떤 것-일반'으로 공허해져야 한다. 따라서 개체에서 대상을 구문론적으로 형성하는 모든 것과 마찬가지로 이미 앞서 놓여 있는 그 어떤 범주적 대상성에서 이루어진 모든 범주적 형성물은 단순한 '어떤 것-일반'의 양상과 동일한 방식으로 고려되어야 한다. 개체적인 것의 관점에는 어디에서나 '어떤 판정할 수 있는 기체 일반'이 정립되는 반면, 일반성의 형성작용은 오직 범주적 형성물 자체의 형식과 형식 유(類)에 관계한다. 여기에서 모든 법칙성은 범주적 형식의 규정되지 않은 기체가 개체적인 것으로 소급해 이끄는지와 그 방식을 규정하지 않

등장하고 그 밖에 또한 자신과 유비적인 것을 심정 속에 지닌 구문론적인 것 일반과 특수한 판단의 영역의 구문론적인 것 사이의 구별은 아직 이루어지지 않았다—후설의 주.

은 채 뇌두는 상대성 속에 머물러 있다.

실질적 일반화와 형식화하는 일반화 사이의 이러한 본질적 차이는, 단순한 의견인 판단에서 진리로 이행하는 가운데, **명증성과 진리**라는 두 가지 측면에서 매우 상이한 문제를 낳으며, 따라서 두 가지 측면에서 아프리오리한 인식의 비판에 대한 매우 상이한 문제도 낳는다. 모든 실질적 아프리오리(정상적인 의미에서 '존재론적' 학과의 연관에 그리고 궁극적으로 보편적 존재론에 속하는 아프리오리)는 진정한 명증성을 비판적으로 수립하려면 개체적인 것에 관한 범례적 직관으로, 따라서 '가능한' 경험으로 되돌아가야 한다. 그것은 경험비판과 이 비판 위에 단계 지어진 특수한 판단을 이끌어내는 것을 비판해야 하며, 가능한 경험 자체가 주어짐에서 수행할 수 있는 구문론적 형성물이나 범주적 형성물을 실제로 수립해야 한다. 분석적으로 아프리오리한 법칙의 명증성은 그처럼 규정된 개체적 직관이 필요한 것이 아니라, 단지 범주적인 것에 관한 그 어떤 범례만 필요할 뿐이다. 실로 그것은 경우에 따라 개체적인 것을 지향적으로 소급해 **지시**할 수도 있지만, 이러한 관점에서 더 이상 심문할 필요도 없고 해석할 필요도 없는(수數에 관한 명제가 예로서 이바지하는 경우처럼) 규정되지 않은 일반적 핵심을 지닌 범주적인 것이다. 우리는, 명증성이 그 어떤 사태의 고유한 본질적인 것에 몰두함과 그 해명에 전적으로 의존하는 곳인 질료적 아프리오리에서처럼, 제시되어 있는 실질적 의미에 몰두하면 안 된다.

그렇지만 의미발생에서 생긴 모든 범주적 의견—따라서 형식적 분석론에 가능한 방식으로 이바지하는 모든 범례도—이 개체적인 것, 따라서 인식작용적으로는 개체적 명증성, 즉 **경험과 맺는 의미관련**은 분석적 법칙 및—그 최상으로는—논리적 원리의 의미와 가능한 명증성에 대해 어쨌든 무관심할 수 없다. 그렇지 않다면 어떻게 이 법칙과 원리는 모든 가능한 술어적 진리에 대한 타당성, 즉 생각해볼 수 있는 모든 존재자에 대한 타당성과 일치된 형식적—존재론적 타당성을 요구할 수 있는가? 아무튼 이 생각해볼 수 있음은, 비록 형식적 일반성에서라도, 곧 궁극적으로 가능한 개체적인 것 일반 또는 가능한 경험으로 환원하는 명증성의 가능성을 뜻한다. 논리학자는, 자신의 논리적 원리를 근원적으로 명증하게 이끌어낼 경우, 그 어떤 판단(범주적인 것들)을 범례로서 염두에 둔다. 그는 이 판단을 자유로운 임의성(任意性)의 의식 속에 변경하고, '그 어떤 판단' 일반이라는 의식을 형성한다. 그리고 순수한 일반성에서 진리와 허위에 관한 통찰이 기초되어야 하며, 그 유형적 본질양식이 변경되는 가운데 견지되어야 한다. 범례는, 일반적으로 논의하면, 논리학자가 전혀 다루지 않은 발생의 완성된 생산물로 논리학자 앞에 현존한다. 원리를 소박하게 명증적이게 한 것에는 이러한 발생과 그 본질형태를 밝히는 것은 물론, 심지어 그러한 본성을 지닌 발생 속에 구성된 의미인 판단 일반의 본질 내용을 그 원리가 진리나 허위로 전제하고 이것에 관해 규정하는 것과의 본질적 연관 속에 형상적으로 끌어오는 것이 전혀 문제되지 않는다. 그렇다면 이러한 소박함으로 만족할 수 있는가? 논리적 원리는, 아무리 자명하더라도, 어쨌든 자신의 의미형성의 근원에서 그 진정한 의미를 비판하고, 따라서 판단의 발생도 밝혀야 하지 않은가?

사실상 논리적 원리 속에 함축되어 은폐된 전제를 드러내 밝히는 논리적 원리에 대한 비판은 형식적 일반화의 명증성에서도 그 핵심이 전혀 무관하지 않다는 사실을 보여준다.

88 분석적 모순율의 함축된 전제. 모든 판단은 판명한 명증성으로 이끌어야 한다

논리적 원리를 의미발생의 관점에서 숙고해보면, 그 원리 속에 포함되어 있고 아무튼 배중률에 불가분하게 부착된 근본전제에 직면하게 된다. 정확하게 살펴보면, 이 전제는 이미 진리개념을 소개하기 이전에 놓여 있는 형식논리학의 낮은 층에 속하며 이전의 분석 속에 우리에게 부각된 전제인 그에 상응하는 눈에 띄지 않은 전제에서 유래한다. 우리가 그러한 분석 자체에서 아직 소박함을 띠고 시작했고 단지 하나의 관심방향만 추구했기 때문에, 그 전제는 이전의 연관 속에 우리에게 은폐되어 있다. 다음과 같은 점을 자명한 일로 정식화하고자 시도함으로써 낮은 단계의 이 전제를 명백하게 할 수 있다. 즉 가장 넓은 의미에서 모든 가능한 판단—따라서 이 판단의 가능성은 진술하는 논의의 단어의미가 단지 명백하게 파악된 지시 때문에 실로 명증적이 된다—은, 만약 분석적 귀결의 법칙이 중단되었다면, 어떤 가능한 '판명하거나' '고유한' 판단으로 변경될 수도 있다. 이러한 판단의 가능성은 지시를 실현하는 가운데, 알려진 판단 자체를 수립함으로써, 그에 상응하는 구문론적 작용을 본래 실행하는 가운데 비로소 명증적이 된다. 달리 말하면, 모든 분석적 귀결을 포함하는 가장 넓게 파악된 의미에서 '무모순성'은 어떤 가능한 판단을 이렇게 본래 실행할 수 있는 필요하고도 충분한 조건이다.

이제 이것은, 우리가 쉽게 확신하듯이, 결코 그렇게 일반적으로 옳은 것이 아니다. 어쨌든 귀결논리를 확립하는 것은 긍정적 의미든 부정적 의미든 가장 넓게 이해해 모든 판단은 판명함의 명증성으로 이끌어올 수 있다는 사실, 여기에는 모순율과 비슷한 것이 적용된다는 사실을 전제한다. 따라서 모든 판단이 단지 이렇게 암묵적으로 전제된 제한 속에 본래 실행할 수 있음의 법칙적 조건 아래 있기 위해서는 그 어떤 해명되지 않은 전제는 귀결논리의 판단개념으로 제한해 받아들여야 한다.

89 판명함의 명증성의 가능성

a) 판단으로서 의미와 '판단내용'으로서 의미. 판단의 이념적 존재
   는 판단내용의 이념적 존재를 전제한다

예를 들어보자. 우리 자신을 '생각 없이' 읽거나 듣는 사람 속에 옮겨 놓으면, 그러한 사람은 단지 단어의 상징적 지시만 따라가면서 가령 권위에 맹종하는 편견에 사로잡혀 그가 들은 것 더구나 예를 들어 '이 색깔 + 1은 3이 된다'를 수동적으로 함께 판단하는 사실을 파악할 수 있다. 그런데도 우리는 "명제는 본래의 의미를 전혀 부여하지 않는다"라고 말한다. 실제로 생각에서, 따라서 개별적 술어의 항(項)들과 이것들을 실제로 구문론으로 축적하는 가운데 판단을 가능한 판단으로서 획득하는 것은 불가능하다. 가령 판단이 어떤 분석적 모순이나 분석-외적 모순을 포함하기 때문이 아니라, 판단의 '무의미함' 속에 이른바 일치나 모순을 넘어서 있기 때문에 불가능하다. 단일적 명제요소는 무의미하지 않고, 정직한 의미가 있지만, 그 전체는 통일적으로 합치하는 어떤 의미도 부여하지 않는다. 그것은 그 자체가 의미인 전체가 결코 아니기 때문이다.

따라서 우리는 '의미' 속에 일치함과 불일치함(대립)을 지니며, 게다가 여기에서 의미가 뜻하는 것과 의미의 전체가 뜻하는 것에서 실제로 그리고 본래 수행된 판단이 중요한 것이 아니라, 귀결의 의미에서 판단이 중요하다—어쨌든 판단과 진리논리가 중요하지만—는 점에서 일치함과 불일치함을 지닌다. 지금 모순된 판단들은 실로 어떤 의미의 통일체 속에 일치하지만, 귀결논리의 개념에 관한 모순과 일치는 서로 배제되는 대립이며, 이것은 이미 이러한 '의미'의 통일체를 전제한다는 사실이 분명하다.

이제 무엇이 여기에서 의미의 개념을 규정하는지 묻는다면, 우리가 앞에서 말한 본질적 애매함 가운데 하나에 주목하게 된다. 이것을

해명하려면 『논리연구』에서 ‘〔성〕질’과 ‘질료’의 차이로 다룬[10] 구별로 되돌아가야 할 것이다.

요컨대 어떤 진술의 의미로

1. 관련된 판단이 이해될 수 있다. 그러나 만약 진술하는 자가 절대적 확실성 ‘S는 p다’에서 추정함, 개연적으로 간주함, 의심함, 긍정함이나 부정하면서 거부함 또는 동일한 ‘S는 p다’를 가정함으로 이행하면, 드러나는 것은

2. 공통적인 것—존재양상(확실성, 가능성, 개연성, 의문스러움, ‘실제성’, 무효화無效化함)이 변화되는 가운데 속견적(doxisch) 정립양상의 주관적 방향에서 동일하게 유지되는 것—인 ‘판단내용’의 판단〔의〕의미다. 신념확실성의 근원양상이 변양되는 변화 속에 판단의 이 동일한 내용(Was), 즉 그때그때 거기에 ‘있는’ 것 또는 가능하게, 개연적으로, 의심스럽게 등으로 있는 것을 『논리연구』는 판단양상에서 비자립적 계기(契機)로 파악했다.

따라서 의미의 개념은 판단영역에 대해 본질적 이중 의미를 지닌다. 그것은 그 밖에 유사한 방식으로 모든 정립적 영역까지 이르고, 우선은 당연히 가장 낮은 속견적 영역, ‘표상’의 영역, 즉 공허한 양상을 포함해 자신의 모든 변화양상을 지닌 경험의 영역까지도 이르는 이중 의미이다. 그 어떤 양상으로 정립될 수 있는 통일체로 생각된 그와 같은 판단내용의 가능한 통일체는 조건에 결부된다. 하지만 단순히 통일적인 문법적으로 ‘이해할 수 있음’, 즉 순수하게 문법적으로 ‘의미를 지님’(문법적 의미의 완전히 다른 개념과 더불어)은 논리적 분석론이 전제하는 ‘의미를 지님’이 아직 아니다.

---

10) 『논리연구』 제2-1권, 411쪽 이하를 참조할 것. ‘판단소재’의 이념과 따라서 이 항의 전체적 진술을 본질적으로 철저하게 만드는 것은 ‘부록 1’의 제1항 이하에 있다—후설의 주.

우리는 판명한 판단의 개념, 즉 구문론적으로 본래 실행할 수 있는 판단의 개념, 즉 귀결논리 속에 그리고 계속해서 형식적 진리원리 속에 전제된 개념은 보충적 본질규정과 이에 상응하도록 더 깊이 해명할 필요가 있다는 사실을 살펴보았다. 판단내용을 통일적으로 실행할 수 있음은 판단 자체를 실행할 수 있음에 앞서 놓여 있고, 이것의 조건이다. 또는 판단내용의 이념적 '존재'는 판단의 (가장 넓은 의미에서 사념된 범주적 대상성 그 자체의) 이념적 '존재'의 전제이며, 이 '존재' 자체로 들어온다.

b) 판단내용의 이념적 존재는 가능한 경험의 통일성에 대한 조건
에 결부된다

이제 전자〔판단내용의 이념적 존재〕의 명증성—그 표현을 단지 다의적(多義的)인 말인 무의미함(Sinnlosigkeit)에서 발견하는 대립과 더불어—의 '근원'에 관해 심문하면, 우리는 형식적 고찰에서 외견상 기능이 없는 구문론적 핵심을 지적할 것이다. 따라서 이것은 (의견으로서) 어떤 판단의 가능성을 본래 실행할 가능성이 구문론적 형식 속에서뿐 아니라, 구문론적 소재 속에 근거한다는 사실을 뜻할 것이다. 형식논리학자는 이 후자의 사실을 쉽게 간과했다. 즉 그 다양한 형식이 오직 논리적 이론 속으로 들어오는 구문론적인 것에 그가 일방적으로 관심을 기울임으로써 그리고 그가 핵심을 이론적으로 무관한 것으로, 즉 오직 동일성 속에 유지될 수 있을 공허한 어떤 것으로 대수화(Algebraisierung)[11]함으로써 쉽게 간과했다.

그렇지만 판단의 존재, 따라서 판단의 지시라는 의미에서 판단을

---

11) 여기서 '대수화'(代數化)는 수(數) 대신에 문자나 기호를 사용해 관련된 사항들의 형식적 관계만을 일정한 연산법칙으로 파악하는 것을 뜻한다.

본래 실행할 수 있음을 가능케 함에 대해 구문론적 소재나 핵심의 가능은 어떻게 이해되는가? 이에 관한 해명은 지향적 발생 속에 놓여 있다. 우리는 모든 판단 그 자체가 자신의 지향적 발생을 지니며, 본질적으로 자신의 동기부여(Motivation)[12]의 토대를 지닌다고 말할 수도 있다. 이 토대가 없다면 모든 판단은 우선 확실성의 근원양상 속에 있을 수 없고, 그런 다음 양상화(樣相化)될 수도 없을 것이다. 이 토대에는 판단의 통일체 속에 등장하는 구문론적 소재가 서로 함께 어떤 것에 관계된다는 사실이 속한다. 하지만 이러한 사실은 발생적으로 가장 근원적인 판단방식—문제되는 것은 지향적 발생, 따라서 본질에 적합한 발생이지, 그 밖에 단지 이 발생에서만 이해할 수 있게 구상될 수 있는 심리물리적인 귀납적 발생이 아니다—은 명증적 판단방식이며, 가장 낮은 단계에서 경험에 근거한 판단방식이라는 사실에서 유래한다. 모든 판단작용에 앞서 경험의 보편적 토대가 놓여 있으며, 이 토대는 가능한 경험의 일치하는 통일체로서 항상 전제되어 있다. 이 일치함 속에 모든 것은 다른 모든 것에 실질적으로 '연관된다.'

그러나 경험의 통일체도, 아무튼 연관을 맺거나 심지어 대립의 방식으로 여전히 연관을 맺는 경험의 통일체에서 모든 것이 〔다른〕 모든 것과 본질적으로 공동체 속에 있기 위해 대립하는 것이 그것에 대립하는 것과 함께 하나의 본질공동체를 지니는 방식으로 본질적으로 불일치할 수 있다. 그러므로 자신의 내용에서 모든 근원적 판단작용과 그래서 연관을 맺고 진행해가는 판단작용은 경험의 종합적 통일체에서 사태와의 연관으로 연관을 맺는다. 이것으로써 판단의 토대로 가능한 경험의 우주 하나만 존재할 수 있다는 사실, 따라서 모든 직관적 판단은 동일

---

12) 후설에게 동기부여는 심리적 영역에서 제기되는 일종의 인과성, 즉 '만약 ……하면, ……하다'(Wenn~, So~)의 형식으로 주어지는 행위의 계기를 뜻한다.

한 토대 위에 있으며 모든 판단은 유일한 실질적 연관에 속한다는 사실을 미리 말하면 안 된다. 어쨌든 이에 관해 어떤 결정을 내리는 것은 독자적 연구의 주제일 것이다.

이제 말한 것은 근원적 판단작용에서 본질필연성에 입각해 모든 가능한 판단작용 일반으로, 우선 **동일한** 판단하는 자에 대해 그의 의식의 연관 속에 가능한 방식으로 등장하는 모든 판단 일반으로, 따라서 새로운 것으로서 그에게 이제 가능한 **직관적이지 않은** 모든 판단으로 옮겨진다. 본질법칙에 입각해 이러한 사실을 통찰할 수 있게 하는 것은 구성적 이론의 일반적 연관에 속하는 일이다. 그것은 '근원적으로 건설하는' 지향성인 근원적 지향성이 2차적인 지향적 형성물의 구성을 어떻게 수반하며, 설립하는 지향성을 2차적 지향성으로서 또 이 경우 동시에 이 지향성과 비슷하게 실현시킬 수 있는 지향성으로서 본질적으로 소급해 지시하는 지향성을 그 지향적 형성물에 어떻게 제공하는지 해명하는 구성적 이론이다. 이러한 연관에는 '통각' (Apperzeption)[13]의 형성에 관한 본질이론 전체도 속한다.

직관적이지 않은 판단의 **구문론적 소재**는, 마치 우리가 그러한 소재를 완전히 임의로 수집하고 이것에서 가능한 판단을 형성할 수 있는 것처럼, 판단의 존재발생과 의미발생이 암시된 근거에서 완전히 **자유롭게** 변경될 수 없다. 각기 가능한 판단과 판단에 적합하게 결합할 수 있는 모든 판단복합체의 구문론적 소재는 가능한 경험의 통일체 또는 통일적으로 경험할 수 있는 실질성의 통일체에 지향적으로 아프리오리하게 관련된다. 이때 이미 위에서 강조된 불일치, 가상, 필연

---

13) 이 말은 라틴어 'appercipere'(덧붙여 지각한다)에서 유래하며, 직접 지각함 (Perception) 이외에 잠재적으로 함축된 감각들도 간접적으로 지각하는 것을 의미한다. 칸트 이후에는 새로운 경험(표상)을 이전의 경험들과 종합하고 통일해 대상을 인식하는 의식의 작용을 뜻하기도 한다.

적 말소함의 가능성은 간과되지 않았다. 왜냐하면 그 가능성은 어떤 연관의 통일체, 즉 바로 가능한 판단, 따라서 아무리 넓게 확장되더라도 가능한 판단의 연관의 소재가 실질적으로 함께 속함의 가장 낮은 근거를 형성하는 통일체를 폐지하지 않기 때문이다. 형식적–논리적 고찰과 이론은 자신의 객관적 태도에서 이것에 관해 말할 것이 전혀 없지만, 그것의—자신의 S와 p를 지닌, 어떤 형식적 연관의 통일체 속에 등장하는 모든 문자기호를 지닌—논리적 형식 각각은 이러한 연관 속에 S, p 등이 실질적으로 '서로 함께 관계한다'는 사실을 은밀하게 전제한다.

90 진리논리의 원리에 적용함.
이 원리는 내용적으로 유의미한 판단에만 적용된다

판단에 관한 이전의 분석을 유지했던 중요한 보충은 이제 우리가 미리 고려한 논리적 원리의 비판에 대해 결정적 의미를 지닌다. 이 비판은 지금 쉽게 처리될 수 있다. 아주 자명하게 논리학은 우리가 내용적으로 무의미하다고 기술한 것, 따라서 예를 들면 '삼각형의 내각의 합은 빨간 색깔과 같다'는 판단을 고려하지 않는다. 물론 이러한 것은 그러한 판단을 고려하기 위해 학문이론 속에 들어가는 누구에게도 일어나지 않는다. 어쨌든 단지 통일적인 순수–문법적 의미의 조건만 충족시키는 모든 진술명제(일반적으로 이해할 수 있는 명제의 통일체)도 판단으로, 즉 가장 넓은 의미에서 판단으로 생각할 수 있다. 논리적 원리가 판단 일반에 관련되어야 한다면, 논리적 원리는 유지할 수 없을 것이며, 확실히 배중률이 아닐 것이다. 왜냐하면 내용적으로 '무의미한' 모든 판단이 배중률의 타당성을 파괴하기 때문이다.

우선 이러한 사실을 통찰할 수 있기 위해 원리는 그 핵심이 의미에 적합하게 함께 속하는, 따라서 통일적 의미를 지니는 조건을 충족시키는 모든 판단에 대해 무조건 타당해야 한다. 왜냐하면 이러한 판단에 대해 그 원리가 통일적 경험의 토대에 관련된다는 것이 그것의 발생으로 '아프리오리하게' 주어졌기 때문이다. 바로 이러한 점 때문에 그러한 모든 판단에 대해 그리고 이러한 〔토대와의〕 관련에서 판단이 일치로 이끌 수 있다는 사실, 판단이 이 일치시킴에서 일치하는 경험 속에 주어진 것을 해석하고 범주적으로 파악하는 사실, 판단이 일치의 부정(否定)으로 이끌고 의미에 적합하게 이러한 경험영역에 속하지만 경험된 것과 충돌하는 것을 서술하는 사실이 적용된다. 하지만 우리는 원리의 주관적 표현방식을 다루며 원리의 의미에 대해서는 바로 모든 판단이 긍정적 일치나 부정적 일치로 이끌 수 있다는 점이 함께 속한다는 사실을 보여주었다. 그러나 내용적으로 무의미한 판단도 포함하는 판단의 더 넓은 영역에는 이러한 선언(選言)이 더 이상 적용되지 않는다. '제3자'는 여기에서 배제되지 않고, 주어에 어떤 의미를 지닌 관련도 맺지 않는 술어를 지닌 판단은 이른바 자신의 무의미함 속에 진리와 허위를 넘어서 있다는 사실에 있다.

91 새로운 문제로 넘어감

그래서 우리는 지향적 판단이론이 얼마나 필연적인지, 또 논리적 원리의 본래 순수한 의미가 무엇인지 근원적으로 이해하려면 지향적 판단이론이 얼마나 더 깊게 파내려가야 하는지 알게 된다.

그러나 그러한 판단이론에 대해, 따라서 진리의 이념의 해명에 대해 우리의 연구에서 무엇이 획득되었는지 숙고해보면, 모든 판단의 명증성이 경험영역에 본질적으로 관련됨을 만족시키는 '인식론적' 준비작업의 필요성을 제시했을 뿐이다. 판단의 명증성은 판단의 올바름이라는 의미에서 또는 존재하는 사태 자체와 일반적으로 범주적인 것 자체의 의미에서 진리를 '부여한다.' 우리가 선술어적 명증성으로 간주한 경험은 '실재성'을 부여한다. 이때 이 말은 가능한 한 넓게 구속되지 않아야 하며, 따라서 모든 '개체적인 것'을 포괄해야 한다. 물론 실재성 가운데는 공간-시간적 세계의 객체가 포함된다. 그러나 모든 경험이 세계에 있는 것(Weltliches)의 '스스로를 부여함'은 아닐 것이며, 논리학과 그 개념인 '진리'의 전제에 대한 비판은 경험과 경험의 대상—'실재성'—으로의 환원이 그것에 시달리지 않고 그 개념을 여전히 다르게 또 더 넓게 포착하도록 배우는 곳으로 그리고 이 확장된 〔진리개념의〕 포착이 바로 우리가 비록 언제나 '개체'의 스스로를 부여함이라는 적확한 개념 안에서라도 더 넓게 미치는 경험개념을 고려해야 한다는 사실에 의거하는 곳으로 이끌 것이다.

우리가 근본적 사고 속에 포괄한 것이지만 실제로 상세하게 정초하지는 않은 것, 즉 드러내 밝힐 수 있는 판단의 지향적 발생 덕분에 순수하게 문법적으로 의미를 지닌 지시뿐 아니라 의미를 지닌 실질적 핵심의 동종성(同種性)의 의미에서 모든 판단이 필연적으로 판단의 긍정적 일치나 부정적 일치로 이끌 수 있는 방식으로 통일적 경험영역(통일적인 실질적 분야)과 관련을 맺는다는 사실이 실제로 입증되었다고 가정하자. 그렇다면 우리가 논리적 원리의 주관적 표현방식으로 명증성의 원리 속에 수립했던 것은 당연히 정초된다. 그렇다면 이제 명증성은 진리에 어떻게 관련되는가? 어쨌든 이 문제는 그 주관적 표현방식이 이 문제가 나타나게 한 것만큼 그렇게 간단치 않다.

제5장 선험적–철학적 문제인 논리학의 주관적 정초

92 객관적 논리학이 지닌 실증성의 의미의 해명

a) 역사적 논리학이 실재적 세계에 관련됨

모든 판단이 경험을 소급해 지시하기 때문에 논리학자인 우리는 **명증성의 작업수행**이라는 문제, 즉 경험 자체에 관한 문제와 경험에서 생기는 범주적인 것에 관한 문제를 만난다. 두 가지 문제는 판단의 가장 낮은 단계 또는 경험의 원천을 여전히 직접 지니는 범주적인 것의 가장 낮은 단계의 해명 속에 얽혀 있다. 소박한 논리학과 그 실증성에 대한 비판을 통해 우리 자신을 선험논리학으로 이끄는 이러한 문제의 길은 우리를 우선 **명증성**과 진리 또는 논리적 전통 전체를 지배하는 참된 존재에 관한 소박한 개념에 대한 비판으로 이끈다.

형식적 학문이론인 논리학은, 그 사실을 다시 기억하기 위해, 단지 자신의 최초의 또 잊을 수 없는 출발인 플라톤의 변증술에서 학문 일반과 존재자 일반의 가능성이라는 원리적 주제를 지닌다. 그 논리학에 대해 실로 타당한 것으로서 어떤 실제적 학문이나 실제적 세계는 아직 없었다. 그 후 시대가 변화된 상황에서 그 상태는 뒤집어졌다. 논리학은 미리 주어진 학문, 즉 미리 주어진 진리와 이론에 대한 형식적 진술논리의 비판이라는 형태를 취했다. 또는 그것에 대해 가장 일반적인 본성에 따라 존재하는 대상, 존재하는 세계가 미리 확정된 형식적 존재론의 형태를 취했다. 세계의 일정한 내용과 그때그때 형성된 일정한 학문이 논리학 속에 전제된 것과 같다는 게 아니라, 오히려 이것에 대한 비판은 아프리오리한 논리적 규범을 명백히 밝힘으로써 가능해질 것이다. 그러나 참된 존재 일반, 술어적 진리와 이론 일반 그리고 경험과 이론적 인식을 따라 미리 일반적으로 존재하는 전제로서 이러한 존재로 돌진해갈 가능성—이러한 것은 전통적 형식논리학에서는 결코 숙고되지 않았던 자명한 일이었다. 사람들은 그것이 미리 주어진 것으로 생각된 실재적 세계에 대한 논리학, 즉 형식적 진술논리와 형식적 존재론이라고 (또한 그 속에 놓여 있는 특수한 것은 언젠가는 분명해질 것이라고) 말할 수 있다. 이 세계는 자명하게 그 자체로 또 그 자체에 대해 세계의 본질이며, 다른 한편으로 어쨌든 인식하는 의식 속에서 우리에게 또 모든 사람에게 게다가 우선 경험으로 접근할 수 있는 것이다. 물론 아주 완벽하지 않으며 결코 불완전하지만 우리를 객관적 진리로 이끄는 더 높고 고유한 인식의 작업수행은 경험의 토대 위에 세워진다.

이 논리학이 이야기하는 모든 판단, 진리, 학문은 이렇게 존재하는 세계에 관련된다. 사실의 진리나 학문은 세계 속의 사실적 현존재나 세계 자체의 사실적 현존재에 관계하고, 마찬가지로 아프리오리한 진리나 학문은 가능한 세계의 존재에 관계한다. 더 정확하게 말하면, 아프리오리한 진리나 학문은 사실적 세계가 상상 속에 자유롭게 변화될 경우 필연적으로 타당한 것에 관계하며, 세계 일반과 그래서 이 주어진 세계의 본질형식으로서 필연적으로 타당하게 관계한다. 그러므로 아프리오리한 공간론과 시간론(기하학, 연대학)은 세계 일반으로서 이 세계의 본질형식인 공간과 시간에 관련된다. 따라서 논리학이 염두에 둔 아프리오리한 학문도 세계에 있는 것이다. 왜냐하면 실제적 세계가 그 자체로 존재하는 것과 마찬가지로 이 세계의 가능한 변화에서 가능한 그 자체로 존재하는 것도 전제되어 있고, 실제적이거나 가능한 경험과 이론으로 실제적 세계에 관한 학문과 아프리오리하게 가능한 세계 일반에 관한 학문이 '그 자체로' 가능하다는 사실, 또는 그 자체로 존립요소를 지닌다는 사실, 그래서 자명하게 〔그 학문을〕 논리적으로 실현시키는 작업의 목적일 수 있다는 사실도 전제되어 있기 때문이다.

이제 논리학은 당연히 그 이론 속에 어떤 종류의 사실도, 어떤 사실적 세계도 요구할 필요가 없는 아프리오리함(Aprioriät) 속에 유지된다. 그러나 한편으로는 논리학이 형식적-존재론적으로 적어도 가능하게 세계에 있는 존재—논리학이 어쨌든 자명하게 실제적 세계의 가능한 변화로 획득했을 세계—를 전제한다는 사실을 유념해야 한다. 다른 한편으로 논리학이 그 근본개념을 해명하려는 경향을 느껴 주관적으로 향한 연구 어디에서나, 논리학은 이 연구를 통상적 의미에서 심리학적 연구로, 즉 표상하는 삶과 사유하는 삶에 관한 연구, 이때 심리물리학과 '객관적' 실험에 호소하든 단순한 '내적 경험'에 호소하든 상관없이 세계 속의 인간에 관한 명증성을 체험하는 것에 관한 연구로 간주했다. 그리고 이러한 관점에서 우리의 의견을 표명하지 않았기 때문에, 근본개념에 관한 우리의 이전 연구도 즉시 통상적 의미에서 심리학적 연구로 간주될 것이다. 그런데 비록 논리학과 아프리오리하게 가능한 세계의 관계는, 이 관계가 논리학 속에 들어오더라도, 어떤 전제를 뜻하고 사실적 세계의 전제 못지않은 비판적 관심사의 전제를 뜻한다는 사실이 우리를 만족시키더라도, 어쨌든 미리 주어진 실제적 세계는 항상 배경 속에 놓여 있다.

b) 세계를 소박하게 전제한 것은 논리학을 실증과학에 편입시킨다

위에서 논리학은 실재적 세계와의 관계에서 실재적 세계의 그 자체의 존재를 전제할 뿐 아니라, '그 자체'에서 존속하는 가능성, 세계 인식을 진정한 앎으로, 경험적이든 아프리오리하든 진정한 학문으로 획득할 가능성을 전제한다고 했다. 이것은 다음과 같은 것을 함축한다. 세계의 실재성이 그 자체로 또 그 자체에 대해 그것이 존재하는 그대로인 것처럼, 그 실재성은 그 자체로 타당한 진리에 대한 기체, 우리가 볼차를 인용해 말했듯이, '진리 그 자체'에 대한 기체다. 게다가 인식하는 주체에는 이 주체에 대한 인식의 가능성, 즉 이 진리 자체를 주관적 명증성 체험 속에, 바로 그 자체로 타당한 절대적 진리의 자기파악인 절대적 명증성 속에 파악할 수 있는 가능성이 상응한다. 이 모든 것은 하나의 아프리오리로서 요구된다. 존재자 그 자체에 대해, 절대적 존재자에 대해 그리고 주관적–상대적 존재자(우리에게 존재하는 것으로 주어지는 것, 경험 속에 존재하는 것으로 또 그렇게 존재하는 것으로 나타나는 것)에 대해서는 아닌 존속하는 진리는 절대적 진리다. 학문 속에 이 진리는 '발견되고', 학문적 방법으로 정초되며 명백하게 밝혀진다. 그렇지만 이러한 일은 언제나 불완전하게만 성공할 것이다. 어쨌든 그 목적 자체는 보편적 이념으로, 이와 상관적으로 성취할 수 있는 이념으로, 따라서 **절대적 명증성**의 이념으로 의심할 여지없이 또 암묵적 타당성 속에 남아 있다. 논리학 자체가 이 전제를 자신의 주제로 삼지 않았다면, 인식론, 심리학, 형이상학이 어쨌든 논리학의 절대적 자립성을 침해하지 않으려는 논리학 뒤에 따라오는 학문의 방식으로 이러한 일을 더욱더 했을 것이다.

그러나 더 상세하게 정초할 학문의 그러한 질서는 그 문제에 관해 완전히 불명료한 경우에만 가능하며, 위에서 거명한 철학적 보완학과들에 관해서는, 단순한 실증성의 소박함과는 완전히 다른 등급의 소

박함으로 이끈다. 왜냐하면 실천하는 삶뿐 아니라 인식하는 삶이 사실상 미리 주어진 세계에 소박하게 몰두하는 것인 이 소박함은 해명되지 않았고 따라서 여전히 제한되지 않았지만 그럼에도 어쨌든 나름의 권리를 그 자체로 지니기 때문이다. 그렇지만 경험에 대한 소박한 비판과 이 경험에서 유래하는 그 자체로 존재하는 세계의 인식에 대한 소박한 비판, 익숙한 논리학—경험과 인식이 그 의미에 따라 세계의 존재를 이미 전제하지 않는지에 대해 전혀 연구한 적 없고, 더구나 경험의 고유한 작업수행과 세계의 존재의미에 대해 중요한 주관성의 그 밖의 존립요소의 고유한 작업수행을 연구할 것을 전혀 생각해본 적 없는 논리학—의 추론방식을 다루는 비판은 처음부터 그 외견상의 학문적 이론을 진지한 고려하지 않고 배제하는 일종의 소박함이다.

물론 논리학자에게 아프리오리하게 확실한 가능한 절대적 명증성이 존속하는 것은 모든 사람이 인식할 능력이 있는 것으로 존속하는 것으로도 생각된다. 모든 사람은 이 점에서 다른 모든 사람과 동등하다. 자신의 절대적 진리에서 절대적 존재자는 실제로 보이거나 그것이 존재하는 그대로 통찰되거나 통찰되지 않는다. 그러므로 모든 사람에 대해 진리가 타당함은 이제 결단코 어떤 특별한 문제도 부당하게 요구하지 않는다. 이 '모든 사람'은 모든 인간, 또는 실제적 세계 속에 (실제적 세계에 속한 절대적 진리에 대해서는 가능한 세계 속에) 전제할 수 있는 그 밖에 인간과 같은 종류의 존재, 즉 일반적으로 진리인식으로서 명증성의 능력이 있는 존재다. 우리 인간(우리는 다른 세계의 지성적 존재에 관해 아무것도 모른다)의 경우 어떤 종류의 심리학적 형세인지는 그 밖의 모든 실재적인 것과 함께 또한 모든 심리적인 것을 지배하는 인과성에서 이 명증성이 우리 속에 실재로 실제적이 되는 사실에 속한다. 그리고 이 사실은 논리학이 아니라 심리학에 관계한다.

그러므로 전통논리학의 전제를 이렇게 제시함으로써 우리가 최초에 소개한 진리 그 자체에 관한 문제는 더 상세하게 규정된 의미, 즉 실제적이거나 가능한 세계에 관련된 의미를 획득했다. 그래서 논리학은 이러한 새로운 의미에서 객관적 논리학으로서, 가능한 세계의 형식논리학으로서 '실증적' 학문의 다양체에 편입된다. 이 학문 모두에 대해, 결코 다른 학문을 알지 못하는 통상적 논의의 의미에서 학문에 대해 세계는 미리 의심할 여지 없는 사실이고, 무엇보다 그것이 정당하게 존속함(심지어 세계의 가능성)을 의문시하는 것은 실증적 학문의 양식(樣式)에 위배되기 때문이다.

93 '데카르트' 이래의 경험비판의 시도들이 지닌 불충분함

a) 객관적 논리학이 지닌 타당성을 소박하게 전제함

확실히 학문에 세계의 현존재를 미리 부여하는 경험에 대한 비판이 학문에 기초 지움(Fundierung)으로 선행해야 할 사실은 모든 학문을 인식론적으로 개혁하고 근본적으로 정초(Begründung)하는 가운데 통일하는 '보편적 지혜'(sapientia universalis)로 개조하려는 데카르트의 시도에 포함된다. 이러한 비판은, 잘 알려져 있듯이, 데카르트의 경우 경험은 절대적 명증성(필증적으로 세계의 존재를 정초하는 명증성)이 결여되었다는 결과로, 그래서 세계를 소박하게 전제하는 것은 폐지되어야 하며 모든 객관적 인식은 어떤 존재자, 즉 '사유하는 자아'(ego cogito)가 유일하게 필증적으로 주어져 있음에 근거해야 한다는 결과로 이끈다. 우리는 이것이 언제나 새로운 불명료함과 오류로 고양된 근대 전체에 걸친 선험철학의 출발이었다고 알고 있다.[1] 위대하지만 단지 절반만 싹튼 선험적 주관성을 발견한 이 데카르트의 출발은 즉시 지극히 숙명적이고 또 오늘날까지 근절할 수 없어 남게 된 과오로 희미해졌다. 그것은 버클리나 흄과 같은 관념론이 그것에 못지않은 전도된 대립물의 역할을 했던 그 '실재론'을 초래한 과오다. 심지어 데카르트의 경우에도 절대적 명증성을 통해 자아(Ego)는 세계의 의심할 여지없이 존재하는 최초의 단편(斷片)—마음 곧 영혼, 사유실체(mens sive animus, substantia cogitans)—으로 확정되었고, 그래서 단지 논리적으로 적절한 추리절차를 거쳐 그 밖의 세계(데카르트의 경우 나 자신의 영혼적 실체 이외에 절대적 실체와 세계의 유한한 실체)[2]를 그 단편을 위해 추론하는 것만 문제되었다.

이미 데카르트는 이때 소박한 아프리오리한 유산, 즉 인과성의 아프리오리를 지니고 선험적 주제제기를 다루기 위해 존재론적이며 논리적인 명증성을 소박하게 전제하고 작업한다. 따라서 그는 자신이 발견한 자아, 즉 세계의 존재에 인식의 측면에서 선행하는 자아의 고유한 선험적 의미를 놓쳐버렸다. 이에 못지않게 그는 경험에서 그리고 학문적 사유함에서, 그래서 원리적 일반성 속에 논리학 자체에서 제기되었어야 할 물음의 고유한 선험적 의미를 놓쳐버렸다.

이러한 불명료함은 인식론이 자연스러운 소박함으로 전락하는 모

---

1) 후설은 "데카르트 이래 근대철학 전체가 선험적 현상학(선험철학)의 길을 준비하면서 은근히 동경해왔다"(『이념들』 제1권, 118쪽; 『제일철학』 제1권, 240쪽; 『제일철학』 제2권, 4쪽 참조할 것)라고 주장한다. 그는 이것을 "근대철학의 운명"(『위기』, 12쪽)이라며, 『위기』에서 근대철학사는 반드시 선험적 현상학으로 전환되어야 한다고 목적론으로 해석한다.

2) 데카르트는 방법적 회의로 더 이상 의심할 수 없는 제1원리 '나는 생각한다. 그러므로 존재한다'(cogito ergo sum)에 도달하고, '이처럼 명석하고 판명하게 인식되는 것은 모두 진리'라는 제2원리를 규칙으로 삼아 기하학적 방법에 따른 연역체계로서 보편수학을 추구했다. 그는 이러한 규칙을 확실하게 성립시키는 성실한 보증자로 무한실체인 신과 사유하는 마음(res cogitans) 및 연장을 지닌 물체(res extensa)의 유한실체를 구분하는 물심평행 이원론을 주장했다.

든 경우에 특유한 가상적 명료함 속에, 그래서 동시대의 가상적으로 명료한 학문성 속에 은폐된 유산으로 남았다. 소박하게 고립된 논리학과 동맹을 맺고 실재적 세계와 이 세계를 논리적으로 취급하는 방법에 관한 실증적 학문의 근본적 확신이 철저히 올바르다는 사실, 그러므로 학자는 그가 정말 수백 년 이래 여하튼 인식론 없이 잘 해결해왔듯이 본래 인식론 없이 해결해나갈 수 있다는 사실을 학자에게 입증하고 그래서 학자에게 이러한 사실을 최초로 완전히 확신시키는 데 이바지한 것은 바로 인식론이다.

b) 자아로의 '데카르트적' 환원이 놓쳐버린 선험적 의미

그러나 실증적 학문, 논리학과 인식론은 그러한 관계로 만족할 수 있는가? 우리가 이전의 연관 속에 반복해 상술해야 했던 모든 것에 따라서조차, 불완전하고 여러 차례 단순히 미리 지시하는 것일 수밖에 없더라도, 이 물음이 부정되어야 한다는 사실은 확실하다. 데카르트의 경우처럼 선험적 자기숙고가 우선 되돌아가는 자아 속에 이미 인간의 실재적 영혼을 파악했다고 생각하고 이 최초의 실재적인 것에서 초월적 실재성의 영역으로 가정과 개연성의 추리를 입안하는 —이때 (명시적이든 '묵시적이든') 논리학 자체에 속한 개연성의 수학적 원리를 사용하고 어쩌면 그 밖의 형식논리학도 사용하는—실재론은, 이 실재론이 어디에서나 가능성 자체로서 어디에서나 문제되는 것을 가능성으로 전제하기 때문에, 이치에 어긋나게 실제적 문제를 놓쳐버린다.

모든 근본개념과 근본명제를 포함해 논리적 원리의 타당성을 해명하는 것은 주관적으로 향한 연구로 이끈다. 이 연구가 없으면 그 원리는 학문적으로 공중에 뜨게 된다. 이러한 사실은 우리가 이미 실행했고 또 더 추진해갈 단편적 연구 이후에도 의심할 여지가 없다. 그러

나 만약 누가 그 순수 의식에서, 특히 그 명증성에서 모든 것이 이 자아에 대해(근본적으로 철학을 하는 자인 나에 대해) 존재하는 것—그렇지만 가능한 것, 생각해낼 수 있는 것, 추측적인 것, 거짓된 것, 이치에 어긋난 것 등도—인 그러한 주관성으로서 '사유하는 자아'로 되돌아가면, 누가 거기에서 논리학을 전제할 수 있는가? 모든 논리학에 대해 최초로 또 가장 엄밀한 의미에서 기초가 되는 그 주관적 연구의 사정은 어떠한가? 사람들은 그 연구에서 비로소 해명되어야 할 논리학, 아마 그 세계[세속]성(Weltlichkeit) 속에 비록 이 세계성이 정당화될 수 있더라도 이 주관적 연구의 토대를 승인할 수 없게 넘어서는 의미의 존립요소와 명제의 타당성을 끌어들이는 논리학으로 그 연구를 반박할 수 있는가?

게다가 그 주관적 연구는 철저하게 이 객관적 논리학에 의거하고 어쨌든 객관적 세계의 끊임없는 전제에 의거하는 심리학으로 논박될 수 있는가? 그 의미에 따라 모든 심리적 체험은 실재적인 심리물리적 존재의 실재적 계기로서 이 세계에 속한다. 논리학의 근본적 정초에 대해 실재적 세계 전체는, 그 실제성을 입증하는 것이 아니라 가능하고 진정한 의미를 명백히 제시하고 이 의미의 유효범위를 명백히 제시하는 문제와 관련되지 않는가? 이 유효범위 때문에 그 의미는 논리적 근본개념 속에 함께 들어갈 수 있다. 객관적 논리학으로 파악된 형식 논리학의 어떤 것-일반이 궁극적으로 세계에 있는 존재의 의미도 자체 속에 포함한다면, 이러한 존재의미는 바로 논리학의 의미 전체를 규정하는 논리학의 기초개념에 함께 속한다.

c) 논리학의 정초는 선험적 현상학의 보편적 문제로 이끈다

더 나아가 실재론자에게 매우 쉽게 제공되는 가정은 사정이 어떠한가? 이 가정을 따라 실재론자는 데카르트적 환원으로 의심할 여지

없이 명증적으로 남겨진 유일한 존재토대, 즉 모든 인식에 대해 그 자체로 최초인 자아의 유일한 존재토대 위에서 실재적 외부 세계를 획득하려고 한다. 이 외부〔세계〕는, 즉 초월적 실재성과 이 실재성에 속한—추리를 허용하는 형식인 공간, 시간과 인과성을 지닌—아프리오리의 가능적 의미는 문제가 아닌가? 즉 그 외부는 자아의 내재 속에 우리가 소박하게 거리낌 없이 지니고 또 사용하는 초재의 그 의미를 어떻게 받아들이고 확증할 수 있는가? 그리고 의미를 구성하는 주관성에서 생긴 어떤 숨겨진 추정이 이 의미의 유효범위를 제한하는지 심문해야 하지 않는가? 자아의 선험적 영역 속에 그러한 가정의 원리적 가능성이나 유의미함 또는 이치에 어긋남을 결정할 수 있기 위해 먼저 해결해야 할 문제가 아닌가? 결국 누군가 이 자아로 되돌아감으로써 생기는 진정한 문제를 파악했을 때, 순수하게 내재적으로 주어진 것을 가정해 받아들일 수 있고 또 이 주어진 것과 인과적으로 결합된 객관적 실재성으로 '설명하는' 이러한 도식 전체는 하나의 완벽하게 이치에 어긋난 것이 아닌가?

사실상 그것은 이러한 경우이며, 이 이치에 어긋난 것은 다음과 같은 점에서 유래한다. 우선 나의 순수 의식의 주체인 나의 자아로 데카르트적 환원과 더불어 새로운 종류의 인식가능성과 존재가능성이 문제가 되었다. 다시 말해 그 자체로 존재하는 것의 선험적 가능성이 나에 대해 이러한 의미와 더불어 존재하는 것으로서 오직 나의 순수 의식의 가능성에서만 생겼다. 이 문제점 많은 가능성은 사람들이 이미 인식에 적합하게 지닌 실재적인 것에서 사람들이 지니지 않은 다른 실재적인 것으로 추리할 수 있는 총체적으로 다른 가능성과 혼동되었다.

물론 사람들이 전자의 가능성의 의미를 결코 명료하게 알아보지 못했기 때문에 단지 가능할 뿐인 이러한 혼동의 전환점은 자아(Ego)를 인간 영혼(Seele)인 자아(Ich)의 실재성과 혼동한 데서 비롯되었다. 사람들은 실재성으로 받아들인 영혼, 즉 마음(mens)이 이미 **외부**(공간세계)의 의미계기를 지닌다는 사실 그리고 최초로 가정해 자신의 것으로 삼으려는 외부를 포함해 모든 외부는 처음부터 자아의 순수 내부에 자리 잡으며, 세계에 대한 경험의 흐름 전체와 이 경험 자체 속에 일치하게 입증되는 존재하는 것과 함께 그 자체로 내적인 것에 속하는 경험의 **지향적 극**(極)으로서—가능한 경험과 이론으로 그 극에 요구될 수 있는 그 이상의 모든 것과 마찬가지로—자리 잡는다는 사실을 알아보지 못한다. 따라서 이 자아에서 제기될 수 있는 모든 가능한 문제제기는 전적으로 그 자아 자체 속에, 자아의 의식 실제성과 가능성 속에, 자아의 작업수행과 이 작업수행에 속하는 본질구조 속에 놓여 있지 않은가?

그러므로 앎과 학문에서 학문이론인 논리학으로 이끌리고 논리학의 실제적 정초에서 논리적 이성이나 학문적 이성에 관한 이론으로 계속 이끌리면, 우리는 선험철학, 게다가 선험적 현상학의 그 유일하게 순수한 근본적 형태에서 **선험철학의 보편적 문제** 앞에 서 있게 된다.

제6장 선험적 현상학과 지향적 심리학. 선험적 심리학주의의 문제

94 모든 존재자는 의식주관성 속에 구성된다

선험적 문제제기의 의미를 분명하게 밝혀보자. 모든 학문은 자신의 분야가 있으며, 이 분야에 관한 이론을 겨냥한다. 이 이론 속에 학문은 성과를 낳는다. 그러나 학문적 이성은 이 성과를 만들어내고, 경험하는 이성은 그 분야를 만들어낸다. 이것은 존재자 및 어쩌면 가능한 세계 일반과 더 높은 단계로 관련되면서 형식논리학에도 적용되고, 모든 특별한 이론에 함께 관련된 더 높은 단계의 일반자에 관한 형식논리학의 이론에도 적용된다. 존재자, 이론, 이성은 우연적으로 함께 관련되지 않으며, 비록 '무조건적 일반성과 필연성에서'라도 우연적으로 함께하게 된 것처럼 전제하면 안 된다. 바로 이 필연성과 일반성은 논리적으로 사유하는 주체의—내가 나 자신이 통찰하면서 깊게 거듭 숙고한 논리학에만 나 자신을 몰두시키는 나의—필연성과 일반성으로서 심문해야 한다. 그것은 이때 우선 나의 이성만, 나의 경험과 이론만 논의되고, 내가 이렇게 사념된 것으로써 나의 이론적 행위 속에, 나의 명증성 속에 이론을 생산하려 하면, 내가 경험으로 증명하는 존재자 그리고 나의 의식 장(場) 속에 그 어떤 방법으로든 사념된 것으로 분명 존재하는 존재자만 논의되기 때문에, 나의 필연성과 일반성이다.

일상적 삶에서와 마찬가지로 학문에서도 (학문이 '실재론적' 인식론에 현혹되어 자신의 행위를 오해하지 않는다면) 경험은 사태 자체에서 존재할 수 있으며, 사태를 완전히 직접 파악하고 지닐 수 있는 의식이다. 그러나 경험은 모든 경험에 앞서 세계가 그 속을 들여다보는 의식공간 속의 구멍이 결코 아니며, 의식에 생소한 것을 의식 속에 단순히 받아들이는 것도 아니다. 그렇다면 도대체 어떻게 내가 그러한 의식 자체를 알아보지 않고 그 의식을 이성의 방식으로 진술할 수 있는가? 이때 어떻게 의식뿐 아니라 의식에 생소한 것도 알아볼 수 있는가? 따라서 의식에 생소한 것을 경험할 수 있는가? 또한 어떻게 나는 의식에 생소한 것을 생각해낼 수 있는 것으로서 적어도 표상할 수 있는가? 이것은 경험에 생소한 것에 관한 그러한 이치에 어긋난 경험함 속에 직관적으로 '스스로를-집어넣어-생각함'이 아닌가?

경험은 경험하는 자인 나에게 경험된 존재가 '거기에 있게 하는' 작업수행이고, 바로 경험 자체가 그 지향성 속에 실행되는 작업수행으로 경험하는 자에게 전하는 전체적 내용과 존재양상과 함께 그것이 거기에 있게 하는 것으로서 작업수행이다. 만약 경험된 것이 '초월적' 존재의 의미를 지니면, 그 자체만이든 자신에 속하고 자신의 지향성을 함께 형성하는 동기부여의 연관 전체 속이든 이 의미를 구성하는 것은 바로 경험함(Erfahren)이다. 만약 그 자체로 존재하는 대상을 단지 일면적으로만, 단지 멀리 떨어진 원근법에서만 나타나게 하는 경험이 불완전하다면, 심문함에 의거해 나에게 이러한 사실을 말해주는 것, 따라서 "여기에 어떤 것이 그 자체로 의식되지만, 그것은 실제로 그 자체가 파악된 것 이상이다. 여전히 동일한 것에 관해 달리 경험할 수 있는 것이 있다"라고 말해주는 것은, 바로 그때그때 의식의 방식인 경험 자체다. 이러한 점에서 그것은 초월적이고, 또한 경험이 다시 나에게 가르쳐주듯이, 비록 실제적이고 그 자체로 파악된 것으로서 스스로를 부여하더라도 그것 역시 하나의 가상일 수 있다는 점에서 초월적이다. 더구나 또다시 "이 사물, 이 세계는 나의 고유한 존재인 나에게 전적으로 초월적이다"라고 말해주는 것은 어쨌든 바로 경험이다. 그것은 다른 사람도 동일한 것으로 경험할 수 있고 경험되는 '객관적' 세계다. 실제성과 가상은 다른 사람—또다시 실제적이거나 가능한 경험으로 나에게 주어진 사람—과 합류하는 가운데 정당화되고 보고된다. 경험은 이때 나에게 "나는 나 자신에 관해 경험을 최초의 원본성 속에 지닌다"라고 말해준다. 왜냐하면 타자는 나에게 직접적 지각 속에 원리적으로 접근할 수 없는 한, 다른 사람에 관한 경험을 단지 2차적 원본성 속에 지니기 때문이다.[1]

그때그때 경험된 것(사물, 자아-자체, 다른 사람 등), 경험될 수 있을 그때그때 그 이상의 것, 그 속에 다양한 경험을 관통하는 자기동일성(Selbigkeit), 상이한 단계의 원본성에서 모든 종류의 경험—동일한 것에 관한 새로운 가능한 경험, 우선 나 자신의 경험과 이 위에 단계 지어진 타자의 경험—을 미리 지시함(Vorweis) 그리고 진행해가는 경험과 이때 존재하는 것으로 또 그렇게 존재하는 것으로 명백히 제시될 양식을 미리 지시함—이 모든 것은 예외 없이 내가 그 구조를 항상 심문할 수 있는 현실적이거나 잠재적인 지향성으로서 의식 자체 속에 지향적으로 포함되어 있다.

그리고 나는, 내가 여기에 실제로 앞서 놓여 있는 것, 즉 자신의 현실적이거나 잠재적인 의식의 작업수행에서가 아닌 한, 나에게 아무것도 존재하지 않는다는 사실을 바로 이해하려면, 이 구조를 반드시 심문

---

1) 타자에 대한 경험에 관해서는 이 책 제16항 a)의 옮긴이주 10을 참조할 것.

해야 한다. 이때 잠재적 의식의 작업수행은 내 의식영역 자체 속의 현실적 지향성에서 '나는 할 수 있다' 또는 '나는 할 수 있을 것이다'라는 미리 지시되는 확실성, 즉 내가 동일한 대상을 그 통일체의 작업수행으로 계속 정립해 의식한다는 종합적으로 결부된 일련의 의식을 '나는 실행할 수 있을 것이다'라는 확실성이다. 특히 여기에는 내가 실현할 수 있는 직관(경험, 명증성)의 잠재성이 아프리오리하게 포함된다. 이 잠재성 속에 그 동일한 대상은 지속적 일치함에서 자기 자신을 나타내고 규정될 것이며, 바로 이러한 사실로 그 실제적 존재는 증명하면서 계속 정립된다. 이 대상이 존재하는 것으로서 나에게 타당할 뿐 아니라, '충분한' 근거에서, 즉 '의심할 여지 없는 근거'에서 나에게 실제로 존재하는 것이며, 이때 그 대상은 나에게 이미 존재하는 것이고 나에게 여전히 미해결인 것이다. 이 모든 것은 이러저러하게 종합적으로 연관된 어떤 의식에 적합하게 미리 지시된 작업수행, 즉 내가 해석할 수 있고 자유롭게 진행시킬 수도 있는 작업수행을 가리킨다. 달리 말하면, 나에게 타당한 것 이외에는, 실제성이든 가능성이든, 나에 대한 존재도 그렇게 존재함(So-sein)도 없다. 이렇게 나에게 타당한 것은 곧 본질적으로 미리 지시되는 무한히 일치함과 궁극적으로 타당한 존재의 이념과 더불어 나의 실제적이거나 가능한 작업수행의 다양체에 대한 명칭이다. 그것은 더 높은 관점에서 요청되었을 뿐 아니라 비록 최초에는 은폐되었지만 그런 다음에는 밝혀질 수도 있는 다양체다. 나에게 어떻게든 존재하는 대상으로 마주치는 것은 작업을 수행하는 내 지향성에서 나에 대해 그 존재의미 전체를 받아들였고, 이 의미에 관한 어떠한 그림자도 그 지향성에서 배제되지 않는다. 그러나 나도 나 자신의 의식 삶을 타당한 삶으로 시종일관 해석하고 인정해야 한다.

바로 이 지향성을 심문해야 하며, 그 의미를 이해하려면, 따라서 위에서 말했듯이, 형식적 일반성이든 그 존재범주에 속한 대상이든 어떤 대상을 그 의미 전체가 생기는 바로 구성하는 지향성에 적합하게 인정해야 할 것과 부정해야 할 것도 이해하려면, 그 지향성을 체계적으로 해석해야 한다. 이 지향성 자체를 해석하는 것, 이것은 의미를 구성하는 작업수행의 근원성에 입각해 의미 자체를 이해시켜준다.

내가 철학을 할 때는 반드시 그렇게 해야 한다. 그런 까닭에 내가 철학을 하지 않을 때는, 삶의 소박함 속에 있을 때는, 그래서 어떤 위험도 없다. 생생한 지향성은 나를 떠받치고, 나를 미리 지시하며, 내 행위 전체에서, 존재든 가상이든 생기게 하는 자연스럽게 사유하는 내 행위에서도 실천적으로 나를 규정한다. 비록 그 지향성이 생생하게 지향성으로서 주제가 아니고, 드러나 밝혀지지 않았으며, 그래서 내 앎에서 벗어나 있더라도, 그러하다.

나는 존재 이외에 가상도 이야기했다. 왜냐하면 다음과 같은 사실은 경험 자체의 의식의 작업수행에 자연스럽게 속하기 때문이다. 즉 〔한편으로〕 오직 일치하는 경험으로서만 경험 자체가 정상적으로 미리 지시된 경험의 작업수행에 관한 양식을 지닌다는 사실, 그러나 〔다른 한편으로〕 이 일치함은 깨질 수 있고, 경험함은 모순으로 붕괴될 수 있으며, 최초의 단순한 경험의 확실성은 의심, 추정, 추측, 부정(무효한 것으로 성질화함)으로 이끌 수 있다는 사실이다. 이 모든 사실은 곧바로 탐구해야 할 규정된 필수적 구조의 조건에 따라 그러하다. 그렇다면 왜 기만(欺瞞), 따라서 경험된 것이 존재하지 않는 열린 가능성은 어쨌든 정상적 일치함의 보편적 가정을 폐기하지 못하고 존재의 우주가 나에 대해 항상 모든 의심을 넘어서 남아 있는지, 그래서 내가 단지 어쩌다 자세한 점에서만 놓쳐버리고 또 놓쳐버릴 수 있는 존재의 우주로 남아 있는지도 탐구해야 한다.

이와 비슷한 것이 모든 각각의 의식에 적용되며, 우리에 대한 존재자, 가능한 것, 유의미하거나 이치에 어긋난 것이 우리에게 존재하게 되는 모든 방식에 적용된다는 사실, 여기에서 제기되고 또 제기될 수 있는 모든 정당성의 물음은 그때그때 의식의 지향성 자체에 입각해 정당성을 증명하는 의미와 방법을 미리 지시해 받아들인다는 사실을 이야기할 필요는 없다. 사념된 것과 결국 정당성이 증명된 존재자, 즉 끊임없이 지향적 동일성의 극(極)을 이루는 동일성은 증명함, 잘되었을 경우 명증적으로 한계를 이루면서 증명함의 모든 의식연관을 관통해간다. 즉 의식 삶이 돌파되고 또 돌파될 수 있을 만한 장소는 전혀 없고, 의식의 주관성 자체 속에 등장하는 지향적 통일체의 의미 이외에 다른 의미를 지닐 수 있는 초재에 도달할 장소도 전혀 없다.

95 각자 자신의 주관성에서 출발할 필연성

어쨌든 나는 맨 먼저 올바로 또 명백하게 다음과 같이 말한다. 즉 내가 나에 대해 존재하고 타당한 것에 관해 스스로 숙고하고 또 전제되어 존재하는 세계와 이 세계와 관련된 논리적 원리에 관해 지금 논리학자인 나 자신은 스스로 숙고하는 나로서 이러한 주관성이다. 따라서 맨 먼저 모든 것이 나에게서 존재의미를 받아들이는 그 의식 삶의 자아로서 순수하게 이 주관성은 줄곧 '나'이며 또다시 '나'다.

그러나 (앞의 제94항에서처럼 너무 신속하게 이 문제를 무시해 간과하면 안 된다) 세계는 우리 모두의 세계이며, 이 세계는 객관적 세계로서 그 고유한 의미에서 나에 대해서뿐 아니라 모든 사람에 대해서 '앞으로도 계속 참되게 존재하는 것'이라는 범주적 형식을 지닌다. 왜냐하면 앞에서[2] 술어적 진리의 논리적 특성으로 주장한 것은 실로 그 세

---

2) 이 책의 제77항을 참조할 것—후설의 주.

계를 술어로 해석하는 진리와 학문에 앞서 경험세계에 대해서도 명백하게 적용되기 때문이다. 구성하는 것으로서 세계[에 대한]경험은 단순히 전적으로 개인적인 나의 경험이 아니라, **공동체의 경험**을 뜻한다. 즉 세계 자체는 그 의미에 적합하게 우리가 모두 원리적으로 그것에 이르는 경험통로를 지닌, 우리가 모두 우리의 경험을 '교환하는' 가운데, 따라서 그 경험을 공동체화하는 가운데, (과연 '객관적' 증명이 서로 동의하거나 이에 대한 비판에 의존하듯이) 그것에 관해 의사소통할 수 있는 하나의 동일한 세계를 뜻한다.

작업을 수행하는 지향성을 실제로 드러내 밝히는 일, 특히 원본적으로 자신의 지향성과 타인의 지향성을 구별하는 일이 엄청나게 어렵더라도, 객관적 세계에 대해 의미를 구성하는 것으로서 기능하는 상호주관성을 해명하는 일이 엄청나게 어렵더라도, 위에서 말한 것은 우선 극복하기 힘든 필연성 속에 확고히 남아 있다. 맨 먼저 그리고 생각해낼 수 있는 모든 것에 앞서 나는 존재한다. 이 '나는 존재한다'는 이것을 말하고 올바른 의미에서 말하는 자인 나에게는 나의 세계에 대한 지향적인 근원적 기초다. 이 경우 나는 '객관적' 세계도, 즉 이러한 의미로 나에게 타당한 것인 '우리 모두에 대한 세계'도 '나의 세계'라는 사실을 간과하면 안 된다. 어쨌든 '나는 존재한다'는 내가 실재적인 것으로 간주하는 '그' 세계에 대해서뿐만 아니라 나에게 타당한 '이상적 세계' 그리고 대체로 내가 나에 대해 이해할 수 있거나 타당한 그 어떤 의미에서, 나 자신, 나의 삶, 나의 의견, 이 모든 것을 의식해 가짐을 포함해, 존재하는 것—때에 따라 정당하거나 부당하게 증명하는 등—으로 의식하는 각각의 모든 것에 대해서도 지향적인 근원적 기초다. 편안한지 불편한지, 심지어 (어떤 편견 때문에 항상) 나에게 괴상하게 들릴지, 이러한 문제는 내가 견뎌내야 할, 철학자인 내가 어떠한 시선도 돌리면 안 될 근원적 사실이다. 철학의 어린

아이에게 이것은 독아론(獨我論)의 유령이나 심리학주의나 상대주의의 유령이 출몰하는 어두운 구석일지 모른다. 그러나 진실한 철학자는, 이것 앞에서 도망치는 대신, 어두운 구석을 두루 비추는 일을 더 좋아할 것이다.[3]

96 상호주관성과 상호주관적 세계의 선험적 문제제기

a) 상호주관성 그리고 순수한 경험의 세계

따라서 모든 사람에 대한 세계도, 나에게 타당하고 나의 지향성 속에 증명되면서 이 지향성 속에 내용과 존재의미를 받아들이면서, 나에게 의식된 것으로서 존재한다. 물론 모든 사람에 대한 세계는 나의 자아(Ego) 속에, 즉 여기에서 의문스러운 보편성에서 '사유하는 자아'를 말하고 실제적이거나 가능하게 '사유된 것들'(cogitata) 안에 바로 그 자아에 대해 실제적인 것과 가능한 것 모두를 포괄하는 자아 속에, 이러한 자아 속에 모든 다른 자아(Alterego) 자체는 그 의미와 타당성을 받아들인다고 내가 말한 사실을 전제한다. '다른 사람', 즉 다른 사람들은 내가 그들을 경험하고 그 밖의 어떤 방식으로 의식해 갖는 나와 근원적 관련을 맺고 있다. 물론 그들의 의미—나에 대한 의미—에 속하는 모든 것과 더불어 근원적 관련을 맺고 있다. 예컨대 다른 사람은 신체로 또 그 자신의 삶과 더불어 '나에게 직면해' 여기에 있고, 그런 다음 이제는 마찬가지로 다른 사람에게 대응하는 자로

---

3) 따라서 후설 현상학은 술어로 표현되기 이전에 감각되는 지각을 분석하고 생활세계의 심층구조로 선험적 주관성을 해명함으로써 어두운 '애매성의 철학'이 아니라 오히려 이제까지 어둠에 가려져 은폐된 영역을 적극적으로 다가가 밝히기 시작한 '여명(黎明)의 철학'이며, 과거의 철학들이 당연하게 간주한 것 자체를 문제 삼아 그 근원을 캐물은 '철학 가운데 철학'이다.

서 나를 지닌다. 또한 다른 사람은 나에 대해 다른 자아이듯이, 나는 나의 삶 전체와 더불어, 모든 나의 의식방식과 나에 대해 타당한 대상과 더불어 다른 사람에 대해 다른 자아다. 그리고 모든 다른 사람에 대해 모든 다른 사람도 마찬가지다. 그래서 '모든 사람'은 자신의 의미를 받아들이고, 마찬가지로 '다른 사람 가운데 한 사람인' 우리와 나는 '모든 사람'에 포함된 것으로 받아들인다.

이제 상호주관성에 관한, 그래서 정말 우리의 세계인 세계에 대한 '객체성', 즉 범주적 형식의 구성에 관한 복잡한 선험적 문제제기를 ―적어도 여기에서 그리고 자신의 지향적 삶과 이 삶 속에서 구성된 것을 시종일관 드러내 밝힘으로써 순수하게 작업을 수행할 수 있는 해명의 본성에 관한 개념을 획득하기 위해―전개해보자.

내가 나의 '사유하는 자아'의 보편성에서 심리물리적 존재로, 즉 '사유하는 자아' 속에 구성된 통일체로 나 자신을 발견하고 '다른 사람'의 형식으로 이 통일체와 관련된 심리물리적 존재가 나의 지향적 삶의 다양체 속에 그에 못지않게 구성된 것인 나에게 대립하는 것으로 발견할 때, 여기에서 우선 실로 나 자신과 관련해 커다란 어려움을 느낀다. '선험적 자아(Ego)'인 나는 자아(Ich), 즉 그 의식 삶 속에 세계가 지향적 통일체로 처음 구성되는 자아인 세계에 있는 모든 것에 '선행하는' 자아다. 따라서 구성하는 자아인 나는 이미 세계에 있는 자아(weltliches Ich)―심리물리적으로 실재적 나―와 동일하지 않다. 그리고 나의 영혼적 삶, 즉 심리물리적-세계[세속]적 의식 삶은 나의 선험적 자아와 동일하지 않다. 이 선험적 자아 속에 그 모든 물리적인 것 그리고 심리적인 것과 함께 세계는 나에 대해 구성된다.

그러나 나는 이 두 경우―내가 자연적 삶 속에 나 자신을 세계에 있는 인간으로 경험하든 철학적 태도에서 세계와 인간인 나로 구성하는 '나타남', 의견, 의식의 방식 등의 다양체를 되돌아가 묻고, 이렇게 해서 내가 객체적인 모든 것을 순수하게 '현상'으로, 즉 지향적으로 구성된 통일체로 받아들이면서 이제 나 자신을 선험적 자아로 발견하든—자아를 말하지 않았는가? 그렇다면 나는 나의 선험적 삶과 영혼적 삶, 나의 세속적 삶이 예외 없이 모두 동등한 내용을 지닌다는 것을 발견하지 않는가? '자아'(Ego)가 그 자신에 고유한 자신의 본질적인 것 전체를 자신 속에 구성했고, 동시에 '자신의' 물체적 신체성과 연결시켜 심리물리적으로 객체화된 '자신의 영혼'으로 그래서 자아인 자신에게 구성된 공간적 자연 속에 엮인 것으로 구성했는지가 어떻게 이해될 수 있는가?[4]

더군다나 '다른 사람'이, 명백하게, 나 자신, 게다가 인간-자아(Menschen-Ich)인 나 자신을 소급해 지시하는—특히 그의 신체가 '타인(fremd)의[생소한]' 신체인 나 자신의 신체를 소급해 지시하고, 그의 영혼 삶이 '타인의[생소한]' 영혼 삶인 나 자신의 영혼 삶을 소급해 지시하는—어떤 의미와 함께 구성된다면, '다른 사람'으로서 존재의미인 새로운 존재의미의 이러한 구성(Konstitution)[5]이 어떻게 이해될 수 있는가? 만약 공간화된 존재, 즉 심리물리적 존재인 자아의 자기구성조차 매우 희미하다면, 어떻게 자아(Ego) 속에 다른 영혼을 지닌 다른 심리물리적 자아(Ich)가 구성될 수 있는지는 더욱더 희미하고 정말 곤혹스러운 수수께끼 같은 물음이다. 왜냐하면 어쨌든 내가 그 자아에 고유한 본질적 영혼의 내용을, 나에게 고유한 본질적 영혼의 내용과 같지 않게, 실제적 원본성에서 경험한다는 원리적 불가능성은 다른 사람인 그의 의미에 포함되기 때문이다. 그러므로 다

---

4) 후설은 이 문제를 『위기』 제53항에서 '세계에 대해 주관적으로 존재함과 동시에 세계 속에 객관적으로 존재하는 인간 주관성의 역설'로 제시하면서 매우 상세하게 논의하고 있다.
5) 후설이 말한 '구성'의 구체적 의미는 제60항의 옮긴이주 20을 참조할 것.

른 사람에 대한 구성은 나 자신의 심리물리적 자아에 대한 구성과 원리적으로 다른 것이어야 한다.

그 결과 내가 다른 사람에게 집어넣은 그의 [나와는] 다른 체험, 다른 경험 등에서 내가 필연적으로 비슷한 경험세계뿐 아니라 나 자신이 경험하는 동일한 세계를 다른 사람에게 건네는 사실, 마찬가지로 다른 사람은 나를 그 세계 속에 경험하고 그의 측면에서는 나를, 내가 그의 동일한 세계에 관련되었듯이, 동일한 세계에 관련된 것으로 경험하는 사실이 이해되어야 한다.

만약 나의 영혼이 나의 선험적 자아의 자기객관화라는 것이 나에게 확실하고 선험적 해명으로 이미 이해될 수 있다면, 이제 타인의 영혼도 선험적 자아, 그런데 이번에는 타인의 선험적 자아를 자아, 즉 경험 속에 미리 주어진 세계에서 궁극적으로 구성하는 삶을 자기 스스로 되돌아가 물으면서 '현상학적 환원'으로 파악해야 했을 다른 사람의 자아로서 소급해 지시한다. 그에 따라 '다른 사람'의 문제도 '어떻게 존재에 적합하게 타당한 모든 것의 근원적 기초인 나의 선험적 자아가 자신 속에 다른 사람의 선험적 자아를 구성할 수 있고, 따라서 그와 같은 자아들의 개방된 다수—그들의 원본적 존재 속으로는 나의 자아에 절대적으로 접근할 수 없지만 어쨌든 나에 대해 존재하며 또 그렇게 존재하는 것으로 인식할 수 있는 '타인의' 자아—도 구성할 수 있는지'를 이해하는 문제로 변한다.

그렇지만 이 문제는, 그 자체로 규정된 문제—결국 전체적으로 대단히 복잡한 문제제기의 확고한 필연적 단계질서, 즉 그 문제의 필연적 작업과정에 해결을 미리 지시하는 단계질서가 명증적이 될 때까지—속에 파악되어야 할 수수께끼로 에워싸여 있기 때문에, 여전히 충분치 않다.

우리에 대한 세계가, 더 명백하게 말하면, 자아인 나에 대한 세계가 정말 그 세계가 존재하는 그대로 상호주관적 인식공동체 속에 입증되는 세계라는, 즉 모든 사람에 대해 현존하는 세계라는 의미에서 '객체적인 것'으로 구성된다는 사실에서 출발하자. 그러므로 '모든 사람'에 관한 의미는 이미 구성되어 있고, 따라서 이와 관련해 객관적 세계가 존재해야 한다. 이것은 모든 사람에 대한 첫 번째 의미, 즉 그래서 여전히 통상적인 더 높은 단계의 의미는 아니지만 그 속에 객관적 세계의 어떤 실재적인 것이 생각되고 따라서 그 세계의 구성이 어쨌든 이미 전제된 '모든 인간'의 의미에서 다른 사람에 대한 첫 번째 의미도 기초가 되어야 한다는 사실을 뜻한다.

그런데 구성적으로 하부단계에서 '다른 사람'은 그 의미에 적합하게 나 자신을 소급해 지시하지만, 방금 말했듯이, 선험적 자아(Ego)로서가 아니라 나의 심리물리적 자아(Ich)로서 나를 소급해 지시한다. 그러므로 이 심리물리적 자아도 아직 자아, 즉 객관적 세계 속의 인간일 수 없다. 이 세계의 객관[객체]성은 인간으로서만 비로소 구성적으로 가능해진다.

이러한 점은 또다시 나의 물체적 신체성(körperliche Leiblichkeit)은, 그 의미에 따라 공간적인 것이며 공간물체 주변의 일원으로, 하나의 자연—이 안에서 나는 다른 사람의 물체적 신체와 마주친다—이라는 사실, 내가 말하듯이, 이 모든 것은 아직 객관적-세계적 의미를 지닐 수 없다는 사실을 소급해 지시한다. 그 자체로 최초인 나의 심리물리적 자아(여기에서 문제는 시간적 발생이 아니라 구성적 층이다)—이 자아와 관련해 그 자체로 최초인 다른 사람이 구성된다—는, 앞에서 살펴보았듯이, 아직 객관적 자연이 아닌, 그 공간-시간성이 아직 객관적 공간시간성이 아닌, 달리 말하면, 이미 구성된 다른 사람에게서 아직 구성적 특징을 지니지 못한 그 자체로 최초인 자연의 일원이다. 이러한 최초인 자연과의 연관 속에 나의 영혼적 자아는,

여기에서 나의 물리적 신체, 즉 근원적으로-경험에 적합하게 '영혼을 불어넣은' 유일한 것인 신체라 부르는 이 자연에 속한 물체 속에 지배하는 것으로, 즉 이 신체에서 유일한 방식으로 심리물리적 기능을 행사하는 것으로 등장한다.

이제 이 최초의 자연이나 세계, 즉 아직 상호주관적 객체성이 아닌 이 최초의 것은 나의 자아 속에 부각된 의미에서―이것이 아직 자아에 생소한(Ich-fremdes) 것은 전혀 포함하지 않는 한, 즉 타인의 자아들을 구성적으로 포함시킴으로써 실제로 직접적 경험, 실제로 원본적 경험(또는 이러한 경험에서 생긴 것)의 영역을 넘어서는 것을 전혀 포함하지 않는 한―나에게 고유한 것으로 구성된다는 사실이 이해된다. 다른 한편 나의 선험적 자아의 원초적 특유성의 이 영역 속에 이 영역을 넘어서는 그 진정한 초재(超在), 우선 다른 심리물리적 존재와 다른 선험적 자아인 '다른 사람들'로서 생기고, 이렇게 중재되어 일상적 의미의 객관적 세계, 즉 '자아가 아닌'(Nicht-Ich) 세계, 자아에-생소한 것의 세계의 구성을 가능케 하는 초재의 구성에 대한 동기부여의 기초가 놓여 있다. 이러한 의미의 모든 객관성은 '다른 사람'의 형식으로, 즉 '다른 자아'의 형식 속에 '자아가 아닌 것'의 형식으로 최초의 '자아에-생소한 것'에 구성적으로 소급해 관련된다.

b) 선험적 독아론의 가상

객관적 세계의 구성이라는 많은 단계에서 제기되는 문제 전체로 동시에 일관된 선험철학을 착수하려는 모든 시도를 처음부터 혼란시키고 대개 마비시키는 이른바 선험적 가상, 즉 선험철학을 필연적으로 선험적 독아론으로 이끌 가상을 해결할 수 있다는 사실은 말할 필요가 거의 없다. 만약 나에 대해 언젠가 존재타당성을 지닐 수 있는 모든 것이 나의 자아 속에 구성된다면, 사실상 정말 모든 존재자는 나 자신의 선험적 존재의 단순한 계기인 것처럼 보인다.

그러나 이러한 수수께끼의 해결은 우선 나에 대해 항상 현존하고 항상 나의 경험에서 의미를-지니며 의미를-증명하는 세계를 의식하는 사실에 내포된 구성적 문제제기를 체계적으로 해명하는 데 있으며, 그런 다음 〔그 문제제기의〕 체계적 단계순서에 적합하게 진행해 제시하는 데 있다. 그렇지만 이렇게 제시하는 목표는 그렇게 의식하는 사실 자체에 포함된 삶의 현실성과 잠재성(또는 습득성[6])——이 속에서 '세계'라는 의미가 내재적으로 구축되었고 줄곧 구축된다——으로서 실제로 드러내 밝히는 것일 뿐이다. 세계는 끊임없이 우리에게 현존하지만, 아무튼 맨 먼저 **나**에게 현존한다. 이때 이러한 사실도 나에게 현존한다. 그러므로 세계가 **우리**에게 현존하고 하나의 동일한 세계로 현존하며 이러저러하게 요청될 수 있는 의미, 가령 오성과 심정의 관심을 조정하기 위해 심지어 적절하게 '해석할 수' 있는 의미가 아니라 맨 먼저 그리고 최초의 근원성 속에 경험 자체에서 분석될 수 있는 의미의 세계로 현존한다는 사실이 나에게 의미가 있다. 따라서 최초의 것은 경험세계를 순수하게 그 자체로 심문하는 것이다. 나 자신이 세계를 경험하는 경과에, 또한 이 경험을 일관되게 충족시키는 개방된 모든 가능성에 전적으로 몰두하면, 이때 나의 시선은 경험된 것과 형상적으로 파악할 수 있는 이 경험된 것의 의미구조에 향한다. 그런 다음 이 시선에 이끌려 이러한 존재의미와 그 단계에 대해 의미를 구성하는 현실성과 잠재성의 형태와 내용에 관해 계속 되돌아가 물을 수 있다. 이때 '요청되거나' '적절하게' '해석되는' 것도 전혀 없으며, 단지 제시될 수 있을 뿐이다. 오직 이러한 사실로만 궁극적으로 세계를 이해할 수 있고, 궁극적인 것으로서 이 세계를 이해

---

6) 이 용어에 관해서는 이 책 제7항의 옮긴이주 12를 참조할 것.

한 뒤에는 더 이상 심문하거나 이해할 유의미한 것이 전혀 없다.

그렇다면 독아론의 선험적 가상은 단순히 **구체적으로 분석하는** 이러한 진행절차를 견뎌낼 수 있는가? 어쨌든 이미 말했듯이, 다른 사람이 또 다른 사람에 대한 세계가 나 자신 속에 또 나 자신에게 의미를 지닌다는 것이 사실로서 앞에 놓여 있고 그래서 나 자신에게 내포된 것을 해명하는 것만 여기에서 문제될 수 있기 때문에, 그것은 오직 해석 이전에만 등장할 수 있는 가상이 아닌가?

c) 객관적 세계에 관한 더 높은 단계의 문제

물론 위에서 시사한 작업의 윤곽으로 모든 것을 다 논의한 것은 아니다. 탐구는 계속 진행되어야 한다. 먼저 위에서 시사한 탐구가 오직 이것에만 관련되어 있으므로, 소박하고 또 순수하게-파악된 경험세계는 이에 관해 잘 구별할 수 있는 더 높은 단계의 물음, 그래서 이른바 이론적 세계, 즉 이론적 의미 속에 참되게-존재하는 세계의 구성에 대한 물음이나 가령 무조건으로 또 객관적으로 타당한 이론적 인식의 물음이 제기될 수 있기 위해 구성적으로 해명해야 한다. 이때 특히 중요하고 또 어려운 문제는 학문의 지향적 의미에 포함된 이념화(Idealisierung)를 해명하는 것이다. 형식적 일반성 속에 이 이념화는 형식논리학과 그 '원리'가 어쨌든 이념화된 의미에서 '존재 그 자체'와 '진리 그 자체'로 표명된다. 그러나 이 이념화는 세계의-영역적 특수성 속에 더욱더 중대한 문제가 된다. 예를 들어 정밀한 자연('정밀한' 자연과학에 따라)의 이념으로서 자신의 이념적 직선, 원 등을 지닌 기하학의 '이념적' 공간과 이에 상응하는 이념적 시간 등이 중요한 문제가 된다.

d) 결론적 고찰

여기에서는 상호주관성과 세속적 객관[객체]성에 관한 혼란되고 복잡하게 얽힌 문제제기를 적어도 대충 이해할 수 있게 된 것에 만족해야 한다.[7][8] 이제 다음과 같은 사실은 명백하다. 즉 주어진 세계의 존재의미를 구성하는 작업수행을 그렇게 드러내 밝힘으로써만 우리는 이 세계가 존재함을 이치에 어긋나게 절대화하는 모든 것에서 피할 수 있고, 철학자인 우리가 존재의미, 자연, 공간, 공간시간, 인과성에 요구할 수 있는 것과 기하학, 수학적 물리학 등—이에 상응하는, 그러나 다른 종류의 정신과학적 문제는 말할 것도 없이—의 정밀성을 어떤 의미에서 정당하게 이해해야 하는지를 일반적으로 또 모든 관점에서 알 수 있다는 사실이다.

그렇지만 이 모든 것이 형식적-논리적 영역을 넘어선다고 해도, 그것은 미리 시각의 장(場) 속에 있어야만 하며, 그래야만 우리는 형식적-논리적 타당성에 대한 전도된 요구를 피할 수 있다. 따라서 인식의 '유효범위'에 대한 문제의 전체 폭과 크기를 파악해야 한다. 왜냐하면 정말 그 유효범위에 관한 이 예전의 인식론적 논의가 무엇을

---

7) 나는 상호주관성의 문제와 선험적 독아론을 극복하는 문제의 해결에 중요한 점들을 이미 괴팅겐대학교 강의(1910~11년 겨울학기)에서 전개했다. 그러나 실제적 실행은 여전히 더 어려운 개별적 연구가 필요했는데, 이 연구는 훨씬 이후에 가서야 비로소 결론에 도달했다. 이론 자체의 간략한 서술은 즉시 나의 『데카르트적 성찰』로 이어진다. 나는 바로 다음 해[1930년]에 이에 소속된 명시적 연구가 출판될 수 있기를 희망한다—후설의 주.

8) 『데카르트적 성찰』은 구체적으로 '제5성찰. 모나드론적 상호주관성인 선험적 존재영역의 해명'을 뜻한다. 후설이 프랑스 파리의 소르본대학교에서 행한 강연 「선험적 현상학 입문」은 1931년 프랑스어판이 출판되었지만, 독일어판은 몇 차례 수정작업을 거치다가, 1934년 이후부터 『위기』의 강연과 집필에 몰두하면서 결국 출판이 유보되었다. 따라서 그의 희망대로 1930년이 아니라, 1950년에냐 후설전집 제1권으로 출간되었다.

말하고 싶었는지 또는 적어도 그 논의가 무엇을 말해야 하는지를 본래 이제야 겨우 이해하기 때문이다.

97 의식의 구성을 그 보편적 철학의 의미 속에 드러내 밝히는 방법

어떠한 철학자도 우리가 발굴하려는 고난에 찬 연구의 길을 피할 수 없다. 물론 자아에 대해 생각해볼 수 있는 모든 것이 그의 의식 삶에 보편적으로 관련되어 있음은 이미 데카르트 이래 철학의 근본사실로 잘 알려져 있고, 특히 최근에 다시 많이 논의된다. 그러나 그 근본사실의 매우 구체적인 것으로 밀고 들어가고 그 근본사실로 실제로 철학적으로 풍부한 결실을 맺는 대신, 위로부터〔연역적으로〕이 근본사실에 관해 철학을 하거나 여전히 매우 정교하게 고안해낸 사고의 직물(織物)로 그 근본사실을 덮어씌우는 것은 아무런 의미가 없다. 철학을 하는 자는 출발부터 우리가 충분한 근거에서 그토록 강력하고도 자주 강조한 것을 스스로 명백하게 해야 한다. 그것은 철학을 하는 자에게 존재해야 하며, 이러저러하게 존재할 수 있고, 따라서 이와 같은 것으로 그에게 의미와 타당성을 지닐 수 있는 것, 이 존재자의 특수성에 상응하는 독특한 지향적 작업수행의 형태로, 즉 독특한 '의미부여'(내가 『이념들』〔제1권〕에서도 이것을 표현했듯이)[9]에 입각해 그에게 의식되어야 한다는 것 모두다.

누구도 의식에 관한 논의의 공허한 일반성에 멈추거나, 경험, 판단 등—기껏해야 그 이상의 것을 마치 철학과 관련 없고 심리학에 떠맡

---

9) 후설은 『이념들』 제1권 제2장 제3절에서 순수 의식의 영역을 분석하면서, 특히 제55항에서 모든 실재성은 '의미부여'로 존재한다고 밝히고 있다.

기듯 다루면서—의 공허한 단어에 멈추면 안 된다. 이 심리학의 유산은 의식 삶의 고유한 본질인 지향성에 맹목적이며, 어쨌든 목적론적 기능—즉 구성적 작업수행—인 지향성에 맹목적이다. 의식은 방법적으로 드러내 밝힐 수 있고, 그 결과 누구나 의미를 부여하는 의식의 작업수행에서 또 존재양상 속에 의미를 만들어내는 작업수행에서 의식을 직접 '볼' 수 있다. 그러므로 어떻게 대상적 의미가, 즉 그때그때 '사유작용'(cogitationes)의 그때그때 '사유된 것'(cogitatum)이 이러한 '사유작용'의 변화에 따라 이것이 기능하는 동기부여의 연관 속에 새로운 의미로 형성되는지, 어떻게 이미 현존하는 것이 기초가 되는 의미 그리고 이전의 작업수행에서 유래하는 의미에 입각해 그 이전에 형성되었는지 누구나 추적해볼 수 있다. 선택된 예에서 그러한 지향적 분석의 단편을 실행하면, 다음과 같은 사실을 즉시 인식하게 된다. 즉 누구도 이 작업을 수행하는 삶을 그 보편성에서 드러내 밝히고, 이렇게 함으로써 자연적 삶, 학문적 삶, 전체적으로 더 높은 문화적 삶의 모든 의미형성물, 이 속에 '존재하는 것'으로 등장하는 모든 것을 그 보편적 존재의 통일체 속에 이해할 수 있게 하고, 게다가 궁극적으로 그것의 구성적 근원에 입각해 이해할 수 있게 하는 엄청난 과제를 결코 피해갈 수 없다는 사실이다.

물론 브렌타노가 발견한 지향성이 그때그때 구성된 지향적 통일체와 이 통일체가 그때그때 주어지는 방식에서 **침전된 역사**(Geschichte),[10] 즉 누구나 그때그때 엄밀한 방법으로 드러내 밝힐 수 있

---

10) 후설에 따르면, 의식이나 영혼의 실재성, 즉 자아는 역사성으로 습득적 자기 동일성을 확보한다(『이념들』제2권, 137쪽;『심리학』, 211쪽 참조할 것). 그는 "모든 자아는 자신의 역사를 지니며, 그 역사의 주체로서 존재한다. 구체적으로 세계구성에 참여하는…… 모든 의사소통적 공동체는 자신의 '수동적' 역사와 '능동적' 역사를 지니고, 이 역사 속에서만 존재한다. 역사란 절대적 존

는 역사로 포함된 작업수행의 연관을 그 지향성 속에 볼 수 있도록 결코 이끌지 않았기 때문에, 지향적 분석을 위한 방법이 밝혀져야 할 것이다. 이러한 근본적 인식에 따라 모든 종류의 지향적 통일체는 구성적 '분석'으로 이끄는 '선험적 실마리'가 되며, 이 분석 자체는 그 자체에서 완전히 독특한 특성을 띤다. 왜냐하면 이것은 통상적 의미에서 분석, 즉 내실적 분석이 아니라, 지향적 함축을 드러내 밝히는 것이기 때문이다. 가령 어떤 경험에서 가능한 것으로 미리 지시된 경험의 체계로 진행해 드러내 밝히는 것이기 때문이다.

98 아프리오리한 연구인 구성적 연구

그러나 이러한 근본적 통찰은 어쩌다 이미 언급한 인식이 없다면, 즉 이 구성적 연구에 귀납적 경험[탐구](Empirie)은 최초의 것이 아니므로 이러한 것은 일반적으로 선행하는 본질탐구로서만 가능하다는 인식이 없다면, 비교적 성과가 없었을 것이다. 이에 관해 본래의 기본적 인식, 즉 예전의 모든 심리학뿐 아니라 선험철학에 생소한 인식은 단도직입적으로 구성된 모든 대상성(예를 들어 자연의 객체)이 그 본질 종(種, 예를 들면 물리적 사물 일반)에 상응해 실제적이거나 가능한 (주어진 예에서 무한한) 다양한 지향성, 즉 그 대상성에 대해 구성적인 지향성의 상관적 본질형식을 소급해 지시한다. 가능한 지각, 기억과 그 밖의 지향적 체험 일반, 즉 하나의 동일한 사물에 '일치해' 관련되고 관련될 수 있는 체험의 다양체는 엄청나게 복잡한 모든 경우에, 단지 개별적 사물에서 [다른] 개별적 사물로 특수화되면서, 모든 사물 일반에 대해 동일한 완전히 규정된 본질양식을 지닌다. 이와 마찬가지

재의 강력한 사실(Faktum)"(『제일철학』 제2권, 506쪽)이라 한다.

로 그 어떤 이념적 대상성을 의식하게 할 수 있고 이 동일한 대상성에 관한 종합적 의식의 통일체로 이끌 수 있을 의식의 방식은 이러한 종류의 대상성에 대해 본질적으로 규정된 양식을 띤다.

나의 의식 삶 전체도 그 속에서 구성되는 다양한 모든 특수 대상성에 관계없이 그 전체성 속에 작업수행의 통일성과 더불어 작업을 수행하는 삶의 보편적 통일체이기 때문에, 의식 삶 전체는 모든 지향성을 포괄하는 보편적인 구성적 아프리오리에 지배된다. 그것은 자아 속에 구성되는 상호주관성의 독특한 특성 때문에 상호주관적 지향성의 아프리오리로 그리고 상호주관적 통일체와 '세계'에 대한 이 지향성의 작업수행의 아프리오리로 확대되는 아프리오리다. 이러한 아프리오리 전체를 탐구하는 것은 대단히 중대한 과제이면서, 동시에 반드시 착수할 수 있고 또 단계적으로 해결할 수 있는 선험적 현상학의 과제다.

이때 다음과 같은 사실에 유의해야 한다. 즉 작업을 수행하는 주관성은 원리적으로 사실상 함께 정돈되는 삶의 지향적 체험 속에 현실적인 지향적 삶으로 이끌어내는 것이 아니라, 자신의 능력(Vermögen) 속에 있고 끊임없이 이 속에 있다는 사실이다. 이 능력은 가령 가정적 설명의 형성물이 아니라, '나는 할 수 있다' '나는 실행한다'의 단일적 맥락 속에 끊임없이 작업을 수행하는 요인으로 제시할 수 있고, 여기에서 개별주관적이거나 상호주관적인 모든 보편적 능력도 제시할 수 있다. 현상학의 의미 속에 일반적으로 내포되어 있듯이, 이에 상응하는 본질직관에서 이끌어낸 현상학적 아프리오리도 이 능력에 관련된다는 사실이 명확하게 강조되어야 한다.

본질탐구의 방법을 더 잘 이해하려면 다음과 같은 것도 간략하게 시사해야 한다.

우리가 구성에 관한 고찰에서 상론한 모든 것은 우선 임의의 범례(Exempel)[11])에서 임의의 종류의 미리 주어진 대상을 통찰할 수 있게 하는 것, 따라서 실재적이거나 이념적인 대상성을 단순하게 단도직입적으로 '지니는' 지향성을 반성해 해석하는 가운데 통찰할 수 있게 하는 것이다. 만약 그 범례를 완전히 임의로(beliebig) 변경시키고 그런 다음 이와 상관적으로 함께 변경시키는 '표상', 즉 구성하는 체험 그리고 때에 따라 연속적이거나 불연속적으로 변화되는 '주관적으로' 주어지는 방식을 되돌아가 묻는다면, 실제성이나 가능성의 사실적 단일성에 대해 명백히 타당한 것이 또한 필연적으로 타당하게 남아 있다는 점을 계속 인식하는 일은 유의미한 진전이다. 이때 무엇보다도 적확한 의미에서 구성하는 '나타남'의-방식을, 그때그때 범례적 대상과 이것이 변경된 것을 경험하는 자를 그리고 어떻게 대상이 그 속에서 '그것 자체'의 양상으로 종합적 통일체의 형태가 되는지를 심문해야 한다.

그러나 이것은 가능한 경험, 가능한 명증성의 체계적 전체를 심문하는 것, 또는 일치하는 가능한 경험의 완벽한 종합의 이념을 심문하는 것일 뿐이다. 이 경험의 종합적 형성물인 그때그때의 대상은 '모든 측면성' 속에, 즉 그 대상에 속한 규정의 전체성 속에 절대적으로 스스로 주어진 것으로 또 스스로 확증된 것으로 의식될 것이다. 즉 이렇게 심문하는 것에서 (출발로서 필연적) 범례를 실행해야 할 변경 (Variation)은 그 속에 '형상'(Eidos)이 생기고, 이로써 구성과 구성된 것의 파괴될 수 없는 형상적 상관관계(Korrelation)의 명증성도 생긴다. 변경이 이러한 일을 해야 하면, 그 변경을 경험적 변경이 아니라 오히려 순수한 상상(Phantasie)의 자유 속에 또 임의성—'순수한' 일반자—의 순수 의식 속에 실행되는 변경으로 이해해야 한다. 이렇게

---

11) 후설 현상학에서 '범례'가 지닌 의미에 대해서는 '예비고찰' 제4항의 옮긴이 주7을 참조할 것.

이해함으로써 변경은 동시에 언제나 새롭게 변경된 것(Variantes)에 대해 무한히 다양한 개방된 자유로운 가능성의 지평으로 확장된다. 미리 타당하게 받아들인 사실의 모든 구속에서 벗어나 완전히 자유로운 변경에서 개방된 무한한 범위—여기에는 모든 사실성에서 해방된 범례 자체도 '임의의 것'으로 포함된다—의 변경된 모든 것은 이제 종합적으로 서로 잇달아 관련되고 전체성에서 결합된 관계 속에, 더 자세하게 말하면, 지속적으로 관통하는 '대립되는 가운데 합치'의 종합 속에 있다. 그러나 바로 이 합치에는 언제나 다시 새롭게 형성할 수 있는 이 자유로운 변경 속에 필연적으로 항속(恒續)하는 것, 즉 **불변자**(Invariantes)가 드러난다. 이 불변자는 다른 것들, 또 언제나-다시-다른 것들 속에 파괴할 수 없는 동일한 것, 즉 모두에게 공통된 **본질**(Wesen)이다. 범례의 '생각해낼 수 있는' 모든 변화와 그러한 변화 자체의 모든 변화는 이 본질에 결합되어 남아 있다. 이 불변자는 존재적 본질형식(아프리오리한 형식), 범례에 상응하는 형상이다.[12] 범례가 각각 변경된 것은 이 형상에 대해 아주 똑같이 충분히 이바지할 수 있을 것이다.

그런데 구성하는 가능한 경험, 가능한 나타남의 방식으로 반성적 시선을 전환하면, 존재적 본질형식(그 최상에는 '범주')은 필연적으로 [구성된 대상성과] 함께 변경되고, 그래서 상관적인-두 가지 측면의 본질형식은 이제 불변적인 것으로 분명히 드러난다. 그러므로

---

12) 여기에서 우리는 대상을 항상 모든 구문론적 대상성도 포괄하는 가장 넓은 의미로 이해한다는 사실을 주목해야 한다. 따라서 형상이라는 개념도 가장 넓은 의미로 이해한다. 동시에 이 의미는, 우리가 철학적으로 인정하는, 아프리오리라는 다의적(多義的)인 표현에서 유일한 개념을 정의한다. 그러므로 그 개념은 전적으로 나의 저술 속에 그때마다 아프리오리에 관해 논의되는 곳에서만 언급된다—후설의 주.

존재적 아프리오리는 이것과 구체적으로 통합된—이것에서 구체적으로 분리할 수 없는—구성적 아프리오리의 상관자로서만 가능하고, 게다가 구체적으로 완전히 가능하다는 사실이 명백하다. 이러한 사실은 대상에 관한 가능한 경험의 체계(적확한 의미에서 구성적 체계)뿐 아니라, 각기 그 어떤 대상에 대해 가능한 직관적이지 않은 의식의 방식도 포함해 모든 의식의 방식을 함께 포괄하면서 더 넓은 의미에서 구성적 체계에도 적용된다.

결국 가장 넓은 분석적-형식적 일반성으로 올라가면서, 아직 그렇게 규정되지 않았기에 정말 내용상 공허하다고 생각된 모든 대상, 즉 '완전히 임의의' 어떤 것-일반(Etwas-überhaupt)으로 생각된 모든 대상은 그 대상과 분리할 수 없는 지향적 구성, 즉 규정되지 않았고-공허하지만 어쨌든 완전히 임의는 아닌 지향적 구성의 상관자로서만 생각할 수 있다는 사실을 누구나 알게 된다. 즉 그 구성은 '어떤 것'의 모든 특수화와 더불어 그리고 이 특수화에서 대체된 모든 존재적 범주(이에 상응하는 범례의 존재적 변경을 통해 명백히 밝힐 수 있는 형상)와 더불어 상관적으로 특수화됨이 틀림없다. 따라서 사실적으로 주어져 있음에서 실행할 수 있는 모든 지향적인 구성적 분석은 비록 이 분석을 이해하지 못했더라도 처음부터 범례적 분석으로 간주될 수 있다. 사실성에서 해방되고 그래서 자유로운 상상-변경의 영역으로 옮겨진 이러한 분석의 모든 결과는 본질에 적합한 것, 즉 생각해낼 수 있는 것의 우주('순수한' 전체성)를, [결과에 대한] 모든 부정이 직관적-형상적 불가능성, 생각해낼 수 없음과 뜻이 똑같은 것처럼, 필증적 명증성 속에 지배하게 된다. 그러므로 이러한 사실은 방금 행한 이 전체적 고찰에도 관계된다. 이 고찰은 그 자체로 형상적 고찰이다. 형상적 방법을 해석하는 것은 경험적 사실(Faktum), 즉 경험적-임의로 반복할 수 있는 사실을 기술하는 것을 뜻하지 않는다. 형상적 방법의 보편타당성은 무조건 필연적인 것, 생각해낼 수 있는 모든 범례적 대상에서 실행할 수 있는 것이고, 그래서 그것은 우리가 생각하게 되는 것이다. 그러므로 오직 형상적 직관 속에서만 형상적 직관의 본질이 해명될 수 있다.

아프리오리의 이러한 진정한 의미와 보편성을 장악하는 것 그리고 이때 특히 단도직입적으로 이끌어낸 모든 아프리오리가 자신의 구성의 아프리오리에 이미 기술한 소급해 관련되어 있음을 장악하는 것, 따라서 대상과 구성하는 의식의 상관관계를 아프리오리하게 파악할 수 있음도 장악하는 것이 매우 필요하다. 이것은 유례없는 철학적 의미를 지닌 인식이다. 그런데 이 인식은 철학에 본질적으로 새로운 또 엄밀한 학문적 양식을 만들어내며, 이것은 심지어 칸트의 선험철학에 대립된다. 물론 그의 선험철학 속에 그 밖에 많은 중요한 직관이 포함되어 있더라도 그렇다.

여기에서 대상성의 모든 영역에 속하는 구성적 문제로 아프리오리한 동시에 주관적인 탐구의 엄청난 장(場)이 열린다면, 이 장은 우선 방법적 분석의 시선 장을 형성하는 것보다 더 크게 확장되어야 한다는 사실을 이미 예견할 수 있다. 즉 사실적인 모든 주관적인 것(Subjektives)이 자신의 내재적인 시간적 발생(Genesis)[13]을 지닌다면, 이 발생도 자신의 아프리오리를 지닌다는 사실을 예상할 수 있다. 그렇다면 이미 '발전된' 주관성에 관련된 대상에 관한 '정적'(statisch) **구성**에는 이 구성에 필연적으로 선행하는 구성 위에 단계지어진 아프리오리한 발생적(genetisch) **구성**이 상응한다. 〔현상학적〕 분석이 생생한 의미구성에 지향적으로 함축된 것으로 드러내 밝히

---

13) 후설에 따르면, "모든 단일적 의식체험은 시간적으로 등장하는 것으로서 자신의 고유한 '역사', 즉 자신의 시간적 발생을 갖는다"(이 책, 부록 2의 제2항 b).

는 것 속에 침전된 '역사'가 놓여 있다는 사실은 이 발생적 아프리오리로 비로소 입증되며, 앞에서 말한[14] 더 깊은 의미에서 입증된다.

99 심리학적 주관성과 선험적 주관성. 선험적 심리학주의의 문제

세계, 즉 생각해낼 수 있는 모든 종류의 존재자 일반은 '외부에서'(thyrathen)[15] 나의 자아 속으로, 나의 의식 삶 속으로 들어오지 못한다. 외부(Außen)의 모든 것은 이러한 내면(Innen) 속에 그것이 존재하는 그대로이며, 스스로를 부여함에서 또 이 내면 안에서 확증하는 가운데 자신의 **참된** 존재를 지닌다. 즉 이 존재는 바로 그 때문에 나의 (그런 다음 상호주관적으로 우리의) 실제적이거나 가능한 다양체 속에 '나는 거기에 갈 수 있다' '나는 구문론적 조작을 할 수 있을 것이다' 등의 능력인 가능성을 지닌 **통일체**의 극으로서 그 자체로 내면에 속하는 자신의 참된 존재다. 또한 여기에서 존재의 어떤 양상화가 일어나든, 이 양상화는 그 속에서 구성되는 모든 것이 목적일 뿐 아니라 출발인—가령 주제의 목적이고 또 새로운 주제제기를 위해 기능하면서—이 내면성에 속한다. 그래서 그것은 무엇보다도, 절대적으로 존재하는 자연의 객체의 이념, 이 객체에 상응하는 절대적인 '진리 그 자체'의 이념 같은, 자아 속에서 구성된 이념과 더불어 있다. 그러므로 구성된 상대성, 즉 낮은 단계의 구성된 통일체와의 연관 속에 이 이념은 '규제적 의미'를 지닌다.

---

14) 이 책의 제97항을 참조할 것—후설의 주.
15) 원서에 그리스어(θύραθεν)로 표기된 이 문구의 의미는 '문(門)밖에서'이다. 일상용어인 이 문구를 후설이 왜 굳이 그리스어로 표기했는지 그 맥락을 확인할 수 없다.

의식과 세계의 관련, 이것은 우연히 외부에서 그 관련을 그렇게 규정하는 신에게서, 또는 미리 우연히 존재하는 세계에서 그리고 이 세계에 속한 법칙성에서 나에게 부과된 사실이 아니다. 오히려 그 주관적 아프리오리는 사유하는 자인 나에게서 신과 세계 그리고 각각의 모든 것의 존재에 선행하는 것이다. 게다가 신은 나 자신의 의식의 작업수행에 입각해, 나에게 존재하는 그대로 존재한다. 나는 추정된 신성모독을 저지를까 두려워 간과하면 안 되고, 그 문제를 직시해야 한다. 또한 여기에서, 다른 사람의 자아에 관해서처럼, 아마 의식의 작업수행은 내가 이 최고의 초재를 고안해내거나 만들어내는 것을 뜻하지 않는다.

세계와 세계의 모든 인과성의 경우도 사정은 마찬가지다. 확실히 나는 심리물리적 연관 속에 외부세계와 더불어 있다. 즉 나는 인간과 동물, 그 밖의 실재성 가운데 하나의 인간인 이러한 인간이다. 이 모든 실재성은 특히 세계를 형성한다. 그러나 나의 인간적인 실재적 존재를 포함해 자신의 모든 실재성을 지닌 세계는 구성된 초재의 우주이며, 나의 자아의 체험과 능력(그리고 나의 자아로 비로소 나에게 존재하는 상호주관성의 체험과 능력이 중재된다) 속에 구성된다. 따라서 나의 자아는 궁극적으로 구성하는 주관성으로서 이 구성된 세계에 선행한다. 요컨대 세계의 초재는 이러한 자아와 관계된 초재이며, 이 자아로 이 자아의 공동체인 개방된 자아공동체와 관계된 초재다. 이때 이 자아(Ego), 즉 이러한 의미에서 궁극적으로 구성하는 주관성은 [아직] 드러내 밝혀지지 않음과 [아직] 알려져 있지 않음의 나의 무한한 지평에 관계없이 필증적 명증성 속에 나에게 존재한다는 사실, 즉 데카르트가 이미 그 모든 불명확함에도 불구하고 어쨌든 예측했던 차이가 분명해진다. 내 속에서 구성된 세계가 비록 나의 일치하는 경험이 흐르는 가운데라도 언제나 나에게 존재하고 또 어떠한 의심(내가 모든 새로운 경험이 입증되는 곳에서 결코 불러일으킬 수 없을 의심)도 없이 전적으로 존재하는 반면, 그 세계는 단지 **추정적 존재**(Existenz)의 의미만 있으며, 게다가 본질필연성에서 〔이러한 의미만〕 유지한다. 따라서 실재적 세계는 경험이 동일한 구성적 양식으로 계속 이어진다는 끊임없이 미리 지시된 추정 속에서만 존재한다.

심오하고 어려운 연구를 완전히 해명할 필요가 있다. 그러나 우리가 이전에 이미 정당하게 활용한 〔다음과 같은 주관성 사이의〕 차이 그리고 인식론에 대해 가장 기본적인 이러한 차이가 생기는 사실을 확신하기 위해 그러한 연구가 필요하지는 않다. 그 차이는, 즉

1. 자신의 구성적 의식 삶과 선험적 능력을 지닌 (선험적 상호주관성인 나의 선험적 주관성을 통해 보인) 선험적–현상학적 주관성과

2. 심리학적 의미에서 자신의 심리적 체험을 지닌, 세계에 속한 물리적 신체성과의 심리물리적–귀납적 연관 속에 객관적 세계의 존립 요소를 지닌—나의 영혼, 나의 인격과 인격의 공동체인— 심리학적 또는 심리물리적 주관성이다.

따라서 우선 순수하게 그 자체만으로, 우선 '독아론적 주체'(solus ipse)로 주어진 자아에게서 인과적 추리를 거쳐 객관적 세계의 존재를 정초하려는 모든 시도에 왜 〔한편으로〕 세계 속에 경과하는 심리물리적 인과성과 〔다른 한편으로〕 선험적 주관성 속에 경과하는 구성하는 의식 그리고 이 의식 속에 구성된 세계 사이의 상관관계가 관련된 이치에 어긋난 혼동으로 나타났는지 이해할 수 있다. 인간과 인간의 신체뿐 아니라 인간의 영혼(인간의 영혼이 내적 경험으로 순수하게 파악될 수 있더라도)도 세계의 개념이며, 그래서 구성적 문제인 모든 초재—모든 대상성 일반—의 보편적 문제, 즉 선험적인 보편적 문제에 함께 소속된 **초월적 통각**의 그러한 대상성인 세계의 개념을 확인하는 것은 선험철학의 참되고 진정한 의미를 이해하는 데 결정적

으로 중요하다.

심리학적 주관성과 선험적 주관성(이 선험적 주관성 속에 심리학적 주관성은 세계에 있는, 따라서 초월적 의미내용과 더불어 구성된다)을 근본적으로 구분하는 것은 **심리학과 선험철학을**, 특히 초월적[인 것에 관한] 인식에 대한 선험적 이론을 근본적으로 **구분하는** 것이다. 따라서 우선 심리학적으로 실행되었지만 순수한 의식분석이 그 고유한 본질적 내용을 변경시키지 않고 선험적으로 전환될 수 있다는 사실 속에 놓여 있다고 할 수 있는 본질에 적합하게 정초된 유혹에도 불구하고, 심리학의 개념이 변동되는 어떤 일에도 관여하면 안 된다.

그러므로 심리학은 실증적 세계학문인 인간학(Anthropologie)의 분과로서 자신의 유일한 의미를 지니며 또 항상 지녀왔다는 사실, 심리학 속에 '심리적 현상', 더 명백하게 말하면, 체험과 성향(능력)인 심리학적 자료는 미리 주어진 세계 안에서의 자료라는 사실, '내적 경험'은 다른 사람에 대한 경험이나 물리적 경험에 대한 그 어떤 경험처럼 일종의 세계에 대한 객관적 경험이라는 사실 그리고 이 심리학적인 내적 경험과 '사유하는 자아'에 관한 명증적 경험으로서 선험적으로 요구되는 경험을 한데 섞어 모으면, 이것이 하나의 왜곡시키는 변위라는 사실을 보지 못하고 놓쳐버리면 결코 안 된다. 물론 그것은 선험적 현상학 이전에 주목될 수 없었을 왜곡이다.

명증성의 모든 방식뿐 아니라 명증성으로 의견이 충족되는 모든 방식도 포함해 지향성의 모든 방식이 **심리학적 태도에서도** 경험으로 발견될 수 있고, 그래서 심리학적으로 다루어질 수 있다는 사실은 결코 부정되지 않을 것이다. 우리가 상론하거나 단지 예고한 모든 지향적 분석이—심리학적 통각은 바로 [이 통각을] 괄호로 묶은 후에야 비로소 선험적으로 주관적인 것과 이와 평행하는 구체적인 것이 생기는 특수한 세계에 관한 통각이라는 점 이외에는—**심리학적 통각 속에 타**

당성도 지닌다는 사실은 결코 부정되지 않을 것이다. 심리학적 인식론은, 즉 인간의 영혼 삶 안의 기능인 인식작용이 이러한 영혼 삶에 관한 학문인 심리학에 제기하는 다양한 문제를 조사하는 것에 대한 명칭으로 이해된다면, 정당한 의미를 지닌다. 이 인식론은, 오직 이 인식론에 선험적 과제가 요구될 때만, 따라서 오직 심리학적으로 통각이 된 지향적 삶이 선험적 삶이라고 사칭되고 심리학으로 세계에 있는 모든 것을 선험적으로 해명하려고 할 때만, 심리학, 심리학의 '영혼 삶', 심리학의 '내적 경험'과 더불어 세계가 이미 소박하게 전제된 순환론과 함께 이치에 어긋나게 된다.

그렇지만 다음과 같이 말할 수 있다. 즉 이 인식심리학이 그 목적을 인식한 작업이 되고 그런 다음 또한 성공을 거둔 작업이 된다면, 이것은 즉시 철학적 인식론에 대해서도 수행된 작업이었을 것이다. 인식심리학에서 획득된 구조에 대한 모든 통찰은 선험적 철학에도 도움이 되었을 것이다. 심지어 선험적 철학이 심리학적 태도에서 획득한 결과와 선험적 태도에서 획득한 결과를 혼합(출발에서 거의 불가피한 혼합)해 머물렀더라도, 이러한 과오는 이미 획득된 통찰을 그 본질적 핵심에 따라 변경시키지 않은 채 이후의 재평가로 개선시킬 수 있었을 것이다. 바로 여기에서 규정하는 그리고 우선 필연적으로 숨겨진 '서로 뒤섞임'(Ineinander)이 커다란 어려움을 만들어내고, 심리학주의의 선험적 문제를 규정한다.

이 경우 혼란시키는 다음과 같은 계기를 주목해야 한다. 그것은 이른바 '기술적' 심리학, 즉 추상적으로 순수하게 그 자체 속에 또 그 자체만으로 이에 상응해 순수하게 파악된 영혼의 경험에 입각해 고찰할 수 있는 영혼 심리학의 고유한 본성과 연관된 계기다. 다시 말해 순수 심리학은 (이미 『논리연구』를 통해 명백해진 것처럼)[16] 선험적 현상학과 아주 똑같이 아프리오리한 심리학으로 실행될 수 있다. 심리학적 판단작용을 지향적 체험(순수 '내적' 경험 속의 체험)으로 한정하고, 그 본질형식(내적 본질을 일반화하는 가운데 스스로 주어지는 본질형식)으로 한정하며, 마찬가지로 순수 심리적 능력으로 한정하는 것은 더욱이 심리학적—현상학적 판단작용을 생성한다. 솔직히 말해, 자체 속에 완결된 심리학적 현상학, 게다가 선험적 현상학 속에 활동하는 것과 동일한 지향적 '분석'의 방법을 지닌 선험적 현상학이 생긴다. 그러나 이 심리학적—현상학적 판단작용 속에 바로 심리학적 통각이 실행된다. 그런데 심리학적 통각으로 지향적으로 함께 정립된 것, 즉 신체성과의 관련, 그래서 세계에 있는 것과의 관련이 판단작용의 개념적 내용 속에 명백하게 들어오지 않는다. 그런데도 심리학적 통각은 어쨌든 의미를 규정하면서 함께 영향을 미치며, 그 내용이 선험적 의미를 획득하기 위해 비로소 의식적으로 '괄호로 묶여야' 한다. 순수하게 내재적이며 아프리오리한 심리학(심리학적 현상학)과 선험적 현상학 사이의 이 평행관계를 통찰하는 것 그리고 [이들 사이의] 본질필연성을 증명하는 것은 선험적 심리학주의의 문제를 원리적으로 궁극적으로 해명하는 것인 동시에 이 문제를 해결하는 것이다.

100 선험철학의 발전, 특히 형식논리학의 선험적 문제제기에 관한 역사적—비판적 논평

이 평행관계 속에 순수하게 심리학적으로 또 선험적으로 포착할 수 있는 근원에 관한 문제제기 전체는 수 세기 동안 줄곧 누구도 발을 들여놓지 않은 채 남아 있었다. 이 문제제기는 그 본질일반성에서

---

16) 이에 관해서는 『논리연구』 제1권, 「머리말」의 제3항과 제11절의 제62~72항을 참조할 것.

가능한 모든 세계에 속한 실재적이거나 이념적인 대상성의 모든 본질영역과 모든 세계 층(層)과 더불어 가능한 모든 세계(따라서 이념적 의미, 진리, 이론, 학문의 세계, 모든 문화와 사회적-역사적 세계의 이념성도 포함해)를 자체 속에 포함한다. 이러한 사실은 내적 경험에 입각한 근대 심리학 전체가 자연주의-감각주의로 길을 잃어버린 것을 완전히 포착할 수 있다. 이렇게 길을 잃어버렸기 때문에 영국 경험론의 선험철학을 이치에 어긋난 허구주의(Fiktionalismus)로 종결지은 잘 알려진〔철학사의〕발전으로 밀어붙였을 뿐 아니라, 칸트가 코페르니쿠스적 전환(Umwendung)을 이룩한 선험철학도 자신의 완전한 성과에 억압되어 궁극적으로 필연적 목적과 방법으로 꿰뚫고 들어갈 수 없었다.[17)

만약 순수한 구체적 자아—이 자아 속에서 이 자아에 타당한 모든 대상성과 세계는 주관적으로 구성된다—가 역학적인 것과 비슷한 의미 없는-우연적 법칙성, 즉 그것의 측면에서는 역학적〔기계적〕으로 해석된 연상(Assoziation)의 법칙성에 따라 그때그때 이러저러하게 함께 던져지는 다발, 즉 일어나며 또 사라지는 의미 없는 다발일 뿐이라면, 실재적 세계의 가상과 같은 것이 도대체 어떻게 생길수 있는지도 단순히 은밀하게 입수함으로써만 설명될 수 있다. 그

---

17) 칸트의 선험철학에 대한 후설의 비판은 '선험적'(transzendental)이라는 용어의 확장, 칸트의 '구성[구축]'(Konstruktion)과 다른 '구성'(Konstitution)의 개념에서도 확인할 수 있다. 특히 여기에서는 칸트가 '선험적 연역'에서 근원적 원천을 정초하고자 시도하지만 은폐된 전제에 의거하며, 그의 이론 자체가 궁극적 학문성을 지니지 않는다는 점을 전혀 생각하지 못했다고 비판한다. 즉 칸트가 소박하게 전제한 것은 '형식논리학'을 그 자체로 완결된 것이라고 간주한 것과 모든 학문적 사고에 앞서 언제나 경험으로 친숙하게 알려진 자명하게 미리 주어진 '생활세계'(Lebenswelt)다(이 책, 267쪽[제100항 중간]; 『위기』, 105~114쪽 참조할 것).

러나 흄은 순수-심리적 '사실의 문제'(matter-of-fact)의 맹목적 법칙성에 따라 항속하는 물체, 인격 등의 명칭으로 특별한 유형의 허구가 생긴다는 사실을 이해할 수 있게 제출했다. 즉 가상, 허구는 의미의 형성물이다. 그 구성은 지향성으로서 일어나고, 이것은 '사유작용'(cogitationes)의 '사유된 것들'(cogitata)이며, 새로운 지향성은 오직 이 지향성에서만 발생할 수 있기 때문이다. 허구는 실제성, 즉 정상적 의미에서 존재자를 소급해 지시하는 고유한 존재방식을 지닌다. 작업을 수행하는 지향성이 일단 발견되면, 모든 것, 즉 가상과 같은 존재는 그 본질에 적합한 객관적 가능성 속에 이해할 수 있게 되고, 그렇다면 우리에게 그 주관성은 '구성되어 있다.' 그리고 이것은 이때 존재와 가상이 흄의 경우처럼 독아론의 가상으로 바뀌는 조악한 주관화함(Subjektivierung)이 아니라, 즉 단순히 진정한 객체성과 일치하는 것이 아니라, 오히려 이 객체성의 아프리오리한 배면(背面)인 선험적 주관화함이다.

흄의 위대함(이러한 가장 중요한 관점에서 아직 알려지지 않은 위대함)은 그 모든 것에도 불구하고 그가 선험철학의 보편적인 구체적 문제를 파악한 최초의 사람이라는 사실, 그가 알았듯이, 순수 자아론적 내면성을 구체화한 것에 입각해 모든 객체적인 것이 그 속에서 주관적 발생 때문에 의식되고 또 기껏해야 경험되는 필연성, 즉 이 궁극적 근원에서 우리에게 존재하는 모든 것의 정당한 존재의미를 이해할 수 있도록 바로 이 객체적인 것을 그 발생의 형성물로서 탐구하는 필연성을 최초로 알았다는 사실에 있다. 더 정확하게 말하면, 실재적 세계와 이 세계의 실재적-범주적 근본형식은 그에게 새로운 방식으로 문제가 된다. 그는 영혼에 세계의-실재적 의미를 부여한 모든 것에서 미리 영혼을 근본적으로 해방시킴으로써, 그리고 영혼이 그에 상응해 순수하게 파악된 내적 경험으로 주어져 있듯이, 영혼을 순수

하게 '지각'의 장(場), 즉 '인상'(Impression)[18]과 '관념'의 장으로 전
제함으로써, 데카르트의 순수 내면적 태도를 진지하게 실행한 최초의 사
람이다. 이러한 '현상학적' 토대 위에서 그는 다음과 같은 필연성을
인식함으로써 '구성적' 문제라는 것을 맨 처음 구상했다. 즉 그것은
어떻게 이 주관성이 초월적 객체성, 게다가 우리가 이미 자명하게 간
주한 존재론적 형식(공간, 시간, 연속체, 사물, 인격성) 속의 실재성을
사념된 '경험'에서 발견할 수 있는가 하는 점이 순수하게 현상학적
으로 환원된 주관성과 이 주관성의 발생 속에 이루어지는지 이해할
수 있게 하는 필연성이다.

그러므로 오늘날의 현상학에서 흄의 일반적 의도를 확실하게 기술
할 있는데, 다음과 같은 사실을 첨부해야 한다. 즉 흄은 현상학적 토
대를 준비하는 현상학적 환원의 방법을 결코 의식적으로 실행하지
않았다는 사실, 더구나 구성적 문제제기의 최초의 발견자인 그는 의
식 삶인 그 문제제기가 관련된 영혼 삶 근본의 본질적 특성을 완전히 보
지 못해 빠뜨렸고, 그래서 지향적 문제제기인 그 문제제기에 적합한
방법 그리고 상론함으로써 실제로 해명하는 그 영향력을 즉시 입증
하는 방법을 완전히 보지 못해 빠뜨렸다는 점을 결코 원리적으로 심
사숙고하지 않았다는 사실이다. 단지 실체가 없는 공허함 속에 떠다
니는 자료의 다발만 보며 지향적 종합의 객체화하는 기능에 맹목적
인 자신의 자연주의적 감각론 때문에 흄은 '마치(Als ob)의 철학'[19]
의 이치에 어긋남에 빠져들었다.

다른 한편 칸트에 관해서는, 칸트는 흄에게 반동적으로 의존해 적

---

18) 흄에 따르면, 지각으로 섬세하고 강렬하게 받는 느낌은 '인상'이고, 이것이
   약화되고 굳어진 형태의 기억이 곧 '관념'이다. 그래서 그는 모든 실체를 부정
   하고, 존재하는 것은 끊임없이 일어나는 '지각의 다발'일 뿐이라고 주장했다.
19) 이에 관해서는 이 책 제62항의 옮긴이주 25를 참조할 것.

어도 자연에 관한 구성적 문제를 이어받았지만, 더 이상 데카르트의 '사유하는 자아'를 흄이 포괄함으로써 구체적 '영혼의' 존재로 미리 지적한 보편적인 구성적 문제제기의 부분문제로만 다루었다. 칸트는 감각론적 '심리학'(이미 말했듯이, 참으로 흄의 경우 비록 감각론 때문에 이치에 어긋났지만 어쨌든 선험적 현상학)에 진정한 지향적 심리학을, 하물며 우리의 의미에서 아프리오리한 본질학을 대립시키지 않았다. 그는 로크와 로크학파의 심리학에 이 심리학의 감각론적 의미와 관련된 근본적 비판을 결코 하지 않았다. 칸트 자신은 로크의 심리학에 여전히 매우 의존해 있었고, 이렇게 의존한 것은 칸트가 ('내적 경험'의 단순한 근거에 입각한) 순수 심리학과 '선험적-현상학적 환원'으로 생기는 선험적 경험[20]에 근거한 선험적 현상학 사이를 구분하는 심오한 의미를 결코 부각시키지 않았으며, 그래서 '심리학주의'의 선험적 문제에 가장 심오한 의미를 부각시키지 않았다는 사실과도 연관된다. 아무튼 종합과 선험적 능력에 관한 칸트의 학설, 즉 흄의 문제로 소급해 관련된 그의 이론 전체는 묵시적으로 지향적-구성적이며, 단지 바로 궁극적 토대 위에 세워지지 않았을 뿐이고 이 궁극적 토대에서 근본적 방법으로 실행되지 않았을 뿐이다.

어쨌든 근본적 논리학을 추구하는 자인 우리에게 형식논리학을 향한 칸트의 선험철학적 태도는 특별한 관심을 끈다. 더구나 앞으로 분명하게 밝혀지듯이, 현상학적 선험철학에 이르는 입구를 막았던 근대[철학]의 동기부여와 관련해 관심을 끈다.

칸트가 자신의 시대를 강력하게 뛰어넘고 그의 철학이 우리에게

---

20) 이것은 의식이 직접 제시되는 대상의 핵심을 넘어서 함께 간접적으로 제시되는 것들을 통각할 수 있는 가능성과 과거에 근원적으로 건설한 습득성을 언제나 현재에 생생하게 복원할 수 있는 침전된 소유물에 대한 스스로의 경험을 뜻한다.

심오한 자극의 원천으로 남아 있더라도, 체계적 선험철학으로 충분히 진격하지 않은 것은 그가 (삼단논법, 즉 자신의 '순수한 일반적' 논리학인) 형식논리학을 영국 경험론처럼 가치 없는 스콜라철학의 유물로 간주하지 않았을 뿐 아니라, (그가 형식논리학에 대해 타당하게 놓아둔 것에 관해) 영국 경험론처럼 형식논리학의 이념성을 심리학주의로 바꾸어 해석함으로써 형식논리학에 그 본래의 진정한 의미를 빼앗지도 않았다는 사실, 그러나 칸트는 형식논리학에 **어떠한 선험적 물음도** 제기하지 않았고, 오히려 형식논리학이 그러한 물음을 지나치게 하는 기묘한 아프리오리를 형식논리학에 전가한다는 사실로 명백히 밝혀진다. 물론 우리는 주관적으로 방향이 전환된 문제제기, 더구나 우리가 염두에 두는 선험적-현상학적 문제제기와는 확실히 총체적으로 다른 선험논리학에 대한 칸트의 이념을 여기에서 떠올리면 안 된다.

순수 논리학은 그 주제의 영역으로서 이념적 형성물을 지닌다. 그러나 이 이념적 형성물은, 이 형성물에서 또 순수 논리학에서 선험적 물음이 제기될 수 있기 위해, 먼저 그러한 이념적 대상성으로서 명백히 보여야 하고 규정되어 파악되어야 할 것이다. 18세기와 그 이후 시대는 경험론, 더 잘 말하면, 반(反)-플라톤주의로 매우 강력하게 규정된 결과, 이념적 형성물을 대상성으로 승인하는 것보다, 즉 우리가 상세하게 정초한 방식으로 또 결코 포기할 수 없는 정당한 의미에서 승인하는 것보다 [그들에게] 더 멀리 놓여 있는 것은 없다. 이러한 사실은 선험철학의 최근 역사에 또 여전히 예전의 편견에 아주 강력하게 사로잡힌 현대에 지극히 중요한 의미가 있다. 그 영향력이 매우 강력해 모든 학파, 심지어 경험론에서 스스로 벗어나려고 싸웠던 칸트마저 규정한 이 반-플라톤주의 외에 진정한 선험철학의 의미, 그 본래의 문제제기와 방법에 대한 분명한 통찰을 그토록 억제한 것은 없다. 그렇지만 이러한 점에서 예외적인, 하지만 물론 우리의 의미에서 어떠한 선험적 문제제기도 하지 않는 라이프니츠를 여기에서는 고려하지 않을 것이다. 라이프니츠는 자신의 시대의 다른 많은 본질적 관련처럼 이러한 관련 속에 철저히 포착할 수 없다.

여기에서 역사적 발전을 조명하는 몇 가지 주요한 계기를 강조하자. 칸트에게 미친 영향은 제외하고, 위에서 상론한 것에 따라 우리가 정말 그에게서 찾는 고유한 의미를 위해, 그런 다음 바로 칸트에게 미친 이 영향 때문에 주목할 필요가 있는 흄으로 되돌아가자.

흄은 세계의 구성이라는 선험적 문제 외에도 관념적 대상성의 구성이라는 선험적 문제를 제기하지 않았고, 그래서 논리학의 주제를 형성하는 논리적 관념성, 범주적 형성물, 판단의 선험적 문제도 제기하지 않았다. 이 문제는 흄의 경우 적확한 의미에서 '이성'의 영역으로서 매우 중요한 역할을 하는 '관념들의 관계'에서 제기되었어야 했다. 이 관계는 관념적 본질관계와 본질법칙을 대변한다. 그러나 이 본질관계와 본질법칙 자체, 즉 관념적 대상성 일반은 추정된 '경험'이 사실적으로 주어져 있음으로도, 또는 추정적으로 스스로를 부여하는 의식이 사실적으로 주어져 있음으로도, 따라서 자연에 대한 경험에서 '객관적' 자연이 주어져 있음으로도 한 번도 소개되지 않았다. 따라서 이에 상응하는 흄의 문제 그리고 이에 상응하는 이론, 즉 그렇게 추정된 대상에 관한 '경험'도 단순한 허구의 내적 작업수행으로서 '설명하는' 사명을 지닌 이론도 없다.

어느 정도 관념적 대상성의 선험적 문제를 대신하는 것으로서 흄에게 추상(Abstraktion)에 관한 유명한 절(節)[21]이 있다. 그런데 여기

---

21) 이 부분은 흄의 『인성론』(*A Treatise of Human Nature*) 제1권, 제1부의 7절('추상관념에 관해서')을 가리킨다.

에서는, 이미 말했듯이, 경험이 주어져 있음인 추상적 관념을——우리에게 항상 그와 같은 경험으로 간주되는 체험이 현존하지만 이 체험은, 심리학적 분석이 가르쳐주듯이, 흄이 외적 경험과 이 경험이 주어져 있음에 관해 보여주려던 것처럼, 단지 가상-경험의 가치만 지닌다는 사실이 입증된다는 점을 통해——허구로 변화시키는 것은 중요한 문제가 아니었다. 오히려 앞에서 말한 그 절의 목적은 우리가 결코 추상적 '표상'을 지니지 않는다는 사실, 그 어떤 '경험'이 주어져 있음인 추상적 '관념'은 결코 일어나는 것이 아니라, 일반적 사유함을 단순한 사유함으로 설명해야 할 오직 단일의 관념과 이것에 속한 습관(habits)일 뿐이라는 사실을 증명하는 것이다.

그러므로 논리학에 대한 칸트의 관점도 이해할 수 있다. 정의(定義)에서 시작해 상론한 것까지에 관한 말에 따르면, 칸트의 논리학은 주관적으로 향한 학문——사유함에 관한 학문, 그렇지만 사유함의 경험적 심리학에서 분리된 아프리오리한 학문——으로서 주어진다. 그러나 실제로 그의 순수 형식논리학은 그 의미에 따라 관념적 사유형성물을 향해 있다. 그런데 그는 이 관념적 사유형성물에 대한 인식의 가능성이라는 본래의 선험적 물음을 제기하지 않았다. 그는 어떻게 형식논리학이 그 아프리오리함(Apriorität)에서 스스로 만족하는 것으로 정초되었다고 간주할 수 있는가? 그 자체에서 또 그 자체만으로 볼 때, 형식적-논리적 영역에 대해 선험적 물음을 제기하는 일이 그의 머리에 떠오르지 않았다는 사실이 어떻게 이해될 수 있는가?

이러한 사실은 앞에서 언급한 [칸트가] 흄에 반동적으로 의존함에 입각해 이해될 수 있다. 흄이 자신의 비판을 오직 경험과 경험세계로만 향하고 관념들의 관계(칸트는 이 관계를 분석적 아프리오리로 포착한다)를 반박할 여지가 없는 것으로 받아들이듯이, 칸트도 자신의 대립된 문제에서 똑같은 일을 한다. 그가 이 분석적 아프리오리 자체를 하나의 문제로 변화시키지 않았기 때문이다.

어쨌든 그 이후 시대에서 이것은 진정한 의미에서 완전한, 따라서 두 가지 측면의 논리학의 본래 요구를 형성하는 인식심리의 연구 또는 오히려 선험적 현상학적 연구에 결코 이르지 못했다는 사실을 뜻한다. 그러나 그것은 결코 누구도 논리적 형성물의 관념성을 관념적 객체의 특유한, 즉 그 자체 속에 완결된 '세계'의 방식으로 포착하고, 또 이와 일치해 그렇게 함으로써 어떻게 주관성이 그 자체 속에 순수하게 그 자발성의 원천에 입각해 관념적 '세계'의 관념적 객체로서 타당할 수 있는 형성물을 만들어낼 수 있는가 하는 곤혹스러운 물음의 정체를 직시하는 일, 그런 다음 (새로운 단계의 물음으로서) 어떻게 이 관념성이 어쨌든 실재적인 것으로 간주할 수 있는 공간-시간적 우주 속에 포함된 세계인 문화세계에서 시간 공간적으로 속박된 현존재, 즉 바로 이론과 학문처럼 역사적 시간성의 형식에서 현존재를 받아들일 수 있는가 하는 물음의 정체를 직시하는 일에 감히 나서지도 않았거나 그러한 용기조차 전혀 품지 않았기 때문에, 그러한 연구에 이르지 못했다. 물론 이 물음은 모든 종류의 관념성에 대해 일반화된다.

칸트 자신은, 아리스토텔레스 전통의 핵심적 존립요소의 관점에서 논리학의 아프리오리한 특성, 모든 경험적-심리학적인 것에서 논리학의 순수함 또는 논리학을 경험학문에 포함시키는 것이 전도됨을 분명히 인식했더라도, 아무튼 논리학의 관념성에 고유한 의미를 파악하지 않았다. 그렇지 않으면 이 의미에서 확실히 선험적 물음제기를 위한 동기가 생겼을 것이다.

모든 형식의 이념[관념]적인 것의 대상성을 보지 못하고 놓쳐버린 것은 로크 이래 그리고 더 정확하게 말하면, 흄에서 시작된 인식론, 즉 경시된 전통논리학을 근원적으로 대신했어야 할 인식론의 유명한 판단문제와 이에 속한 판단이론, 즉 시대를 관통해가면서 결국 그 양식이 변화되지 않았던 이론에 영향을 미쳤다. 따라서 어떤 진정한 판단이론, 즉 목적이 분명한 판단이론을 수행해야 하는지의 문제를 우리는 위에서[22] 상세하게 설명하려 했다. 그러므로 역사적–비판적 고찰을 하는 여기에서는 대조하는 일이 맨 먼저 우리에게 생긴다.

로크 이래 모든 개념의 근원이 있어야 할 기술하는 심리적 '자료'를 추구하면서 일반적으로 지배한 심리학적 자연주의(Naturalismus)는 기술할 수 있는 판단의 본질을 '신념'(belief)—그 어떤 감각자료, 즉 빨간색–자료나 음(音)–자료와 다르지 않은 심리적 자료—에서 보았다. 그러나 이렇게 제시한 다음 정말 흄과 그 이후에도 또다시 밀이 '신념'의 수수께끼에 대해 감동적인 말로 이야기하는 것은 이상하지 않은가? 자료는 어떤 종류의 수수께끼를 지녀야 하는가? 그렇다면 왜 '빨간색'의 감각자료와 그 밖의 감각자료는 수수께끼가 아닌가?

물론 누구나 지향성을 체험하고, 지향성의 작업수행을 분명히 한다. 그러나 자연주의적 태도에서 누구나 중요한 문제를 포착할 수는 없다. 이러한 점에서 브렌타노가 지향성을 발견했다고 본질적인 것이 전혀 변화되지 않았다. 인식작용(Noesis)과 인식대상(Noema), '사유작용'(cogito)과 '사유된 것으로서 사유된 것'(cogitatum qua cogitatum)에 대한 일관된 상관적 고찰이 없기 때문이다. 함축된 지향성을 풀어 해명하는 것, 즉 '통일체'가 구성되는 '다양체'를 드러내 밝히지 않았기 때문이다. 만약 이 통일체가 선험적 실마리가 아니라면, 그래서 판단이론에서 처음부터 판단이 근원적으로 '우리에게–생기는 것'을 이 이념[관념]성으로 이해시키는 인식작용적–인식대상적 다양체에 따라 논리적 의미에서 판단을 이념적으로–동일한 것

---

22) 이 책의 제85항 이하를 참조할 것—후설의 주.

으로서 심문하는 것을 목표로 삼지 않았다면, 판단이론 전체에는 본래의 목적이 없다. 그러한 목적은 누구나 이념성 그 자체를 포착할 수 있는 명증성이 주어져 있다고 인정하는 사실을 곧바로 전제했을 것이다. 그러나 그 대신 누구나 심리적 '자료'에 집착해 매달렸다.

또한 더 특수한 형태의 판단을 형성하는 논리적 이론은 언제나 지속적으로 영향을 미치는 로크의 전통에 따른 심리학자들의 어두운 불명확함에 빠져들었다. 이미 상세히 논의했듯이, 가장 열렬하게 '내적 경험'을 추구했는데도 거절했던 이 심리학자들은, 판단의 문제를 포함해 바로 순수-심리학의 모든 문제를 진정함에서 파악하기 때문에, 동일한 양식, 즉 현상학적 의미에서 **구성적** 문제의 동일한 양식을 지닌다. 구성적 문제인 근원의 문제는 **결코 고립된 채** 또는 전통논리학의 좁은 판단개념에 구속되어 다루어질 수 없었다. 지향성은 고립된 것이 전혀 아니고, 오직 심리적 삶의 모든 단일적 동향을 대상성과 통일체의 관련 속에서만 또는 오히려 자아 극(極)과 대상 극이 이중으로 극화(極化)되는 가운데 목적론적으로 결부시키는 종합적 통일체 속에서만 고찰될 수 있다. 모든 단일의 지향적 체험이 다양한 단계에서 그리고 다양한 대상이지만 어쨌든 의미를 지니고 '세계'에 결합된 대상과 관련되는 가운데 이바지하는 '객체화하는' 작업수행은 결국 심리적 삶의 전체적 보편성을 존재적 보편성(그 자체로 통일적 대상 전체의 보편성)과의 상관관계에 유념하게끔 한다. 보편적인-객체화하는 삶인 지향적 삶의 이 목적론적 구조는 가장 넓은 의미에서 대상과 판단이 함께 속함 속에 그리고 이미 미리 주어진 모든 대상이 범주적 작용에 자유롭게 지배될 수 있는 보편성 속에 그 지표 (Index)를 지닌다. 바로 이러한 사실에서 (이 동일한 목적론의 지표로서) 술어적 판단은 심리적 삶에 보편적 의미도 획득한다.

그렇지만 이 판단의 진정한 문제제기는—한편으로 모든 종류의 관넘적인 것의 대상성과 그래서 다른 한편으로 지향적 탐구의 의미와 방법이 아직 밝혀지지 않았고, 자연주의적 심리학(새롭게 타당하게 된 지향성을 자연주의로 다루는 것도 포함해)의 이치에 어긋난 점이 아직 극복되지 않았던 한—접근할 수 없는 것으로 남아 있어야 했다. 이러한 일이 없었던 한, 심리학은 물론 '심리학적' 해명이 필요한 이념적('규범적') 철학의 학과들, 즉 논리학, 윤리학, 미학도 그 목표를 확신하는 발전에 그리고 자신의 참된 방법에 도달할 수 없었다.

그러므로 이러한 사실은 논리학에 (논리학에 평행하는 철학의 학과들에도) 본질 필연적인 개혁의 방향을 지시한다. 따라서 논리학은 현상학적 소박함을 극복해야 하며, 심지어 관념적인 것을 획득해 승인한 다음에도 논리적–수학적 이념성에 관한 단순한 실증적 학문 그 이상이어야 한다. 오히려 끊임없이 두 가지 측면의 (이때 서로를 규정하는) 탐구 속에 논리학은 관념적 형성물에서 이 형성물을 현상학적으로 구성하는 의식으로 되돌아가야 하고, 작업을 수행하는 인식 삶이 지닌 상관적 구조의 본질에 적합한 작업수행[의 산물]인 이 형성물의 의미와 한계를 이해시켜야 하며, 이렇게 함으로써 모든 각각의 객체성 일반과 마찬가지로 이 형성물을 선험적 주관성과 더 넓은 연관, 즉 구체적 연관을 맺게 해야 한다. 이 때문에 실재적 세계에서처럼 논리적 형성물의 관념적 객체성에서도 변경되는 것은 없다.

이미 위에서 말했듯이, 규정된 목표는 그 전에 그러한 형성물의 이념적 객체성이 예리하게 명백히 제시되고 확고하게 승인된 다음에야 비로소 주관적으로 향한 논리적 탐구 일반에 대한 희미한 욕구를 채울 수 있을 것이다. 왜냐하면 이제 순수하게 주관적 판단활동과 인식활동 속에 생기고 순수하게 자발성의 형성물로서 의식의 장(場) 속에 원본적으로 현존하는 관념적 대상성이 어떻게 작용과 주체의 우연성에 대립해 그 자체로 존재하는 '객체'에 관한 존재의미를 획득하는

가 하는 이해할 수 없는 문제에 직면했기 때문이다. 이 의미는 어떻게 '이루어지고', 어떻게 우리 자신 속에 생기며, 우리는 우리 자신의 의미를-구성하는 작업수행 이외에 어디에서 그 의미를 지닐 수 있는가? 우리에게 의미를 지닌 것은 궁극적으로 우리 자신 이외에 어디에서 의미를 지닐 수 있는가? 이러한 물음은, 일단 어느 한 종류의 객체에서 보면, 즉시 일반적 물음이 된다. 즉 객체성이 우리에게 각기 타당한 모든 의미를 지닌 각각의 모든 객체성은 우리 자신 속에 타당하게 되거나 타당하게 된 것 그리고 우리 자신이 획득했던 의미를 지닌 것이 아닌가?

따라서 좁거나 넓게 파악되더라도, 객관적 논리학이 항상 관념적 대상성의 장과 관련해 제기해야 할 선험적 문제는 실재성의 학문의 선험적 문제, 즉 실재성의 학문의 영역과 관련해 제기될 수 있고 그래서 특히 흄과 칸트가 다룬 자연의 선험적 문제와 평행한다. 그러므로 이념의 세계와 특히 (라이프니츠, 볼차노 그리고 로체의 자극에 영향받은 것에 근거해) 순수 논리적 이념의 세계를 명백히 제시한 가장 밀접한 결과로서 선험적 문제를 이 영역으로 즉시 넘길 준비를 해야 했다.

그러나 [철학의] 역사적 발전은 그렇게 단순하게 전개될 수 없었다. 칸트의 문제제기와 이론은 하나의 전체로서 실행되었고, 그 체계 형성의 두꺼운 껍질 속에 확고하게 닫혀 논리적 이념의 영역으로 넘어갈 가능성이 없었다. 따라서 가령 칸트 자신은 위에서 다룬 근거에 입각해 그렇게 생각하지 않았기 때문에, 그 가능성이 없었다. 그의 선험적 문제는, 역사적으로 속박된 형태로, 궁극적 문제의 해명을 여기에서 요구하듯이, 모든 선험적 탐구의 근원적 토대, 즉 현상학적 주관성의 근원적 토대 위에 있지 않았다. 사실 이 근원적 토대에 도달하자마자, 선험적 문제와 이 문제 어디에나 동일한 의미의 총체는 본래 확실히 함께 주어진다. 칸트의 문제는 처음부터 인식론에 관심을 둔 논리학자에게 유익할 수 있을 정도로 높은 단계의 형식으로 제기되었다.

요컨대 칸트가 자신의 문제영역 속에 싸웠고 자신의 이론에서 완전히 만족스러운 명석함을 발견하는 일을 매우 어렵게 한 가장 큰 억압, 불명료함, 어려움은 바로 그가 논리학의 선험적 문제를 논리학에 선행하는 것으로 인식하지 않았다는 사실과 연관된다. 왜냐하면 자연-과학의 의미에서 자연의 선험적 가능성과 따라서 이 자연-과학 자체가 그의 문제라면, 그의 문제 속에 이미 본질적 전제로서 이론인, 게다가 선험적 문제인 학문의 형식적-논리적 문제가 포함되기 때문이다. 그러나 칸트에게는 아프리오리한 실증성에서, 또는 선험적 소박함에서 형식논리학에 의지하는 것으로 충분했다. 그에게 형식논리학은 철학이 서슴없이 그 위에 구축해야 할 절대적이고 궁극적인 것이다. 따라서 그가 근본적 조치를 취했다면, 문제제기를 우선 학문 이전의 자연에 대한 문제제기와 학문적 자연에 대한 문제제기로 구분해야 했을 것이다. 그는 (흄과 마찬가지로) 맨 처음 단지 학문 이전의 자연에 대해서만, 이 자연이 오직 경험하는 직관 속에서만 (따라서 칸트의 의미에서 '경험' 속이 아닌) 스스로 주어지는 것처럼 선험적 문제를 제기해야 했고, 선험적-형식적 논리학 이후에 비로소 자연과학과 이 자연과학의 자연에 대해 선험적 문제를 제기되어야 했다. 동시에 다음과 같은 사실이 분명해진다. 즉 오직 자연에 대한 선험철학이 우선 직관적 자연에 원리적으로 제한해 실행된 것으로 제시될 때만, 그 선험철학은 이념성을 드러내 밝힘에 따라 선험적 논리학이 생성되게 동기를 부여하는 데 적합했을 것이다.

어쨌든 칸트와 그의 신칸트학파 후계자들의 선험철학이 형성된 역사는, 진정한 선험철학의 중요한 예비단계를 뜻하더라도, 이념적 세계와 특히 논리적 세계에 대한 선험적 고찰로 넘어가도록 촉진하는 데 적합하지 않았던 것은 확실해 보인다. 자발적 활동으로 구성된 이 대상성에서 출발해 선험적 물음제기 일반의 순수 의미로 꿰뚫고 들어가는 것이 칸트의 문제제기를 비판적으로 개조함으로써 그리고 이 문제제기의 특별한 주제의 영역으로 규정되어 선험적 문제제기 일반의 순수 의미로 꿰뚫고 들어가는 것보다 더 쉬웠고 또 여전히 더 쉽다는 사실은, 역사적 발전이 논리적 영역을 이념적 대상성의 세계(Reich)로 드러내 밝힘으로써 이루어졌듯이, 정말 역사적 발전의 본성 속에 놓여 있었다. 그러므로 현상학 자체가 성립하면서 논리적 형성물의 이념성을 드러내 밝힘에서 이 형성물의 주관적 구성을 탐구하는 길을, 그리고 이 탐구에서 비로소 단지 논리적 형성물에만 관련되지 않은 보편적 문제제기인 구성적 문제제기를 파악하는 길을 받아들인 것은 결코 우연한 일이 아니었다.

이러한 역사적-비판적 보충설명[23]에 이어 이제 우리의 주요주제로 되돌아가자.

---

23) 후설은 『위기』에서 이러한 보충설명을 확대시키고 심화시켜, 갈릴레이가 자연을 수학화하는 것에서 시작해 데카르트 이래 칸트까지 근대철학사를 선험적 주관주의(선험적 현상학)의 관점에서 목적론적으로 분석해 비판한다(같은 책, 제2부 제8항~제3부 제32항 참조할 것).

제7장 객관적 논리학과 이성의 현상학

101 이성의 선험적 현상학인 논리학의 주관적 토대를 놓음

진리에 대해 그리고 우리에게 타당한 모든 의미의 참된 존재자에 대해 구성적인 것이 명증성이기 때문에, 가장 일반적인 구성적 문제제기와 이 문제제기의 근본적인 것으로 이끈 것은 논리적 근본개념과 근본명제에 연결된 명증성(Evidenz)의 문제다. 만약 소박한 명증성에서 생긴 논리학이 적용될 수 있는 모든 것을 넘어서 하늘 높이 허공에 떠다니지 않으려면, 이러한 문제는 그 단계서열 속에 제기되고 또 해결되어야 한다. 오직 해명된 의미만 정당한 적용의 범위를 미리 지시하는 의미이기 때문이다. 형식적 학문이론은 가능한 학문 일반에 대해 아프리오리를 표명해야 한다. 즉 어떻게 학문이 가능한지 하는 중대한 문제는, 유비적으로 말하면, '행하면 해결된다'(solvitur ambulando)는 식으로 처리되지 않는다. 학문의 가능성은 학문의 사실(Faktum)로 입증될 수 없다. 바로 이 가능성 아래 이념으로서 포섭하는 것이 사실을 입증하기 때문이다. 그러므로 논리학으로, 즉 논리학의 아프리오리한 원리와 이론으로 되돌아가게 된다. 그러나 이제 논리학 자체는 자신의 가능성에 관해 의문시되고, 우리가 진척시키는 비판 속에 끊임없이 또 매우 진지하게 의문시된다. 이 비판은 이론인 논리학에서 논리적 이성과 이 이성의 새로운 이론적 장으로 소급해 이끈다. 이 책의 예비고찰에서 '로고스'라는 말의 의미 가운데 결국 이성도 등장했을 때, 주관적 연구로 [객관적 논리학의] 근본적 정초를 숙고했던 논리학도 그래서 이러한 의미에서 로고스에 관한 학문이다.

그렇다면 계속되는 물음의 유희에 빠지지 않는가? 논리적 이성에 관한 이론은 어떻게 가능한가 하는 후속물음이 즉시 거부될 수 없지 않은가? 우리의 마지막 연구[1]는 이에 대해 다음과 같이 답변한다. 그러한 이론은 자신의 근본적 가능성을 선험적 현상학 전체의 테두리 속에 이 이성의 현상학으로서 지닌다. 예견될 수 있듯이, 이 현상학이 궁극적 학문이라면, 그 현상학은 궁극적 학문으로서 다음과 같은 사실을 분명히 지닌다. 즉 그 현상학의 가능성에 관한 물음은 그 현상학 자체로 답변될 수 있어야 한다는 사실, 따라서 본질에 적합하게 반복적으로 자기 자신에 소급해 관련됨—이 속에 궁극적 정당화의 본질에 적합한 의미는 자기 자신에서 통찰할 수 있게 포함되어 있다—과 같은 것이 존재한다는 사실 그리고 바로 이러한 점이 원리적으로 궁극적인 학문의 근본특성을 형성한다는 사실이다.

102 전승된 논리학이 세계에 관련되어 있음과
전승된 논리학의 선험적 해명 자체를 규범화하는
'궁극적' 논리학의 특성에 관한 문제

여기에서 너무 멀리 떨어진 이 문제를 일단 무시하고, 이제까지 연구한 것에서 제기된 문제를 계속해서 살펴보자.

---

1) 이 책 제2부의 제5장과 제6장의 연구—후설의 주.

우리가 고려해야 할 최초의 것은 논리학이 소박하게 세계에 관련됨과 이와 연관된 명증성의 문제다. 여기에서 우리는 다시, 현상학에 관한 우리의 고찰에서 도움을 이끌어내면서, 이 세계[세속]성(Weltlichkeit)과 이것이 자명함—이로써 특별하지만 유일하게 가능한 것은 아닌 의미가 논리학에 수여되는 가능성을 전혀 생각조차 못했을 자명함—의 본성은 학문적 인류[학자]가 선험적 지평을 아직 열어놓지 못했던 한, 필연적이었다는 사실을 말해야 한다. 선험적 문제제기를 발견함으로써 비로소 [한편으로] 실제적 세계와 가능한 세계 일반인 세계 그리고 [다른 한편으로] 자신의 존재의미를 자신 속에 구성하는 것으로서 세계의 존재에 선행하고 따라서 세계의 실재성을 현실적이거나 잠재적으로 구성된 이념으로서 전적으로 내포하는 선험적 주관성 사이의 구별(이 구별에서 비로소 근본적 철학 일반이 출발할 수 있었다)이 가능해진다. 물론 선험적-현상학적 환원을 개척함으로써 비로소, 세계에 미리 주어진 모든 것에 관한 또한 '그 자체'(an sich)라는 요구를 지니고 등장하는 모든 초재에 관한 환원의 보편적 판단중지(epoche)[2]로, 구체적인 선험적 존재영역이 발굴되었고, 그래서 구성적 문제, 특히[3][4] '괄호 쳐진' 초재가 '선험적 실마

---

2) 이 용어는 스토아학파와 에피쿠로스학파의 독단론에 반발한 피론(Pyrron)의 회의(懷疑)학파에서 마음의 평정(atraxia)을 얻으려면 모든 인식에 대해 판단중지가 필수적이라고 강조한 데서 비롯되었다. 후설은 이 용어를 세계의 존재를 소박하게 전제한 자연적 태도의 일반 정립에 깃든 확신과 타당성을 일단 배제하는, 즉 괄호 속에 묶는 독특한 현상학 용어로 사용한다. 요컨대 판단중지는 이미 정립한 것을 폐기하거나 그 확신을 변경시키지 않기 때문에 그 결과 아무것도 잃는 것이 없다. 다만 일종의 예비절차로서, 이 판단중지를 거쳐야만 다양한 현상학적 환원이 가능하다.

3) 또한 '내재적' 영역도 자신의 구성적 문제를 지닌다. 예를 들어 『철학과 현상학적 탐구 연보』 제9권에서 이미 인용한 논문[『내적 시간의식의 현상학에 관한 강의』]을 참조할 것—후설의 주.

리'로서 기능해야 할 구성적 문제에 이르는 길이 발굴되었다. 그렇다면 선험적으로 환원된 자아 안에서 경과하는 '다른 사람'의 구성에 관한 해명은 현상학적 환원을 확장하고 선험적 영역을 선험적 상호주관성(선험적 자아-전체)으로 확장하게 이끈다.

명증성의 문제제기, 또는 계속 광범위하게 말할 수 있듯이, 논리학의 구성적 문제제기는 이러한 사실과 매우 본질적으로 관련되어 있다. 왜냐하면, 이미 분명히 밝혔듯이, 전체적으로 주관적으로 향한 논리적 이성에 관한 연구는, 논리적 근본토대의 근원적 의미에 관한 연구로, 또 이 연구에 지시된 의미로 생각되고 이끌릴 때, 자명하게 선험적-현상학적이지 결코 심리학적이지 않기 때문이다.

그러나 논리학의 근원에 관한 연구가 선험적이고, 이 연구 자체가 학문적이라면, 우리는 논리학과 학문의 의미를 근본에서 본질적으로 함께 관련짓는 뜻밖의 사실에 빠져든다. 모든 실증적 학문은 세속적(weltlich)이지만, 선험적 학문은 세속적이지 않다. 소박한 자연적 논리학, 즉 단지 실증적 학문에만 관련될 수 있을 논리학은 세속적이다. 그렇다면 그 규범 아래 실증적 논리학을 해명하는 선험적 연구인 그 논리학의 사정은 어떠한가? 사람들은 개념을 구상하고, 선험적 경험—'사유하는 자아'(ego cogito)가 주어져 있음의 경험—에서 개념을 이끌어내면서 판단을 형성한다. 사람들은 공허하거나 충족된 판단을 하며, 〔사물과 지성의〕 일치로 진리를 추구하고 도달한다. 사람들은 추론하고, 귀납추리도 잘할 것이다.

그런데 참된 존재가 '단순히 주관적인 것'이므로, 이때 진리와 논리적 원리의 사정은 어떠한가? 진리는 최소한 가장 기본적인 '순수 자아론적' 현상학(이 용어가 『이념들』 가운데 단독으로 출판된 제1부〔제

---

4) 이에 관해서는 제61항의 후설의 주를 참조할 것.

1권]에서 거의 유일하게 발언되었듯이)의 분야 속에 통상적 의미에서, 심지어 선험적인 '모든 사람'에 관련된 의미에서도 더 이상 진리 '그 자체'가 아니다. 이러한 의견표명을 이해할 수 있으려면 선험적 주체인 다른 주체가, 내 자아가 나 자신에 대해 실제적인 직접적 경험 속에 주어지듯이, 내 자아의 테두리 속에 주어지지 않는다는 사실 그리고 최초의 또 근본적 단계에서 선험적 현상학의 체계적 구축은 다른 사람을 단지 괄호 쳐진 '현상'으로서만 요구해야지 아직 선험적 실제성으로서 요구하면 안 된다는 사실을 알아야 한다. 그러므로 이 근본단계에서는 주목할 만한 선험적 학과가 실제로 선험적-독아론적인 그 자체로 최초의 학과로서 생긴다. 즉 오직 자아인 나에게만 타당하도록, 따라서 '지금부터 계속'이지만 실제적이거나 가능한 다른 사람들[의 자아]과 관련 없이 타당하도록 요구할 수 있는 본질진리, 이론과 함께 생긴다. 그래서 그 아프리오리가 어쨌든 단지 독아론적으로만 타당할 수 있는 주관적 논리학에 관한 문제도 생긴다.

물론 여기에서도 논리적-이념적 일반성에서와 마찬가지로 본질 일반성 각각에 대한 소박한 명증성과 소박한 권리행사는 단계를 더 깊게 파고들어 가는 현상학적 해명, 즉 의미부여에서 의미를 밝히는 현상학적 해명에 선행한다. 우리가 논리학을 이해하려면, 논리학이 적용되는 가능성과 한계에 잘 대처하고 모든 단계의 존재자의 의미를 장악하려면, 철학자, 심지어 정당한 방식으로 형이상학자가 되려면, 따라서 존재자와 존재자에 대한 이론에 '사색하지' 않고 의미의 단계와 깊이로 우리 자신을 이끌려면, 이러한 문제를 무시해야 하는가? 또는 이러한 문제를 무시할 수 있는가? 여기에서 A[어떤 것]를 말하는 사람은 B[다른 것]도 말해야 한다. 우리는 실제로 단지 '형식 논리학'만, 즉 실제로 순수 수학적 분석론만 약간 넘어서길 원했다.

그러나 이제 명증성의 문제는 현상학적 주관성으로 이끌고, 논리적 이념화작용(Ideation)의 범례는 존재하는 세계와 이 세계에서 존재하는 선험적 주관성을 구체화하는 것으로 이끈다. 그래서 그 자명함 속에 매우 단순하게 나타났던 것은 이제 대단히 복잡하게 되었다. 연구는 곤혹스럽지만 어쨌든 불가피한 상대성을 띠게 되었고, 추구된 최종적 특성 대신 일시적 특성을 띠게 되었다. 각각의 연구가 자신의 단계에서 그 어떤 소박함을 극복하지만, 아무튼 이것조차 이제 자신의 측면에서 더 깊게 파고들어 가는 근원에 관한 연구로 극복되어야 할 소박함을 수반하기 때문이다. 모든 단계에서 드러나 밝혀지는 존재의 전제는 구성적 주관성의 거대한 체계로 이끄는 명증성의 문제에 대한 지표가 된다. 자연적 실증성 속에 있는 논리학인 객관적 논리학은 우리에게 최초의 논리학이지만, 어쨌든 궁극적 논리학이 아니다. 궁극적 논리학은 이론인 객관적 논리학의 전체 원리를 이것의 근원적이고 또 정당한 선험적-현상학적 의미로 소급해 이끌고, 이 원리에 진정한 학문적 성격을 수여하는 것에서 더 나아간다. 실로 이렇게 함으로써 궁극적 논리학은 이러한 목표를 달성하기 위해 단계적으로 노력해가거나 노력하며, 그 결과 궁극적 논리학은 필연적으로 확장된다. 선험적-주관적으로 구성된 세계인 가능적 세계의 형식적 존재론은 각각의 의미 속의 모든 존재자가, 즉 선험적 주관성인 존재자와 이 주관성 속에 구성되는 모든 것이 관련된 다른 '형식적 존재론'의 비자립적 계기다.

그렇지만 어떻게 이러한 일이 실행될 수 있는지, 어떻게 형식적 존재론과 형식적 진술논리인 형식논리학의 가장 일반적인 이념이 절대적 토대에 입각해 만족될 수 있는지, 어떻게 형식논리학이 절대적이고 궁극적인 보편적 학문, 즉 선험적 현상학의 테두리 속에 이 학문에 필연적으로 소속된 층(層)으로 구성되는지, 자연스럽게 생긴 논리학이 어떤 존재의미와 어떤 [존재]지위를 형식적 존재론으로 요구할 수 있는지 그리고 어떤 방법적 전제에 형식논리학이 정당하게 적용되는지—이러한 것은 매우 심오한 철학적 문제다. 그리고 이 문제는 즉시 새로운 문제와 얽힌다.

103 절대적 인식의 정초는 유일한 절대적 존재자인 선험적 주관성에 관한 보편적 학문에서만 가능하다

〔일종의〕분석론으로 생각된 형식적 존재론은 공허한 일반성에서 가능한 세계 일반—그러나 실재적 의미에서 존재론과는 다른—에 관련되고, 세계의 본질 필연적 구조형식에 관해, 즉 전체성(Allheit) '형식'인 공간과 시간을 지닌 실재성의 전체성이라는 '형식'처럼, 또는 실재성의 영역으로 '형식적' 조직화 등처럼, 새롭고 심지어 매우 상이하게 이해할 수 있는 의미에서 형식에 관해 이러한 이념을 전개하지 않는다. 그렇다면 세속적 존재자 일반에 관한 각각의 다른 의미에서 '형식적인' 아프리오리한 이 두 학문의 올바른 관계는, 이 두 학문이 선험적 주관성의 근원적 원천에 입각해 정초되었을 때, 어떠한가? 왜냐하면 그렇게 정초하는 것은 이제 언제든 떨쳐버릴 수 없는 요구이고, 이 요구는 어디에서나 학문적 목표에 특수한 철학적인 것을 형성하며, 이 요구는 소박한 실증성 속의 학문(이것은 단지 진정한 학문의 예비단계이지 진정한 학문 자체로 간주하면 안 된다)과 철학일 따름인 진정한 학문을 구별하기 때문이다.

이 주관성으로의 환원으로 궁극적 정초, 즉 가능하고 또 정당한 의미의 궁극적 해명을 체계적으로 하는 길이 개척되어야 한다. 은폐된 지향성을 드러내 밝힘으로써 비록 그때그때 단지 상대적이지만 실제로 충족시키는 길을 자유롭게 형성해야 한다. 또한 목적이념과 이에 속한 접근단계에서 그 목적이념으로 본질에 적합하게 이끄는 상대적 충족의 본질형식을 자유롭게 형성해야 한다. 모든 학문의 근원적 정초 그리고 모든 학문에 대해 학문이론의 기능이나 규범적 기능을 행사하는 두 가지 종류의 형식적 존재론의 근원적 정초는 하나의 선험적 주관성에 입각한 구성적 작업수행의 분과로서 그 존재론 모두에게 통일성을 부여한다.

요컨대 오직 하나의 철학, 하나의 실제적이고 진정한 학문이 있으며, 이 속에서 진정한 개별학문들은 바로 단지 비자립적 부분일 뿐이다.

선험적 주관성에 관한 보편적 학문은 절대적 무전제성(無前提性)[5]과 무편견성(無偏見性)에서 인식을 정초한다는 이상(理想)에 정당한 의미와 유일하게 생각해낼 수 있는 의미를 부여한다. 선험적 주관성 속에 생각해낼 수 있는 모든 학문은 실제성과 가능성에 따라 본질에 적합하게 미리 지시된 선험적 형태이며, 자유로운 활동으로 실현할 수 있는 형태로 미리 지시된다. 모든 존재자(여태껏 우리에게 의미를 지녔고 또 의미를 지닐 수 있는 존재자)는 단계서열의 지향적 기능 속에, 심지어 이미 지향적으로 구성된 존재자 속에 지향적으로 구성된 것으로 있다. 이 존재자는 자신의 측면에서 새로운 존재구성에 대해 지향적 기능 속에 얽혀 있다. 모든 존재자는 (절대적 존재자와 이 존재자의 절대적 진리라는 거짓된 이상에 대항해) 궁극적으로 상대적이며, 그 어떤 통상적 의미에서 모든 상대적인 것과 더불어 선험적 주관성에 대해 상대적이다. 그러나 선험적 주관성은 오직 '그 자체 속에 또 그 자체만으로'(in sich und für sich) 있으며, 이것 자체는 선험적 상호주관성의 상이한 단계로 이끄는 구성에 상응하는 단계질서 속에 있다. 그

---

5) 후설에게 '무전제성'은 철학적 탐구를 언어나 논리학까지 모두 배격하는 절대적 무(無)에서 출발하려는 것이 아니라, 기존의 철학체계나 형이상학 등 단순히 가정된 개념뿐 아니라 모든 편견에서 해방되어 의식에 직접 주어지는 사태 그 자체를 직관하려는 것이다.

러므로 우선 자아인 나는 절대적으로 나 자신으로 또 나 자신만으로 존재한다. 나는, 그것이 다른 사람, 다른 사람의 자아, 심지어 〔다른 사람의〕 선험적 주관성—그러나 미리 그 자체만으로 존재하는 자아로서 내 속에서 필연적으로 정립되는 선험적 주관성—인 한에서만, 다른 존재자에 대해 존재한다.

이와 비슷한 방식으로 내 속에서, 그래서 나에게 상대적으로 '자아들'—이때 각각의 자아는 나처럼 동일한 상호주관성에 지향적으로 관련된 것으로 그 타당성이 증명된다—의 다수(多數)로 구성된 선험적 상호주관성(확장된 의미에서 선험적 주관성)도, 그 의미에 따라, 단지 '절대적인 것'의 존재방식에 상응해 변화되어 '그 자체로 또 그 자체만으로' 있다. 절대적 존재자는 그 자체로 의식했더라도 동시에 자기 자신의 의식인 지향적 삶의 형식으로 존재한다. 바로 그 때문에 (더 깊게 숙고해보면 통찰할 수 있듯이) 절대적 존재자는 본질적으로 항상 자신에게 부각된 자신의 모든 형태에 관해 자기 자신을 반성할 수 있고, 자기 자신을 주제로 삼을 수 있으며, 자기 자신과 관련된 판단과 명증성을 산출할 수 있다. 절대적 존재자의 본질에는 '자기성찰', 즉 드러내 밝힘으로 모호한 의견에서 원본적인 그 자체〔자신〕로 되돌아가는 자기성찰의 가능성이 포함되어 있다.

104 선험적 주관성의 자기해명인 선험적 현상학

현상학 전체는 우선 단도직입적으로, 따라서 스스로 소박하게 진행하지만, 자기 자신의 로고스를 비판적으로 숙고한 선험적 주관성의 학문적 자기성찰, 즉 사실에서 본질 필연성으로, 또 이것에서 그 밖의 모든 '논리적인 것'(Logisches)이 생기는 근원적 로고스(Urlogos)로 계속 나아가는 자기성찰일 뿐이다. 모든 편견은 여기에서 필연적으로 없어진다. 왜냐하면 편견 자체가 시종일관 계속 진행해가는 자기성찰의 연관 속에 밝혀지는 지향적 형태이기 때문이다. 논리학을 만들 뿐아니라 논리학으로 이미 중재된 논리적 인식의 모든 비판, 모든 종류의 학문에서 인식비판은 현상학적 작업수행으로서 **자신의 선험적 기능을 스스로 성찰하는 주관성의 자기해명이다.**

모든 객관적 존재, 모든 진리는 자신의 존재근거와 인식근거를 선험적 주관성 속에 지니며, 만약 선험적 주관성 자체와 관련된 진리가 있다면, 그렇다면 바로 선험적 주관성 자체 속에 〔존재와 인식의〕 근거를 지닌다. 더 자세하게 진술하면, 만약 이 주관성이 자기성찰을 체계적이고 또 보편적으로, 따라서 선험적 현상학으로서 실행한다면, 이전에 설명한 것에서 분명하듯이, 그 주관성은 모든 '객관적' 존재와 모든 '객관적 진리', 세속적으로 입증되는 모든 것을 그 자신속에 구성된 것으로 발견하게 된다. 요컨대 객체적인 것은 선험적 주관성에 고유하게 본질적으로 속한 현실적이거나 잠재적인 지향성의 종합적 통일체일 뿐이다. 어떻게[6] 나의 필증적으로-존재하는 자아 속에 다른 자아들의 개방된 다수가 구성되는지에 따라 이 종합적 통일체〔객체적인 것〕는 나와 또 서로 함께 의사소통하는—'서로에대해' 존재하는—선험적 자아들의 전체-공동체에 관련되고, 따라서이 공동체에 고유하게 본질적으로 속한 지향성의 종합적 통일체가된다. 다른 한편으로 선험적 상호주관성을 주제로 삼은 모든 진리는'그-자체만으로-존재함', 즉 '절대적' 존재의 상호주관성의 존재본성에 상응해, 이 상호주관성에 대해 더욱더 상대적이다.

그러므로 모든 진리의 궁극적 정초는 근본적으로 실행되었을 때절대적인 보편적 자기성찰의 한 분과다. 달리 말하면, 그것은 내가

---

6) 이 책의 제96항 a) 이하를 참조할 것—후설의 주.

선험적 환원과 더불어 시작하고 나를 절대적 자기파악으로, 즉 나의 선험적 자아로 이끄는 자기성찰이다. 이러한 절대적 자아인 나를 이제부터는 유일한 주제의 근본 장(場)으로 고찰하면서 나는 특수한 철학적 성찰, 즉 순수한 현상학적 성찰인 그 이상의 모든 성찰을 수행한다. 나는 내가 나 자신 '속에' 발견할 수 있는 것을 순수하게 생각해낸다. 왜냐하면 나는, 이전에 시사했듯이, 〔한편으로〕 원초적으로 나 자신의 것(나 자신에게서 분리할 수 없는 것으로 구성된 것)과 〔다른 한편으로〕 이러한 동기부여에 기초해 상이한 단계의 '생소한 것〔타자의 것〕'으로 내 속에 구성된 것을 구분하기 때문이다. 요컨대 내 속에 실재적인 것뿐 아니라 이념적인 것으로 구성된 것, 즉 내 속에 자연, 동물성(Animalität),[7] 인간공동체, 민족과 국가, 사물화(事物化)된 문화, 학문으로 구성된 것, 현상학으로 또 우선 〔나〕 자신의 사유작업으로 구성된 것도 구분하기 때문이다. 이 모든 것은 그때그때 단도직입적으로 미리 주어진 형성물의 '주관적' 구성을 두 가지 측면에서 드러내 밝히는 현상학적 성찰의 주제다.

이렇게 성찰해가고 고정시키는 가운데 나 자신에게서, 나 자신의 수동성(Passivität)—연상(Assoziation)[8]—과 능동성(Aktivität)의 원천

---

7) 이 말의 어원은 라틴어 'anima'(공기, 호흡, 마음, 심리적인 것 등)을 뜻한다. 그런데 후설은, '동물적 영혼(Seele)'이라는 표현도 간혹 사용하듯이, 이 말을 추상화해서 동물의 일반적 속성보다 인간을 포함한 고등동물의 심리나 영혼을 표현한다.

8) 후설은 시간이 흐르면서 변양된 표상에 동기가 부여됨에 따라 새롭게 주어지는 표상에 끊임없이 결합하는, 즉 시간의식 속에 어떤 것이 다른 것을 기억하고 지시하는 내재적 체험발생의 짝짓기(Paarung) 법칙을 '(근원적) 연상'이라 한다. 정신적 세계를 지배하고 구성하는 이 연상적 일깨움의 법칙에 따른 합치와 종합은 동등한 것과 유사한 것의 감각적 통일, 즉 현실적 직관과 과거 속으로 가라앉은 직관들의 상이한 위치들을 결합하는 하부의식 속의 통일이 수동적으로 미리 주어져 있기 때문에 가능하다.

에 입각해, 우선 일종의 소박함 속에 선험적 현상학의 이론적 형성물과 학문의 무한히-개방된 통일체인 이 선험적 현상학 자체가 생긴다. 만약 선험적 현상학이 이때 진정함, 즉 근본적인 것으로까지 도달하는 일을 책임질 능력에 관한 최고의 권위를 자신에게 수여하기 위해 더 높은 단계에서 구성적이고 비판적인 주제가 된다면, 물론 내가 나의 절대적 주관성의 토대나 나 자신에게서 밝혀진 절대적 상호주관성의 토대 위에 움직여간다는 사실, 따라서 철학자인 내가 자진해 '나에-대해-존재하는' 상호주관성의 자기성찰이 되는 근본적 자기성찰만 원하고 원할 수 있다는 사실이 거기에 계속 남아 있다. 초월적 세계, 인간, 인간이 서로 함께 또 인간인 나와 교류함, 서로 함께 경험함, 사유함, 영향을 미침과 만들어냄―이것들은 나의 현상학적 성찰로 폐기되고 무가치하게 되며 변경되지 않고, 단지 이해될 뿐이다. 그리고 이처럼 공동체가 만들어낸 실증적 학문도, 결국 공동체가 만들어낸 현상학, 이때 그 자체가 선험적 상호주관성 속에 성찰하는 기능으로 이해된 현상학도 이해된다.

(자연적 태도 속에 있는) 인간인 나는 세계 '속에' 있으며, 나 자신을 그러한 것〔세계 '속에' 있는 것〕으로, 그래서 다양하게 외부(공간 시간적 외부)에서 규정된 것으로 발견한다. 또한 (절대적 태도 속에 있는) 선험적 자아인 나는 외부에 의해 규정된 (따라서 지금은 외부의 실재적인 것으로 규정된 공간 시간적인 실재적인 것으로서가 아닌) 것으로 발견된다.

그렇다면 지금 '나의-외부'와 '외부로-부터-규정되어-있음'은 무엇을 뜻하는가? 선험적 의미에서 나는 명백하게 '외부', 즉 나의 완결된 독자성을 넘어서는 것으로―이것이 철저하게 이해할 수 있는 방식으로 내 속에서 선험적으로 다른 자아의 존재타당성을 획득하고 증명하는 '다른 것의' 의미를 지니는 한―조건 지어질 수 있다. 이러한 사실에서 다수의 공존하는 절대적 주체, 즉 '모나드' (Monade)[9]뿐 아니라 서로 잇달아 선험적으로-영향을 미치고 공동체의 작용 속에 그 작품인 공동체의 형성물을 구성하는 다수의 주체의 가능성과 의미도 분명해진다.

어쨌든 이 모든 것은 가정이 아니라, '현상'으로서 나 자신 속에 놓여 있고 나 자신 속에 또 나에게서 그 존재의미를 지니는 세계를 체계적으로 성찰한 결과다. 그것은 나 자신의 의미부여에 관한 맑고 진정한 의미를 체계적으로 되돌아가 물음, 모든 전제(Voraussetzung)에 의미를 부여하는 절대적으로 '미리-정립함'(Voraus-Setzung), 즉 여태껏 나의 선험적 자아의 '미리-정립함'에서 출발해 나 자신 속에 놓여 있는 〔그 의미와〕 불가분하게 속한 모든 전제를 체계적으로 되돌아가 물음의 결과다.

그러므로 그것은 실제로 단지 자기성찰일 뿐이지만, 어쨌든 너무 성급하게 중지하고 또 소박한 실증성 속에 빠져드는 자기성찰이 아니라, 절대적 일관성에서 바로 그것, 즉 그것에서 자신이 출발했던

---

9) 이것은 본래 라이프니츠의 용어인데, 그의 '모나드'는 더 이상 나눌 수 없다는 점에서 물질적 '원자'와 같다. 그러나 양적 개념이 아니라 질적 개념이며, 결합, 분리, 생성, 소멸되는 것이 아니라 정신적인 것으로서 표상과 욕구에 따라 통일적 유기체로 구성된다. 그는 '지각'을 외부 세계를 반영하는 모나드의 내적 상태로 간주하고, 각 모나드는 자발적으로 변화하며 그 자체만으로도 완전하기 때문에 외부와 교섭하는 창(窓)을 지니지 않지만, 근원적 모나드(Urmonade)[신]의 예정조화로 결합되어 있다고 주장했다.

그런데 후설은 선험적 주관성을 표현하면서 라이프니츠의 이 용어에서 '실체'의 성격을 제거함으로써 서로 의사소통하며 영향을 주고받는 상호주관적 특성을 강조했다. 그가 선험적 현상학을 독아론이라고 비판하는 이들의 오해를 증폭시킬 수도 있을 이 용어를 굳이 사용한 것은 선험적 주관성이 생생한 현재뿐 아니라 과거와 미래의 지평을 지닌 습득성의 기체(基體)로서 구체적 사회성과 역사성을 내포하는 점을 강조할 수 있기 때문이다.

자기성찰로 남아 있다. 이러한 사실 이외에 자기성찰은, 자신의 양식을 본질적으로 변경시키지 않고도, 계속 진행해가면서 선험적-상호주관적 자기성찰의 형식을 받아들인다.

따라서 존재하는 것으로 미리 주어진 모든 것에서 드러내 밝힐 수 있는 구성적 작업수행의 체계를 지향적 지표로 보는 이 철학적 자기성찰의 근본주의는 사실상 편견 없음을 추구하는 극단적 근본주의다. 단도직입적 명증성을 지닌 미리 주어진 모든 존재자는 이 근본주의에 따라 '편견'으로 간주된다. 미리 주어진 세계, 수(數)의 분야처럼 미리 주어진 이념적 존재영역은, 비난할 만한 의미의 편견이 아니라도, 자연적 명증성에서 유래하는 '편견'이다. 이것은 엄밀한 의미에서 지식과 학문을 제공할 수 있을 절대적으로 정초된 인식의 이념 아래 선험적 비판과 정초가 필요하다. 요컨대 이것은 이것을 정돈해야 할 철학의 이념 아래 선험적 비판과 정초가 필요하다.

이러한 사실은 그것과 함께 자연적 논리학에 들어가는 형식적 일반성에도 적용된다. 그러나 논리학, 특히 로크의 에세이[10] 이래 '내적 경험'의 원천에 입각해 근원의 해명을 숙고한 논리학인 근대 논리학은 통상적인 조악한 의미에서 끊임없이 편견으로 억제되었고, 이때 모든 편견 가운데 가장 나쁜 것은 명증성에 관련된 편견이다. 이 편견은 우리가 이전에 제시한 편견, 즉 자명하게 세계에 속한 진리 그 자체의 기체(基體)인 그 자체로 존재하는 절대적 세계에 대한 편견과 연관된다. 이러한 관점에서 논리학에 대한 우리의 선험적 비판은 여전히 궁극적인 보충이 필요하다.

---

10) 이것은 로크의 『인간 오성론』(*An Essay concerning Human Understanding*, 1690)을 뜻한다.

105 논리학의 선험적 비판을 종결짓기 위한 준비. 절대적 진리라는 전제로 잘못 이끌린 일상적 명증성이론

잘 알려져 있듯이 소박하게 전제된 진리-그-자체에서 **명증성**을 구축하는 해석, 즉 명증적 판단작용의 지향성 속에 현상학적으로 깊이 파고들어 가는 모든 탐구에서 멀리 떨어진 해석이 대단히 만연되어 있다. 이러한 해석에 따르면 진리를 절대적으로 파악하는 명증성이 (종종 명확하게 소박한 논증이 이루어지듯이) '반드시' 존재해야 한다. 그렇지 않다면 우리는 진리나 학문을 전혀 지닐 수도 추구할 수도 없기 때문이다. 그렇다면 이 절대적 명증성은 많은 판단체험의 (사실상 매우 놀랄 만한) 심리적 특성, 즉 판단의 신념이 단순히 신념이 아니라 진리 자체를 실제로 주어지게 이끄는 판단의 신념이라는 사실을 절대적으로 보증하는 심리적 특성으로 파악된다.

그러나 진리가 무한함 속에 놓여 있는 하나의 이념이라면, 어떻게 그러한가? 전체적 세계의 객체성과 관련된 그것이 유감스럽게도 제한된 인간의 인식능력에 기인한 우연적 사실이 아니라 **본질법칙**이라는 점이 명증적으로 밝혀질 수 있다면, 어떻게 그러한가? 각각의 모든 실재적 진리가 실천적 삶의 일상적 진리이든 아무튼 매우 높게 발전된 학문의 진리이든 규범적으로 '규제적 이념'에 관계할 수 있는 본질적 **상대성** 속에 계속 남아 있다면, 어떻게 그러한가? 심지어 현상학적인 근원적 기초로 파 내려갈 경우 상대적 진리와 절대적 진리의 문제가 계속 남아 있고 최고의 권위를 지닌 문제인 이념의 문제와 이 이념의 명증성에 관한 문제가 계속 남아 있다면, 어떻게 그러한가? 〔한편으로〕 진리와 진리의 명증성의 상대성 그리고 〔다른 한편으로〕 이 상대성을 넘어 제기된 무한한, 이념적인 절대적 진리가 각기 자신의 권리를 지니고 각자 상대방을 요구한다면, 어떻게 그러한가? 시장에서 상인은 그 시장의 진리를 지닌다. 이 시장의 진리는 그 관계 속에 상인에게 도움을 줄 수 있는 충분한 진리나 최상의 진리가 아닌가? 학자가 다른 상대성에서 다른 목표와 이념으로 판단하면서 다른 진리—이 진리로 사람들은 시장에서 요구하는 바로 그것 이외에 더 이상의 매우 많은 것을 행할 수 있다—를 추구한다면, 그래서 시장의 진리는 가상의 진리인가?

우리는 특히 철학과 논리학에서 '정밀한' 학문의 이념적이며 규제적인 이념과 방법에, 마치 그 학문 '자체'가 대상적 존재에 관한 것뿐 아니라 진리에 관한 것에서도 실제로 절대적 규범인 것처럼, 끝까지 현혹되지 않아야 한다. 이것은 실제로 온통 나무들 앞에서 숲을 보지 못한다는 사실을 뜻하며, 웅대한 인식의 작업수행을 위해, 그래도 매우 제한된 목적론적 의미에서 삶과 삶의 인식이 무한함, 상대적이지만 오직 이 상대성 속에서만 이성적 존재, 즉 자신의 상대적 진리를 지닌 존재가 무한함을 간과한다는 사실을 뜻한다. 그러나 이 문제에 관해 미리 앞질러 또 위에서부터〔연역적으로〕(von oben her) 철학을 하는 것은 근본적으로 전도된 것이다. 이것은 전도된 회의적 상대주의와 이에 못지않게 전도된 논리적 절대주의를 만들어내며, 이 둘은 익살스러운 인형극의 모습처럼 서로 때려눕히고 또다시 소생시키는 서로에 대한 허수아비일 뿐이다.

소박한 명증성 속에 판단함은 스스로를 부여함에 근거해 또 이때 실제로 무엇이 '보일' 수 있으며 충실한 표현으로 이끌 수 있는지를 끊임없이 묻는 판단함, 따라서 '사태가 실제로 어떻게 있는지를 드러내는 것'이 그에게 중요한 문제가 되는 곳에서 신중하고-영리한 자가 실천적 삶에서 따르는 방법으로 판단함이다. 이렇게 하는 것이 모든 지혜의—비록 그 결말은 아니라도—출발이다. 그리고 이것은 우리가 아무리 깊게 이론화하면서 파고들어 가더라도 결코 없이 살아갈 수 없는 지혜, 따라서 결국 마찬가지로 절대적 현상학의 영역에서 활동해야 할 지혜다. 왜냐하면 이미 반복해 언급했듯이, 소박한 경험함과 판단함은 본질 필연성에서 앞서 나아가기 때문이다.

그러나 진지하게 성찰할 경우 그것은 경솔한 소박함이 아니라, 근원적 직관이 실제로 부여하는 것에 순수하게 따르려는 의지를 지닌 근원적 직관의 소박함이다. 이 경우 언제나 계속해 성찰적 문제제기, 결국 궁극적인 선험적 본질구조와 본질법칙, 즉 보편적 본질연관에 관한 문제제기에 따르면, 순수 직관(Intuition)과 이 직관의 순수한 내용에 충실하게 남아 있는 것이 언제나 다시 방법적으로 함께 관련되고 [이것은] 방법에서 끊임없는 근본특성이다. 다만 그 문제제기는 최종적으로 반복해 되풀이되는, 즉 본질양식 속에 동일한 결과와 방법을 그 자신이 직관적으로 인식함으로 끝날 뿐이다. 이렇게 수행하면서 우리는 절대적 삶의 생생한 원천에 입각해 또 자기책임에 대한 부단한 성향(性向)에 따른 원천을 향한 자기성찰에 입각해 부단히 새롭게 생생한 진리를 지니게 된다. 그렇다면 우리는 진리를 거짓되게 절대화한 것이 아니라, 오히려 각각이 진리의—간과되어 또는 은폐되지 않고 체계적으로 해석된—지평 속에 있는 것으로 지닌다. 우리는 진리를, 달리 말하면, 생생한 지향성(이것은 여기에서 그 명증성을 뜻한다) 속에 지닌다. 이 지향성의 고유한 내용은 [한편으로] '실제로 스스로 주어짐'과 [다른 한편으로] '예견된 것', 과거지향적으로 '여전히 포착된 것'(noch im Griff), '나에게-생소한(ich-fremd) 간접적으로 제시된 것(appäsentiert)[11]' 등을 구별해주며, 이에 속한 지향적

---

11) '직접적으로 제시함'(Präsentation)은 원본적 지각이 생생한 '지금' 속에서 현재 존재하는 것으로 정립하는, 즉 시간적으로 구성하는 시간화(Zeitigung)의 양상으로서 '현재화'다. 반면 '간접적으로 제시함'은 '직접적으로 제시함'과 함께 통각과 연상으로 예측해 주어진 것으로서, 이미 기억 속으로 흘러가버려 현존하지 않는 것을 시간의식의 지향적 지평구조를 따라 다시 함께 현존

함축을 드러내 밝힘으로써 존재와 타당성이 그 속에 얽혀 있는 모든 상대성으로 이끈다.

106 절대적 진리의 전제에 대한 그리고 명증성에 관한 독단적 이론에 대한 계속된 비판

완전히 공허한 방식으로 (사람들이 절대적 존재자의 고유한 사유가 능성에 관해 심문하지 않았기 때문에 완전히 공허한) 미리 받아들인 절대적 존재자를 다루는 [사유의] 경제가 어디로 이끄는지는 점을 이미 데카르트의『제일철학에 관한 성찰』이 보여준다. 어떻게 '명석하고 판명한 지각'(clara et distincta perceptio)의 주관적–심리적 특성— 이것은 후계자들이 명증성의 특성, 즉 엄밀한 필연성의 감정인 명증성의 감정으로 '기술한' 것일 뿐이다—이 어쨌든 그것 없이는 우리에게 어떠한 진리도 존재하지 않을 객관적 타당성을 보증하는가?

'사유하는 자아'(ego cogito)의 명증성에 관해서는 아마 다소 성급하게 '내적 지각의 명증성'이 안심시킬 것이다. 그러나 순간적으로 생생한 내적 지각의 현재(구체적으로 충만한 자아는 말할 것도 없이)를 넘어서는 것이 이미 의문을 불러일으킨다. 어쩌면 그것은 더 낮은 가치의 명증성이지만 아무튼 사용할 수 있는 명증성을 받아들일 것이고, 어쩌면 사람들은 여기에서 개연성의 논리학에 의지할 것이다. '외부 세계'에 대해 사람들은, 경험과 이 경험의 존재신념의 초월적 성격을 이해할 수 있기 위해, 신의 존재증명에 이르는 원본적인 데카르트의 길을 거부하지만, 그래도 우리가 이미 비판한 추리로 그 초월적 성격을 이해시켜주는 이치에 어긋난 유형은 계속 남아 있다. 이

하도록 하는 '현전화'다.

와 마찬가지로 근본적 생각은 대체로 명증성의 파악 속에 계속 남아 있다. 어쨌든 명증성은 '반드시' 절대적 존재파악과 진리파악이어야 한다. 우선 '반드시' 절대적 경험, 즉 내적 경험이 존재해야 하고, '반드시' 절대적으로 타당한 일반적 명증성, 즉 필증적 원리의 명증성, 그 최상에는 연역적 추리를 지배하고 이것으로 필증적이고 의심할 여지 없이 진리를 명증적이게 하는 형식적-논리적 명증성도 존재해야 한다. 그렇다면 계속해서 그 자체가 가령 라플라스(Laplace)[12]의 유명한 원리처럼 개념성의 필증적 원리로 분류되는 그 개념성의 추리를 지닌 귀납추리가 도움이 된다. 그러므로 객관적으로 타당한 인식은 탁월하게 배려된다.

그러나 유감스럽게도 이것은 단지 위에서부터의(von oben her) 이론일 뿐이다. 왜냐하면 사람들이 이때 망각했다고 다음과 같이 말하기 때문이다. 즉 모든 종류의 존재자에 관한 실제성뿐 아니라 가능성—생각해낼 수 있는 것—도 그 의미의 근원성을 단지 실제적이거나 가능한 '경험'에서만 지니기 때문에, 따라서 사람들은 경험 자체를, 또는 사람들이 그 속에서 경험된 것으로 지니는 경험함 속에 '스스로 들어가 생각함'을 심문해야 한다. 여기에서 경험은 (이전에 설명한 것에 따라) 필연적으로 일반화하는 가운데 '스스로를 부여함', 즉 경험이 통상적으로 또한 불가결한 의미에서 부각된 특수한 경우인 그리고 그 특수한 경우가 일단 밝혀졌다면, 명증성의 이론에 대해 매우 교훈적인 경우인 명증성 일반을 뜻한다.

그러므로 우리는 경험 자체가 가르쳐줄 수 있는 것에 관해 이 공동

---

12) 라플라스(1749~1827)는 프랑스의 천문학자이자 수학자로, 행렬론, 확률론, 해석학 등을 연구했으며, 수리론을 태양계의 천체운동에 적용해 태양계의 안정성을 입증했다. 그는 이러한 성과들을 체계화한 『천체역학』(1799~1825)을 남겼다.

의 경험명증성을 심문한다. 단지 혼란된 철학자를 제외한 모든 사람에게 다음과 같은 사실은 절대적으로 자명하다. 즉 지각 속에 지각된 사물은 그 자체의 고유한 현존재에 있는 사물 자체라는 사실, 지각이 기만할 때 이것은 지각이 환상적인 것의 위치에 실제로 있음을 확실하게 보여주는 새로운 지각과 대립해 있다는 것을 뜻한다는 사실이다. 여기에서 더 이상의 물음이 제기될 수 있더라도, 그 물음은 어쨌든 관련된 경험에서 제기되어야 한다. 그리고 어떻게 경험이 그 자체 속에 존재자 자체를 경험된 것으로 부여할 수 있으며 또 어쨌든 어떻게 이 존재자가 말소될 수 있는지—어떻게 본질적으로 그러한 본성을 지닌 경험이 지평 속에 가능하게 계속 확증하는 경험을 제시하는지, 그러나 그 경험은 어떻게 다르게 규정하거나 (가상으로서) 완벽하게 말소하는 형식으로 수정되는 모순된 경험이 생기는 가능성도 본질적으로 열어놓는지—는 경험에 대한 지향적 분석으로 또 본질 일반성에서 이해할 수 있어야 한다. 아무튼 이와 유사한 것은 명증성 자체에서 이끌어낼 수 있는 특수한 점과 더불어 모든 종류의 명증성에도 명백하게 적용된다.

그러한 지향적 연구는 현상학에서 비로소 착수되었다. 경험, 명증성은 존재자를 부여하고, 존재자 자체를 부여한다. 경험이 불완전한 경험이면, 불완전하게 부여하고, 경험이—그 본질적 본성에 적합하게—완전하게 되면, 즉 일치함의 종합 속에 확장되면, 완전하게 부여한다. 이 완전하게 할 가능성, 그렇지만 또한 무(無)가 되게 하거나 수정할 가능성은, 그때그때 상대적이거나 심지어 절대적인 최적의 상태(Optima)가 존재하든 이념적 완전함이 전제될 수 있고 또 추구될 수 있든, 그러한 사정이 어떠한지는 편견에서, 심지어 소박하게 명증적인 이념화함(Idealisierung)에서 확인될 수 없고, 오히려 진정한 근원적 권리〔정당성〕에서 경험 자체에 대한 본질적 심문 그리고 경험과 경험의 대상의 그때그때 본질적 종류 속에 아프리오리하게 포함되고 지향적 분석에 따라 명증적이게 할 수 있는 체계적 경험의 가능성에 대한 본질적 심문으로 확인될 수 있다. 그러나 이것은 물론 현상학적 환원이 우리에게 제공해주는 궁극적인 선험적 토대 위에서 확인될 수 있다.

이미 데카르트의 제1성찰[13](이것은 선험적 현상학의 형성을 본질적으로 규정했다)에서 외적 경험에 대한 비판으로 이러한 근본적 결함은 똑같이 주목을 끌었다. 즉 그는 외적 경험에 끊임없이 부착된 기만의 가능성을 부각시켜 강조하고 이제 이렇게 함으로써 전도된 방식으로 **원본적으로 스스로를 부여함**인 경험의 근본적 의미를 은폐시켰다. 그러나 오직 이것은 세계에 있는〔세속적〕 존재자에 관해 생각할 수 있음—이 속에서 그 존재자는 정당한 의미를 획득한다—을 본래 형성하는 것에 관한 물음이 그에게 전혀 떠오르지 않았기 때문에, 즉 그가 오히려 세계에 있는〔세속적〕 존재자를 미리 인식의 구름 위에 떠다니는 절대적 존재로 지녔다는 사실 때문에 일어났다. 다음과 같이 말할 수도 있다. 즉 데카르트는 감성적 경험의 흐름에 대한 지향적 분석이 자아의 지향적 연관 전체 속에 시도될 수 있다는 사실도 전혀 생각해보지 않았다. 이 자아 속에서 경험세계의 양식이 구성되며, 세계의 형식 속에 완전히 이해할 수 있는 방식으로 구성된다. 그 세계의 존재는 확증함에도 불구하고 '계속 알려줌을 향한' 존재, 즉 항상 수정이 가능하고 또 종종 수정되는 존재, 심지어 경험의 생생함에 입각한 권리〔정당성〕에서만 또 아무튼 **상대적 권리**〔정당성〕에서만 만들어내는 **추측인 존재 전체**(Seinall)다. 그러므로 그는 경험의 본

---

13) 데카르트의 『제일철학에 관한 성찰』 가운데 제1성찰 '의심할 수 있는 것들에 관해서'를 가리킨다.

질양식이 세계와 모든 실제성의 존재의미에 본질적인 상대성―이것은 신(神)의 성실함에 호소함으로써 개선될 수 있기를 바라는 이치에 어긋난 것이다―을 각인시킨다는 사실을 보지 못한다.

이제 계속해서 어떻게 우리가 감성적 경험에서 단계적으로 올라가면서 **명증성을** 작업수행으로서 이해할 수 있는지 그리고 그 자체로 존재하는 진리에서 명증성의 작업수행으로서 뜻하는 것을 '구체적으로' 밝혀야 한다.

107 지향적 작업수행인 명증성에 관한 선험적 이론을 미리 지시함

a) 외적(감성적) 경험의 명증성

감성적 경험, 더 정확하게 말하면, 그 속에서 순수한 물리적 자연이 우리에게 주어지는 (사회적 의의나 개별적 인간이 지닌 의의의 모든 통각의 층을 추상화함으로써) 순수하게 자연스러운 경험을 현상학적으로 드러내 밝히는 일은, 실제로 상세히 논의한 것 속에 명백해지듯이, 극히 광범위한 연구가 필요한 중대한 과제다.[14][15] 여기에서 자

---

14) 나는 내가 종종 강의에서 상당히 발췌해 강의한 몇 년 동안 계속된 구체적 연구가 가까운 기일 안에 출판될 수 있기를 희망한다. 이미 출판이 결정된 첫 번째 초고는 1912년 『이념들』 제1권과 하나로 작성한 그 제2권의 초안이 되었다. 슈타인(E. Stein) 박사가 편집한 이 초안은 일련의 [나의] 제자와 동료가 볼 수 있게 되었다. 그러는 동안 해결해야 할 문제의 범위는 여전히 더 어렵고 더 포괄적인 것으로 밝혀졌다―후설의 주.

15) 후설은 『이념들』을 본래 3부로 계획했는데, 제1부는 『철학과 현상학적 탐구 연보』 제1권(1913)에 「순수 현상학의 일반적 입문」으로 발표되었다. 그러나 제2부는 1912년 이미 완성되었지만, 40년이나 지나 비멜(M. Biemel)이 부록과 함께 편집해 1952년 후설전집 제4권(「구성에 대한 현상학적 분석」)과 제5권(「현상학과 학문의 기초」)으로 출간되었다. 물론 제3부 「현상학적 철학의 이

연의 단일적 객체와 이것에 대한 경험, 가령 더군다나 단지 지각의 본질고찰만으로는 충분치 않다. 단일적-자아와 선험적 공동체의 삶을 관통해가는 종합적인 통일적 세계경험 전체에 대한 지향적 탐구, 이 세계경험에 소속된 **보편적 양식**(Stil)에 대한 지향적 탐구, 그런 다음 이 양식을 포함해 세계경험의 구성적 발생(Genesis)에 대한 탐구가 필요하기 때문이다. 구체적 연구에서 우리는 하나의 영역 속에 **명증성의 본질**, 즉 지향적 작업수행들 일반처럼 체계적으로 구축된 작업수행 또는 능력 속에 얽혀 등장하는 **작업수행인 명증성을 이해하도록** 배운다. 그리고 우리는 물론 명증성에 관한 통상적인 정보와 명증성을 통상적으로 연구하는 방식이 전적으로 무의미함도 가장 좋게 이해하도록 배운다.

당연히 사람들이 공허한 편견 속에 절대적으로 존재하는 것으로 전제된 것에 대한 절대적으로 보증하는 명증성의 감정(Evidenzgefühl)[16]이라는 망상에 이끌리면, 그들은 일반적으로 외적 경험은 결코 명증성이 아니라고 판단한다. 그러나 사람들은 세계

념들」은 그 당시 다루지 않았지만, 후설이 1920년대 이후부터 은퇴 이후까지 부단히 추구해간 흔적에서, 특히 『성찰』과 『위기』에서 간접적으로 그 모습을 파악해볼 수 있다. 어쨌든 물질적 자연과 동물적 자연, 영혼의 실재성인 정신적 세계의 발생적 구성의 문제를 집중적으로 다룬 『이념들』 제2권 초고는 후설의 연구조교였던 슈타인(1891~1942)이 1913년과 1918년 속기로 작성된 자료를 두 차례 수기로 정리했고, 이것을 란트그레베(L. Landgebe)가 다시 1924~25년 타이프로 정서했다.

16) 후설은 『논리연구』 제1권에서 심리학주의의 세 번째 편견(제49~51항)을 분석하면서, 판단의 명증성을 판단작용에서 우연히 생기는 부수적 감정이나 그 조건으로 간주해 논리학도 심리적 명증성에 관한 이론이라는 심리학주의에 대해, 논리적 명제나 수학적 명제는 명증성의 이념적 조건을 다룬다고 비판한다. 다양한 실재적 주관적 판단작용들과 이 작용에 따라 통일적으로 구성된 이념적 객관적 판단내용을 혼동하면 상대적 회의주의에 빠질 수밖에 없다.

가 어쨌든 자명하게 존재하는 그대로이며, 이러한 것으로서 또한 명증성에 접근할 수 있다고 생각한다. 약간의 사람은 이 절대적 명증성을 무한한 지성에 돌리는 일을, 그가 인식론의 한계이념으로서만 관련된다고 해도, 망설일 것이다. 그러한 일은 사람들이 신의 전능(全能)을 수학적 영역에서 정10면체를 작도(作圖)할 수 있음 속에, 그래서 모든 이론적으로 이치에 어긋남 속에 보려고 원하는 것보다 나을 것이 전혀 없을 것이다. 자연의 존재의미는 자연에 대한 경험의 본질양식으로 그 존재의미에 절대적으로 미리 지시된 본질형식을 지니며, 그래서 심지어 어떤 절대적인 신도 자연적 존재를 절대적으로 보증한다는 '명증성의 감정'을 전혀 일으킬 수 없다. 또는 더 잘 파악할 수 있는 논의로 말하면, 그것이 '우리의' 감성적 경험과 구별된 것으로 생각되더라도, 그 자체 속에 완결된 어떠한 경험〔의〕체험도 필증적이고 또 충전적으로 스스로를 부여하는 것이 아닐 것이다.

b) '내적' 경험의 명증성

내적 경험은 명증성이론에서 매우 현혹시킨다. 내적 경험은 자연의 경험보다 매우 단순한데도, 모든 단계에서 이렇게 현혹되기 때문에, 실로 각각의 모든 명증성에 빠져들기 때문에, 내적 경험도 지향적으로 밝힐 필요가 있으며, 놀랄 만한 함축을 지닌다. 우리는 내적 지각을 심리학적 지각으로, 또 인식론적 지각, 즉 자아가 자신의 사유함(Cogito)에 관한 지각인 선험적-현상학적 지각으로 혼동시킨 중대한 묵과에 다시 주목할 필요는 없다. 내적 경험도 포함한 심리학적 경험은—초월하는(transzendierend) 통각을 '괄호 칠' 때 비로소 현상학적으로 순수한 경험이 되는—자연에 대한 경험과 지향적으로 복잡하게 결합된 세계에 대한 경험이다.

그러나 현상학적으로 순수한 경험에서도 존재자, 여기에서는 현상학적 의미에서 내재적 존재자가 더구나 스스로 주어진다. 즉 스스로 현재에 있는 것으로서 지각 속에, 지나가버린 것으로서 기억 속에 스스로 주어진다. 그렇지만 구성적 작업수행의 이 가장 단순한 양상인 여기에서도 스스로 주어진 것, 즉 내재적으로 대상적인 것은 매우 복잡한 방식으로, 즉 근원적 직접제시(Präsentation), 과거지향(Retention), 미래지향(Protention)의 흐름 속에 내적 시간의식의 종합인 복잡하게 결합된 지향적 종합으로 구성된다. 이 명증성의 구조가 탐구되지 않은 채 남아 있지만, 여기에서 적어도 실제로 '스스로를 가짐'의 계기가 부각되어 강조되어야 한다. 이 계기가 없다면 그 밖의 모든 경험과 명증성에 이를 수 없다. 그런데 어떤 방식으로, 그렇지만 더 정확하게 기술할 수 있고 또 제한할 수 있는 방식으로 내재적 자료가 구성하는 체험 속에 내실적으로 등장한다는 사실에 대해 이야기해야 할 여기에서조차, 우리는 마치 그 자료가 이 내실적으로 등장함과 더불어 이미 대상으로서 완전히 구성되었다고 여기는 오류를 경고해야 한다.

위에서 명증성은 명증성의 지향적 연관 속에 수행하는 기능이라 했다. 만약 회상할 수 있는 능력이 존재하지 않는다면, 만약 내가 그 것이 더 이상 지각되지 않는 곳에서 또는 내가 방금 전에 지녔던 기억이 그 자체로 다시 지나가버린 곳에서 파악했던 것으로 언제나 다시 되돌아갈 수 있는 의식이 존재하지 않는다면, 동일한 것, 즉 그 대상에 관한 논의는 무의미할 것이다. 최초의 '명증성', 즉 그 자료가 원본적으로 등장함과 예를 들어 내재적으로 파악된 감각자료가 이 것이 지속하는 동안 자신의 동일성 속에 원본적으로 줄곧 지속함은 이렇게 줄곧 지속하는 동안 어느 정도까지 필증적으로 말소할 수 없는 성격을 지닌다. 그러나 이렇게 줄곧 지속함을 연속적으로 동일화하는 가운데 형성되는 원본적 통일체는 아직 어떠한 '대상'도 아니

다. 오히려 그것은 단지 시간성(여기에서는 내재적 시간성) 속에 존재
하는 것으로서, 즉 과거의 주관적 양상의 모든 변화에서도 동일한 것
으로 다시 인식할 수 있는 명증성 속에 존재하는 것으로서 있을 뿐이
다. 이러한 대상의 [자기]동일성(Selbigkeit) 형식은 시간 속의 시간위
치다. 그러므로 자신의 과거지향과 회상을 지닌 단일적 지각은 어쨌
든 존재자에 대해 결코 완결된 명증성이 아니라, 동일한 자아의 안에서
동일하게 존재자(자신의 방식으로 '항속하면서')로서 존재자를 구성
하는 것이 무엇인지를 계속 되돌아가 물어야만 한다.

　이제 외적 지각이 매우 복잡하게 결합된 경우, 결국 다른 방식으로
모든 명증성의 경우도 마찬가지로 명백하다. 실로 우리 자신은 이미 '언
제나 다시'(Immer wieder)와 이것의 명증성을 해명하는 물음으로 반
복해서 되돌아가게 되었다.[17]

　c) 질료적 자료와 지향적 기능. 내재적 시간자료의 명증성

　심리학뿐 아니라 인식론에서 모두 지배적인 자료-감각주의, 즉 말
로는 이에 대립하거나 이러한 말에 대해 그들이 머리에 떠올리는 것
을 논쟁하는 사람들도 대부분 그 편견에 사로잡혀 있는 자료-감각주
의는 그것이 의식 삶을 자료에서 이른바 완성된 대상으로 구축하는
데 있다. 이때 사람들이 이 자료를—이해할 수 없는 사실법칙에 따라
다소 간에 역학적으로 함께 모아둔 무더기로 함께 날려버린—분리
된 '심리적 원자'로 생각하든, 전체성에 관해 또 형태의 성질에 관해
이야기하고 전체성을 전체성 속에 구별할 수 있는 요소들에 선행하
는 것으로 간주하든, 미리 이미 존재하는 대상의 이러한 영역 안에서
감성적 자료와 [이와] 다른 종류의 자료인 지향적 체험을 구별하든,

---

17) 이에 관해서는 이 책 제73항과 제74항의 논의를 참조할 것.

실제로 전혀 상관이 없다.

그렇지만 마치 감성적 자료와 지향적 체험의 구별이 전적으로 거부될 수 있는 것은 아니다. 사람들은 자아로서 내재적 경험의 대상인, 즉 내재적 시간의 대상인 내재적 대상에 관심의 초점을 맞출 수 있고, 이것은 명백히 현상학의 초보자가 해야 할 최초의 일이다. 이러한 의미에서 나는 『이념들』〔제1권〕에서 내재적 시간의식의 문제, 동일한 것이지만, 자아론적 시간성의 이러한 대상의 구성의 문제를 의식적으로 또 명백하게 배제했고,[18)19)] 이러한 영역에서 가능한 기술(記述)에 연관된 중대한 문제제기를 미리 지시하고 또 부분적으로 실행하고자 했다. 그렇다면 이러한 영역 속에서 질료적 자료와 지향적 기능의 구별이 근본적 구별로서 필연적으로 등장한다. 그러나 자아의 내재적 '내면성'에도 어떤 대상이 미리 존재하지 않으며, 미리 이미 존재하는 것만 단지 포착하는 어떤 명증성도 존재하지 않는다. 존재자를 구성하는 기능(이때 자신의 드러내 밝히는 역할을 하는 전체적 기능이나 능력과 하나로 결합된 기능)인 명증성은 작업을 수행한다. 자

---

18) 『이념들』 제1권, 제81항(163쪽) 참조할 것. 이 문제들 자체에 관해서는 이미 여러 번 인용한 『철학과 현상학적 탐구 연보』 제9권의 논문〔『내적 시간의식』〕을 참조할 것—후설의 주.

19) 후설은 『이념들』 제1권에서 초보자의 혼란을 방지할 교육적 목적과 현상학을 쉽게 이해시킬 방법적 의도로 '시간의식의 수수께끼', 즉 내적 시간의식과 그 대상의 구성문제를 배제했다고 밝힌다. 그리고 이러한 진술은 『이념들』 제2권(102~103쪽)에서도 반복된다. 결국 이러한 그의 시도는 가장 원초적으로 주어지는 것들의 문제를 다루는 질료학(Hyletik)의 가치를 부정하거나 시간의식에 대한 발생적 분석(이것은 이미 1904~1905년 괴팅겐대학교의 강의 『시간의식』에서 수행되었다)이 마련되지 않아서가 아니라, 스스로 만족할 만한 수준의 체계적 완성을 위해 유보했을 뿐이다. 그런데도 그는 『시간의식』에서 거둔 발생적 분석의 성과를 『이념들』 제1권, 제77~78항, 제82~83항, 제91항, 제99~100항, 제111~112항 등에서 빈번히 또 구체적으로 언급하고 있다.

아의 내재적 내면성에서 이 작업수행의 결과를 존재하는 대상이라 한다. 이것은 실로 여기에서 또 어디에서나 그러하다.

이에 관해 부분적으로 이미 언급한 몇 가지에 다시 주의해야 한다. 만약 명증성을 스스로를 부여함 또는 스스로를 가짐이라는 가장 넓은 의미에서 포착한다면, 따라서 모든 명증성은 특수한 자아의 작용이라는 형태를 띨 필요가 없으며, 자아—여기에서는 자아 극(Ichpol)을 뜻한다—에서 '주목하면서', 즉 파악하면서, 또한 가치를 평가하고 원하면서 스스로 주어진 것으로 '향해 있음'의 형태를 띨 필요가 없다. 고정된 법칙성 속에 진행하는 내재적 시간자료의 구성은 가장 넓은 의미에서 연속적 명증성이지만, 능동적으로 '자아(Ich)가 그것에-향해-있음'은 결코 아니다.

더구나 스스로를 부여함인 명증성은 자신이 변화하는 형태를 지니며, 스스로를 부여함의 완벽함에서 자신의 등급을 지니고, 자신의 본질 유형학으로 분류되어 탐구되어야 할 여러 가지 차이를 지닌다. 원본성이 변화하는 형태는, 비록 이것이 스스로를 부여함을 변양시키지만, 스스로를 부여함을 폐지하지는 않는다. 그때그때 지금(Jetzt)시점(물론 수학적 점(點)이 문제되는 것은 아니다) 속에 울려 퍼지는 음(音)의 절대적인 원본적 현재(Gegenwart)의 명증성은 '방금 전에'(soeben) 울려 퍼졌고 또 근원적으로 '사라져 가는' 음의 명증성과 연관 속에 본질적으로 수행된다. 또한 모든 명석한 회상은 회상된 과거 그 자체에 대해, 즉 원본적인 것으로 현재〔의 것〕이었지만 지나가버린 원본적인 것에 대해서가 아니라, 지나가버린 것으로서 지나가버린 것에 대해 스스로를 부여함인 명증성이다.

이 명증성은 명석함의 등급에 대해 그리고 이 등급에서 이끌어낼 수 있는 완전한 명석함의 이념(이것은 하나의 이념이다!)에 대해 똑같이 예를 제시해준다. 나는 이 이념에 접근할 '수 있고', '나는 할 수 있다'(Ich-kann)는 그 자신의 명증성을 지닌다. 외적 경험의 경우 이러한 사실을 이미 이야기했듯이, 내재적 회상의 원초적 경우인 여기에서도 기만(欺瞞)은 배제되지 않는다. 그러나 어쨌든 기만을 드러내 밝히는 본질형식도 명증적이며, 이 본질형식은 다시 다른 회상에 관한 명증성의 형식으로 회상의 명증성을 전제한다.

더 나아가 생생한 내적 경험의 가장 단순한 경우에서조차 연속적으로 서로 이어지고 또 변화되는 **명증성은 함께 기능한다**는 사실이 그 경험을 흐르면서 구성하는 본질형식에 포함되듯이, 그것은 전체적인 선험적(또한 심리학적) 내면 삶의 중대한 영역에서 일반적으로 타당하다. 이미 지적했듯이, 구성되는 다양한 대상범주는 서로 함께 본질에 적합하게 얽혀 있고, 그에 따라 각각의 대상이 그 자신의 명증성을 지닐 뿐 아니라, 그 명증성과 명증적인 것으로 명증성 속에 있는 각 대상도〔이것을〕포괄하는 기능을 한다. 각각의 문화객체가〔이에 대한〕하나의 예다. 자신의 본래 존재를 형성하는 이념성은 물질적(문화객체로 '정신화精神化된') 대상성 속에 '구체〔물체〕화되고', 따라서 객관적 문화를 규정하는 명증성은 자연에 대한 명증성 속에 기초 지어지며, 이 명증성과 함께 내적으로 얽히게 된다.

가장 일반적인 예를 들어보자. 구성된 것으로서 모든 대상은 내재적 대상과의 본질관련 속에 있으므로, 그 결과 모든 대상성의 명증성은 그 대상성에 대해 수행하는 내재적 체험, 즉 내재적 명증성을 내포해야 한다. 이때 어디에서나〔기능을〕수행하는 것 자체는 자신의 특별한 지향적 특성을 유지하며, 구성된 대상이 자아가 능동적으로〔그것으로〕향할 수 있도록 '자극'으로 '영향을 미치며' 수행할 수 있는가 하는 방식에서 극히 중요한 차이는 이 지향적 특성과 연관된다. 만약 어떤 사물이 비록 주목되지 않은 '배경' 속에서라도 구성된다면, 이때 많은 종류의 함축된 대상성이 구성된다. 예를 들면,

원근법으로 [다양하게 구성되며], 또는 마지막으로 객관적 색깔이나 음으로 '파악된' 그때그때 감각자료다. 그러나 가령 선험적 자아에 대해 '의식에 적합하게' 존재하는 이 모든 대상이 가능하게 영향을 미침(Affektion)에 관해 동등한 것은 아니다. 사물은 [자아를] 촉발시키는 최초의 것이고, [자아가] 사물에서 반성적으로 주의를 [다른 것으로] 돌림으로써 비로소 2차적으로 원근법, 또는 계속 되돌아가 감각의 색깔이, 따라서 명증성의 기능을 기초 지음에서 규정된다.

어쨌든 명증성이라는 말로 전통적으로 이루어진 공허한 명증성에 관한 논의에 대립해 어느 정도까지 탐구되어야 하는가에 대한 생각을 얻기 위해 우리가 이야기한 이것으로 충분하며, 명증성에 대한 비판의 의미와 이 비판이 일반적으로 명백하게 되어야 한다면, 이것으로 충분하다. 명증성과 특히 판단의 명증성(더 정확하게 말하면, 범주적 활동성의 판단의 명증성)에 대한 모든 비판은, 지금 서술한 것에서 자명하듯이, 현상학의 테두리 안에서 실행되어야 한다는 사실뿐 아니라, 이 모든 비판은 그 자체로 여전히 소박한 최초의 단계의 현상학이 단도직입적으로 실행하는 그 명증성을 비판하는 형식 속에 궁극적 비판으로 소급해 이끈다는 사실을 나는 매우 늦은 다음에야 인식했다. 그렇지만 이것은 다음과 같은 사실을 뜻한다. 즉

모든 다른 인식비판이 그 속에 뿌리내리는 그 자체로 최초의 인식비판은 현상학적 인식 자체에 대한 선험적 자기비판(Selbstkritik)이다.[20][21]

---

20) 나는 이 궁극적 비판을 실제로 하는 일을 1922~23년 겨울학기의 네 시간 단위 강의에서 시도했는데, 이 강의의 기록은 나의 젊은 친구[제자]들이 입수할 수 있을 것이다―후설의 주.

21) 후설은 1922년 6월 영국 런던대학교에서 네 차례 「현상학적 방법과 현상학적 철학」을 강연했다. 따라서 여기에서 '1922~23년 겨울학기의 네 시간 단위 강

d) 의식의 아프리오리한 구조형식인 명증성

여전히 또 다른 점이 중요하다. 전통적 인식론과 심리학은 명증성을 하나의 색다른 특수한 자료로, 즉 그 어떤 귀납적이거나 인과적인 경험의 법칙성에 따라 영혼적 내면성의 연관 속에 들어오는 것으로 간주한다. 그래서 그러한 일이 동물에게 일어난다는 사실이 대개 자명한 것으로 부정되었다.

이에 반해 의식 삶은 실로 내재적 시간영역에 따라 명증성 없이 존재할 수 없다는 사실, 또한 우리가 의식 삶을 객체성과 관련된 의식으로 생각하듯이, 의식 삶은 외적 경험의 흐름 없이 존재할 수 없다는 사실은 이제까지 이야기한 것에서 이미 분명히 밝혀졌다. 그러나 모든 단계에서 형태를 지닌 명증성은 다른 명증성과 더불어 더 높은 명증성의 작업수행으로 얽힐 뿐 아니라 명증성의 작업수행 일반은 명증성이 아닌 계속된 연관 속에 있다는 사실 그리고 본질에 적합한 변화가 끊임없이 진행된다는 사실도 여전히 지적되어야 한다. 즉 과거지향이 '잠을 자는' 의식의 형태로 침전됨, 충만함을 추구하는 연상적인 공허한 지향, 의견, 공허한 추구가 본질에 적합하게 형성됨 등, 충족됨, 확증함, 검증함, 말소함, 거짓임, 실천적으로 실패함 등으로서 스스로를 부여함—이 모든 것은 삶의 통일체에 아프리오리하게 포함된 구조형식이며, 이러한 통일체에 대한 연구, 즉 이 모든 것을 고려하고 해명하는 연구는 현상학의 엄청난 주제다.

의'는 이 강연을 심화시키기 위한 「철학 입문」(이 자료는 2002년 후설전집 제35권으로 출간되었다)을 뜻한다.

맺는말

이 책에서는 전통논리학에서 선험논리학으로의 길을 묘사하고자 했다. 선험논리학은 2차적 논리학이 아니라, 단지 현상학적 방법으로 생긴 근본적이고 구체적인 논리학 자체다. 어쨌든 더 정확하게 말하면, 우리는 이러한 선험논리학으로서 바로 전통적으로 제한된 논리학, 즉 물론 그 공허한-형식적 일반성으로 모든 존재영역과 대상영역 또는 인식영역을 포괄하는 분석적 논리학만 염두에 두어왔다. 그렇지만 우리는, 선험적 탐구의 의미와 폭을 고쳐서 묘사할 수밖에 없기 때문에, 학문이론(Wissenschaftslehre)이지만 사태를 지닌 학문이론으로서 다른 의미에서 정초되어야 할 '논리학'에 대한 이해도 미리 획득했다. 여기에서 최상의 그리고 가장 포괄적인 것은 절대적 학문의 논리학, 즉 선험적-현상학적 철학 자체의 논리학일 것이다.

물론 정당한 의미에서 논리학, 또는 이와 동의어인 존재론이라는 명칭으로 정초되어야 할 실질적-아프리오리한 모든 학과, 우선 단도직입적으로, 선험적으로 '소박한' 실증성 속에 정초되어야 할 세속적(mundan) 존재론의 학과가 속한다. 이 존재론이 순수한 의미에서 가능한 세계 일반의 보편적 아프리오리―우리에게 사실적으로 주어진 세계에서 형상적으로 변경(Variation)하는 방법을 따라 형상(Eidos) 으로서, 지시해 이끄는 '범례'(Exempel)로서 구체적으로 생기는 보편적 아프리오리―를 전개한다는 사실은 우리가 논의한 연관 속에 이미 분명해진다. 그렇다면 이러한 생각에서 근본적으로 정초되어야 할 세계[에 관한]-논리학(Welt-Logik), 즉 이미 시사된 진정한 세속적 존재론의 중대한 문제제기의 단계가 진행된다.

새로운 의미에서 '선험적 감성론(Ästhetik)'(좁게 한정된 칸트의 선험적 감성론[1]과 쉽게 파악할 수 있는 관련 때문에 이렇게 부른다)은 [세계-논리학의] 근본단계로서 기능한다. 선험적 감성론은 '순수 경험'의 세계인 가능한 세계 일반의 형상적 문제를 다루며, 그래서 '더 높은' 의미에서 모든 학문에 선행한다. 따라서 선험적 감성론은 보편적 아프리오리에 대한 형상적 기술(記述)을 다룬다. 이 보편적 아프리오리가 없다면, 단순한 경험 속에 그리고 범주적 작용(칸트의 의미에서 범주적인 것과 혼동하면 안 될 우리의 의미에서 범주적 작용) 이전에 통일적으로 객체가 나타날 수 없을 것이고, 이러한 일반적으로 자연이나 세계의 통일체도 수동적인 종합적 통일체로 결코 구성될 수 없을 것이다. 그 아프리오리의 한 층(層)은 공간-시간성의 감성적 아

---

1) 칸트는 『순수이성비판』이 다룬 '선험적 원리론'의 선험적 감성론에서 물 자체가 촉발되어 주어진 경험의 내용이 아프리오리한 감성의 직관형식인 시간과 공간으로 잡다하게 수용된 것을 오성으로 연결시키는 구상력(Einbildungskraft)과 도식(Schema)의 원리를 밝힌다.

후설은 이러한 칸트의 생각을 받아들여 운동감각적 경험에서 시간적 공간적 연관의 구성을 해명하는 작업을 선험적 감성론이라 부른다(『수동적 종합』, 295, 361~362쪽; 『상호주관성』 제3권, 214쪽 주 1, 234쪽 이하; 『성찰』, 173쪽 참조할 것). 따라서 수동적 감성은 능동적 이성에 기초를 이루며, 선험적 감성론은 선험논리학으로 상승해야 한다.

프리오리다. 물론 진정한 학문이 될 수 있으려면 분석적 로고스뿐 아니라 감성적 세계의 로고스도 선험적 구성에 대한 탐구가 필요하다. 이러한 구성에 대한 탐구에서 실로 대단히 풍부하고 또 어려운 학문〔선험적 현상학〕이 생긴다.

그렇다면 감성적 세계의 로고스 위에 객관적으로 세계에 있는 존재의 로고스 그리고 '더 높은' 의미에서 학문, 즉 '엄밀한'(streng) 존재와 엄밀한 학문의 이념 아래 탐구하고, 이에 상응해 '정밀한'(exakt)[2] 이론을 형성하는 학문의 로고스가 단계 지어진다.[3] 그래서 사실상 우선 정밀한 기하학의 형식에서, 그런 다음 정밀한 자연과학(갈릴레이의 물리학)의 형식에서 의식적으로 새로운 양식의 학문이 생긴다. 이 학문은 '기술적'(記述的) 학문 즉 순수 직관에 주어진 것을 유형화하고 개념 속에 파악하는 '감성적' 형성물이 아니라 이념화하고-논리화하는 학문이다.

잘 알려져 있듯이, 역사적으로 이러한 학문의 최초의 형태와 이것이 계속 이끈 것은 플라톤화하는(platonisierend) 기하학이었다. 이 기하학은 '감성적' 의미에서 직선, 원 등에 관해 이야기하거나 실제적이거나 가능한 나타남 속에 나타나는 것의 아프리오리인 이것의 아프리오리에 관해 이야기하는 것이 아니라, 그렇게 나타나는 공간의 (규제적) 이념, 즉 '이념적 직선'을 지닌 '이념적 공간' 등에 관해 이야기한다. '정밀한' 물리학 전체는 그러한 '이념성'을 다루고, 따라서 이

---

2) '정밀함'은 경험적 측정이나 수학적 논증, 논리적 추론의 정확성을 뜻하며, 갈릴레이와 데카르트 이래 근대 자연과학과 철학의 이상이었다. 반면 이러한 객관적 학문들의 궁극적 근원을 되돌아가 물음으로써 모든 학문이 타당할 수 있는 근거를 밝히고 진정한 학문으로 정초하려는 후설의 현상학의 이상은 '엄밀함'으로 표현된다.

3) 이 책의 제96항 c) 이하를 참조할 것—후설의 주.

념—규제적인 이념적 규범, 즉 더 높은 의미에서 실제적으로 경험된 자연의 로고스—인 하나의 자연이 실제적으로 경험된 자연, 즉 현실적 삶의 자연 아래 놓이게 된다.

이러한 사실이 의미하는 것, 즉 이러한 사실로 자연을 인식하고 자연을 지배하는 가운데 수행되어야 할 것—이것을 모든 학생〔초보자〕은 소박한 실증성 속에 '이해한다.' 그러나 여기에 자연에 대한 '정밀한' 인식의 근본적 자기이해와 선험적 비판을 위한 강력한 문제가 놓여 있다. 자명하게 그것은 인식대상적(noematisch) 의미해명의 실마리에서 진행해가는 현상학적 탐구, 즉 인식작용적(noetisch)으로 '주관적' 구성을 드러내 밝히고 여기에서부터 궁극적 의미의 물음과 그 '유효범위'를 비판으로 규정해야 할 현상학적 탐구의 문제다.

결코 동일하지는 않지만 유사한 지향들이 어느 정도까지 정신과학(Geisteswissenschaft)[4]의 의미 속에 들어갈 수 있는지, 어떤 규제적 이념이 그 지향에 필요하며, 그 지향에 가령 자연과학적 정밀성이 아니라 자신의 '더 높은' 논리성(Logizität)에 대한 (그 지향 자체에서 생기는) 규범의 개념을 새겨넣기 위해 자신의 방법을 의식적으로 이끌어야 하는지—이러한 문제는 또다시 '논리학'의 새로운 탐구영역을 지시하는 새로운 물음이다.

그래서 우리는 단지 형식적 학문이론의 본질을 제한했고, 이 학문이론을 이것의 선험적 형태로 넘겼다. 반면 학문이론, 논리학, 존재

---

4) 독일어 'Wissenschaft'는 자연과학은 물론 인문·사회과학을 포괄하는 학문을 뜻한다. 그래서 '경험학문'보다 '경험과학'이, '사실학문'보다 '사실과학'이 더 친숙한 표현이지만, 후설 현상학이 줄곧 모든 학문을 진정한 학문으로 만들 수 있는 조건과 원천을 해명하는 학문이론으로서 학문성(Wissenschaftlichkeit)을 문제 삼기 때문에, '자연과학' 이외에는 '학문'으로 옮긴다. 따라서 이 용어도 '인문과학'보다 더 포괄적인 '정신과학'으로 옮긴다.

론의 충만한 이념은 단지 그 테두리를 획득했으며, 우리가 이러한 관점에서 어디까지 돌진해나갈 수 있는지를 알려 줄 미래의 서술을 지시한다.

부록 1
구문론적 형식과 구문론적 질료,
핵심형식과 핵심질료

판단형식의 본질에 대한 통찰을 심화시키기 위해 본문에서 많이 사용된 구문론적 형식과 구문론적 소재의 구별을 아래에서 더 자세하게 설명해야 하고, 이것과 본질적으로 연관된 다른 구별로 보충해야할 것이다. 이것은 모두 순수-논리적 형식이론('순수-논리적 문법')에 속하기 때문에, 그에 따라 우리가 술어화(述語化), 명제 등과 같은 문법적 표현을 사용하는 어디에서나 관련된 의미형성물을 생각할 것이다. 주제를 제한하는 경우 **구문론**(Syntax)이라는 명칭 그리고 이와 연결된 명칭 아래 탐구되지 않고 남은 판단영역의 본질구조를 기술해 명백하게 제시하는 일이 중요한 문제다.[1] 이러한 일의 중요성은 다른 한편으로 문법학자에게도 자명하다.

---

1) 본질적으로 이 부록의 내용은 내가 괴팅겐대학교에서 형식논리학에 관해 행한 강의들—게다가 1910~11년 겨울학기 강의의 최종 초고에 따라—에서 유래한다. 그 강의들에서 나는 인식대상적 태도에서 그리고 순수하게 기술적(記述的)으로 술어적 의미에 대한 일련의 체계적인 순수 형식이론을 본래의 분석론을 위한 근본토대로 구상하고자 했다—후설의 주.

1 술어적 판단을 조직함

우선 가장 단순한 범주적 형식의 술어화인 'A는 b다'를 선택해보자. 그러면 그 각각은 다음과 같은 두 부분으로 명백하게 조직된다. 즉 [한편으로] 이른바 **중간에 끊어진 것**—'무엇에 관해' 진술된 기체(基體) 항(Glieder)[2]—인 'A …… 는 b다'와 [다른 한편으로] 그것에 의해 진술된 것으로 조직된다. 여기에서 그 각각은, 의미의 통일체 'A는 b다'에서 순수하게 기술(記述)로 분절되는 것과 정확히 마찬가지로, 받아들일 수 있다. 이때 조직함(Gliederung)은 물론 잘게 조각냄(Abstückung)을 뜻하지 않는다. 왜냐하면 조각(Stück)이라는 말도 그 자체만으로 분리될 수 없는 부분(Teil)을 지시하기 때문이다. 그러나 적어도 술어의 항이 자립적으로 분리될 수 없다는 사실은 명백하다. 그렇지만 동일한 것이 주어 항에도 적용된다는 사실이 즉시 분명해질 것이다.

더 복잡하게 조직화된 경우, 예를 들어 가언적(假言的) 판단 '만약 A가 b라면, C는 d다'를 고찰해보자. 이 판단은 예리하게 두 부분으로 나뉘어 조직되었고, 또한 '중간에 끊어진 것', 즉 '만약 A가 b라면, …… 그러면 C는 d다'를 지닌다. 이러한 항(項) 각각은 다시 나뉘어 조직된다. 이 가언적 [판단의] 전제[전건]는, 그 결론[후건]과 마찬가지로, 그 의미내용 속에 단순한 정언적 명제의 '변양'(Modifikation)으로 제기된다. 그 변양은 바로 두 측면에서 구별된 것

---

2) 이 용어는 신체의 '마디'나 '관절', 전체를 구성하는 각 '부분'이나 '일원', 문장의 '구'나 '절' 등을 뜻한다. 그래서 '구절'(句節)로 옮기려 했으나, 문맥의 흐름이나 내용의 이해에 매우 부적절한 경우도 많기 때문에, 이러한 의미들을 포괄하면서도 전체 또는 명제를 조직한다는 의미를 지니는 '항'(項)으로 옮긴다. 그리고 이것의 명사화인 'Gliederung'은 [항들로 명제나 전체를] '조직함'으로 옮긴다.

으로, 즉 어떤 때는 '만약 A가 b라면,'의 형식으로, 다른 때는 '그러면 C는 d다'의 형식으로 표현된다. 이러한 모든 변양은, 그것이 '지시하는' 변양되지 않은 정언적 판단에 상응해, 변양된 주어 항과 이것이 변양된 술어 항 사이의 중간에 끊어진 것을 그 자체 속에 지닌다. 그 A는 근원적인 정언적 형식에서뿐 아니라 이 형식의 변양에서 그 자체 속에, 가령 형용사로 수식하는 부가어 속에 다시 조직된다. 이때 우리는 A 자체 속에 다시 중간에 끊어진 것, 즉 주요 항과 수식하는 부수 항(어쩌면 관계문장〔관계절〕의 형식으로도)을 지닌다.

그러므로 통일적 명제는 어느 정도 충만하게 조직될 수 있고, 우리는 모든 항이 동등한 단계에 있어야만 하는 것은 아니라는 사실을 알게 된다. 예를 들어 가언적 명제는 직접 전제〔전건〕와 결론〔후건〕으로 조직된다. 첫 번째 단계의 항인 직접적 항은 전체와의 관련 속에 두 번째 단계의 항인 직접적 항을 그 자체로 다시 지닌다. 그리고 그것은 이렇게 세 번째 단계, 네 번째 단계 등의 항으로 나아갈 수 있다. 그러나 우리는 모든 명제에서 **궁극적 조직함**과 항들—우리의 예에서 'A, b 등'을 통해 기호로 시사된 항들—에 이르게 된다.

이러한 의미에서 모든 항은 모든 상황 아래 **비자립적**이고, 전체 속에 존재하는 그대로이며, 상이한 전체는 동등한 항을 지닐 수 있지만, 동일한 항을 지닐 수는 없다. 'A는 b다' 그리고 계속해 'A는 c다'라고 말해도, 동일한 항이 두 명제 속에 놓여 있는 것은 아니다. 동일한 대상 A가 〔두 번〕 추정되지만, 상이한 방식(Wie)으로 추정되며, 이 방식은 의견(의견을 말함이 아닌)과 더불어 그 자체로 우리가 명제라 하는 추정된 것 자체에 속한다. 그 두 명제 속에 우리는 대응하는 위치에서 동등한 내용이자 상이하게 형성된 내용인 A의 상이한 것을 지니며, 이것을 상이하게 형식화한다. 그 의미를 정확하게 고찰하면, 두 명제 사이를 연결시키는, 게다가 그 두 명제를 상이하게 형성하면서 연결시키는 '동일한 것'이라는 형식이 명확하지 않더라도 두 번째 명제 속에 등장한다. 달리 말하면, 비록 표명되지 않더라도 어떤 전체 명제 'A는 b이며, 동일한 것[A]이 c다'의 통일체 속에 있다. 두 번 등장하는 A-사념된 것은 두 명제 속에 다음과 같은 관계형식을 지닌다. 즉 두 번째 것[A]은 첫 번째 것과 관련된 동일성을 얻지만, 이것에서 첫 번째 것도 두 번째 것과 관련된 상관적 동일성을 얻는다. 이것은, 첫 번째 것이 전체 명제 속에 등장하듯이, 첫 번째 것 자체의 의미에서 캐물어 알아낼 수 있는 것이다. 우리는 이러한 숙고를 '동일한' 항(동일한 '주어', 술어, 목적어, 동일한 전제[전건])이 등장하는 곳이면 어디에서나 실행할 수 있다.

2 판단에서 사태와 관련됨

구체적인 술어적 의미의 통일체 안의 항들에서, 그러나 전체적 판단이나 명제에서도 두 가지 종류의 계기가 구별될 수 있다. 모든 자립적 명제는 그 어떤 사태와 이 사태에 부과되는 그 어떤 것에 관련된다. 판단된 명제 속에 어떤 사태가 '생각된다.' 그래서 대상성과의 이러한 관련, 즉 간략하게 말해 명제가 **사태에** 관련되는 것은, 우리가 소재(Stoff)라 부를 규정된 그 계기에 결합된 반면, 이 관련은 어쨌든 다른 계기인 **형식**의 계기를 통해서만 구체적으로 또 대상적인 것에 대한 의미의 관련으로서 가능하다는 사실이 분명해진다.

어떻게 명제가 전체로서 대상의 관련을 실현하는가 하는 물음으로 더 자세하게 관찰해보자. 우선 명제에서 그 자체로 대상과 관련 맺는 부분을 발견해야 한다. 이러한 사실은 모든 항에 적용되며, 모든 항이 나뉘어 조직되는 한, 그 마지막 항 또는 그 자체로 최초의 항에 이르기까지 모든 항에 적용된다. 이 모든 항과 더불어 우리는 조직하는 관점에서 궁극적으로 사태에 관련된 부분적 의미의 유형을 지닌다. 이 유형은 (스스로 규정하는 것인) 기체의 대상에 관련된 주어의 의미로, 속성에 관련되고 다시 관계에 관련된 부분적 의미로 구분된다. 다른 한편으로 '이다' '또는' '왜냐하면' 등처럼 의미의 계기를 드러내면서 그 자체 속에 사태와 관련된 아무것도 포함하지 않지만 명제에 본질상 없어서는 안 될 부분을 이미 정상적인 언어적 표현에서조차 쉽게 발견할 수 있다(우리는 '부분'이라는 말을 가장 넓은 의미로, 따라서 항이-아닌 것도 포함하는 의미로 사용한다). 물론 이것은 그 부분이 전체로서 사태와 관련되는 명제에서 그 기능 덕택에 (또는 그 부분이 전체로서 각 항에서 그 기능 덕택에) 사태와 관련된다는 사실을 배제하지 않는다. 그러나 부분들 속에는, 순수하게 그 자체만으로 고찰해보면, 사태와 관련되는 것은 전혀 없다. 더 정확하게 주시해보면, 모든 항, 모든 원초적 항도 그러한 계기를 포함하며, 위에서 든 예에서 드러나듯이, 비록 계기가 완벽한 문법적 명제의 특유한 말로 표현되지 않았더라도, 그러하다.

3 순수한 형식과 소재

조직함에 대립해 거기에서부터 모든 술어적 의미, 모든 '구체적' 명제와 명제 항의 주목할 만한 또 명제항과 총체적으로 다른 종류의 '나눔'(Teilung)이 생긴다. 하나의 측면에서 우리는 단계적으로 이러한 구체화에서 명백하게 완전히 비자립적 계기, 즉 그 자체에서 사태와 관련되지 않는 완전히 추상적 계기를 끄집어낼 수 있다. 이것을 순수 형식의 계기라 한다. 그렇다면 우리에게는 항 각각에서 그리고 결국 궁극적 항 각각에서 핵심내용이 남게 되는데, 이것은 다시 완전히 추상적인 것, 그러나 바로 그 항이 사태와 관련되게 하는 것이다. 이러한 관점에서 우리는 소재적 계기에 관해 이야기한다. 다음의 예가 이 모든 것을 즉시 분명하게 해준다. 가령 '종이' '반인반마'(半人半馬) 등과 같은 명제의 주어를 머리에 떠올리고, '동일한' 표현이 변화된 기능을 하는(문법적으로 변화되는) 다른 명제, 즉 스스로 규정하는 주어에 관련된 목적어를 지시하지 않는 다른 명제를 생각하면, 그래서 의미의 측면에 주시하면, 사실상 동일한 것(Identisches)이 드러나게 된다. 그것은 형식의 그러한 모든 변화에도 동일한 것(Dasselbe), 즉 '종이' '반인반마'와의 관련을 유지하는 사태와 관련된 동일한 것이다. 따라서 '순수 형식'과 '순수 소재'라는 두 가지 한계개념에 이르게 된다. 이 두 개념은 필연적으로 구체화에 속하며, 게다가 곧 언급하겠지만, 순수 소재는—각 단계의 형성물이 항들 속에 언제나 다시 상대적[관계된] 소재와 형식을 제시하는 방식으로—이것의 단계를 이룬 형식화(Formung)로 궁극적으로 사태와 관련시키기 때문에 구체화에 속한다. 이러한 상대성에 대해서는 앞으로 더 다룰 것이다.

형식화는 미리 주어진 소재에서 실행되거나 실행될 수 있을 활동이 분명 아니다. 이것은 마치 소재가 추상적 의미의 계기 대신 구체적 대상인 것처럼, 실로 우리가 미리 소재를 그 자체만으로 지닐 수 있다는 이치에 어긋남을 전제하게 된다. 그렇지만 추상화의 상이한 방향을 따라가면서 또 이때 명제의 형성물을 (판단하고 또 유사-판단하면서 사유하거나 바꾸어 사유하는 자유 속에) 변화시키면서, 이른바 대상과의 관련이라는 의미형성을 위한 형식과 이 형식이 변화하는 기능을 추적할 수 있다. 달리 말하면, 명제와 그 항들의 본질구조로 어떻게 이것이 대상과 관련되고 그 분석적-형식적 유형이 이루어지는지 하는 방식을 통찰할 수 있다.

4 더 낮거나 높은 형식. 이 형식들이 서로 의미에 관련됨

형식은 낮은 단계의 형식과 더 높은 단계의 형식으로 구별된다. 즉 가장 낮은 항에 속하는 형식과 이미 형식화된 항 자체를 포괄하면서 더 높은 단계의 구체화로 이끌며 더 복잡한 항으로 형성하거나 완전히 구체적인 통일체, 자립적 명제로 형성하는 형식으로 구별된다. 그 의미에 따라 더 높은 단계의 형식(이 경우 그 형식이 어쩌면 일반적 의미내용에 따라 더 낮은 단계의 형식과 동일한 종류라는 사실이 배제되지 않는다)은 낮은 단계의 형식에 관련되며, 이렇게 소급해 관련되는 가운데 사태와 관련되기 위해 기능한다. 전체로서 명제는 전체성의 형식을 지니며, 그때그때 사념된 것 전체에 대한 이 형식의 통일적 관련에 따라 정언적으로 이러저러하게 형성된 것, 즉 사태를 지닌다. 명백히 이 사태와 관련된 것은 기초 지어진 것이다. 왜냐하면 그것은 이미 항들이 사태와 관련된 것을 전제하거나, 이 항들이 사태와 관련된 특별한 형식의 기능을 전제하기 때문이다. 나는 특별한 형식을 말하고 있고, 이것으로써 전체성의 형식화로 각각의 항도 전체 속으로 동형화(Einformung)된다는 점을 예시하려 한다. 즉 각각의 항이 대상과 관련된 것은 전체 명제가 대상과 관련된 것에 관한 존립요소의 형식을 유지한다.

그러나 형식이 의미와 관련된 것과 이와 연관된 직접적이거나 간접적으로 사태와 관련된 것의 차이는 다른 방식으로 서로에게 지시된다. 형식 덕택에 그 자체 속에 사태와 관련된 항은 때때로 그 항 자체를 넘어서는 사태와 관련된 것, 즉 어떤 다른 항 속에 놓여 있는 것과 관계된 사태와 관련된 것도 유지한다. 예를 들어 '이 종이는 하얗다'고 하면, 정언적으로 규정하는 각각의 명제에서처럼, 그 술어는 자신의 고유한 사태의 내용을 넘어서 주어인 '종이'와 관련된다. 즉 이 주어가 사태와 관련된 것 속에 의미에 적합하게 관여하면서 관련된다. 그러나 그것이 '하얗다' 대신 '푸르스름하게 하얗다'를 뜻하면, 이전에 단순한 술어 '하얗다'는 이제 그 자체 속에 2차적 규정을 지니게 되는데, 따라서 이 규정은 최초의 주어에 더 간접적으로 관여한다.

5 자립적 진술논리의 완결된 기능의 통일성. 전체의 결합형식을 계사로 연결함과 연언으로 나눔

이미 위의 첫 번째 분석에서 끈질기게 파고들었듯이, 형식은 상이한 종류가 있으며, 매우 상이한 방식으로 총체적 의미를 규정한다. 명제의 의미 전체에서 형식은 하나의 기능이라는 완결된 통일체를 이룬다. 왜냐하면 명제 자체(항으로서 명제가 아니라, 여기에서는 그 자체만으로 '완결된' '자립적' 명제)는 형식적 일반성에서 이 기능의 통일체를 표현하기 때문이다. 따라서 이 기능의 통일체에서 항들은 기능 속에 있는 항이며, 그래서 그 항 자체에서 제시할 수 있는 그 기능의 형식을 지닌다.

이때 어쨌든 동시에 또 대부분 언어적 표현에서도 항들을 형식에서 전체적으로 결합하는 것이 뚜렷하게 나타난다. 그러나 이것은 이러한 결합형식의 방식에서 중요한 차이를 타당하게 한다.

한편으로 '그리고'(Und) '또는'(Oder)과 같은 결합형식이 있다. 요컨대 (확장된 의미에서) 연언적 결합형식이 있다. 이 형식은 결합하고 정언적 통일체를 만든다. 그러나 형식의 고유한 의미에는 어디에서나 매우 우선적으로 다루어지고 특히 학자나 논리학자에게 우선적으로 다루어지는 적확한 의미에서 판단(또는 '명제')—술어화하는 판단, '진술논리의' 판단—과 관련된 것은 전혀 없다. 형식 자체는 그러한 정언적 통일체를 만들지도 않고, 그 어떤 '변양'으로 또는 그 밖의 어떤 방법으로—마치 형식이 [무엇인가를] 결합하고 이 결합 자체가 어떤 술어화(진술논리) 안에서 필연적으로 등장해야 하는 것처럼—
그러한 통일체를 소급해 지시하지도 않는다.

다른 한편으로 바로 어떤 술어적 명제의 특수한 통일체형식을 만드
는, 즉 전통적 어법으로는 계사(Kopula)의 형식을 만드는 '결합'의
방식이 있다. 따라서 이른바 계사로 연결하는 통일체형식이 있다. 이 형
식은 술어화의 항들을, 우선 단순한 술어화의 항을 통일체로 이끈다.
그것은 그 상이한 형태에서, 즉 규정하는 판단인 정언적 판단의 상이
한 형태에서, 하지만 다른 형태에서 '이다-형식'(Ist-Form)이다. 왜냐
하면 그것은 실로 명백하게 모든 동일화하는 연결 속과 마찬가지로,
가언적 판단이나 인과적 판단의 통일체 형태 속에 끼워져 있기 때문
이다. 그 형식은, 전체의 형식이 항들의 결합형식으로서 추상적으로
뚜렷하게 제시될 수 있는 방식으로, 항들 자체에 항의 형식을 부과하
면서 항들을 명제 전체의 항으로 만드는 기능의 형식이다.

6 가장 넓은 정언적 영역으로 넘어감

a) 구별된 결합형식의 보편성

우리가 다른 결합형식의 고유한 의미 속에 계사로 연결하는 것은
전혀 없다고 했을 때, 이것으로써 그 형식이 이러한 의미 이외의 어
떤 근거에 입각해, 우리가 술어화가 아닌 모든 종류의 정언적 형성물
을 술어화로 끌어넣는 일에도 끊임없이 몰두하는 한, 연상과-통각에
따르든, 우리가 항상 할 수 있는 판단 자체를 연언으로(또는 선언이나
그 밖의 어떤 방식으로) 결합하는 것이든, 계사로 연결하는 것을 받아
들일 수 있다는 사실을 배제하지 않는다.

이때 술어화를 정언적으로 통일시키는 통일체의 기능인 결합은 이
술어화에 대해, 계사의 전체인 술어화에 대해 그리고 이것을 계사로

연결하는 것 자체에 대해 의미를 함께 규정하는 필연적 영향력을 지닌다. 반대로 예를 들어 그러한 기능에서 관련된 '그리고'는 자신의 측면에서 그것이 바로 결합하는 계사로 연결하는 어떤 것을 그 의미 속에 받아들인다. 따라서 정언적 형성물(우리는 2차적인 말로써 충분한 근거에 입각해 이것을 **구문론적 형성물**이라 한다)의 완전한 범위를 고찰한다면, 구별된 결합방식, 즉 계사적 결합방식과 비계사적 결합방식이 정언적[범주적] 대상성을 새로운 대상성으로 결합하는 형식화의 방식으로서 동일한 보편성을 지닌다는 사실을 확인해야 한다.

b) 조직함과 연관된 구별을 정언적 영역 전체로 확장함

또한 조직함(Gliederung)에 관해 말한 것은, 항상 단지 진술논리 판단의 형성물에만 주시하면서, 예를 들어 수(數), 조합 등 모든 '구문론적' 형성물에, 단지 약간만 변양된 채, 들어맞는다. 따라서 여기에서도 우리는 형성물이나 그 형식을 궁극적으로 조직하는 환원 그리고 부분적으로는 동일한 단계에서 또 부분적으로는 임의로 단계를 올라가면서 생기는 궁극적 항들에서 정언적 전체를 구축하는 환원을 지닌다. 또한 서로 얽혀 기능하는 형식의 보편성(주관적으로 또 상관적으로 말하면, 연언으로 결합하는 작용, 선언으로 결합하는 작용, 동일화하면서-계사로 연결하는 작용 등 실제적이거나 생각해낼 수 있는 작업을 수행하는 작용이 지닌 형식의 보편성)은 바로 개방된 무한성에서 이념적으로 반복할 수 있는 형식이 형성되는 결과를 낳는다.

c) 고대의 진술논리 분석론의 명제개념에 대립하는 확장된 정언적 명제개념

이 모든 형성함 또는 형성물은 분석적 형성물인 명제라는 가장 넓은 개념에 지배된다. 여기에서 '명제'(Satz)라는 것은 계사로 연결하

는 상관자가 아니라, 명제로 정립함(Setzung), 게다가 정언적 형식의 의미내용을 정립하는 상관자다.[3] 이때 정립은 속견(Doxa), 존재신념 (Seinsglaube)으로 이해되지만, 바로 존재정립(Seinssetzung), 즉 동시에 언제나 또 모든 사람에게 접근할 수 있는 '표명'(Äußerung)—모든 사람이 신념 속에 동행함을 믿고 기대할 수 있는 표명—으로 정립하는 것으로 이해된다. 따라서 이때 '정립된' 존재는 바로 계사적 명제에만 속하는 계사 '이다'(Ist)와 다른 의미가 있다. 계사적 명제의 경우에는 계사의 기능에서 분리할 수 없는 신념양상으로, 즉—언제나 또 모든 사람에 대해—존재하는 것이라는 존재정립에 고유한 새로운 의미형성으로 중재되어 계사의 기능에 결합된다.[4][5] 아리스토텔레스의 진술논리 개념(이 개념은 사실상 근본적 기본개념으로 명백하게 제시되었다)에 그리고 우리가 본문에서[6] 알게 된 동기에 이끌려, 전통적 진술논리 논리학은 그 판단이론에서 '판단'이라는 명칭 아래 오직 모든 속견적 양상(정언명제의 의미로 관계 지을 수 있는 것으로서)에서 우선 **첫째로** 정언명제(존재명제를 포함해)만 고찰했다.

---

3) 이에 관해서는 본문 제50항의 옮긴이주 5를 참조할 것.

4) 따라서 나는, 내가 존재명제를 이례적으로 변화된 주어의 의미를 지닌 정언적 명제로 간주하기 때문에, 브렌타노의 판단이론을 따를 수 없다—후설의 주.

5) 여기에서 존재명제는, 가령 "이순신은 존재한다" "이순신이 있다" 같은 명제처럼, 존재(있음)를 술어로 한다. 그런데 이러한 명제는 진정한 의미에서 술어가 없다는 것이 일반적인 논리적 분석이다. 왜냐하면 "이순신은 용감하다"에서 술어 '용감하다'는 주어의 존재를 이미 상정한 상태에서만 사용할 수 있지만, 즉 어떤 존재자의 특성이나 속성을 나타내는 기능을 하지만, '존재한다'는 주어의 존재를 이미 상정한 상태를 가정하면 그 존재자의 특성이나 속성을 전혀 기술하지 않기 때문이다. 이것은 인도-유럽어, 예컨대 영어에서 'be' 동사가 단순히 주어와 술어를 계사로 연결하는 '이다'와 주어의 특성이나 속성을 나타내는 '있다'와 구별되지 않기 때문에 일어나는 문제다.

6) 본문의 제47항 참조할 것—후설의 주.

그리고 그 전통논리학은 **둘째로** '판단'이라는 명칭에도 모든 연언의 형성물과 정언명제에서 생긴 그 밖의 형성물을 포함시켰다. 이 모든 형성물은 술어적 이론의 통일체를 수립하기 위한 직무가 부여되어 있다.

계속될 연구에서 이러한 분야(계속될 연구는 사실상 근원적으로 오직 이러한 분야의 관점에서만 실행되었다)에만 머문다면, 어쨌든 다음과 같은 사실을 미리 강조해야 할 것이다. 즉 계속될 연구는 정언적 영역 전체에 (가장 넓은 의미에서 판단의 영역 전체에, 그런 다음 어쨌든 가치론적 영역과 실천적 영역에 평행하는 구문론적 형성물에도) 관련시킬 수 있는 더 큰 일반성을 받아들일 수 있다는 사실, 이로써 관련된 인식대상적 이념의 형성물의 전체 분야 속에 매우 중요한 기술적(記述的) 과제가 지시된다는 사실이다. 그러나 우리는 더 큰 일반성을 상세히 고찰하면서 이러한 사실을 결코 간과하지 않을 것이다.

7 구문론적 형식, 구문론적 소재, 구문론

(진술논리 논리학의) 명제 또는 '판단'의 통일체형식에 관해 그리고 그 항들을 상관적으로 지녀야 할 형식화에 관해 위에서 논의한 것을 고려해보면, 순수하게 기술적으로 명제에서 (구성적 연관과 이것으로 알아차린 의미관련에 관한 어떠한 물음 없이도) 제시할 수 있는 유의미한 구별이 생기고, 우선 속견적 의미의 형식이론('순수-논리적' 문법)에 대해 생긴다.

각각의 판단에 이 판단과 계사로 연결된, 가령 '이 종이는 하얗다'와 '이 벽은 이 (동일한) 종이보다 더 하얗다'와 같은 방식으로 연결된 다른 판단을 생각해볼 수 있다. 이것은, 아리스토텔레스의 정형화로는, '이 S는 p다'와 '이 W는 이 (동일한) S와 p의 관계다(에 있다)'이다. 그러한 종류의 상응하는 '동일한' 항을 지닌 새로운 판단의 형식의 연결, 즉 모든 순수-논리적-문법적 판단의 형식에 대해 가능한 연결을 더 자세하게 고찰함으로써 모든 형식의 판단에서 또는 그 모든 항에서 기술적 형식의 차이뿐 아니라 본질일반성에서 **형식의 층**이 드러나게 된다. 지금 이것을 추적해보자.

우선 기술적으로 또 **직접적으로** 부각된 것을 우리가 이제까지 사용한 '형식'과 '소재'라는 개념으로 포착할 수 있다. 즉 우리는 주어의 형식과 술어의 형식을 그때그때의 주어를 규정하는—술어의 측면에서는 속성적—술어의 형식과 관계술어의 형식[7]으로 즉시 구분할 것이다. 게다가 우리가 든 예나 그 형식을 [비교해] 제기하고, '이 종이' 또는 '이 S'라는 형식이 어떤 때는 스스로를 규정하는 기체(基體)의 형식인 주어의 형식으로 등장하고 다른 때는 관계적 술어 안에서 목적어의 형식으로 등장하는 사실을 알아차리면, 어떤 때는 주어의 형식 속에 다른 때는 목적어의 형식으로 술어 속에 등장하는 동일한 소재의 **내용**과 이러한 두 가지 형식 자체는 (이미 이 부록의 제3항에서와 비슷하게) 구분된다. 이것은 명백하게 순수한 형식이며, 술어화의 통일적 기능의 형식에 직접적으로 속한다. 그러나 우선 형식과 소재를 이렇게 구분하는 가운데 소재라는 개념을 단지 **관계**[상대]적으로만, 순수 소재로서가 아닌 것으로도 받아들여야 할지 모른다는 사실도 알게 된다. 왜냐하면 상이한 기능의 형식 속에 들어오는 동일한 내용에서 심지어 그와 같은 단순한 예에서 여전히 형식(여기 ['이 종이'])에서

---

7) 여기에서 관계술어, 즉 관계사(Relativum)를 다른 일반적 술어와 구별해 논의하는 이유는 가령 "철학자는 엄격하다"와 같은 일반적 술어는 1항으로 된 술어이지만, "하이데거는 후설의 제자다"와 같은 관계술어는 2항으로 된 술어이기 때문이다. 2항으로 된 관계술어는 전통논리학에서 해명하지 못하고 현대논리학에 와서야 비로소 해명되었는데, 후설은 이 둘을 분명하게 구별한다.

는 순수한 형식인 '이것')이 부각될 수 있기 때문이다.

어쨌든 진술논리 통일체의 순수 형식 전체에 관해 이것 자체와 함께 속하는 순수한 특수형식을 포괄하는 데 주목하면, 이 형식은 구문론의 통일체라고 말할 수도 있다. 이 구문론의 통일체에서 구문론이 추상화한 이후에도 남아 있는 동일한 소재('이 종이' '하얗다' 등)가 구문론적으로 형식화된다. 따라서 주어의 형식, 목적어의 형식 등은 구문론적 형식이다. 이때 이 소재—우리는 구문론적 소재라고 한다—는 앞에서 언급한 기능의 형식인 구문론적 형식을 추상화함으로써 부각되는 판단의 계기라는 점에 주목해야 한다. 그러므로 구문론적 소재는 예를 들어 그 구문론적 형식이 변화하는 가운데—그것이 이러저러한 구문론 속에 있든 간에—동일한 명사적인 것, 또는 동일한 '형용사적인 것'이 포함된다.

8 구문론적 구조요소와 항. 구문론적 구조요소인 자립적 판단과 확장된 의미에서 자립적 판단

구문론적 소재를 그 형식에서, 따라서 구체적으로 일치해 다시 다루면, 이 통일체를 구조요소(Syntagma)라고 한다. 그러므로 그것은 형식화된 소재인 명제 속의 항의 통일체일 뿐이며, 상이한 항들이 동일한 형식이지만 상이한 소재를 지닐 수 있는, 또한 상이한 항들이 상이한 형식이지만 동일한 소재를 지닐 수 있는 본질법칙성을 지닌다.

이러한 법칙은 그 구조가 복잡하더라도 술어화의 항들에 적용되며, 그 술어화 자체 속에, 즉 구문론적으로 변양된 명제 항의 형태 속에 다시 많은 명제가 등장하더라도, 그러하다.

그러나 그 법칙은 구조가 복잡하더라도 모두 그 구조의 자립적 명제에도 적용된다. 즉 모든 명제는 형식적 일반성에서 또 규정된 유형으로 그 명제를 더 높은 단계의 술어화의 구문론적 항으로 변화시키게 변양될 수 있다는 본질법칙을 고려해보면 그러하다. 따라서 각각의 명제 전체는, 그 명제가 바로 본질구조를 지니고 또 어느 한 항에 속하는 구문론적 변양을 허용하는 한, 어느 정도는 그 자체로 하나의 '항'이다. 요컨대 술어화의 자립적 전체인 명제 또한 하나의 구조요소, 즉 구문론적 형식 속에 구문론적 소재의 통일체다.

이제 사념된 범주적 대상성 일반이, 이것들이 그 자체로 술어화이거나 술어화 속에 편입되어 등장할 수 있기 때문에, 정당하다고 하는 사실을 심사숙고해본다. 또는 그 대상성의 분석적 형식과 가능한 술어화의 분석적 형식이 그에 상응하는 관계에 있다는 사실을 심사숙고해본다. 그러므로 가능한 술어화 전체는 모든 범주적인 것 일반의 우주를 자체 속에 포괄해야 한다. 이러한 점을 고려하면, 확장된 의미의 판단, 즉 모든 범주적으로 사념된 것 일반은 구조요소이고, 이러한 용어가 시사하는 구조의 법칙성에 지배된다는 사실은 분명하다.

9 구문론적 구조요소인 판단의 구문론적 질료로서의 '판단내용'

술어적 명제 전체를 구조요소로 설명하고 특히 파악하기 위해서도 예를 들어보자.

복합적이지만 잘게 조각낼 수 있는 어떤 명제, 예컨대 '안개가 자욱한 날씨가 시작되었기 때문에, 군사작전이 방해받았다'는 판단을 내리는 어디에서나, 거기에서 전체 속에 각각의 조각(Stück)은 구문론적으로 형식화된 하나의 조각, 즉 항(項)으로 주어진다. 만약 조각, 가령 첫 번째 조각이 자립적이 되면, 항은 그것이 존재하는 그대로 자립적이지 않고, 동일한 '판단내용'의 어떤 자립적 명제, 즉 '안개가 자욱한 날씨가 시작되었다'가 만들어진다. 그 반대로 구문론적 변화—이 것이 모든 자립적 명제에 대해 가능하듯이—가 이 명제와 더불어, 즉 어떤 다른 명제의 한 명제 항으로, 시작할 수도 있을 것이다. [변화가 시작된] 이제부터 비자립적이 된 명제는, 어떤 때는 명제 그 자체만으 로, 다른 때는 전제[전건]나 결론[후건] 등으로, 계속 동일한 '내용'을 지닌다. 우리는 이것을 단도직입적으로 '동일한 명제'라고 한다. '자 립적으로-그 자체에-대해-존재함'은 그 자체로 구문론적 형식으로 간주될 수 있다. '동일한'(derselbe) 명제가 전제[전건] 또는 어떤 선 언(選言)의 항 등 상이한 형식을 취하는 기능들의 변화에는 동일한 '명제의 질료' 또는 '판단의 질료'—'명제 그 자체' '전건' '후건' 등 상 이한 구문론적 형식을 취하는 동일한 술어적인 **구문론적 소재**라는 의 미에서—가 동일한 것(Identisches)으로 등장한다.

위에서 말한 것은 형식적 일반성에서 타당하고, 따라서 구조요소 들(Syntagmen)의 형식인 그에 상응하는 명제형식에도 적용된다. 그 래서 모든 명제형식에서 또 반복적으로 자유로운 변경을 할 수 있다. 자유로운 변경에서 우리는 '형식에 따라'(in forma) 생각된 그 술어 적 소재(이러한 중요한 의미에서 그 '질료'의 형식) 전체를 유지하는 가운데 구문론적 형식을 변화시키고, 마찬가지로 그때그때 항의 형 식을 처리해 다룬다. 즉 우리는, 자립적 구조요소든 비자립적 구조요 소든, 구조요소의 모든 형식에서 바로 그러한 일을 할 수 있다.[8]

---

8) 여기에서 판명함의 명증성의 가능성을 다룬 이 책의 본문 제89항의 a) 이하로 되돌아간다면, 우리는 지금 비록 거기에서 상세하게 논의한 모든 것이 올바른 것으로 남아 있더라도, 어쨌든 판단의 질료에 관해 지금 뚜렷하게 부각시킨 더 근본적인 개념을 끌어들임으로써 그 의미를 본질적으로 심화시켜 유지해간다 는 사실을 인식하게 된다. 다시 말해 어떤 판단의 질료—[판단의] '질'의 변화 속에, 즉 확실성의 양상화의 변화 속에 자신의 동일성의 통일체를 지니는 판단 의 질료—가 그곳(『논리연구』 제2-1권, [제5연구 제3절 제22항] 426쪽 이하)의 의

10 구문론적 형식화의 단계

동일한 소재, 즉 구문론적 소재는 무한한 데 비해 구문론적 형식 (주어, 술어, 목적어, 형용사, 거론된 형식 또 다른 술어적 형식 총체)의 수는 제한되어 있다는 것은 분명하다. 이때 이것이 그러한 모든 소재 가 다양한 형식을 취할 수 있다는 점을 뜻한다면, 물론 이로써 각각 의 소재가, 단순한 정언적 술어화의 항에서 즉시 알아챌 수 있듯이, 각기 임의의 형식을 취할 수 있다는 점까지 말하는 것은 아니다.

여기에서 더 깊게 파고들어 가보면, 구문론적 형식이 단계에 따라 분리된다는 점, 어떤 형식, 예를 들어 주어와 술어의 형식은 함께 정립 함의 모든 단계에 등장하지만 명제 전체는 단순한 '명사'(名詞)와 아 주 똑같이 주어로 기능할 수 있다는 점, 그러나 가언적(假言的)〔명제 의〕전제와 결론의 형식처럼 다른 형식은 이미 그 자체 속에 구문론적 으로 조직된 소재를 요구한다는 점이 분명해진다.

그러므로 하나의 항 전체 안에서 그 항에 종속된 항들의 구문론적 형식에서 구별되는 형식이 등장할 수 있다는 점도 분명하다. 이러한 점을 여전히 다른 예로 설명해보자. 즉 연언적 결합인 '철학자 소크라 테스 그리고 철학자 플라톤', 마찬가지로 선언적 결합인 '철학자 소크라 테스 또는 철학자 플라톤'은 한 명제 속에 하나의 항으로 등장할 수 있 고, 그런 다음 가령 통일적인 연언적 술어화나 선언적 술어화에서 주

미에서 판명함의 명증성을 획득할 수 있다면, 그것의 모든 구문론적 변화도 본 질에 적합하게 판명함의 명증성을 획득할 수 있다. 이러한 변화 가운데 어떤 임 의적인 변화는 그것의 가능한 판명하게 함(Verdeutlichung)으로 그 밖의 모든 변화의 판명하게 함을 가결정(假決定)한다. 그러나 이것은 어떤 가장 심오한 의 미에서 판명함의 명증성의 가능성이 판단의 질료의 더 철저한 의미—관련된 판단에 관한 또는 관련된 구문론적 판단의 변화에 관한 총체적인 구문론적 소 재의 의미—에 달려 있다는 사실을 명백히 뜻한다. 물론 판단의 질료라는 이러 한 개념은 확장된 의미에서 판단으로 이행된다—후설의 주.

어 항의 구문론적 형식으로 등장할 수 있다. 이 통일적 항 속에 다시 항들, 예컨대 '철학자 소크라테스, 철학자 플라톤'이 등장할 수 있다. 그리고 각각의 항은 다시 자신의 구문론적 형식을 지니지만, 그것은 전체와는 다른 형식이다.

11 순수한 구문론적 소재 안에서 제시된 구문론적이 아닌 형식과 소재

이제까지 다룬 형식과 소재라는 개념은 구조요소에 관련된다. 구문론적 형식은, 이것이 기능의 변화로 다른 가능한 명제의 명제 항으로 이행할 수 있는 한, 명제 항과 명제 자체의 형식이었다. 우리는 그 자체만의 명제는 완결된 기능의 통일체이며 모든 항의 형식은 전체적 기능의 본질에 적합한 부분적 형식을 가리킨다고 말했다. 항의 형식 속에 들어가고 항의 형식을 전제하는 소재는, 이제 분명히 밝혀지듯이, 어쨌든 확실한 형식화, 그러나 궁극적으로 완전히 다른 종류의 형식화를 지닌다. 달리 말하면, '이다-통일체'(Ist-Einheit)인 계사적 통일체로서 술어화의 통일체에 구문론적으로 직접 속하는 형식은 궁극적 소재 속에 완전히 새로운 양식의 형식을 전제한다. 이것은 명제 자체의 구문론에 속하지 않는다.

이러한 사실을 더 분명하게 밝히기 위해 가장 좋은 것은 명제를 조직함을 곧바로 그 자연스러운 단계순서로 추구하고, 따라서 직접적 항에서 항들의〔간접적〕항으로 이행하며, 이러한 방식으로 더 이상 분석〔분리〕될 수 없는 궁극적 항까지 계속 넘어가는 것이다. 이 궁극적 항의 구문론적 소재는 이것이 순수 소재라는 점으로 특징지어진다. 이러한 점은 구문론적 형식, 예를 들어 주어-형식, 목적어-형식, 이것-형식(Dies-Form) 등에서 추상화된 '종이' '인간' 같은 명사, 마찬가지로 '하얗다' '둥글다' 등의 형용사에서 자유롭다[무관하다]. 이제 그처럼 상이하지만 순수하거나 궁극적인 구문론적 소재를—이것이 어떤 구문론적 형식 속에 등장하든 상이한 명제 속에 등장하든—비교하면, 우리는 그 소재가 상이한데도 여전히 부각될 수 있는 하나의 동일한 것을 공동으로 지닐 수 있다는 점을 알게 된다. 즉 순수한 소재 '종이'와 순수한 소재 '인간' 등을 비교하면, 형식의 본질일반적인 것이 '명사'의 형식에 관한 그 어떤 것인 형식화하는 일반성에서 부각되어 나타난다. 마찬가지로 '형용사'의 형식이 부각되고, 마찬가지로 '동등한' '비슷한' '더 큰' 등의 관계사(關係詞)에서 파악할 수 있는 '관계'의 형식이 부각된다. 그래서 하나의 동일한 형식 속에 무한히 많은 내용이 파악될 수 있다. 즉 예를 들어 단일의 명사는 내용적으로 상이하지만, 동일한 형식을 지닌다. 그러므로 우리는 완전히 새로운 종류의 형식, 따라서 더 이상 구문론적은 아닌 제한된 그룹의 형식에 이르게 된다. 왜냐하면 그 각각이 형식과 내용의 통일체로 제시되는 모든 궁극적인 구문론적 소재는 명사의 성격(Substantivität)과—속성적인 것 또 관계성인—형용사의 성격이라는 새로운 종류의 순수-문법적 범주에 따라 그룹으로 묶이기 때문이다.

12 핵심소재와 핵심형식을 지닌 핵심형성물

구조요소(Syntagma)의 자리에 이제 소재와 형식에 관한 다른 종류의 통일체가 등장한다. 즉 구문론적 소재 속에 포함된 것으로서 그때그때의 명사 자체, 술어와 관계사 자체가 등장한다. 그리고 각각의 구문론적 소재는 본질필연적으로 그러한 통일체를 자체 속에 반드시 포함하기 때문에, 우리는 술어화 일반의 더 깊은 구조, 즉 자신의 모든 구문론, 특히 구문론적 소재 속에 놓여 있는 구조에 도달했다. 이 통일체를 핵심형성물(Kerngebilde)이라 한다.

그러므로 우리는 이제껏 여전히 궁극적 형식구조로까지 파고들어 간 것이 아니었다. 이러한 사실을 분명하게 보여주려면 기술적 분석의 새로운 단계가 필요하다.

핵심형성물인 〔명사〕 '비슷함'과 〔형용사〕 '비슷한', '빨강'과 '빨간'을 비교하면, 우리는 그러한 각각의 쌍에서 상이한 범주의 핵심형성물이 서로 대립해 있다는 사실을 알게 된다. 이 핵심형성물은 그 자체로 서로 함께, 게다가 그 형성물의 소재적 측면에서 하나의 본질계기를 공동으로 지닌다. '빨강'과 '빨간'은 명사인 성격 등의 범주를 규정하는 상이한 핵심형성물의 형식에서 '내용적' 공통성을 지닌다. 여기에서 핵심형성물이라 하는 이념적으로 동일한 것(Identisches)에는 관련된 범주가 거의 포함된다. 실로 이념적으로 동일한 것은 구문론적 기능의 변화 속에 변치 않는 구문론적 소재이기 때문이다. 이것은 확고한 범주 아래 있고, 범주 자체가 동일성을 지니는데도 변화할 수 있는 내용을 개방해놓은 구문론적 소재다. 그리고 완전히 규정된 명사, 형용사, 관계사는 구문론적 소재이고, 본질에 적합하게 이 소재에 속한 범주에 따라 표시된다.

이에 반해 그러한 구문론적 소재, 게다가 상이한 범주의 핵심형성물로 간주된 구문론적 소재는 여전히 하나의 동일한 것, 따라서 여전히 이 소재 속에 훨씬 더 깊게 포함된 동일한 것을 공동으로 지닐 수 있다는 점이 지금 분명해진다. 우리는 이것을 그때그때 핵심형성물의 핵심소재(Kernstoff), 또는 구문론적 소재의 핵심소재라 한다. 이 핵심소재—요약하면 핵심—의 상관자는 핵심형식(Kernform)이며, 이것은 핵심을 규정된 범주의 핵심으로 형식화하는 것, 따라서 통일적 핵심형성물 또는 구문론적 소재를 수립하는 것이다. 본질적으로 공동의 것, 즉 예를 들어 '비슷함'과 '비슷한'이 공동으로 지닌 것은 어떤 때는 명사의 성격의 범주 속에 다른 때는 형용사적 관계성의 범주 속에 형식화되고, 그래서 규정된 구문론적 소재가 된다.

13 명사적 범주의 우선권. 명사화(名詞化)

이제 명사적 범주가 현저하게 우선적으로 다루어져 표명되는 본질법칙도 첨부해야 한다. 즉 모든 형용사와 관계사는 자신과 대립해 그에 상응하는 명사인 '명사화된' 형용사와 관계사를 지닌다. 그러나 임의의 명사에 관한 (본래의 의미로 말하면) 어떠한 형용사화(形容詞化)도 없다. '비슷함'이나 '빨간' 같은 명사는 의미에 적합하게 '변양된다.' 이 명사는 근원적인 것을 지시하는, 그러나 명사를 지시하지 않는 2차적 의미가 있다. 이러한 사실은 관련된 명제를 구문론적으로 바꾸어 형식화할 본질적 가능성과 연관된다. 예를 들어 '이 지붕은 빨갛다'는 명제가 '빨강은 이 지붕의 한 속성이다' 또는 '이 지붕의 빨강은 ……'의 명제로 바꾸어 형식화할 본질적 가능성과 연관된다. 그러나 다른 한편으로 이것은 단순한 구문론적 전환이 아니라, 다른 층(層) 속에 놓여 있는 핵심형성물의 전환과 더불어 하나가 되는 것이다.

14 복합화로 넘어감

이렇게 함으로써 술어적 의미의 영역에서 **궁극적 '요소'**, 즉 가장 궁극적인 의미에서 소재로 환원했다. 이것은 더 이상 어떠한 종류의 의미형식도 지니지 않고 상이한 종류와 단계의 모든 형식화에 기초가 되는 소재다. 이 궁극적 요소에서 **궁극적 형식**인 핵심형식이 등장한다.

이 전체적 고찰은 즉시 궁극적 요소를 겨냥했지만, 더 높은 복합화에 대한 고찰은 어쨌든 더욱 중요한 것을 산출한다. 즉 궁극적인 구문론적 소재에서 부각시킨 구조적 구별은 모든 구문론적 소재 일반에 적용되며, 그것은 이 구문론적 소재에서도 부각될 수 있고, 적합한 예를 나란히 내세움으로써 또 이념적으로 동일한 본질내용을 강조해 드러냄으로써 아주 비슷한 방식으로 부각될 수 있다. 아직 '명사적'(nominal) 형식, '명사의'(substantivisch) 형식을 지니지 않는 모든 정언적〔범주적〕형성물은, 그것이『논리연구』에서 표현되었듯이,[9] '명사화'될 수 있고, 더 정확하게 말하면, 그것은 여기에서도 구체적 형성물이 아니라, 거기에서 확장된 의미로 '명사적' 형식을 유지하는 그것의 구문론적 소재 전체다. 이에 관해 명제질료(구문론적 소재인 '명제'의 의미에서)는 변화하는 핵심범주로서 명사의 성격의 범주와 그 자체만으로 존재하는 명제의 범주를 지닌다고 해야 할 것이다. 이 명제의 범주 속에 한편으로 구문론적 형식이 지시되고, 다른 한편으로 이 형식이 '명사의 성격'으로 형식화됨과 더불어 공동으로 지닌 본질에 공통적인 것이 지시된다. 이 형식화에 따라 모든 명사화의 경우와 같이 구문론적 변화는 제휴해간다.

어쨌든 이러한 문제를 더 자세하게 실시하고 더 깊게 다루는 일은 미래에 탐구해야 할 몫이다.

15 전통적 형식논리학에서 '명사'(名辭)라는 개념

전통논리학은, 비록 때로는 이러한 구별을 노출시켰더라도, 그 구별을 제대로 뚜렷하게 드러내 논의하지 않았다. 이로써 다음과 같은 사실이 즉시 분명해진다. 즉 우리가 주시한 핵심소재라는 개념은 전통논리학이 완전히 모호한 방식으로, 더 자세하게 규정하는 시도조

---

9)『논리연구』, 제2-1권, 제5연구 제5장을 참조할 것.

차 없이, 명사(名辭)로 지시하고 게다가 좁게 제한된 영역에만 사용했던 것과 본질적으로 합류한다. 명사에 관한 논의는 결국 전통적 삼단논법에 적용된다. 우리는 전칭(全稱), 특칭(特稱), 단칭(單稱)판단 등의 판단형식을 '모든 A는 b다' '약간의 A는 b다' 등처럼 기호로 표현한다. 마찬가지로 가언적 명제형식은 '만약 M이면, 그러면 N이다'처럼 표현된다. 가언적 명제형식에서 문자로 무엇이 지시되는지 묻는다면, 우선 구문론적 소재가 중요한 문제인 것으로 보인다. 그렇지만 가령 '모든 인간은 죽는다' '모든 죽는 것은 덧없다' 등을 추론하는 경우 삼단논법의 관점에서 '죽는다'와 '죽는 것'은 동일한 명사로 간주되고, 동일한 문자로 기호로 표시된다는 점에 주목하는 사이에, 핵심형식의 차이가 중요하게 논의되지 않고, 따라서 명사에서 구문론적 소재가 아니라 오히려 핵심형식이 변화되는 경우 동일하게 남아 있는 핵심소재가 이해될 수 있다는 점이 밝혀진다.

우리는 매우 빈번히 명사 대신 개념도 말한다. 그래도 개념이라는 용어에는 매우 애매함이 부착되어 있기에, 그 용어를 이러한 의미로 즉시 사용할 수 없다. 그러나 어쨌든 핵심소재라는 개념으로 개념이라는 용어의 의미 가운데 하나가 학문적으로 확정된다.

개념이나 명사라는 이러한 개념에 대해 그 개념이, 분석론의 전체 의미에 적합하게, 궁극적 핵심소재로 제한되지 않는다는 점에 주의해야 한다. 그 개념을 위해 명사와 형용사라는 개념의 확장,[10] 즉 이 개념을 문법적 단어형식에 대한 기억을 따라 당연하다고 생각되는 원초적 개념으로 끌어올리는 확장이 (또한 핵심소재의 확장과 더불어) 본질적으로 고찰된다. 예를 들어 'S가 p라는 것은 Q가 r이라는 것을 조건 짓는다'는 형식은 '전건' 또는 '후건'의 형식화 속에 각각 하나

---

10) 이 부록의 제14항을 참조할 것—후설의 주.

의 명사(名辭), 곧 '명사화(名詞化)된' 명제를 제공한다. 그 주제적 목표가 형식적 '귀결'의 법칙체계를 겨냥하는 분석론은 궁극적 핵심을 심문하지 않는다. 분석론은, 명사(名辭)가 명사화(名詞化)된 정언적 형성물이든 아니든, 그 명제형식 속에 그러한 물음을 미해결로 놓아둔다.[11]

---

11) 이에 대해서는 부록 3을 참조할 것—후설의 주.

판단의 현상학적 구성.
근원적–능동적 판단작용과 이것의 2차적 변양

1 자신의 2차적 변양에 대립해 스스로를 산출하는 판단작용인 능동적 판단작용

능동적 판단작용은 '사유의 대상', 즉 범주적 형성물을 산출하는 것이다. 판단작용의 본질에는 계층을 이루며 올라가는 가운데, 이상적으로 말하면, '무한히' 반복해 전진해갈 가능성(여기에서는 능력, 즉 '나는 할 수 있다'의 주관적 의미를 지닌 가능성)이 포함되어 있다. 그 어떤 판단작용, 가령 단순히 규정하는 ('범주적') 판단작용은 사념된 사태인 'S는 p다'를 산출한다. 이 사태 속에 규정의 기체인 S는 p로 규정된다. 이와 동시에 범주적 결과인 Sp가 함께 산출된다. 즉 p는 '침전물'로서 이제부터는 그렇게 규정된 것인 S의 의미 속에 들어가게 된다. 두 번째〔그다음〕 단계에서 이제 가령 'S는 p다'는 새로운 판단작용의 근본토대가 될 수 있으며, 새로운 판단작용은 새로운 범주적 형식을 받아들이면서 연언(連言)이나 가언(假言) 등 판단의 항(項)이 될 수 있다. 또는 새로운 판단작용은 다른 방식으로, 가령 Sp가 새로운 판단 'Sp는 q이다'의 규정의 기체가 되는 등처럼, 계속 판단될 수 있다. 그러므로 새롭게 산출된 각각의 판단은 '무한히' 새로운 판단의 근본토대가 될 수 있다. 이와 동일한 것은, 이 책 제2부에서 우선적으로 다룬 확장된 판단개념—이것은 범주적 (속견적) 대상성 일반과 그 자체의 판단개념과 일치한다—을 기초에 놓는다면, 명백하게 타당하다.

능동적 판단작용은 판단작용의 유일한 형식이 아니지만, 어쨌든 원본적 형식이다. 그것은 오직 그 속에서만 사념된 범주적 대상성 그 자체가 실제로 본래 산출되는, 달리 말하면 '판단'이 원본적으로 스스로 주어지게 되는 판단작용의 원본적 형식이다. 동일한 판단이 달리 주어지는 모든 방식은 그 자체 속에 능동적으로 산출하는 방식, 즉 원본적 방식의 **지향적 변양**으로 특징지어진다. 그것은 원본성의 본질법칙적 우선성의 한 특수경우다. 그리고 이 우선성은 실로 수동적이든 능동적이든 모든 대상의 구성에 대해 타당하다.

여기에서부터 우선 그것을 인식하면 나중에 우리 앞에 놓여 있는 주제에 대해 더 깊게 통찰하게 해주는 지향성의 일반적 이론으로 잠시 벗어나 살펴보자.

2 지향성의 일반적 이론에서

a) 근원적 의식과 지향적 변양. 정적(靜的)인 지향적 해명. '의견' 과 생각된 것 '자체'의 해명. 동일한 것에 관한 가능한 의식방식 의 다양성

하나의 동일한 대상은 아프리오리하게 매우 상이한 의식의 방식 (어떤 본질유형, 즉 지각, 회상, 공허한 의식 등)으로 의식될 수 있다. 이 가운데 그때그때 '경험하는' 방식, 즉 원본적 방식은 우선성을 지니며, 다른 모든 방식은 지향적 변양으로서 이 방식에 관련된다.

그러나 **지향적 변양**(Modifikation)은 매우 일반적으로 그것이 그 자

체 속에 변양되지 않은 것을 소급해 지시한다는 특이성을 지닌다. 변양되어 주어지는 방식은, 어느 정도 심문해보면, 그것이 그 근원적으로 주어지는 방식에 관한 변양이라는 사실을 우리 자신에게 말해준다. 여기에는 의식의 주체에 대해 (따라서 동일한 의식의 주체 속에 견해를 같이하고 그와 같은 의식의 방식을 추후에 이해하는 모든 사람에게) 의식의 주체가 그때그때 원본적이지 않게 주어지는 방식에서 원본적으로 주어지는 방식으로 이행해 추구하고, 어쩌면 원본적으로 주어지는 방식을 명시적으로 현전화할 수 있다는, 또는 그 대상적 의미를 '분명하게 이해시킬' 수 있다는 사실이 포함되어 있다. 충족시키는 해명은 종합적으로 이행되면서 실행되는데, 이 이행에서 원본적이지 않은 양상 속에 의식된 것은 '경험'('그것 자체')의 양상 속에 의식된 것과 동일한 것으로서, 또는 '해명된' 동일한 것, 즉 그것이 '가능한 경험' 속에 스스로 주어져 '있을 것이라는' 방식으로 동일한 것으로서 스스로를 부여한다. 이른바 부정적 해명의 경우 명백하게 이치에 어긋난 것(Wider-sinn)이 종합적으로 뚜렷이 나타난다.

'무엇에 관한-의식'인 지향적으로 주어지는 모든 방식은 이렇게 '정적으로'(statisch) 설명될 수 있다. 즉 부분들로 해체되지 않고 해석되며, 그 명백한 의미를 심문하고, 이 의미가 스스로 주어질 수 있는 종합으로 이행되면서 이루어지거나 명백하게 스스로를 폐기할 수 있다.

그 원본적 형식이 종합적 능동성(Aktivität) 속에 산출된 형식인 의식의 방식이 중요한 문제라면, 본문에서 상론한 것 속에 특히 판단하는 능동성에 대해 분명해졌듯이, 여기에서 이중의 지향성과 스스로를 부여함이 문제된다는 사실 그리고 [한편으로] 판단 자체를 (또 단순히 판단으로서) 원본적으로 산출하는 판단작용인 판단작용의 능동성과 [다른 한편으로] 범주적 대상성 자체—그때그때의 사태 자체, 경험의 양상 속의 사태—를 원본적으로 형태 짓는(명증적이게 하는) 능동성이 본질에 적합하게 서로 얽혀 있다는 사실이 입증된다. 이러한 사실은, 의견을 단순히 의견으로서 산출하면서 구성하는 능동성과 이에 상응하는 '자체'를 구성하는 능동성이 완전히 일반적으로 대조되는 한, 모든 종류의 능동성에 적용된다. 그러나 결국 비슷한 것이 가장 넓은 일반성에서 또 본질에 적합하게 모든 지향성—단순한 의견(의미)과 대상 '자체'가 스스로 주어짐에 관해서—에 적용된다.

원본적이지 않은 모든 의식의 본질적 특이성, 즉 그에 상응하는 원본적 의식의 '변양'으로서 그 자체로 가능한 '경험', 동일한 것에 관한 원본적 의식의 가능한 방식을 '지시하는' 특이성 그리고 이것이 '불완전한 것'으로 원본성과 비원본성의 혼합물이라면, 계속 진행될 수 있는 경험의 종합적 연쇄를 '지시하는' 특이성은 대응하는 부분을 지닌다. 이것은 거꾸로 각기 원본적으로 주어지는 방식은 이 방식과 종합적으로 일치할 수 있는—이때 그렇게 확고한 유형에 관한—'그에 상응하는' 본래가 아니게 주어지는 방식으로 이행하는 자신의 가능성을 수반한다는 사실에 있다.

물론 여기에서 '지향적 변양'의 경우 문제되는 본래의 의미에서 지시함인 '대응의 지시함'에 관해 이야기할 수는 없다. 그러나 모든 의식은 그 의식에 속한 특별한 의식의 다양체 속에, 즉 동일한 것에 관한 가능한 의식의 방식에 종합적으로 개방된 무한함—아무튼 이른바 자신의 목적론적 중심을 가능한 '경험' 속에 지닌 다양체—속에 있다. 이것은 우선 '실현시킬 수 있는 것'으로 선취(先取)된 '그것-자체'(Es-selbst)를 지닌 **충족시키는** 명증성의 지평을 예시한다. 그렇지만 이때 '그것-대신-다른 것' 속에 선취된 것을 실망시키면서 폐지하는 '대응의 가능성', 즉 중심이 된 다양체에 대응하는 어떤 형태를 알려주는 것이 본질적으로 열려 있다. 이러한 사실은 모든 '지향적 분석'에 대해 방법의 가장 일반적인 특성을 지시한다.

b) 발생의 지향적 해명. 경험하는 주어지는 방식의 정적 근원성뿐
   아니라 발생적 근원성. 각각의 대상범주에 대한 '통각'의 '근원
   적 건설'

'정적' 분석이 사념된 대상의 통일체에 이끌리고 그래서 명석하지
않게 주어지는 방식들에 이끌리며 지향적 변양으로서 이것들이 지
시하는 것에 따르면서 명석함을 추구하는 반면, 발생적인 지향적 분
석은 모든 의식과 그 지향적 대상 그 자체가 그때그때 놓여 있는 구
체적 연관 전체를 향해 있다. 그렇다면 예를 들어 판단하는 능동성
을 실행하는 자가 놓여 있는 **상황**에 속한 다른 지향적 지시함이 즉시
문제가 되며, 따라서 삶의 **시간성**(Zeitlichkeit)의 내재적 **통일체**도 즉
시 문제가 된다. 삶은 이때 각각의 단일적 의식 삶이 시간적으로 등
장하는 삶으로 그 자신의 '**역사**'(Geschichte), 즉 자신의 **시간적 발생**
(zeitliche Genesis)을 지닌 방식으로 그 시간성 속에 자신의 '역사'를
지닌다.

이때—지향적 삶의 보편적 본질 특이성으로서 언제나—가장 넓은
의미(이 책에서 상세하게 논의한 의미)에서 '경험'의 원본적 형식인
의식의 원본적 형식은 정적으로뿐 아니라 발생적으로도 이 형식의 지
향적 변화에 대립해 우선권이 주어진다는 사실이 분명해진다. 발생적으
로도—어떤 방식으로는—원본적으로 주어지는 방식은 근원적으로 주어
지는 방식이다. 원본적으로 주어지는 방식은 대상성들의 모든 근본적
종류에 대해, 게다가 내재적 시간성의 종합적 통일체 속에 동일한 것
에 관한 그에 상응하는 원본적 의식의 방식이 발생적으로 '근원적으로
건설하는' 방식—본래가 아닌 모든 방식은 이제 발생적으로도 이 방식
을 소급해 지시한다—으로 그 이전에 등장하지 않으면, 근본적 종류

의 대상에 관한 원본적이지 않은 의식의 방식은 본질적으로 불가능하다는 의미에서 그러하다.

이것으로써―동일한 것으로―그 이전에 이미 원본적으로 경험하지 않았을 어떠한 대상성도 원본적이지 않은 방식으로 의식할 수 없다는 사실을 말하는 것은 아니다. 예를 들어 전혀 본 적이 없는 것을 완전히 공허하게 선취하는(Antizipation) 가운데 지시해 보여줄 수 있다. 그러나 우리가 사물을 표상하고 심지어 사물을 하나의 시선 속에 보는 사실―이 경우 모든 사물지각 속에는 이미 그 자체로 보이지 않은 것을 선취하는 것이 포함되어 있다[1]는 점을 주목해야 한다―은 지향적인 발생적 분석에서 이전에 근원적으로 건설한 발생 속에 사물경험의 유형(Typus)이 이루어지고 이로써 사물의 범주가 우리에게 그 최초의 의미에서 이미 건설된다는 사실을 소급해 지시한다. 그렇지만 이러한 사실, 이미 분명하게 밝혔듯이, 가장 넓은 의미에서 모든 대상범주에도, 심지어 '내재적' 감각자료의 대상범주에도, 그런데 사유의 대상성, 판단의 형성물, 더 나아가 참으로 존재하는 이론, 가치론적이거나 실천적인 형성물, 실천적 계획 등의 단계에 있는 모든 대상성에도 적용된다.

이것은 원본적으로 주어지는 모든 방식이 〔다음과 같은〕 이중의 발

---

1) 후설에 따르면, 모든 의식작용에는 직접 주어지지 않아도 기억이나 예상으로 주어지는 국면이 있으며, 이것이 지향된 대상의 지평을 구성해 경험이 발생하는 틀을 형성한다. 경험할 수 있는 모든 실재의 지평인 세계의 근본구조는 '알려져 있는 것'(Bekanntheit)과 '알려져 있지 않은 것'(Unbekanntheit)으로 이루어져 있다. 즉 "알려져 있지 않음은 동시에 알려져 있음의 한 양식"(『경험과 판단』, 34쪽)이고 "보이지 않은 모든 것은 지각의 흐름을 따라 보일 수 있는 것으로 변화된다"(『시간의식』, 123쪽). 모든 경험은 스스로 거기에 주어진 자신의 핵심을 넘어서서 처음에는 주시하지 않았던 국면을 친숙한 유형에 따라 점차 드러내 밝혀줄 가능성을 미리 지시하는 생생한 지평을 지닌다.

생적으로 추후에 영향을 미친다는 사실과 연관된다. 첫째, 근원적-발생적으로 또 완전히 직접적으로 연결된 과거지향을 관통하는 가운데 기억할 수 있는 재생산의 형식으로 지닌다. 둘째, '통각으로' 추후에 영향을 미친다. 이것에 입각해 이와 비슷한 새로운 상황 속에—미리 구성되었더라도—앞에 놓여 있는 것이 이와 비슷한 방식으로 통각이 된다.

따라서 그 자체가 아직 전혀 의식되지 않은 대상에 관한 의식이 가능해지고, 또는 대상이 그러한 의식이 아니었지만 바로 유사한 상황 속에 비슷한 대상과 비슷한 규정이 주어지는 데 근거해 그러한 의식이 되는 규정을 지닌 의식이 가능해진다. 이것은 경험(Empirie)[2]과 경험을 구성하는 '연상'(Assoziation)의 지향적 본질사실이지만, 경험적 사실은 아니다. 정적 분석이 대상적 의미를 추구하고, 그것이 주어지는 방식으로 그것의 '본래의 실제적' 의미를 해석하면서—이 주어지는 방식을 가능한 '그것 자체'를 지향적으로 지시함으로써 심문하면서—추구하듯이, 구체적 연관의 지향성, 즉 그 속에 모든 정적인 것(Statisches)이 얽혀 있는 시간적 연관의 지향성 역시 심문되어야 하며, 그것이 발생적으로 지시하는 것은 지향적으로 해석되어야 한다.

  c) 지향적 발생의 시간형식과 그 구성. 과거지향적 변경. 부각되지
     않은 것의 근본토대(무의식) 속에 침전화

다른 모든 것이 소급해 관련된 지향적 발생의 보편적 본질형식은 고정된 법칙성 속에 모든 구체적 의식 삶을 지배하고 모든 의식체험에 지속적인 시간적 존재를 부여하는 내재적 시간성의 구성의 보편

---

2) 흔히 'Erfahrung'은 감각이나 지각을 포함하는 일반적인 의미를, 'Empirie'은
   경험으로 형성된 지식을 뜻하지만, 후설은 이 둘을 명확하게 구별해 사용하고
   있지 않다.

적 본질형식이다. 더 정확하게 말하면, 의식 삶은, 사실성의 본질 필연적 형식 속에, 즉 보편적 시간성의 형식 속에 근원적으로 주어진 것이 아닌 한, 생각할 수 없다. 그 형식 속에 모든 의식체험은—생생한 현재 안에서 유형적으로 변화된 주어지는 방식이 흐르면서 교체되는 가운데—자신의 동일한 시간위치를 받아들이고, 그런 다음 습득성(Habitualität)3)의 본질원천에 입각해 지속적으로 유지한다.

이러한 사실에 관한 단 한 가지 주요한 점을 이끌어내기 위해, 내재적 현재성의 근원적 양상 속에 등장하는 모든 체험(그렇게 등장하는 것으로서 그 자체로도 의식된 체험)에는 근원적 변양인 '과거지향적' 의식이 변경할 수 없는 필연성에서 연결되고, 이 변양으로 '현재 주어진 것'이라는 근원적 양상은 연속적 종합 속에 동일한 것이 '방금 전에' 존재했다는 변양된 형태로 이행한다. 지금 현재하는 것인 이 변양된 의식은 동일한 법칙성에 따라 새로운 변양(변양의 또 변양)에 대해 상대적인 근원적 양상으로 기능을 수행하며, 연속적으로 계속 그렇게 수행한다.

그러한 모든 변양은, 직접적이든 간접적이든, 그 자체 속에 자신의 절대적인 근원적 양상—즉시 변양되지만 더 이상 변양은 아닌 의식—을 명백히 소급해 지시한다. 이 지속적으로 과거지향으로 변화됨은 가장 넓은 의미에서 항속하는 동일한 대상의 구성에 본질적인 출발부분이다. 우리는, 이 구성을 여기에서 그 일반성에서 계속 추구하는 대신, 바로 다음 항(項) 속에 특수성에서 항속하는 범주적 형성물이 구성되는 것을 더 자세하게 연구할 것이다.

과거지향의 연속적 변화는 본질에 적합한 극한까지 계속된다. 이것은 이 지향적 변화와 더불어 부각되는 등급도 제휴해가며, 바로 이 등

---

3) 이 용어에 관해서는 제7항의 옮긴이주 12를 참조할 것.

급은 그 이전에 부각된 것이 일반적인 근본토대—이른바 '무의식', 따라서 결코 현상학적 무(無)가 아니라 그 자체로 의식의 한계양상—속으로 흘러가버리는 자신의 한계를 지닌다. 지평으로서 모든 생생한 현재를 수반하고 자신이 연속적으로 변화하는 의미를 '일깨움' 속에 알려주는 침전되어 부각된 것들의 이러한 배경에 지향적 발생 전체가 소급해 관련된다.

지향성의 일반적 현상학 속에 그래서 우리의 특별한 문제인 판단의 문제에도 포함되는 방법적 지평 속에 이렇게 여론(餘論)을 보충한 다음, 이 문제를 다루면서 획득한 가장 일반적인 통찰을 활용하면서 이 판단의 문제로 다시 되돌아간다.

3 판단이 원본적이지 않게 주어지는 방식

a) 그 자체로 최초의 형식인 과거지향의 '2차적 감성'. 여러 가지로 나뉜 판단이 생생하게 변화되는 구성

판단을 원본적으로 산출하는 주어지는 방식에 대립해 원본적이지 않은 방식으로서, 즉 실제로 산출하지 않는 방식으로서 우선 과거지향의 방식이 있다. 변양되어 주어지는 방식 가운데 이 방식은, 즉 다른 모든 방식이 그것으로 되돌아가는 그 자체로 최초의 방식이다. 물론 그 밖의 어디에서처럼, 이미 기술한 시간을 구성하는 의식의 법칙성에 따라 원본적으로 경과하는 판단작용은 끊임없이 이 판단작용의 과거지향의 변양에 연결되어 있다. 더 일반적으로 능동적으로 산출하는 것(이것에는 그 가치, 목적, 수단의 구성과 더불어 '감정'의 능동성도 포함된다)의 변양은 다음처럼 특징지어진다. 즉 의식 대상성의 원본적 구성이 능동성으로 (어쩌면 동등하게 배열되거나 종속되어 배열된 부분적 작용이 여러 가지로 나뉜 종합으로) 어디에서 수행되든 간에, 원본적 작용은 과거지향으로 끊임없이—더 이상 능동성은 아닌—
2차적 형식으로, 따라서 '2차적 감성'[4]의 형식인 수동적 형식으로 변
화된다. 끊임없는 동일성의 종합 때문에 이 수동적 의식은 '이전에'
능동적 원본성 속에 구성된 동일한 것에 관한 의식이다. 그래서 특히
판단의 영역에서는 다음과 같은 사실을 뜻한다. 즉 판단은 능동적 구
성 속에 생생하게 산출되는 판단으로서 능동적 구성 속에서만 또 그
능동적 구성 동안에만 있는 것이 아니라—어디에서나(모든 구성 속
에 동일하게 항속하는 통일체의 어디에서나) 마찬가지로—바로 능동
적 형성물에 대해서도 수동성의 기능에 의존해 유지된 획득물로서
연속적으로 남아 있는 동일한 판단이 된다. 우리가 이제까지 도달한
한, 지속적인 것인 획득물은 우선 단지 과거지향의 변화가 생생하게
진행되는 동안 [획득물이] 부각되지 않는 극한까지 구성된다.

수동적-연속적으로 동일화하는 것에서 이러한 종류의 유지함만
생생하게 계속 형성하며 범주적으로 추정된 것을 언제나 새롭고 더
높은 단계의 판단의 통일체와 결부시켜가는 판단의 과정을 가능케
한다. 과거지향으로 침전되는 부분적 형성물은 [판단하는 자의] 통
일적 주제의 시선분야에서 이러한 변양 속에 남아 있다. 그 분야는
감각적으로 동일한 것인 그 형성물로 다시 되돌아가 포착될 수 있고,
이 형성물은 또한 새로운 판단의 단계에 새롭게 형성되면서 여전히
새로운 의미가 증가될 수 있다. 오직 이렇게 됨으로써만 종합적으로
판단이 형성되는 과정은 많은 요소를 지니고 또 복잡하게 이루어진
형성물의 통일체로서 의식에 적합하게 완료될 수 있다. 그 형성물은,

---

4) 후설은 선험적 주관성이 근원적으로 건설한 것이 비활동성의 수동적 형태로
   의식 속으로 가라앉아 침전된 것을 '2차적 감성(Sinnlichkeit)'이라 부른다(『이
   념들』제2권, 332, 334쪽 참조할 것). 그리고 이것은 의식의 자발성에 따라 항상
   활동성으로 드러날 수 있다.

이것이 완성되었을 때, 상이한 단계와 항(項)에 속한 원본적으로 산출한 어떠한 것도 그 원본성 속에 포함하지 않는다. 단지 그것의 발생적으로 매우 변화된 변양만 남아 있을 뿐이다. 그러나 수동적으로 경과하는 변화에는 끊임없이 동일화함으로써 부분적 형성물의 지향적 통일체가 유지된다. 이러한 생생한 구성 속에 그 부분적 형성물은 높은 단계의 판단의 형성물을 원본적으로 산출해 주어지고 그 종결점 속에 완성되게 하는 그러한 근원적 능동성에 포함된다. 이 '완성된' 형성물 자체는 다시 과거지향의 변화에 지배받으며, 계속 이어지는 판단은 다시 이 형성물에 연결될 수 있고 다시 형태 지을 수 있다.

b) 수동적 회상 그리고 지속적 통일체인 판단에 대한 이것의 구성적 작업수행

그렇지만 모든 범주적 능동성은 능동적 발생이 수동적으로 변양되는 법칙성으로 변화되는지에 따라 지속적 획득물로 이끈다는 사실을 이야기한다면, 어쨌든 우리는 여전히 다른 것을 생각할 수 있고 또 정상적인 방식으로 항상 다른 것을 생각한다. 즉 모든 판단작용은 단순히 생생한 과거지향 동안이 아니라 이제부터 줄곧 판단하는 자에게 계속되는 '결과'인, 즉 판단하는 자가 언제든지 임의로 자유롭게 처리할 수 있는 정신적 획득물인 판단의 결과로 이끈다. 따라서 여기에서 우리는 원본적으로 산출하는 것과 연결하는 과거지향으로 그 최초에 생생하게 획득한 것을 넘어서 지시하게 된다. 이때 수동적 발생의 일반적 본질법칙성이 문제되며, 이 문제와 일치해—동일성 속에 나에게, 우리에게 '존재하고' 동일한 것으로서 언제나 접근할 수 있는 '대상'의 구성으로서—대상구성의 일반적 본질법칙성, '연상'과 연상적 구성의 본질법칙이 문제된다. 수동적 발생의 법칙성은 내재적 시간성의 의식영역인 의식영역 전체를 포괄하는데, 이 영역 속에 자아

극(Ichpol)에서 발산하는 모든 능동적 의식의 활동과 이것의 원본적인 구문론적 형성물도 자신의 시간위치와 시간형태를 지니며, 그래서 즉시 연상적 일깨움 속에 들어간다. 다른 한편으로 과거지향이 매개됨으로써 배경 속에 가라앉으면서 통각으로 추후에 영향을 미치며, 따라서 상이한 방식으로 새로운 수동적 대상구성—그러나 적어도 능동적으로-산출하는 대상구성은 아닌—에 관여할 수 있다.

그러므로 이러한 사실은 범주적 작용이나 범주적 형성물에도 타당하다. 명제, 증명, 수(數)의 형성물 등은 오래 전에 원본적으로 산출한 것이 사라진 다음에도 연상적 근거[동기]에 입각해 다시 착상될 [머리에 떠오를] 수 있고, 비록 기억의 착상이 주어지는 방식에서도, 새로운 원본적 판단작용에 관여할 수 있다. 이전의 원본성의 '결과'는 받아들여지고, 다시 받아들이는 것이 **능동성의 반복**을 포함한다고 하지 **않아도**, 이러한 사실에서 새로운 결과가 만들어진다.

c) 수동적 회상의 착상과 비슷한 것인 통각에 따른 착상으로서의 떠오름

그러나 [다른] 형성물, 즉 기억의 착상에 관한 비슷한 것이지만 그래도 그 자체가 기억의 착상은 아닌 형성물, 우리가 결코 근원적으로 능동적으로 산출한 적이 없는 형성물도 우리의 머리에 떠오를 수 있다. 그렇지만 어쨌든 우리는 비슷한 것을 산출했고, 바로 이 유비(類比)로 그 다른 형성물은 착상-변양에 관한 방식으로 수동적 회상에 관한 비슷한 것으로 등장할 수 있고, 사실상 이와 비슷한 것으로서 이전에 비슷하게 형성된 판단에 입각해 자신의 발생을 소급해 지시할 수 있다. 이 모든 것은 연상의 지향성과 연상을 지배하는 본질법칙에 입각해 이해할 수 있게 된다. 이러한 착상의 경우인 여기에서 실로 통각으로(apperzeptiv) 등장하는 것에 관해 이야기할 수 있다면,

지각의(perzeptiv) 감성적 자료나 이 자료의 재생산으로 관련된 범주적 형성물—이것은, 비록 우리 스스로 흔히 이렇게 표현하지 않았더라도, 이제 착상과 아주 비슷하게 등장한다—이 일깨워지는 곳이면 어디에서나 더욱더 그리고 더욱 통상적인 의미에서 그러하다.

그렇지만 이것은 이해할 수 있는 근거에 입각해 그러하다. 왜냐하면 기호와 표현의 경우처럼, 연상적으로 일깨우는 지각적인 것 그리고 일깨움이나 이와 비슷한 것을 통해 통각으로 등장하는 것이 통일적 주제가 되고 계속된 결과 주제의 대상의 구성에 적확한 의미에서 두 가지 측면이-통일적 대상이 구성되자마자, 그때부터 줄곧 지각으로 일깨워진 것이 그 자체에서 촉발하는 것도 아니며, 그것은 그 자체만으로 주제의 대상이 되지도 않기 때문이다. 오히려 일깨워진 것은 이제, 비록 의미된 것, 지시된 것인 '그것이 중요하다'와 같은 특성이더라도, 구성요소의 특성을 지닌다. 감각으로 주어진 기호를 '통해' 주제에 우선하는 시선은 〔기호로〕 지시된 것을 향해 나아간다. 그러나 동시에 기호 자체는 관통하는 주제이고, 주제의 목적(Telos)과 더불어 통일적으로 부각된 완결된 대상성을 형성한다. 이것은 시선을 향하기 이전에 통일적으로 이미 미리 주어진 대상성, 그래서 이미, 어쩌면 정상적인 기능에 거슬러 다른 측면에서도 주제가 될 수 있는 대상성이다.

4 수동적으로 주어지는 방식을 활성화하는 본질가능성

마지막 고찰에서 마주친 2차적으로 주어지는 모든 방식에서 우리는 그래서 근원적 능동성을 현상학적으로 소급해 지시하는 '변양'과 관계한다. 그 방식은 과거지향으로 주어지는 방식, 본래의 회상(그런데 회상도 과거지향을 직접적으로 본받아 자의恣意가 아니거나 자의로 어쨌든 연상적으로 제한되어 생길 수 있다)이 주어지는 방식 그리고 끝으로 외관상 자유롭거나 부각된 '지각'과 얽혀 있는 통각으로 착상이 주어지는 방식이다.

더 나아가 이렇게 제시하는 경우 여기에서도 자유의 의식, 즉 형성물을 본래 또 스스로 부여하는 근원적 능동성의 종류가 주어질 실천적 가능성의 의식이 함께 포함되어 있다는 사실에 주목해야 한다. 다시 성립시키는 일이 성공하면, 충족시키는-동일화하는 합치의 종합, 즉 수동적으로 추정된 것(Vermeintes)에서 생각된 것(Gemeintes) 자체로 되돌아가는 의식이 필연적으로 생긴다. 내가 다시 일깨움을 통해 수동적 회상의 형식으로, 즉 수동적 재(再)착상의 형식으로 'S는 p 다'를 판단했고 이제 여기에서 Sp[p인 S]를 획득했다는 나의 예전 확신으로 되돌아가면, 그 Sp는 단지 그것이 그 당시 연결한 수동적 과거지향 속에 '여전히 의식하고'(noch bewußt) '여전히 간직해'(noch im Griff) 있던 것과 아주 비슷한 방식으로 나에게 다시 일깨워진 상태로 현존한다. 다만 '간직해 가짐'(Im-Griff-haben) 또는 오히려 다시 '간직하게 됨'(In-den-Griff-bekommen)은 이제 다시(Wieder)라는, 즉 다시 파악함(Wiedererfassen)이라는 현상학적 양상을 띠며, 게다가 나에게 여전히 타당한 확신, 나에게 남아 있는 확신, 나에게 여전히 고유한 확신으로서 현상학적 양상을 띨 뿐이다.

그러나 내 판단이 이렇게 수동적으로 다시 떠오르거나 다시 깨닫는 경우로만 만족하는 대신, 나는 내 판단을 실제로 **재활성화**(reaktivieren)할 수도 있고, 진지하게 재생산할 수 있으며, 동일한 것인 내 판단을 새롭게 된 실제적 능동성 속에 산출할 수 있고, 떠오른 Sp를 'S는 p다'로 소급해 변화시킬 수 있으며, 이때 Sp를 새롭게 된 능동성 속에, 따라서 근원적으로 구성할 수 있다. 이와 마찬가지로 다른 모든 착상-변양에는——물론 모든 실천적 의식의 지향처럼 성공하거나 실패하는 자신의 양상을 띨 수 있는 실제적 능동성으로 실행할 능력의 의식인—본래의 활성화(따라서 동시에 '그것 자체'로 충족시키는 접근)의 가능성이 의식에 적합하게 포함되어 있다.

5 근원적으로 산출하는 판단작용과 판단작용 일반의 근본형태

이에 관해 우선 범주적으로 사념된 것을 **능동적으로 판단하면서 산출함**(더 넓은 의미에서 능동적 판단작용)이라는 개념이, 그렇지만 판단작용 일반이라는 개념도 겪을 수 있는 중요한 구별에 적용해보자.

출발하는 과정이자 종합적 통일체의 형식 속에 언제나 더 높은 단계의 판단작용으로서 실행되는 과정인 **근원적으로 산출하는** ('명시적') 판단작용은

1) '완전히' 근원적 능동성일 수 있다. 형성되고 계속 형성된 범주적 대상성의 통일체 속에 등장하는—이 속에 더 높게 형성하는 데 근본토대로서 기능하는—모든 범주적 부분의 대상성은 판단과정의 능동적 생생함에서 근원적으로 산출된다. 그래서 그다음에 형성된 최상의 전체 자체는 완전히 스스로를 부여함, 즉 우리의 확장된 의미에서 판단인 '추정된 범주적 대상성'으로서 스스로를 부여함의 근원성을 지닌다.

2) 통상적인 다른 경우는 다음과 같다. 즉 판단활동이 예전의 판단획득물—수동적으로 주어지는 방식에서 또 변양된 주어지는 방식에서 다시 떠오르는 범주적 대상성—에 연결되는 경우다. 가령 '예전부터 잘 알려진' 명제가 다시 활용되는 경우, 또는 기체(基體)대상이 그 의미 속에 이미 자신의 충분한 규정내용을 이전의 규정하는 판단에 입각해 침전물로서 지니고 수동적으로 그렇게 받아들이

는 등 규정의 주제가 되는 경우다. 따라서 여기에서, 새로운 형태가 어떤 상대적 근원성에서—하지만 '예전의' 형태에 근거해—실행되는 한, 명시적 판단작용이 실행된다.

이때 우리는 동시에 '통각에 따른 착상'을 염두에 두어야 한다. 즉 매우 통상적으로 우판단의 통각에도 근거해, 수동적이지만 이전에 비슷하게 형성한 것에 근거해 간접적으로 당연히 주어지는 범주적 사고, 착상되는—바로 우리의 동기부여의 상황 속에 즉시 우리를 '받아들이는' 판단으로서 착상되는—범주적 사고에 관해 판단한다. 기억의 착상처럼 우리는 이것을 술어적 판단작용을 위해, 우선 연상적으로 제공되는 말 속에 포착한다. 그 때문에 그것에서 묵시적으로 제시된 명시적 판단작용을 성립시키지 않고 포착한다. 또는 처음부터 기호, 표현 게다가 의미형성물에 주제로 주목하면서 통상적으로 기능하는 표현이 중요한 문제다. 이것은—의미인 그 기능형식을 제외하고—완전히 착상처럼, 즉 순수한 수동적 현전화로, 수동적 기억과 비슷한 것으로 등장하고, 흔히 이것은 적어도 재활성화되지 않는 것으로 남게 된다. 그러므로 이것은 새로운 판단의 능동성에 이바지한다.

우리는 자유롭게 산출하는 작용 속에 생긴 새로운 범주적 의견의 형성물—이에 상응하는 기호나 단어와 하나가 된 범주적 의견의 형성물—을 수동적 가짐(Habe)에, 즉 의미의 측면에서 (통상적으로 확실하게) 존재적으로 타당한 것에 연결시킨다. 우리가 무관심하지 않은 지향적으로 복잡하게 된 것에 맞서는 일을 단념하는 것은 두 가지 측면의 논의 자체가 이미 착상으로 등장할 수 있고 이러한 것으로 2차적 방식을 따라 그 의미 속에 있는 원본적 논의의 경우 이미 2차적인 모든 것을 '함축한' 결과 우리가 2차적인 것을 2차적인 것 '속에' 지향적으로 포장했다는 사실에서 생긴다. 여기에 일반적으로 떠오름에서와 마찬가지로 실현하는—머리에 떠오른 기호를 이 기호가 지시하는 작용과 더불어 실현하고 이때 지시된 그 의미 자체를 실현하는—방식에서 지향적 함축(이것은 결코 포함되어 있는 종류의 부분이 아니다!)이 있다.

이러한 상론에 따라 전체적으로 볼 때 부분적으로 매우 '혼란된' 판단, 결코 명시적이지 않은 판단이 있다. 이 판단은 기껏해야 말로 표현되고, 언어로 명확하게 발음되었지만, 어쨌든 이때 아무것도 근원적으로 능동적으로 판단되지 않는다. 이러한 판단과 극단적으로 대조되는 완벽히 판명한, 완전한 명시적 판단, 즉 모든 각각의 범주적 존립요소에 관해 근원적으로 산출된 판단이 있다. 물론 이 판단은 예외적인 경우이지만 특별히 중요한 판단이다. 이 두 가지 판단 사이에는 예전부터 이어받은 존립요소를 공들여 만든 명시적으로 실행된 그 밖의 모든 판단이 있는데, 이것은 완벽하지 않은 판명한 경우다.

6 판명하지 않은 언어적 판단작용과 그 기능에 대해

두 가지 그룹의 불완전한 판명함에서 (이 책 본문[5])에서도 간략히 상론했듯이) 언어는 그것이 명확하게 발음되어 부각된 것과 이것이 의미를 지시하는 부각된 것과 더불어 중대한 역할을 한다. 모든 단순한 기호는 어떤 의미를 지시하고, 게다가 그에 속한 그 어떤 의미내용에 관한 정립을 지시하며, 이 지시함은 연상적인 것이다. 기호는 기호의 통일체로 결합되고, 특히 단일적 단어는, 지시함이 지시함의 통일체로 결합되고 그뿐 아니라 감성적 기호는 감성적 형태—확실히 (의미에 따라) '연관이 없는' 단어 무더기도 만드는 것—의 통일체로 결합

---

5) 이 책의 제16항 a) 이하를 참조할 것—후설의 주.

된다는 사실에서, 논의[발언]의 통일체로 결합된다. 단어를 논의의 통일체로 결합하는 것, 따라서 단어에 속한 지시함을 지시함의 통일체로 결부시키는 것은 연상적으로 생긴 통각의 통일체, 즉 그러한 범주적 형성물 또는 이미 두 가지 측면에서 판단하는 논의의 형성물을 근원적으로 건설하는 예전의 구성과 비슷한 방식에서 생긴 통각의 통일체다.

우리는 문법적 명제와 통일적 논의를 자의로 형성하는 데 바로 의미형성의 익숙한 양식을 따를 수도 있고, 이러한 일을 매우 일상적으로 행한다. 적어도 실제로 범주적 작용을 실행하지 않고도 또 범주적 형성물을 근원성 속에 획득하지 않아도, 유형적으로 친숙한 형식의 요소와 형성물에서 새로운 형성물을 발생시킬 수 있기 때문이다. 그러므로 주목되지 않은 채 실질적으로 이치에 어긋남(Widersinn), 즉 '총체적으로 관련이 없는 것'('서로 함께 아무 관계가 없는 것')을 통일시키는 무의함(Sinnlosigkeit)이 이루어질 수 있지만, 이 책 본문에서 주요주제인 분석적으로 이치에 어긋남도 이루어질 수 있다. '판단'의 통일체는 판단정립의 통일체로서 이루어지지만, 그것은 '혼란된 것', 명시적이지 않게, '본래가 아니게' 판단된 것이다. 그것은 연상적 동기부여에서 생긴 연상적 수동성이다. 그러나 그것은 지향적 함축의 방식으로 수동적 감성으로 변화되고 개조된 자발적 능동성을 자체 속에 지닌—이 능동성을 활성화할 수 있는 것으로 지시하는—수동성이다.

바로 이러한 사실로 그 수동성은 단지 능동적 산출작용 속에서만 모든 종류의 범주적 명증성을 산출하는 이성의 테두리 속에 중요한 기능을 지닌다. 그 명증성은 단순히 연상적으로 지시된 것으로서, 그것의 측면에서는 [한편으로] 범주적으로 추정된 것, 판단 자체와 [다른 한편으로] 범주적 대상성 자체, 범주적 진리가 일치하는 데 전제인 그 '현존'('판명함')을 전혀 지니지 않는 범주적으로 추정된 것이 스스로를 부여함인 명증성이다. 바로 연상(통상적 단어의미에서)이 어쨌든 단지 간접적으로 지시하고 선취하지만 (연상이 바로 동시에 연상된 것의 스스로를 부여함과 일치하지 않는다면) 그 자체를 부여하지 않기 때문에, '맹목적' 판단작용, 즉 단순히 연상으로 생긴 판단작용은 '존재'나 '비존재'—다시 말해 지시된 판단 자체와 계속해 범주적 대상성 자체(이 경우 '이 대상성 자체'는 일치의 지시 아래 '미리' 의식된다)의 '존재'나 '비존재'—의 물음에 직면하게 된다.

예컨대 수학자가 자신이 사유하는 상황에서 발견한 공식의 구조와 결과에 근거해 이제 새로운 명제〔공리〕와 이에 상응하는 양식으로 그 명제를 위해 이끌 수 있는 증명을—명백히 이전과 비슷한 사유의 상황, 즉 공식과 공식의 결합을 희미하게 일깨운 연상에 이끌려—선취할 때, 그는, 자신이 잘 알고 있듯이, 여전히 어떠한 실제적 인식도, 어떠한 실제적 명제나 증명도 발견하지 못했다. 그리고 이러한 사실은 해석학자(Analytiker)인 그에게 다음과 같은 것을 뜻한다. 즉 그는 실제적 능동성에서 그 모든 것이 원본적으로 그것에 속한 모든 분석적 관계에서 전면으로 튀어나올 실제적 판단과 판단의 결합을 능동적으로 수립하지 못했다. 바로 그렇기 때문에 수학자는 이제, 연상으로 지시하는 작용이 그에게 자신의 이성실천(Vernunftpraxis)을 위한 목적과 방법을 미리 지시하는 것으로 필연적으로 남아 있더라도, 자신의 본래 이성의 활동인 명시적 작용을 추구한다.

따라서 이것은 연상적 판단작용 그리고 더 복잡하지만 그래도 당연히 더 성과가 많은 형태로 이중 측면의 판단작용—언어나 그 밖의 어떤 방식으로 기호로 상징된 판단작용—의 본성이다. 그래서 그것은 판단을 연상으로 (그리고 일반적으로 표현이나 기호의 연상적 지시함을 따르는) 선취함이고, 범주적 대상성, 추정된 것과의 일치를 선취함이다. 이것은 이러한 간접적 표시를 따라 본래의 것이 되게 하는 실천, 즉 실제적 판단과 어쩌면 인식 자체를 수립하는 실천의 길이다. 또는 그렇지만 이것의 비실제성을 증명하는 길이다.

7 통각에 따른 혼란에 대한 과거지향의 우선권과 회상에 따른 혼란의 우선권. 혼란 속의 2차적 명증성

물론 여기에서 과거지향과 회상의 비활동성(Inaktivität)에 대립해 이 혼란된 판단방식—또한 이 방식이 본래의 것이 되게 함으로써 정당화에 접근할 수 있고 또 정당화가 필요하더라도—의 중요한 차이가 분명해진다. 왜냐하면 그 판단방식이 원본적으로 스스로를 부여하지 않고 그래서 본래의 명증성이 아니라 해도, 어쨌든 인식비판이 분명하게 보여주듯이, 그 속에 간접적이더라도 명증성에 관한 어떤 것이 언제나 여전히 남아 있는 명증성이 2차적으로 파생된 의미를 지니기 때문이다. 이러한 의미가 없다면 어떠한 학문도 존재하지 않을 것이다. 생생한 과거지향이 가치가 없다면, 어떠한 사유의 결과에도 이를 수 없을 것이다. 〔정당성의〕 증명이 시작하자마자, 또다시 과거지향이 관여되고, 그 타당성의 가치가 전제된다. 재생산적 기억의 경우도 이와 비슷하다. 이 기억은 명석한 회상으로서의 명증성, 즉 지나간 것〔과거〕에 관한 경험의 명증성—불완전한 명증성이지만, 어쨌든 이상적(理想的) 극한(Limes)에 접근하는 방식으로 본질에 적합하게 완전하게 될 수 있는 명증성—을 지닐 뿐 아니라, 여전히 명석하지 않은 기억으로서 2차적 명증성도 지닌다. 이 기억이 없다면, 학문이 언제나 재활성활 수 있는 명증성인 지속하는 인식획득물의 한 존립요소라는, 학문을 신뢰하게끔 하는 정당화는 결코 없을 것이다.

부록 3
'단순한 무모순성 논리' 또는
'단순한 귀결논리'의 이념

1 형식적 무모순성과 형식적 귀결의 목표.
이러한 개념의 더 넓거나 좁은 파악

전통적으로 형식논리학은 오래 전부터 단순한 무모순성 논리 또는 단순한 귀결논리로 불려왔고, 나는 이 논리학이 그 본질적인 이론적 내용에 따라 '순수 분석론'으로 정의될 수 있고 또 사실상 그러한 것으로 정확하게 한정될 수 있다고 내가 증명한 것이 요컨대 그 예전의 특성묘사를 본질적 근거에 입각해 정당화하는 결과가 된다고 말할 수 있다. 그렇지만 그것은 물론 그 논리학에 대해 진정하고도 순수화된 의미를 명백히 제시하는 결과다. 이제 내가 종종 동일한 표현을 사용했고 개별적으로는 무모순성(또한 양립할 수 있음Verträglichkeit과 귀결이라는 말을—그 전통적 어법의 일반성에서—사용한 방식은, 이 책이 인쇄되는 동안 베커(O. Becker)[1] 교수가 나에게 주의를 환기시

---

1) 베커(1889~1964)는 라이프치히대학교와 영국 옥스퍼드대학교에서 수학을 공부했고, 제1차 세계대전이 끝난 후 프라이부르크대학교에서 후설의 조교로 근무했다. 1931년 본대학교의 교수로 떠날 때까지 『철학과 현상학적 탐구 연보』의 편집자로 일했던 그는 『기하학의 현상학적 정초와 이것의 물리학에 대한 적

켰듯이, 오해할 계기를 줄 수 있다. 어쩌면 나는 새로운 통찰로 전통적 어법[용어]에 경의를 표할 수 있다는 깊은 만족감에서 표현에 너무 많은 것을 몰아넣었을 것이다. 여기에서 동시에 정당화하고 또 계속 이끌어가는 몇 가지 설명을 첨부하는 것이 유익할 것이다.

예전 논리학은, 어쨌든 판단들이 형식적으로 공존할 수 있음 (Kompossibilität)의 단순한 문제—판단들이 '서로-모순되지-않음'의 문제—만 겨냥하지 않았더라도, (형식적) 무모순성 논리를 뜻한다. 아무튼 분석적-필연적 결과의 문제, 삼단논법의 귀결의 문제는 논리학의 주요주제를 형성했다. 그렇지만 예전 논의는 충분한 의미가 있다. 그 논리학의 규범적 태도에서 이미 모순율에 관한 논의는 규범적인 것으로, 즉 피해야 할 모순의 규범으로 생각되었다. 그래서 그 논리학의 의도는 일반적으로 다음과 같은 물음으로 특징지어질 수 있다. 즉 무엇보다도 그 논리학의 실질적 주제로 들어가기 전에 우리는 어떻게 판단에서 우선 '모순'에, 단순한 형식으로 제한된 '양립할 수 없음'에 빠지는 것을 피할 수 있는가? 그리고 우리는 어떻게 그에 속한 형식적 법칙규범을 발견할 수 있는가? 이제 형식적으로 필연적인 귀결을 부정하는 모든 것은 모순이다. 따라서 분석적 필연성의 논리학인 형식적 귀결논리 전체는 무모순성의 관점 아래 들어온다. 물론 '형식적 진리'의 체계를 획득하려는 목표는 모순을 피하는 목표 때문에 경질되고, [모순을 피한다는] 적극적 의미만 갖추게 된다. 가령 다음과 같다. 즉 이미 무모순적이고 또 서로 함께 무모순적으로 연관된 판단을 지닌다면, 이 판단으로 더 이상의 다른 어떤 판

용』(1923), 『수학적 존재』(1927) 등의 저서를 남겼다. 그는 무모순성을 진리의 기준으로 삼은 힐베르트(D. Hibert)의 형식주의를 벗어나 배중률을 포기하고 결정가능성을 중심에 놓은 브라우어(L.E.J. Brouwer)의 직관주의와 사태를 지향하는 현상학을 연결했다.

단이 순수하게 형식에 근거해 가결정(假決定)되고, 그 판단 속에 귀결의 분석적 필연성으로서 포함되는가?

어쨌든 무모순성의 우주[세계]의 본질형식과 규범에 관해 일반적으로 제기된 문제는 특별한 경우 동시에 또한 필연적으로 분석적 필연성의 본질형식에 관한 문제로 이끈다. 이 필연성에 따르면 미리 주어진 판단 속에 이미 다른 판단이 포함되어 있다. 그러므로 무모순성이라는 보편적 형식법칙성은 결론을 추론하는 귀결의 보편적 형식법칙성을 포함하고, 그래서 무모순성의 형식논리학도, 귀결개념이 무모순성의 가장 일반적인 개념에 아프리오리하게 종속되듯이, 형식적 귀결논리다.

그렇지만 논리학 전체가 귀결에 관련되는 것과 이때 귀결개념이 아주 넓게 포착되는 것은 당연하다. 어떤 판단을 포기하기 위해 그 판단을 부정하면서 '말소하는 것' 또는 더 일반적으로 말하면, 그 판단을 그 어떤 방식으로 양상화하는 것—이것은 실로 자의(恣意)의 소관사항이 아니라, 특별한 동기가 있어야 한다. 그렇다면 판단영역 자체 안에, 더 자세하게는, 단순한 판단형식 속에 어떤 동기가 있는가? 판단하는 자인 나는, 내가 바로 내 판단을 굳게 유지하는 한, 나 자신에게 충실하게 남아 있고, 나에게 '일관적'이다. 반대의 경우 나는 일관적이지 않다. 그러나 나는 이러한 점을 알지 않고도 일관적이지 않을 수 있고, 특히 내가 판단하는 형식을 더 정확하게 고찰('판명하게 함')하는 경우 내가 나의 나중 판단이 나의 이전 판단에 모순된다는 사실을 추후에 인식할 때, 형식적으로-일관적이지 않다.

그러므로 판단 일반은, 판단이 '더 정확한 고찰'의 경우 판단하는 자에게 결합된 판단의 통일체로 조화를 이루어가며 그 통일체 안에서 어떤 판단도 다른 판단과 모순되지 않는다면—이러한 의미에서—'귀결'의 체계를 형성한다.

이제 우리는 가능한 형식적 무모순성의 보편적 본질법칙성인 분석론이 가능한 형식적 '귀결'의 본질법칙성인 분석론이라는 사실도 알게 된다. 이때 '귀결'이라는 개념은 다시 분석적인 필연적 결과의 적확한 의미에서 '논리적' 귀결을 그 자체 속에 포착하는 아주 일반적인 개념이지만, 그래도 이른바 우연적인 시간적 결과—즉 잇달음(Nacheinander) 속에 어쨌든 하나로 생각된 판단, 게다가 양상화하면서 서로 영향을 미치지 않고 그것의 형식을 정확하게 고찰하는 가운데 양립되는 판단—속의 통일체라는 의미에서도 귀결이다.

이 모든 것은 이제 확고하게 유지되지만, 이 책 본문에서 '판명함의 명증성 또는 실제적인 본래의 판단실행의 명증성'이라는 명칭[2]으로 통찰한 것을 고려할 때, 심화된다. 그래서 그것은 여기에서 비로소 정당한 의미를 획득한다. '순수 분석론'은 그 순수성에서 사실상 무모순성의 분석론일 뿐 아니라 귀결의 분석론이며—의문스러운 말이 당연히 계속 제공되는 더 넓은 의미에 관해서—본문에서도 이렇게 특징지었다. 그렇다면 이러한 더 넓은 의미의 '귀결'은 '그 자체에서' [한편으로] 그 [추론]결과에 대한 분석적 필연성이라는 논리적인 일상적 의미의 귀결과 [다른 한편으로] '서로 전혀 관계없는' 판단들의 '사소한 무모순성' 또는 양립할 수 있음으로 구분된다. 후자(後者)는 '부록 1'(판단의 질료를 '구문론적 소재'로 새롭게 제기된 개념과 더불어)의 연구에서 '그 구문론적 소재의 어떠한 존립요소도 공동으로 갖지 않는 판단'이라는 학문적 표현으로 규정되었다.

내 의견으로는, 본문에서 논한 학설의 근본에 본질적인 것은 바로 다음과 같은 점에 있다. 즉 여기에서 문제되는 각각의 의미가 양립

---

2) 본문의 목차에 이러한 명칭은 없지만, 그 의미와 내용상 제88항과 제89항에서 서술한 것을 가리킨다.

할 수 있음, 모순, 귀결은, 이것이 형식적 분석론 전체에서 기능하듯이, 판단—즉 그때그때 분석적 관계에 따라 주제로 생각된 판단—의 참이나 거짓에 관련된 어떤 것도 내포하지 않는 순수한 의미에서 더 명확하게 표현될 수 있고 더구나 그렇게 되어야 한다는 점이다. 달리 말하면, 순수 분석론이 문제 삼는 것은 판단을 순수하게 판단으로서, 또는 본래의 실행할 수 있음과 실행할 수 없음에 관계하는 판단의 관계이지, 그러한 관계가 판단의 가능한 진리에 대해 중요한 관련을 지니는지가 결코 아니다. 따라서 전통논리학에 대립해 순수 분석론에서 양립할 수 있음과 모순은 가능한 진리에서 양립할 수 있음이나 양립할 수 없음이라는 의미를 지니지 않으며, 마찬가지로 〔추론의〕 결과도 그 결과의 진리(비록 추정된 진리라도)라는 의미를 지니지 않는다. 판단들이 공존할 수 있음은 순수하게 그 자체로, 즉 명시적-본래의 판단을 실행하는 통일체 속에 공존할 수 있음으로 존재한다. 그리고 이것만이 순수 분석론이 주제로 삼는 개념이다. 주관적으로 〔시선을〕 전환하면, 순수 분석론에서는 명시적인 본래의 판단할 수 있음 또는 '함께-판단할-수 있음'에 대한 형식적 본질법칙성만 중요한 문제일 뿐이다. '함께-판단해야-함'에 대한 것도 첨부될 필요가 없다. 왜냐하면 바로 형식적 공존할 수 있음의 본질법칙성은 이미 형식적 '공동의 필연성'(Konnezessität)을 내포하기 때문이다.

본문에서 표현방식은, 그것이 상이한 단락에서 이 '공동의 필연성'을 명백하게 함께 예상하지 않았다는 사실 때문에, 더구나 순수 분석론을 어떤 때는 귀결논리 그 자체로, 어떤 때는 다시 무모순성 논리로 불렀고, 무모순성 논리에 관해서도 무모순성이 명백하게 순수 분석론의 유일한 보편적 주제로 지시되었다는 사실 때문에 정확하지 않은 모습을 여러 차례 드러냈다. 그러나 본문에서 표현된 생각은, 위에서 해명하는 서술에서, 특히 〔한편으로〕 보편적 주제제기와 형식적 무모순성의 법칙성과 [다른 한편으로] 형식적 귀결(더 넓고 적확한 의미에서)의 보편적 주제제기와 법칙성 사이의 본질연관을 해명하는 서술에서 분명히 드러나듯이, 아주 정확하다.

그 진술과 더불어 본문 146쪽 이하[제53항]에서도 제시한 유클리드 다양체의 특성은 '무모순성'(그런데 이에 대해 바로 이전에는 '귀결'로 부르기도 했다)의 체계로 이해되어야 한다는 사실을 여전히 명백하게 지적해야 한다. 거기에서 실로 '다양체'에 관해 논의하고 있다는 사실, 이미 [제1부] 제3장(98쪽 이하[제31항])에서 다양체의 정확한 개념이 순수하게 분석적 필연성에 입각한 체계로 상세하게 해명되었다는 사실도 주목해야 한다.

2 순수 분석론을 구문론에 관한 학설 위에 체계적이고 근본적으로 구축하는 것으로 소급해 관련지음

이 책 '부록 1'에서 논한 구문론에 관한 연구와 관련지어 순수 분석론에 다음처럼 적용하는 것을 여전히 첨부해야 할 것이다.

이 분석론의 보편적 과제를 단순한 형태로 포착해보자. 즉 그것은 임의로 시작할 수 있는 형식의 그 어떤 판단이 '본래 존재하는'—명시적으로 실행할 수 있는—판단, 바로 판명함의 명증성의 의미에서 판단일 수 있다는 사실에 대한 가능성의 조건인 판단형식의 본질법칙을 탐구하는 것이다.

판단은, 이 책 후반부 장(章)들에서 표준이 되었듯이, 범주적으로 사념된 것 일반의 가장 넓은 분석적 일반성 속에 파악될 것이다.

또한 문제제기는 판단의 순수한 개념적 일반성인 판단형식 자체에 관련되고, 그렇다면 언제 판단형식은 실제로 본래 실행할 수 있는 판단을 본질일반성으로서 근원적 통찰 속에 파악할 수 있는가? 언제 그러한 판단형식은 그러한 이상적 '존재'(Existenz)를 지니는가?

판단이라는 개념의 범위에서 임의의 판단에서부터 범주적으로 사념된 것으로 순수-문법적으로 구축될 수 있는 모든 임의의 판단에 대해 연언(連言)과 모든 임의의 범주적 전체는 하나의(ein) 판단이며, '존재'의 문제는 〔이러한 의미의〕 판단에 관련된다. 그러므로 이 문제는 이때 물론 언제나 부분판단들—비록 전체가 단순한 연언으로 이루어졌더라도—로 기능하는 그 어떤 판단이 공존할 수 있음에 관한 모든 문제를 포함한다.

'부록 1'에서 형식적 고찰로 완전히 규정되지 않은 채-변경할 수 있게, 하지만 동일성 속에 생각된 것—명사(名辭)—은 '핵심소재'일 뿐이라는 사실, 우리가 추구한 형식적 법칙성은 **구문론**의 법칙성뿐이며, 더 깊은 단계에서는 핵심형식의 변화, 따라서 명사화(Substantivierung)—'명사화'(Nomialisierung)—의 변화에 관한 법칙성이다.

그러므로 제기된 문제를 체계적으로 착수해갈 때, 구문론의 법칙성과 그 하부구조를 추적해야 한다. 우선 그에 속한 구문론적 형식과 소재의 구별과 더불어 구문론적 조직함 또는 '질료'(Materie)의 형식을 출발점으로 삼아야 한다. 그런 다음 '원초적' 형식 또는 근원적 형식과 이것을 근원적으로 조직하는 것을 되돌아가 물어야 하고, 계속해서 이처럼 원초적인 구문론적 결합방식—어떻게 원초적인 〔구문론적〕 '요소'가 이것으로 원초적인 방식과 일치해 판단이 되는지, 동일한 결합방식으로 임의의 복합적 단계에서 가능한 것(연언과 같은)이든, 독특한 종류의 더 높은 단계의 결합방식으로든, 어떻게 판단의 통일체가 복잡한 단계에서 가능한지—을 되돌아가 물어야 한다. 그래서 원초적인 것으로, 즉 구문론적 형식을 형성하는 데 근원적인 것으로 이미 구문론적으로 형식을 이루는 조직화함으로 변화되는 자립성만, 마찬가지로 여러 가지로 양상화되고 게다가 형식적-일반적 방식으로 양상화되는 존재확실성만 고려하면 된다.

　이것에는 분석적 존재의 법칙이 속한다. 우선 원초적 형식은 아프리오리하게 '존재한다'는, 본래 실행할 수 있는 분석적 원초성의 법칙이 속한다. 모든 양상화는—그 자체만으로 고찰해보면— 이러한 존재를 간직하며, 그 자체만으로 가능한 '존재'를 간직하는 것이 마찬가지로 그 자체만으로 가능한 다른 것에 종속될 수 있는 한, 게다가 가능한 공존(Koexistenz)의 형식적 법칙 또는—동일한 것이지만—가능한 구문론적 통일체 전체의 형식적 법칙에 따라 여기에서만 문제되는 방식으로 종속될 수 있는 한, 어쨌든 더 이상 즉시〔다른〕연관을 고려할 필요가 없다. 게다가 어떤 계사(繫辭)도 없는 단순한 연언은 가능한 존재의 새로운 형식을 산출한다. 여기에서 형식의 모든 결합은 명사(名辭)의 공동성으로 그 명사에 속한 계사로 연결하는 결합의 의미를 지니며, '그것이 동일한 것(dasselbe)이다'라는 것은 그 명사의 일부라는 점을 주목해야 한다. 그 자체로 가능한 판단은 구문론적으로 그 어떤 방법으로 부가되며, 따라서 항(項)이 되며, 전체적 구문론에 따라 가능한 전체를 결코 산출하지 못한다. 공존의 가능성(순수 형식에 근거한 공존할 수 있음)이 의문스럽게 될 수 있을 경우 그것은 계사로 연결함(가장 넓은 의미에서 동일화하면서-일치시키면서 연결함)으로써 결합시키는 것에, 따라서 계사에 입각한 전체성을 형성하는 방식에 원인이 있다. 따라서 계사로 연결해 생긴 통일체는 아주 두드러진 판단의 개념을 정의하며, 전통논리학이 오직 염두에 둔 바로 그 판단의 개념을 정의한다고 할 수 있다. 왜냐하면 전통논리학은 '연관 없는' 판단들의 연언을 고려하지 않기 때문이다.[3] 이러한 계사의 영역의 구문론적 복합성을 고찰하는 데서 우리는 물론

---

3) '부록 1'의 제6항 이하를 참조할 것—후설의 주.

496

가장 일반적인 방식으로 모든 분석적 필연성 또는 그 반대의 측면인 모순에 직면하게 된다.

이러한 것은 미리 체계적인 구문론적 구조이론으로서 깊게 건축된 형식이론에—이 이론 위에 통찰에 따른 체계적이며 근원적으로 진정한 분석론이 구축될 수 있기 위해—그 기초를 놓은 일이 바람직하고 또 필연적이라는 사실을 분명히 보여주기 위한 시사일 뿐이다. 우리는 실로 본래 실행할 수 있음에 관한 어떤 문제도 제기하지 않는 판단의 '순수-문법적' 형식이론에 대립해 이 순수 분석론을 더 높은 형식이론으로, 즉 가능하게 명시적으로 실행할 수 있는 판단의 형식이론(물론 그 상관자인 부정적으로-실행할 수 있는 판단, 즉 모순된 판단의 형식이론과 더불어)으로 부를 수 있다. 본질일반성인 형식은 본질법칙이다. 이 모든 것에 따라 순수 분석론은 본래의 완벽한 활동성 속에 판단할 수 있는 판단의 근원적 형식, 그 판단의 가능한 구문론적 변화에 대한 '근원적 조작', 판단을 연결시키는 (계사의, 연언의) 결합에 근원적 방식을 체계적으로 탐색하는 학문이다. 이러한 형식과 조작, 결합방식에서 순수 분석론은 형식을 형성하는 순수-문법적 반복을 이끌어 '본래의' 판단의 형식이 형성되는—단계적 방식으로 산출되는—가능성을 추적하고 그래서 판명함의 영역에서 판단의 가능성에 대한 체계 전체를 법칙적으로 장악해야 한다. 이상적으로 말하면, 존재하는 형식을 체계적으로 구축함으로써 장악해야 한다.

3 단순히 '인식을 설명하는' 분석적 판단과 '동어반복'인 분석적 판단의 특성

'명사'(名辭)가 순수 분석론에서 하는 역할과 관련해 그 분석론의 특성을 더 고찰해보자. 구성적 관점에서 구문론과 이 구문론에 함께 얽힌 '실체화'는 특수한 판단활동과 운율론(Rhythmik)—이 판단활동이 언제나 다시 그 자체 속에 완결된 계사로 연결하는 형식으로 완성되는 운율론—의 인식대상적 상관자를 가리킨다. 그 핵심에 관해서는, 그것은 판단의 작용이 항상 이미 미리 주어져 있음을 전제한다는 점을 지적해준다. 이것은 이전의 판단작용에서 유래하는 형성물일 수 있다. 그러나 결국 궁극적 소재와 이것의 명사화나 형용사화라는 형식에 상응해, 개체적인 것에 관한 미리 부여하는 수동적 경험과 그런 다음 능동적 경험에 이르게 되고, 여기에서 단순히 경험하고-설명하는 '앎을 취함'이라는 명칭으로 수행되는 '미리 형성함'에 이르게 된다. 이것은 그 자체만으로 하나의 주제제기를 가리킨다.[4] 그 분석론은, 이것이 작업을 수행하는 주관성 그 자체에 상관적인 것으로 되돌아가는 경우에도, 이것을 문제 삼지 않은 채 놓아두었다. 그 분석론은 자신의 명사가 규정되지 않은 채 개방된 경우에도, 자신의 형식-일반성 속에 등장하는 명사가 경험에서 생긴 궁극적으로 명사화된 것이거나 형용사화된 것인지 또는 이미 구문론적 작용에서 유래하는 형성물인지 하는 것을 문제 삼지 않은 채 놓아두었다.

그러므로 그 분석론의 형식적 판명함의 명증성은 구문론적으로 형성하는 특유한 점에만 관계하는 반면, 명사는 그 근원에 관해서, 따라서 그 가능성에 관해서 어느 정도 자유롭게 떠돌고 있다. 이에 상응해, 그 분석론을 실질적으로 범례화하거나 적용하는 경우에도, 심지어 어떤 추론이 (형식법칙에 따르지 않고도) 분석적으로 명증적인지 주목하는 경우에도, 주제의 관심은 실질적 명사 속에 파고들어 가는 것이 아니라, 이 명사를 단지 동일성으로 유지하면서 순수하게 구

---

4) 이에 관한 후설의 자세한 논의는 『경험과 판단』 제1부 '선술어적 (수용적) 경험'을 참조할 것.

문론을 다룬다.

이때 '분석적 판단작용' 그리고 형식적 일반성에서 분석론 자체의 판단작용은 물론 칸트가 '인식의 확장'에 대립해 '단순한 인식의 설명'이라는 말로 포착하려고 했던 의미[5]에서도 분석적이라 할 수 있다. 왜냐하면 실로 이러한 점만 다음과 같은 사실을 뜻할 수 있기 때문이다. 즉 분석적 관심은 모든 구문론적 단계에서 판단의 작용이 본래 실행할 수 있음 속에 놓여 있는 가능성인 판명함이라는 명증성의 가능성을 순수하게 향한다는 사실 그리고 이 가능성에 대해 그때그때 미리 주어져 있음의 명증성은 관련이 없다는 사실이다. 이러한 사실은 논리학에 유용하다. 그 자체 속에 포함된 '무모순성'의 법칙성이 가능한 진리의 법칙성을 기초 짓기 때문이다. 모든 분석적 행위에서 우리는 판단에 적합하게 또는 인식에 적합하게 이미 '지녔던' 것에 머물러 있고, 분석적으로 생긴 모든 것은 이 속에 '포함되어' 있으므로, 인식은 '충만하게 되지' 않는다. 우리는 단순한 '판명하게 함' 또는 '설명함'을 실현하기 위해 수학자의 천재성을 종종 이용해야 할 뿐이다. 무한히-개방된 임의로 미리 주어져 있음의 영역에 관련된 분석적 의도 전체를 이념적으로 생각하면, 우리는 분석적 작업수행의 모든 단계에서 '언제나 동일한 것', 즉 동일한 사태, 동일한 사

---

5) 칸트는 이성의 진리(vétités de raison)만 강조한 합리론이 독단론에, 사실의 진리(vétités de fait)만 추구한 경험론이 회의론에 빠졌기 때문에, 모든 학문의 기초인 논리학으로 되돌아가 이 문제를 해결하고자 했다. 그에 따르면, 이성의 진리는 판단에서 주어의 개념을 술어가 단순히 설명하는 분석판단으로, 경험으로 확인하지 않아도 아프리오리한 필연성과 보편타당성을 지닌다. 반면 사실의 진리는 주어의 개념 속에 술어의 내용이 포함되어 있지 않기 때문에 새로운 지식을 확장해주는 종합판단으로, 그때그때의 경험에 따라 달라지는 우연적인 아포스테리오리한 것이다. 칸트는 『순수이성비판』에서 이 두 가지 특성을 모두 지닌 아프리오리한 종합판단이 어떻게 가능한지를 밝히는 것이 순수 이성의 본래적 과제로 파악했다.

태의 존립요소를 지닌다. 우리가 추론하는 것은 이미 거기에 있고, 그것은 총체적 또는 부분적 동일성 속에 실질적으로 전제되어 있다. 바로 이러한 사실은 최근의 기호논리학(Logistik)[6]에 등장하는 개념 형성과 모든 완결된 분석적 연관을 포함하는 '동어반복'(Tautologie) 의 학설을 명백하게 규정한다.

베커 교수가 매우 친절하게도 매우 유용하게 썼던─그 학설과 관련된, 그 학설을 동시에 '순수' 분석론으로 포함시킨─〔다음과 같은〕 논평을 접하는 것은 흥미 있을 것이다.

4 (본문 제14항부터 제18항에 대해) 베커가 작성한 기호논리학의 의미에서 동어반복에 관한 논평

기호논리학의 직관에 따라 동어반복은 모순이 부정된 것(Negat) 으로 파악될 수 있고, 거꾸로 모순이 부정된 것은 모두 동어반복이 다. 이러한 '정의'(定義)에서 표시된 동어반복의 순수 분석적 특성이 생긴다. 동어반복은 자신에게 있는 전제만 필요한 어느 정도 스스로 만족하는 귀결의 체계다. 동어반복의 특색은(우선 순수 분석론의 분야를 떠나 판단의 가능한 진리와 허위를 고려하면),[7] 모순의 특색과 엄밀한 비유 속에 등장한다.

---

6) '수리논리학'을 함축하는 이 용어는 1904년 쿠트라(L. Couturat)가 현대논리학을 전통적 논리학과 구별하기 위해 사용하기 시작했다. 기호논리학은 현대논리학이 일상언어가 지닌 애매성을 극복하기 위해 기호체계를 사용하는 특성을 가리키며, 수리논리학은 논리학이 고대나 근대와 달리 형이상학이나 인식론과의 연관성을 벗어나 수학과 밀접한 관계를 맺고 있음을 강조한다.
7) 본문의 제19항을 참조할 것─후설의 주.

모든 모순은 처음부터 일치(Adäquation)[8]의 물음을 배제한다. 그것은 극한에서(*a limine*) 허위다.[9]

이와 정확하게 상응해 다음과 같은 것이 타당하다. 즉 모든 동어반복은 처음부터 일치의 문제를 배제한다. 그것은 '극한에서' 진리다.

논리적 조작을 통해 판단 $p_1, p_2, \cdots p_n$에서 이것의 순수 문법적 구조로 스스로 어떤 판단을 나타내는 복합적 형식 $P(p_1, p_2, \cdots p_n)$를 형성하면, P가 판단 $p_1, p_2, \cdots p_n$이 참인지 거짓인지에 상관없이 참 또는 거짓일 때, P는 그때 그리고 오직 그때에만 동어반복이나 모순이다.[10][11] 따라서 $p_1, p_2, \cdots p_n$의 판단의 의미가 그 어떤 형식적-존재론적 사태 또는 심지어 물질적 사태에 일치하는가 하는 문제는 여기에서 전혀 관련이 없다.

그러나 이제 이러한 정의를 또한 그에 상응해 순수 분석적 영역 속

---

8) 이 용어는 아리스토텔레스 전통의 진리론, 즉 진리는 '사물과 지성의 일치'(adequatio rei et intellctus)에서 유래한다. 어떤 명제가 그것이 나타내는 사실 또는 사태와 일치하는지 여부에 따라 그 명제의 참이나 거짓을 판정한다.

9) 본문의 제19항 마지막을 참조할 것―후설의 주.

10) 동어반복의 이러한 특성은 비트겐슈타인(L. Wittgenstein)―『논리-철학 논고』(*Tractatus Logico-Phikosophicus*, London, 1922), 이 책은 『자연철학 연보』(*Annalen der Naturphilosophie*) 제14권(1921)에도 실렸다―에게서 유래한다―후설의 주.

11) 비트겐슈타인은 위의 책에서 다음과 같이 주장한다. "진리조건의 가능한 그룹 중에 두 가지 극단적 경우가 있다. 첫째, ……요소명제들의 총체적 진리 가능성에 대해 참인 동어반복[항진] 명제다. 둘째, ……총체적 진리가능성에 대해 거짓인 모순적[항위] 명제다"(4.46). "명제는 그것이 말하고 있는 것을 보여주고, 동어반복과 모순은 이것들이 아무것도 말하지 않는다는 것을 보여준다. ……동어반복과 모순은 의미가 없다(sinnlos)"(4.461). "동어반복과 모순은 실재의[실재를 드러내 보여주는] 그림이 아니다"(4.462). "그러나 동어반복과 모순은 이치에 어긋나지(unsinnig) 않는다. 0이 대수의 상징체계에 속하는 것과 비슷하게, 상징체계에 속하기 때문이다"(4.4611).

에—따라서 어떤 진리개념이나 허위개념도 사용하지 않고 '엄격하게'—세울 수 있다.

"P는 동어반복이나 모순이다"는 "$P(p_1, p_2, \cdots\cdots p_n)$는 비(非)-$p_1$처럼 p_1과, 비-p_2처럼 p_2와, 비-p_n처럼 p_n과 양립할 수 있든지 양립할 수 없다"를 뜻한다(즉 P는, 동어반복인지 모순인지에 따라서, 임의의 p_i를 이것이 부정된 것으로 대체한다는 사실 때문에 $p_1, p_2, \cdots\cdots p_n$에서 생기는 모든 논리적 산물과 양립할 수 있든지 양립할 수 없다).

'진리논리의' 형식화를 '귀결논리의' 형식화로 변화시키는 이러한 처리절차는 더 일반적인 경우에도, 즉 "만약 p_i가 참이고 그 밖의 p_j가 거짓이라면, $P(p_1, p_2, \cdots\cdots p_n)$는 참(또는 거짓)이다"라고 말해야 할 곳에서도 명백히 적용될 수 있다. 그 경우 순수 분석적 파악은 다음과 같다. 즉 P가 부정된 것(또는 P 자체)은 진술의 일정한 논리적 산물—위에서 언급한 p_j(그리고 오직 이것)를 이것이 부정된 것으로 대체하는 사실 때문에 $p_1, p_2, \cdots\cdots p_n$에서 생긴 산물—과 양립할 수 없다(엄밀하게 말하면, 그것이 부정된 것이 형성되는 그 판단에 대해 여전히 배중률排中律[12]을 전제해야 한다. 그렇지 않으면 q가 부정된 것과 r이 양립할 수 없음을, 그때그때 r 속에 q가 적극적으로 포함되어 있음으로 대체해야 할 것이다). 이로써 기호논리학 전체에서 진리개념을 피할 수 있음이 본질적으로 분명히 밝혀질 수 있을 것이다.

---

12) 배중률은 형식논리학에서 '동일한 명제는 참인 동시에 거짓일 수 없다'(A는 B이거나 non-B다)를 뜻하는 사유법칙을 뜻한다. 그런데 본문은 'Satz vom ausgeschlossen Dritten'으로 표기되어 있다. 즉 '배중률'은 'Satz'가 아니라 'Prinzip'이다. 후설도 이 문맥과 긴밀하게 이어지는 본문 제20항 초반에도 'Prinzip'으로 쓰고 있다. 그래서 '제3자가 배제된 명제'로 옮기려고 생각해보았으나, 결과적으로 다른 의미가 없을 뿐 아니라, 'Satz'에 명제(또는 명제로 정립된 것) 이외에 정리(定理)나 공리(公理)라는 뜻도 있고, 더구나 후설의 용어사용에 간혹 일관성이 없다는 점을 고려해 '배중률'로 옮긴다.

오직 판명한(모순에 가득 차지 않은) 판단에 이를 수 있는 술어[13]만 진리인 것처럼, 오직 동어반복이-아닌 판단, 즉 판명함의 단순한 영역 속에 이미 자명하지 않은 판단에 이를 수 있는 술어만 허위다.

복합적 판단 속에 포함된 '부분적 의미'('부분적 명제')가 불일치함[모순됨]이 진리를 배제하는 것과 마찬가지로, 부분적 의미가 '스스로 일치함'—동어반복의 구조—이 허위를 배제하며, 게다가 두 경우에 '극한에서' 배제한다. 일치하지만 '스스로에 일치하지' 않는 판단, 판명하지만 '스스로에 판명하지' 않은 판단만 가능한 진리와 허위 두 가지에 개방되어 있다.

서두에서 이미 이야기했듯이, 동어반복이 부정된 것은 모순이며, 거꾸로도 마찬가지다. 이것은 동어반복-모순의 판단 영역 전체에서 **배중률**이 타당하다—이것은 잘 알려져 있듯이 순수 분석적 영역에서는 일반적 경우가 아니다[14]—는 사실과 연관된다. 이것은 명백히 다음과 같은 사실에 기인한다. 즉 우리가 가능한 진리나 허위의 이념을 포함해 생각하자마자, 동어반복의-모순의 영역에 속하는 어떤 판단의 진리와 허위를 결정할 수 있는 문제는 '극한에서' 긍정적 의미 속에 해결된다[15]는 사실이다.

---

13) 본문의 제19항 후반을 참조할 것—후설의 주.
14) 본문의 제90항을 보고, 제77항을 참조할 것—후설의 주.
15) 본문의 제79항을 참조할 것—후설의 주.

후설 연보

1. 성장기와 재학 시절(1859~87)

1859년   4월 8일 오스트리아 프로스니츠(현재 체코 프로스초프)에서 양품
                점을 경영하는 유대인 부모의 3남 1녀 중 둘째로 출생함.

1876년   프로스니츠초등학교와 빈실업고등학교를 거쳐 올뮈츠고등학교를
                졸업함.

1876~78년 라이프치히대학교에서 세 학기(수학, 물리학, 천문학, 철학)를 수
                강함.

1878~81년 베를린대학교에서 바이어슈트라스와 크로네커 교수에게 수학을,
                파울센 교수에게 철학을 여섯 학기 수강함.

1883년   변수계산에 관한 논문으로 박사학위를 받은 후 바이어슈트라스 교
                수의 조교로 근무함.

1883~84년 1년간 군복무를 지원함.

1884년   4월 부친 사망함.

1884~86년 빈대학교에서 브렌타노 교수의 강의를 듣고 기술심리학의 방법으
                로 수학을 정초하기 시작함.

1886년   4월 빈의 복음교회에서 복음파 세례를 받음.

1886~87년 할레대학교에서 슈툼프 교수의 강의를 들음.

1887년   8월 6일 말비네와 결혼함.
                10월 교수자격논문 「수 개념에 관하여」가 통과됨. 할레대학교 강
                사로 취임함.

2. 할레대학교 시절(1887~1901)

1891년   4월 『산술철학』 제1권을 출간함.

1892년   7월 딸 엘리자베트 출생함.

1893년   프레게가 『산술의 근본법칙』에서 『산술철학』을 비판함.

          12월 장남 게르하르트 출생함(법철학자로 1972년에 사망함).

1895년   10월 차남 볼프강 출생함(1916년 3월 프랑스 베르됭에서 전사함).

1896년   12월 프러시아 국적을 얻음.

1897년   『체계적 철학을 위한 문헌』에 「1894년부터 1899년까지 독일에서 발표된 논리학에 관한 보고서」를 게재함(1904년까지 4회에 걸쳐 발표함).

1900년   『논리연구』 제1권(순수논리학 서설)을 출간함.

1901년   4월 『논리연구』 제2권(현상학과 인식론의 연구)을 출간함.

3. 괴팅겐대학교 시절(1901~16)

1901년   9월 괴팅겐대학교의 원외교수로 부임함.

1904년   5월 뮌헨대학교에 가서 립스 교수와 그의 제자들에게 강의함.

1904~05년 「내적 시간의식의 현상학」을 강의함.

1905년   5월 정교수로 취임이 거부됨.

          8월 스위스 제펠트에서 뮌헨대학교 학생 펜더, 다우베르트, 라이나흐(Adolf Reinach), 콘라트(Theodor Conrad), 가이거(Moritz Geiger) 등과 토론함.

1906년   6월 정교수로 취임함.

1907년   4월 제펠트의 토론을 바탕으로 일련의 다섯 강의를 함.

1911년   3월 『로고스』 창간호에 「엄밀한 학문으로서의 철학」을 발표함.

1913년   4월 책임편집인으로 참여한 현상학 기관지 『철학과 현상학 탐구연보』를 창간하면서 『순수현상학과 현상학적 철학의 이념들』 제1권을 발표함(기술적 현상학에서 선험적 현상학으로 이행함). 셸러도 『철학과 현상학 탐구연보』에 『윤리학의 형식주의와 실질적 가치윤리학』 제1권을 발표함(제2권은 1916년 『철학과 현상학 탐구연보』제2권에 게재됨).

10월 『논리연구』제1권 및 제2권의 개정판을 발간함.

1914년   7월 제1차 세계대전이 일어남(12월 두 아들 모두 참전함).

4. 프라이부르크대학교 시절(1916~28)

1916년   3월 차남 볼프강이 프랑스 베르됭에서 전사함

4월 리케르트(Heinrich Rickert)의 후임으로 프라이부르크대학교 교수로 취임함.

10월 슈타인이 개인조교가 됨(1918년 2월까지).

1917년   7월 모친 사망함.

1917년   9월 스위스 휴양지 베르나우에서 여름휴가 중 1904~1905년 강의 초안 등을 검토함(1918년 2~4월에 베르나우에서 보낸 휴가에서 이 작업을 계속함).

1919년   1월 하이데거가 철학과 제1세미나 조교로 임명됨.

1921년   『논리연구』제2-2권 수정 2판을 발간함.

1922년   6월 런던대학교에서 「현상학적 방법과 현상학적 철학」을 강의함.

1923년   일본의 학술지『개조』(改造)에 「혁신, 그 문제와 방법」을 발표함.

6월 베를린대학교의 교수초빙을 거절함. 하이데거가 마르부르크 대학교에, 가이거가 괴팅겐대학교에 부임함. 란트그레베가 1930년 3월까지 개인조교로 일함.

1924년   『개조』에 「본질연구의 방법」과 「개인윤리의 문제로서 혁신」을 발 표함.

5월 프라이부르크대학교의 칸트 탄생 200주년 기념축제에서 「칸 트와 선험철학의 이념」을 강연함.

1926년   4월 생일날 하이데거가『존재와 시간』의 교정본을 증정함.

1927~28년   하이데거와 공동으로『브리태니커백과사전』 '현상학' 항목을 집필 하기 시작함(두 번째 초고까지 계속됨).

1927년   하이데거가『철학과 현상학 탐구연보』제8권에『존재와 시간』을 발표함.

1928년   1904~1905년 강의수고를 하이데거가 최종 편집해『철학과 현상

학 탐구연보』제9권에『시간의식』으로 발표함.

3월 후임에 하이데거를 추천하고 정년으로 은퇴함.

5. 은퇴 이후(1928~38)

1928년   4월 네덜란드 암스테르담에서 '현상학과 심리학'과 '선험적 현상
학'을 주제로 강연함.

8월 핑크가 개인조교로 일하기 시작함.

11월 다음 해 1월까지『형식논리학과 선험논리학』을 저술함.

1929년   2월 프랑스 파리의 소르본대학교에서 '선험적 현상학 입문'을 주
제로 강연함.

3월 귀국길에 스트라스부르대학교에서 같은 주제로 강연함.

4월 탄생 70주년 기념논문집으로『철학과 현상학 탐구연보』제10권
을 증정받음. 여기에『형식논리학과 선험논리학』을 발표함.

1930년   『이념들』제1권이 영어로 번역되어 출간됨. 이 영역본에 대한 「후
기」(後記)를『철학과 현상학 탐구연보』최후판인 제11권에 발표함.

1931년   「파리강연」의 프랑스어판『데카르트적 성찰』이 출간됨.

6월 칸트학회가 초청해 프랑크푸르트, 베를린, 할레대학교에서
'현상학과 인간학'을 주제로 강연함.

1933년   1월 히틀러가 집권하면서 유대인을 박해하기 시작함.

5월 하이데거가 프라이부르크대학교 총장에 취임함.

1934년   4월 미국 사우스캘리포니아대학교의 교수초빙 요청을 나이가 많
고 밀린 저술들을 완성하기 위해 거절함.

8월 프라하철학회가 '우리 시대에 철학의 사명'이라는 주제로 강
연을 요청함.

1935년   5월 빈문화협회에서 '유럽인간성의 위기에서 철학'을 주제로 강
연함.

11월 프라하철학회에서 '유럽학문의 위기와 심리학'을 주제로 강
연함.

1936년   1월 독일정부가 프라이부르크대학교의 강의권한을 박탈하고 학
계활동을 탄압함.

9월 「프라하강연」을 보완해 유고슬라비아 베오그라드에서 창간한 『필로소피아』에 『위기』의 제1부 및 제2부로 발표함.

1937년　8월 늑막염과 체력약화 등으로 발병함.

1938년　4월 27일 50여 년에 걸친 학자로서의 외길 인생을 마침.

6. 그 이후의 현상학 운동

1938년　8월 벨기에 루뱅대학교에서 현상학적 환원에 관한 학위논문을 준비하던 반 브레다 신부가 자료를 구하러 후설 미망인을 찾아 프라이부르크를 방문함.

10월 루뱅대학교에서 후설아카이브 설립을 결정함.

11월 유대인저술 말살운동으로 폐기처분될 위험에 처한 약 4만 5,000여 매의 유고와 1만여 매의 수고 및 2,700여 권의 장서를 루뱅대학교으로 이전함. 후설의 옛 조교 란트그레베, 핑크 그리고 반 브레다가 유고정리에 착수함.

1939년　『위기』와 관련된 유고 「기하학의 기원」을 핑크가 벨기에 『국제철학지』에 발표함.

3월 유고 『경험과 판단』을 란트그레베가 편집해 프라하에서 발간함.

6월 루뱅대학교에 후설아카이브가 정식으로 발족함(이 자료를 복사하여 1947년 미국 버펄로대학교, 1950년 독일 프라이부르크대학교, 1951년 쾰른대학교, 1958년 프랑스 소르본대학교, 1965년 미국 뉴욕의 뉴스쿨에 후설아카이브가 설립됨).

1939년　파버가 미국에서 '국제현상학회'를 창설함. 1940년부터 『철학과 현상학적 연구』를 창간하기 시작함.

1943년　사르트르가 『존재와 무: 현상학적 존재론의 시도』를 발표함.

1945년　메를로퐁티가 『지각의 현상학』을 발표함.

1950년　후설아카이브에서 유고를 정리해 『후설전집』을 발간하기 시작함.

1951년　브뤼셀에서 '국제현상학회'가 열리기 시작함.

1958년　후설아카이브에서 『현상학총서』를 발간하기 시작함.

1960년　가다머가 『진리와 방법』을 발표함.

1962년	미국에서 '현상학과 실존철학협회'가 창설됨.
1967년	캐나다에서 '세계현상학 연구기구'가 창립됨. '영국현상학회'가 『영국현상학회보』를 발간하기 시작함.
1969년	'독일현상학회'가 창립되고 1975년부터 『현상학탐구』를 발간하기 시작함. 티미니에츠카(Anna-Teresa Tymieniecka)가 '후설과 현상학 국제연구협회'를 창설하고 1971년부터 『후설연구선집』을 발간하기 시작함.
1971년	미국 듀케인대학교에서 『현상학연구』를 발간하기 시작함.
1978년	'한국현상학회'가 창립되고 1983년부터 『현상학연구』(이후 『철학과 현상학 연구』로 개명함)를 발간하기 시작함.

후설의 저술

1. 후설전집

1. 『성찰』(*Cartesianische Meditationen und Pariser Vorträge*), S. Strasser 편집, 1950.

   『데카르트적 성찰』, 이종훈 옮김, 한길사, 2002; 2016.

2. 『이념』(*Die Idee der Phänomenologie*), W. Biemel 편집, 1950.

   『현상학의 이념』, 이영호 옮김, 서광사, 1988.

3. 『이념들』 제1권(*Ideen zu einer reinen Phänomenologie und phänomeno-logischen Philosophie I*), W. Biemel 편집, 1950; K. Schuhmann 새편집, 1976.

   『순수현상학과 현상학적 철학의 이념들』 제1권, 이종훈 옮김, 한길사, 2009.

4. 『이념들』 제2권(*Ideen zu einer reinen Phänomenologie und phänomeno-logischen Philosophie II*), M. Biemel 편집, 1952.

   『순수현상학과 현상학적 철학의 이념들』 제2권, 이종훈 옮김, 한길사, 2009.

5. 『이념들』 제3권(*Ideen zu einer reinen Phänomenologie und phänomeno-logischen Philosophie III*), M. Biemel 편집, 1952.

   『순수현상학과 현상학적 철학의 이념들』 제3권, 이종훈 옮김, 한길사, 2009.

6. 『위기』(*Die Krisis der europäischen Wissenschaften und die transzendentale Phänomenologie*), W. Biemel 편집, 1954.

   『유럽학문의 위기와 선험적 현상학』, 이종훈 옮김, 한길사, 1997; 2016.

7. 『제일철학』 제1권(*Erste Philosophie*[*1923~1924*] *I*), R. Boehm 편집, 1956.

8. 『제일철학』 제2권(*Erste Philosophie*[*1923~1924*] *II*), R. Boehm 편집, 1959.

9. 『심리학』(*Phänomenologische Psychologie*[*1925*]), W. Biemel 편집, 1962.
『현상학적 심리학』, 이종훈 옮김, 한길사, 2013.

10. 『시간의식』(*Zur Phänomenologie des inneren Zeitbewußtseins*[*1895~1917*]),
R. Boehm 편집, 1966.
『시간의식』, 이종훈 옮김, 한길사, 1996; 2018.

11. 『수동적 종합』(*Analysen zur passiven Synthesis*[*1918~1926*]), M. Fleischer
편집, 1966.
『수동적 종합』, 이종훈 옮김, 한길사, 2018.

12. 『산술철학』(*Philosophie der Arithmethik*[*1890~1901*]), L. Eley 편집, 1970.

13. 『상호주관성』제1권(*Zur Phänomenologie der Intersubiektivität I* [*1905~20*]),
I. Kern 편집, 1973.

14. 『상호주관성』제2권(*Zur Phänomenologie der Intersubjektivität II* [*1921~28*]),
I. Kern 편집, 1973.

15. 『상호주관성』제3권(*Zur Phänomenologie der Intersubjektivität III* [*1929~35*]),
I .Kern 편집, 1973.

16. 『사물』(*Ding und Raum*[*1907*]), U. Claesges 편집, 1973.
『사물과 공간』, 김태희 옮김, 아카넷, 2018.

17. 『형식논리학과 선험논리학』(*Formale und transzendentale Logik*), P. Janssen
편집, 1974.
『형식논리학과 선험논리학』, 이종훈 옮김, 나남, 2010; 한길사, 2019.

18. 『논리연구』1권(*Logische Untersuchungen I*), E. Holenstein 편집, 1975.
『논리연구』제1권, 이종훈 옮김, 민음사, 2018.

19. 『논리연구』2-1권(*Logische Untersuchungen II/1*), U .Panzer 편집, 1984.
『논리연구』제2-1권, 이종훈 옮김, 민음사, 2018.

20-1. 『논리연구』보충판 제1권(*Logische Untersuchungen. Ergänzungsband. I*),
U. Melle 편집, 2002.

20-2. 『논리연구』보충판 제2권(*Logische Untersuchungen. Ergänzungsband. II*),
U. Melle 편집, 2005.
『논리연구』제2-2권, 이종훈 옮김, 민음사, 2018.

21. 『산술과 기하학』(*Studien zur Arithmetik und Geometrie*[*1886~1901*]), I.
Strohmeyer 편집, 1983.

22. 『논설』(*Aufsätze und Rezensionen*[*1890~1910*]), B. Rang 편집, 1979.

23. 『상상』(*Phantasie, Bildbewußtsein, Erinnerung*[*1898~1925*]), E. Marbach 편집, 1980.

24. 『인식론』(*Einleitung in die Logik und Erkenntnistheorie*[*1906~1907*]), U. Melle 편집, 1984.

25. 『강연 1』(*Aufsätze und Vorträge*[*1911~21*]), Th. Nenon & H.R. Sepp 편집, 1986.

26. 『의미론』(*Vorlesungen über Bedeutungslehre*[*1908*]), U. Panzer 편집, 1986.

27. 『강연 2』(*Aufsätze und Vorträge*[*1922~37*]), Th. Nenon & H.R. Sepp 편집, 1989.

28. 『윤리학』(*Vorlesung über Ethik und Wertlehre*[*1908~14*]), U. Melle 편집, 1988.

29. 『위기-보충판』(*Die Krisis der europäischen Wissenschaften und die transzendentale Phänomenologie*[*1934~37*]), R.N. Smid 편집, 1993.

30. 『논리학과 학문이론』(*Logik und allgemeine Wissenschaftstheorie*[*1917~18*]), U. Panzer 편집, 1996.

31. 『능동적 종합』(*Aktive Synthesen*[*1920~21*]), E. Husserl & R. Breeur 편집, 2000.

32. 『자연과 정신』(*Natur und Geist*[*1927*]), M. Weiler 편집, 2001.

33. 『베르나우 수고』(*Die Bernauer Manuskripte über das Zeitbewußtsein* [*1917~18*]), R. Bernet & D. Lohmar 편집, 2001.

34. 『현상학적 환원』(*Zur phänomenologische Reduktion*[*1926~35*]), S. Luft 편집, 2002.

35. 『철학 입문』(*Einleitung in die Philosophie*[*1922~23*]), B. Goossens 편집, 2002.

36. 『선험적 관념론』(*Transzendentale Idealismus*[*1908~21*]), R.D Rollinger & R. Sowa 편집, 2003.

37. 『윤리학 입문』(*Einleitung in die Ethik*[*1920 & 1924*]), H. Peucker 편집, 2004.

38. 『지각과 주의를 기울임』(*Wahrnehmung und Aufmerksamkeit*[*1893~1912*]), T. Vongehr & R. Giuliani 편집, 2004.

39. 『생활세계』(*Die Lebenswelt*[*1916~37*]), R. Sowa 편집, 2008.

40. 『판단론』(*Untersuchungen zur Urteilstheorie*(*1893~1918*)), R.D. Rollinger 편집, 2009.

41. 『현상적 변경』(*Zur Lehre vom Wesen und zur Methode der eidetischen Variation (1891~1935)*), D. Fonfaral 편집, 2012.

42. 『현상학의 한계문제』(*Grenzprobleme der Phänomenologie*(*1908~1937*)), R. Sowa & T. Vongehr 편집, 2014.

2. 후설 전집에 수록되지 않은 저술

1. 『엄밀학』(*Philosophie als strenge Wissenschaft*) in 『*Logos*』 제1집, W. Szilasi 편집, Frankfurt, 1965.
   『엄밀한 학문으로서의 철학』, 이종훈 옮김, 지만지, 2008.

2. 『경험과 판단』(*Erfahrung und Urteil*), L. Landgrebe 편집, Prag, 1939.
   『경험과 판단』, 이종훈 옮김, 민음사, 1997; 2016.

3. *Briefe an Roman Ingarden*, R. Ingarden 편집, The Hague, 1968.

3. 후설 유고의 분류

A 세속적(mundan) 현상학
  I 논리학과 형식적 존재론
  II 형식적 윤리학, 법철학
  III 존재론(형상학[形相學]과 그 방법론)
  IV 학문이론
  V 지향적 인간학(인격과 환경세계)
  VI 심리학(지향성 이론)
  VII 세계통각의 이론
B 환원
  I 환원의 길
  II 환원 자체와 그 방법론
  III 잠정적인 선험적 지향적 분석학
  IV 현상학의 역사적·체계적 자기특성

C 형식적 구성으로서 시간구성

D 원초적 구성(근원적 구성)

E 상호주관적 구성

    I 직접적 타자경험의 구성적 기초학

    II 간접적 타자경험의 구성(완전한 사회성)

    III 선험적 인간학(선험적 신학, 목적론 등)

F 강의 · 강연들

    I 강의들과 그 부분들

    II 강연들과 부록들

    III 인쇄된 논문들과 그 부록들의 수고(手稿)

    IV 정리되지 않은 원고

K 1935년 비판적으로 선별할 때 수용하지 않았던 속기 필사본

    I 1910년 이전 수고들

    II 1910년부터 1930년까지의 수고

    III 1930년 이후 『위기』와 관련된 수고

    IX~X 후설 장서에 기재한 난외 주석들의 사본

L 1935년 비판적으로 선별할 때 수용하지 않았던 흘림체 필사본

M 필사체 수고 사본과 1938년 이전 후설의 조교들이 타이프한 원고

    I 강의들

        1 『현상학 입문』(1922)

        2 『철학입문』

        3 『제일철학』

        4 『현상학적 심리학』

    II 강연들

        1 베를린 강연

        2 칸트 기념 강연회의 연설

        3 파리 강연과 『데카르트적 성찰』

    III 출판구상

        1 『이념들』 제2권과 제3권

           a) 슈타인 사본

           b) 란트그레베 사본

옮긴이의 말

후설은 『논리연구』(1900/1901) 출간 이후 괴팅겐대학교에 교수로 취임해 강의와 연구에 몰두하느라 관심이 보편적 학문이론으로서의 논리적 문제에서 일시 벗어나 있었지만, 1918년경부터 이를 다시 본격적으로 다루기 시작했다(후설이 죽은 후 이 자료 가운데 구성이론으로서 선험논리학에 관한 것은 『수동적 종합』, 판단이론에 관한 것은 『경험과 판단』으로 편집되어 출간되었다). 그는 이때부터 10여 년간 숙고해왔던 것을 바탕으로 1928년 말부터 1929년 초까지 두어 달 만에 단숨에 집필해 『형식논리학과 선험논리학』을 그해 4월 발간한 『철학과 현상학 탐구 연보』 제10권의 별쇄본으로 발표했다. 이 책은 그의 70세 기념논문집이었다.

그런데 그때까지 후설 현상학에 대한 평가는 1913년에 발표한 『이념들』 제1권의 선험적 관념론을 일반적 관념론의 형태로 오해한 견해가 주류였다. 더구나 이 책은 『성찰』과 『위기』처럼 현상학의 문제를 포괄적으로 소개하며 분석한 저술들에 밀려 곧바로 그늘 속에 가려지고 말았다. 하지만 이 책의 특히 「머리말」과 「예비고찰」을 보면,

이 책이 『논리연구』에서 『위기』에 이르는 후설 현상학 전체의 중심 주제를 다루고 있는 매우 중요한 자료임을 알 수 있다.

이 책에서 다음과 같은 사실을 분명하게 확인할 수 있다.

첫째, 후설 현상학이 전체적으로 발전해나간 모습을 '『논리연구』의 기술 현상학 → 『이념들』 제1권의 선험 현상학 → 『위기』의 생활세계 현상학', 또는 '전기의 정적 현상학 대(對) 후기의 발생적 현상학', 또는 '『이념들』 제1권의 선험적 관념론 대 제2권의 경험적 실재론'이라는 단절된 도식적 틀 속에 단편적으로 집어넣어 자의적으로 해석할 수 없다.

둘째, 논리적인 것(Logisches)을 다루면서도 학문 이전의, 즉 논리 이전의 생활세계(Lebenswelt)와 밀접한 지향적 본질관계를 깊이 천착하고 선험논리학으로 형식논리학을 정초함으로써 보편적 학문이론인 보편수학(mathesis universalis)의 이념을 추구하고 있기 때문에 『논리연구』에서 『위기』에 이르는 후설 현상학 전체의 일관된 논의와 다양한 문제제기를 통일적으로 정확하게 이해할 수 있다.

셋째, 이제까지 분석철학에서 주로 다루었던 의미론, 구조론, 화용론, 진리론 등의 주제에 대해 포괄적 시선을 생생하게 제시해줌으로써 이들 논의에 활력을 불어넣어줄 수 있을 뿐 아니라 분석철학과 현상학이 본격적으로 대면할 수 있는 장과 계기를 마련할 수 있다. 아울러 후설 현상학의 출발점이자 근본토대인 수리논리 분야에 대한 학제 간 이해의 지평을 크게 확장할 수도 있다.

이 책은 하병학 교수와 공동으로 작업해 한국연구재단의 번역지원을 받아 2010년 나남출판사에서 출간되었고, 2011년 대한민국학술원 우수도서에 선정된 바 있다. 그러나 자주 등장하는 몇 가지 용어의 번역이 적절치 않을 뿐 아니라, 원문에 충실하려 했던 나머지 가독성이 많이 떨어져 줄곧 마음에 걸렸다. 그래서 근본적으로 다시 번역하려 했지만, 그럴 기회를 찾기 힘들었다. 내가 이제껏 번역해왔던 후설의 저술들을 가능한 한 일련의 전집 형태로 묶을 필요도 있었다.

그런데 이 문제를 적절하게 해결할 수 있는 길을 나남출판사에서 열어주었다. 이에 조상호 사장님과 방순영 편집장께 깊이 감사드린다. 그리고 이러한 사정을 알고 이 책을 새로운 모습으로 출판할 수 있게 적극적으로 힘써 주신 한길사 김언호 사장님과 편집부 여러분, 특히 김광연 편집자에게 고마운 마음을 전한다. 물론 학문적 능력이 부족한데도 이제껏 공부할 수 있게끔 도와준 아내 조정희와 그동안 무척 힘든 시절을 굳게 견디어준 두 아들 윤상이와 윤건이도 잊을 수 없다.

2019년 6월
이종훈

찾아보기

지은이 에드문트 후설

에드문트 후설(Edmund Husserl, 1859~1938)은 1859년 오스트리아에서
유대인 상인의 아들로 태어났다. 20세기 독일과 프랑스 철학사에 커다란 영향을 미친
현상학의 창시자로서 마르크스, 프로이트, 니체와 더불어 현대사상의 원류라 할 수 있다.
1876년부터 1882년 사이에 라이프치히대학교와 베를린대학교에서 철학과 수학,
물리학 등을 공부했고, 1883년 변수계산에 관한 논문으로 박사학위를 받았다.
1884년 빈대학교에서 브렌타노 교수에게 철학강의를 듣고 기술심리학의 방법으로
수학을 정초하기 시작했다.
1887년 할레대학교에서 교수자격논문 「수 개념에 관하여」가 통과되었으며,
1901년까지 할레대학교에서 강사로 재직했다.
1900년 제1주저인 『논리연구』가 출간되어
당시 철학계에 강력한 인상을 남기고 확고한 지위도 얻었다.
많은 연구서클의 결성으로 이어진 후설 현상학에 대한 관심은
곧 『철학과 현상학적 탐구연보』의 간행으로 이어졌으며, 1913년 제2주저인
『순수현상학과 현상학적 철학의 이념들』 제1권을 발표해 선험적 관념론의 체계를 형성했다.
1916년 신칸트학파의 거두 리케르트의 후임으로 프라이부르크대학교 정교수로 초빙되어
1928년 정년퇴임할 때까지 재직했다. 세계대전의 소용돌이와 나치의 권력장악은
유대인 후설에게 커다란 시련이었으나, 지칠 줄 모르는 연구활동으로
저술작업과 학문보급에 힘썼다. 주저로 『유럽학문의 위기와 선험적 현상학』
『데카르트적 성찰』 『시간의식』 『엄밀한 학문으로서의 철학』 등이 있다.
후설 현상학은 하이데거와 사르트르, 메를로퐁티 등의 실존철학자는 물론
가다머와 리쾨르의 해석학, 인가르덴의 미학, 카시러의 문화철학, 마르쿠제와 하버마스 등
프랑크푸르트학파의 비판이론가들에게도 지대한 영향을 미쳤다.
아울러 데리다, 푸코, 리오타르 등 탈현대 철학자들과
프루스트, 조이스, 울프 등의 모더니즘 문학에도 많은 영향을 주었다.

옮긴이 이종훈

이종훈(李宗勳)은 성균관대학교 철학과와 같은 대학교 대학원에서
후설 현상학으로 박사학위를 받았다. 춘천교대 명예교수다.
지은 책으로는 『후설현상학으로 돌아가기』(2017), 『현대사회와 윤리』(1999),
『아빠가 들려주는 철학이야기』(전 3권, 1994~2006),
『현대의 위기와 생활세계』(1994)가 있다.
옮긴 책으로는 『형식논리학과 선험논리학』
(후설, 2010; 2019), 『논리연구』(전 3권, 후설, 2018),
『순수현상학과 현상학적 철학의 이념들』(전 3권, 후설, 2009),
『유럽학문의 위기와 선험적 현상학』(후설, 1997; 2016),
『시간의식』(후설, 1996; 2018), 『현상학적 심리학』(후설, 2013),
『데카르트적 성찰』(후설·오이겐 핑크, 2002; 2016),
『수동적 종합』(후설, 2018), 『경험과 판단』(후설, 1997; 2016),
『엄밀한 학문으로서의 철학』(후설, 2008)이 있다.
이 밖에 『소크라테스 이전과 이후』(컨퍼드, 1995), 『언어와 현상학』
(수잔 커닝햄, 1994) 등이 있다.

형식논리학과 선험논리학

지은이 에드문트 후설
옮긴이 이종훈
펴낸이 김언호

펴낸곳 (주)도서출판 한길사
등록 1976년 12월 24일 제74호
주소 10881 경기도 파주시 광인사길 37
홈페이지 www.hangilsa.co.kr
전자우편 hangilsa@hangilsa.co.kr
전화 031-955-2000~3 **팩스** 031-955-2005

부사장 박관순 **총괄이사** 김서영 **관리이사** 곽명호
영업이사 이경호 **경영담당이사** 김관영 **기획위원** 유재화
편집 백은숙 노유연 김지연 김대일 김지수 김영길
관리 이주환 김선희 문주상 이희문 원선아 **마케팅** 서승아
디자인 창포 031-955-9933
CTP출력 및 인쇄 예림 **제본** 광성문화사

제1판 제1쇄 2019년 7월 12일

값 30,000원

ISBN 978-89-356-6479-5 94080
ISBN 978-89-356-6427-6 (세트)

한길그레이트북스 인류의 위대한 지적 유산을 집대성한다

●한길그레이트북스는 계속 간행됩니다.